唐宋禪籍俗語研究

徐 琳 著

四川大學出版社
SICHUAN UNIVERSITY PRESS

圖書在版編目（CIP）數據

唐宋禪籍俗語研究 / 徐琳著 . — 2 版 . — 成都：
四川大學出版社，2024.4
　（中國俗文化研究大系 . 俗語言研究叢書）
　ISBN 978-7-5690-6566-4

Ⅰ . ①唐… Ⅱ . ①徐… Ⅲ . ①禪宗－俗語－研究－中
國－唐宋時期 Ⅳ . ① B946.5

中國國家版本館 CIP 數據核字 (2024) 第 042440 號

書　　　名：唐宋禪籍俗語研究
　　　　　　Tang-Song Chanji Suyu Yanjiu
著　　　者：徐　琳
叢 書 名：中國俗文化研究大系・俗語言研究叢書

選題策劃：黃蘊婷
責任編輯：歐風偃
責任校對：毛張琳
裝幀設計：墨創文化
責任印製：王　煒

出版發行：四川大學出版社有限責任公司
　　　　　地址：成都市一環路南一段 24 號（610065）
　　　　　電話：(028) 85408311（發行部）、85400276（總編室）
　　　　　電子郵箱：scupress@vip.163.com
　　　　　網址：https://press.scu.edu.cn
印前製作：石　慧
印刷裝訂：成都金龍印務有限責任公司

成品尺寸：170mm×240mm
印　　張：25.25
字　　數：426 千字

版　　次：2020 年 11 月　第 1 版
　　　　　2024 年 4 月　第 2 版
印　　次：2024 年 4 月　第 1 次印刷
定　　價：98.00 圓

掃碼獲取數字資源

四川大學出版社
微信公眾號

總　序

項　楚

　　四川大學中國俗文化研究所，作爲教育部人文社會科學重點研究基地，已經走過了二十年的歷程。不忘初心，重新出發，是我們編輯這套叢書的目的。

　　俗文化是中國傳統文化的重要部分，與雅文化共同形成中國文化的兩翼。俗文化集中反映出中華民族獨特的思維模式、風俗習慣、宗教信仰、語言風格、審美趣味等，在構建民族精神、塑造國民心理方面，曾經起過並正在起著重要的作用。因此，俗文化研究不僅在認知傳統的中華民族文化方面具有重大的學術價值，而且在促進社會主義精神文明建設方面具有傳統雅文化研究不可替代的意義。不過，俗文化和雅文化一樣，都是極其廣泛的概念，猶如大海一樣，汪洋恣肆，浩渺無際，包羅萬象，我們的研究衹不過是在海邊飲一瓢水，略知其味而已。在本所成立之初，我們確立了三個研究方向：俗語言研究、俗文學研究、俗信仰研究，後來又增加了民族和民俗的研究。同時，我們也開展了相關領域的研究，如敦煌文化研究、佛教文化研究等。在歷史上，雅文化主要是士大夫階級的意識形態，俗文化則更多地代表了下層民衆的意識形態。它們是兩個對立的範疇，有各自的研究領域和研究路數，不過在實踐中，它們之間又是互相影響、互相滲透、互相轉化的。當我們的研究越來越深入的時候，我們就會發現它們在對立中的同一性。雖然它們看起來是那樣的不同，然而它們都是我們民族心理素質的深刻表現，都是我們民族性格的外化，都是我們民族的魂。

　　二十年來，本所的研究成果陸續問世，已經在學界產生了廣泛的影響。本套叢書收入的衹是本所最近五年來的部分研究成果，正如前面所說，是在俗文化研究大海中的一瓢水的奉獻。

目　録

緒　論

第一節　唐宋禪籍俗語研究意義及現狀

一、研究意義

禪宗是佛教中國化的產物，它曾以其特殊的方式在中國歷史上產生過特殊影響。作爲佛教的一個派別，它自稱"教外別傳"，否認佛教經典、佛祖權威，樹立起獨特的宗教哲學思想和宗教實踐方式。禪宗適應了唐宋之際中國社會的發展，適應了平民社會的需要，在語言上對印度佛教進行了徹底的改革。禪師在講法傳佛、接引學人或是作偈吟誦時，都大量使用當時流行於街頭巷尾、鄉村市井中人們耳熟能詳的俚詞俗語，禪宗語録更是植根于唐宋時期深厚的口語土壤，真實地反映了當時人們的語言狀況、生存狀態和思維方式。禪籍中所見俗語形式多樣，其中不但有蘊含哲理、概括經驗的諺語，如"閉門造車，出門合轍""春不耕，秋無望"，也有形象生動、寓意其中的慣用語，如"臂長衫袖短""打淨潔毯子"，還有前半引語、後半注解的歇後語，如"矮子看戲，隨人上下""飛蛾投火，自傷自壞"，亦有來自民間、活潑生動的四字格俗成語，如"背明投暗""撥草瞻風""口似懸河""剜肉作瘡"。這些俗語大多是唐宋時期活生生的語言，反映了該時期人們使用語言的實際情況。俗語的運用不僅爲禪籍語言平添了一層口語色彩，更爲研究中古及近代漢語的辭彙、語法、修辭提供了寶貴語料。因此，有必要進行禪籍俗語的研究。

禪籍是唐宋時代語言的大寶庫。就文獻所顯現的語言事實而論，禪籍俗語不外兩種情況：一是運用漢語中約定俗成的民俗語言固有語料，二是緣禪文化而衍生出的民俗語言語料①。對禪籍俗語進行收集歸納，可以爲研究漢語俗語系統的構成做一點積累和整理工作。

自二十世紀八十年代，禪宗語言問題受到學者們的廣泛關注，其將禪籍視爲和敦煌文獻具有同等價值的唐宋語言寶庫。但禪宗語言研究主要集中在口語詞、一般詞語考釋和文本譯注上，有關俗語的研究並不多見。近幾年，陸續有學者對禪籍俗語作了嘗試性研究，但多將重點放在禪籍諺語上，沒有關注俗語中的其他語類。

俗語主要爲人民群眾所創造，並廣泛流傳於群眾的口頭，具有群眾性、口語性和通俗性的特點，這恰好適應了禪宗“不立文字，教外別傳”的語言觀和宗教實踐觀。因此，俗語在禪籍中被大量使用，或出現於禪師上堂說法、接引學人、吟詩作偈中，或出現於師僧間的機鋒酬酢中。傳統的俗語研究停留於靜態語言分析層面，就俗語談俗語。語言是“存在的家園”②，是文化精神的載體，特別是在禪宗語言世界里，語言符號被賦予了更多邏輯以外的其他意義。解讀禪籍俗語必須回歸禪宗文本，在禪文化背景和語境下理解俗語的含義。對禪籍俗語進行系統的探討，不但可以推動漢語俗語的研究更進一步，同時可以幫助發現、歸納更多禪宗語言特色。

禪宗語言無法用心機意識猜想，若用情識求解，反而離真理愈加遙遠。禪宗俗語耐人尋味，表面是尋常語句，但内裏卻是石火電光，孤峻峭拔。如果用人們的慣常思維來理解，禪師們的講法不通情理、答非所問，甚至是胡言亂語、莫名其妙。如果用日常語言的規則去“尋言逐句”，追隨語言的邏輯軌跡，難免會“死於句下”。禪師有意回避從正面直接講法，而用眾人熟知的俗語爲學人參悟佛法開一綫道，讓他們在學佛悟道時，不因語言的障蔽而退卻。禪師將俗語的解釋權轉交給接受者，希求他們在輕鬆熟悉的話語遊戲中，從世俗慣常的邏輯思維裏解脱出來。禪師的這種接引法如“羚羊掛角，無跡可尋”，在不落痕跡處，開悟學人。通過研究禪籍俗語，可以對禪宗宗教實踐、宗教精神以及語言觀有更深層次的認識。

---

① 曲彦斌：《關於禪籍俗語言的民俗語源問題》，載（日本）《俗語言研究》，創刊號，1993年，第101頁。

② 周裕鍇：《禪宗語言》，浙江人民出版社，1999年，第4頁。

　　禪宗文化是中國文化的一部分，禪籍中部分俗語直接或間接地反映出當時社會的民俗文化風貌，包括物質生活、社會生活和精神生活。研究禪籍俗語可以爲研究中國民俗文化和進行民俗調查提供借鑒。從這個角度看，研究禪籍俗語也有一定的價值和意義。

二、研究現狀

　　目前，就我們所了解的情況看，禪籍語言研究很少集中于俗語，而俗語研究又很少涉及禪籍。近幾年，少數學者對禪籍諺語進行了研究，但對諺語以外的其他語類少有涉及。真正意義上對包括諺語、慣用語、歇後語和俗成語在內的禪籍俗語所作的研究尚未見到。我們從禪籍語言和俗語兩方面簡單介紹一下目前國內外的研究狀況。

（一）禪籍語言方面的研究

1. 口語詞、俗語詞釋義及禪語注釋輯録

　　唐宋時期的禪宗典籍口語色彩濃厚，其中包含有豐富的口語詞和俗語，因而受到漢語詞彙史研究者的關注，出現了大批重要研究成果。目前可以看到的有袁賓《禪宗著作詞語匯釋》（1990），該書開啓了漢譯佛經和禪宗語録俗語詞研究的先河，作者旁搜廣攬、精微博考，引證材料涉及漢譯佛經、禪宗語録、宋儒語録、筆記小說、通俗白話小說、詩詞曲、史書、字書、韻書等，對所釋之詞溯源探流、考證詞義，其中除收録禪宗俗語詞外還涉及部分俗語。此外，袁氏還著有《中國禪宗語録大觀》（1991）、《禪宗語録輯要》（1995）、《禪語釋注》（1999）。禮山、江峰有《禪宗燈録譯解》（1994）。譚偉《〈祖堂集〉文獻語言研究》（2005）下編設專章考釋《祖堂集》中的詞語，其中以單音節和雙音節的口語詞考釋爲主，除此，還梳理了部分俗語的佛教典故和世俗典故。雷漢卿《禪籍方俗詞研究》（2009）結合禪宗文獻，探討了"俗語"這一概念在漢語史不同階段的特定內涵，對俗語詞、方俗詞、口語詞等不同名稱的具體內涵給出了較爲合理的解說辨證。該書具有後出轉精的特點，不僅有單一的語詞考釋，還對禪宗語言研究的理論、方法作了探討與總結，較爲系統地運用大量方俗語詞的個案研究來揭示禪宗語言研究的價值，闡明了禪籍俗語詞在漢語辭彙發展史上的地位和意義，系統地描寫分析了禪籍方俗語詞的衍生方式，特別是對重迭式構詞法做了全面研究。同時，該書將禪籍方俗詞中的俗成語

獨立出來進行討論，整理並分析了俗成語中行業語的意義和俗成語意義的多重性特徵；發掘出禪籍中的一批新詞新義，糾正了《漢語大詞典》等語文辭書和專書詞典在方俗詞釋義上的錯誤，並揭示了禪籍方俗詞的隱喻生義特點，顯示了禪籍詞語意義的複雜性。該書不但延續了漢語史詞彙研究中詞語考證的傳統方法，而且十分重視語言理論方面的挖掘，爲其他學者研究提供了借鑒。此外，江藍生、曹廣順編著的《唐五代詞典》對《祖堂集》等禪宗語錄中的語詞進行了考釋。除上述專書外，以考釋禪宗語錄詞彙爲主要研究內容的論文散見於各類學術期刊中，主要有：梁曉虹《禪宗典籍中"子"的用法》(1998)，董志翹《俗語佛源（二則）》(2001)，段觀宋《禪宗語錄疑難詞語考釋》(2001)，鄧海榮《禪宗語錄詞語劄記二則》(2004)，盧烈紅《禪宗語錄詞義劄記》(2005)，鮑瑩《禪語劄記一則》(2005)，魏耕原《寒山詩俗語難詞疑議》(2006)，高列過《"韓盧逐塊"辨正》(2006)、《"截斷眾流"辨正》(2013)，顧軍《"如麻似粟"補釋》(2012)、《釋"徛死"》(2012)，王閏吉《"獦獠"的詞義及其宗教學意義》(2013)，雷漢卿《禪籍俗語詞劄記》(2004)、《禪籍詞語選釋》(2005)、《禪籍詞語選釋》(2006)、《禪籍詞語考釋》(2006)、《語文辭書收詞釋義漏略禪籍新義例釋》(2009)。其中，雷漢卿與馬建東合撰《禪籍詞語選釋》(2005)一文，結合文獻和今天流傳於口頭的方言例證，對禪籍中的四個四字格詞語進行考釋，在研究方法上有了新的突破。

此外，還有大量論文以禪宗專書中的詞語作爲研究對象，如袁賓《〈五燈會元〉詞語續釋》(1987)、《〈五燈會元〉口語詞探義》(1987)，張錫德《〈五燈會元〉詞語拾零》(1987)，呂幼夫《〈祖堂集〉詞語選釋》(1992)，滕志賢《〈五燈會元〉詞語考釋》(1995)，張美蘭《〈五燈會元〉詞語二則》(1997)，黃靈庚《〈五燈會元〉詞語劄記》(1999)，邱震強《〈五燈會元〉釋詞二則》(2007)，鞠彩萍《〈祖堂集〉詞語訓釋》(2007)、《試述禪宗史書〈祖堂集〉複音詞對大型語文辭書的補充》(2012)，詹緒左《〈祖堂集〉詞語劄記》(2008)，康健《〈祖堂集〉"索"義集釋》(2010)，范春媛《禪宗人稱稱謂"××漢"考查》(2011)，李艷琴等《〈祖堂集〉〈五燈會元〉校讀》(2011)。從現有的研究成果看，學者主要借助幾種方式對禪籍口語詞進行釋義考證：一是利用已經考釋清楚的上古、中古詞語對禪籍口語詞進行釋義；二是借助現代方言印證、考釋禪籍詞語；三是通過同時代禪宗、佛教文獻間相互對讀考證，或將禪宗文獻與世俗文獻對讀考證詞語。

2.　禪宗語言綜合研究

于谷《禪宗語言與文獻》（1995）從語言和文獻兩個角度介紹禪宗，對禪宗"不立文字"的語言觀和活潑多樣的語言實踐進行了論述，並在此基礎上分別從詞彙和語法兩方面舉例論證，突出禪籍語言的口語化特點。作者轉換角度，從文獻概貌、文獻介紹和文獻整理三方面作詳細闡述，將禪宗文獻概括爲燈錄、傳記、語錄、拈頌、詩歌等多種體裁，並選擇了110種作概括介紹，有利於讀者從整體上認識和把握禪宗文獻。

邢東風《禪悟之道——南宗禪學研究》（1992）指出南宗禪師明確否定和排斥語言文字這種規範形式在宗教修行實踐中的作用，而是創造性地以種種不規範的語言和動作作爲表現悟境和接引學人的媒介。作者總結出四種不規範的話語表達形式：一是自相矛盾；二是同義反復；三是答非所問；四是隨意亂說。南宗禪師的語言往往不合乎日常語言的規範，不遵循日常語言的邏輯規則，也不表達日常語言的常規意義。作者還將問題向深處挖掘，分析南宗禪師語言不受通常語言邏輯和語法規則限制的原因，即由於語言本身的特點：一方面，作者借助維特根斯坦的語言遊戲說作解釋，認爲語言的使用規則是可以隨意確定的，禪宗語言本身也是一種語言遊戲，遊戲的規則可以根據使用者的需要和表達目的而隨意改變，日常語言的使用規則在禪籍中可以被顛覆；另一方面，語言文字的形式與内容、符號與意義之間有區別，語言所指示的意義和它所蘊含的内容並不取決於語言文字的符號形式本身，而是取決於這種符號形式的使用者，禪師可以根據自己的需要任意改變語言符號形式與意義之間的關係，重新構建新的表意系統。此外，作者還引入維特根斯坦的"私人語言"說，認爲禪師所說的不合常規的語言不過是一種無意識興奮的心理狀態，是他們無意識活動的一種表現形式。這種語言只是一種聲音，不能稱作是語言，禪師們的語言是無意義的。作者大膽借用西方語言學理論來解讀禪的語言，總結禪語的特點並深入剖析產生這種話語表達形式的原因，爲我們從語言哲學的角度研究禪宗語言開闢了新的道路。

周裕鍇《禪宗語言》（1999）是關於禪宗語言研究的一部最系統的學術專著，該書最大的特點是從語言學的角度把禪宗的語言研究與宗教研究較好地結合起來。作者不滿足于當時學界語言研究、文學研究、宗教學研究相隔絕的狀態，認爲：“離開語言研究，無法真正理解禪宗宗教革命的意義，燈錄所載固然不是信史，但其中祖師的言行，最能體現禪宗中國化的精髓，有一種語境的真實，而離開思想史研究，也無法準確理解禪語語法所特有的邏輯、禪語詞彙所特有的詞義、禪語修辭所特有的功能。因爲語言並不是邏輯的家園，而是存在的家園。”[①] 該書的上編對禪宗的語言觀和語言運用實踐進行歷史考察，指出禪宗語言觀經歷了“不立文字”到“不離文字”再到“不立文字”的演變過程，而禪宗的語言實踐也經歷了由規範化到擺脫規範再到重回規範的過程。下編部分對禪宗語言進行了共時性分析，指出禪宗語言具有象徵性、隱晦性、乖謬性、遊戲性、通俗性、遞創性、隨機性等特徵。作者從語言學理論和宗教思想相結合的角度審視禪宗語言，並以具體豐富的禪籍語料爲基礎，樹立起禪宗語言哲學觀。

綜合研究禪宗語言的專書還有張美蘭《禪宗語言概論》（1998）。除此，還有部分單篇論文選取某一角度對禪宗語言作深入探討，分析禪宗語言的修辭特點、言說方式、交際原則、非語言表達手段等。如邢東風《禪宗語言研究管窺》（2001）是一篇研究禪宗語言的綜述性文章，總結了近十幾年禪宗語言研究情況。除此還有張育英《談禪宗語言的模糊性》（1995），陸永峰《禪宗語言觀及其實踐》（2001），張子開、張琦《禪宗語言的種類》（2008）等。其中，從修辭學角度研究禪宗語言的成果較爲集中，出現了大量單篇論文，如疏志強《淺析禪宗語言的“言有所爲”現象》（2000），金軍鑫《禪宗語言的幾個特點》（2002），張勝珍《禪宗的譬喻》（2004），疏志強《禪宗修辭中的特殊問答方式》（2004）、《試論禪宗修辭的非邏輯性》（2004）、《試論禪宗修辭的機趣性原則》（2005），任珊《禪宗語言中的會話修辭》（2005），焦毓梅、于鵬《禪宗公案話語的修辭分析》（2006），張鵬麗《禪宗語錄語言研究述略》（2009），孔慶友《禪宗語言的語義三角理論闡釋》（2009），范春媛《語言的空間性表達——淺談禪籍諺語的使用修辭》（2010），高艷華《禪宗機緣問答中間接否定的語用學研究》（2015），張昌紅《禪宗公案、頌古隱喻系統初探》（2014），秦越

---

① 周裕鍇：《禪宗語言》，浙江人民出版社，1999 年，第 4 頁。

《禪宗語言"雙重意義"修辭分析》（2015）。

3. 關於禪宗語言哲學的研究

　　這類研究以禪宗語言作爲研究對象，利用西方語言學理論探索禪宗語言的哲學性，或將禪宗語言與禪宗思想結合起來，討論語言的哲學特徵。在借鑒西方語言哲學理論方面，以尚志英《尋找家園——多維視野中的維特根斯坦語言哲學》（1992）爲代表，該書作者利用多維視野的觀照和多向層次比較的方法，詮釋維特根斯坦的語言哲學。維特根斯坦《邏輯哲學論》一書解決的根本問題是劃分出可說的東西與不可說的東西的界限。維氏所說的"不可說出的東西"就是指那些超驗的、價值的、無法用科學語言（邏輯化的語言）說出的話語，這類話語只是相對於科學語言而言沒有意義，但這類無意義的話語大多具有永恆的意義。作者看到在禪宗的認知方式和生活之道中，有可以與維特根斯坦的"不可說"理論相溝通的地方，認爲維特根斯坦用"不可說"的訓言，一方面告誡人們不要用科學語言去打擾超驗世界，另一方面希冀人們不要執著于布滿理障的語言文字。這樣，維特根斯坦的"不可說"就具有了禪宗的"不立文字"的意境。禪宗的"不立文字"不是根本拋棄語言文字，而是要求人們不要執著於語言文字，希望人們能夠超越語言文字的理障。由此，維特根斯坦的"不可說"理論與禪宗"不立文字"的語言觀具有了相似性，相互間可以建立起聯繫。維特根斯坦後期語言哲學的棲息之所是"生活形式"。他把語言想象成一種生活形式，語言遊戲是生活形式的一部分。作者發現維特根斯坦的語言"生活形式"是哲學理想主義的表現，它和禪宗的"平常心"都是對自由的呼喚，都是對家園的追尋。所以又將維氏語言哲學中的"生活形式"與禪宗的"平常心是道"勾連起來，找出它們共同的宗旨，即通過語言促使人類盡快摒棄給其帶來迷惘、困頓、累贅和危機的"身外之物"和"心外之物"。尚志英以論說維特根斯坦的語言哲學爲主，同時發現了維氏語言哲學與禪宗語言觀的相似性，於是將兩者平行考察。尚志英的研究爲我們認識禪宗語言打開了新的視窗。

　　此外，涉及禪宗語言哲學的單篇論文有徐時儀《不離文字與不立文字——談言和意》（1997）、方立天《禪宗的"不立文字"語言觀》（2002）、張宜民《禪宗語錄的獨特言說方式》（2008）、胡驕鍵《不立文字，不離文字——淺論禪宗的語言觀》（2009）、梁瑞清《語言的指引性淺談——以早期 Wittgenstein 和禪宗爲例》（2013）。

4. 禪宗語言與宗教文化結合研究

這類研究以語言爲媒介，探討禪宗語言與宗教文化之間的關係，將語言學與宗教文化學結合起來。如尤俊成《與佛教有關的貶義俗語的文化審視》（1991）發現以佛教文化爲材料構成的帶有貶義色彩的俗語與漢民族文化心理有關，將俗語研究與中國傳統文化、心理學結合起來。周裕鍇《"拴索""傀儡""鎖骨"——關於一個獨特詞彙的宗教寓意的考察》（2011）從禪籍中"拴索"一詞入手，考察了該詞在禪宗文化背景下特殊的指代意義，并揭示了禪宗對傀儡戲有獨特的宗教認識。鞠彩萍《唐宋禪籍晉稱的深層文化折射研究》（2014）由禪籍中所見僧侶間的晉稱，考察了唐宋時代禪宗的農禪文化、山居生活及當時的社會制度。此類論文和專著數量較少。

5. 禪宗妙語、俗語輯錄

這類研究成果收錄了源自禪籍的妙言警句，作者或作解釋，或探源溯流。如朱瑞枚《成語與佛教》（1989）探討了成語淵源與佛教的關係，收錄了部分佛教和禪宗語錄中的成語。鍾學梓《禪語三百則》（1995），祖騄《禪林金句》（1995），日本秋月龍瑉著、汪正求譯《禪海珍言》（1997）亦屬此類。中國佛教文化研究所主編的《俗語佛源》（2008）收錄了五百餘條來自佛教和禪宗典籍的詞語、俗語。除此，還出現了大量研究禪籍俗語的單篇論文，學者對禪籍俗語或釋義，或探源，或整理羅列。如周啓符《〈五燈會元〉中的諺語》（1988）、王文波《〈俗語佛源〉補遺》（1997）、周劍《俗語與佛教語彙》（1998）、彭勝華《諺語和佛教》（1999）。袁津琥《〈祖堂集〉中的俗語源》（1999）除收錄俗語外，還收錄了部分口語詞，如"雜食""盛會""只管"等。同年 12 月袁津琥又發表《〈祖堂集〉中的俗語源（續）》。周裕鍇《禪籍俗諺管窺》（2004）雖爲單篇論文，但從多方面對禪籍俗語進行了考察，解釋了部分來自民間但又在禪籍中帶有宗教性特殊含義的俗諺，注意到禪籍俗語形式的多樣性、諺語與歇後語之間的轉換關係、禪籍俗語的世俗化等問題，並從五個方面總結歸納了禪師喜用俗諺的原因。該文從多角度對禪籍俗語作了嘗試性的探討，爲後人繼續深入研究開闢了道路。譚偉《從用典看禪宗語言的複雜性》（2006）以《祖堂集》的用典爲例，對禪宗語言的複雜性進行了闡釋，文中例子皆用俗語，在探尋禪籍語言典故的同時考查了俗語的來源，解釋了俗語的意義。

6. 詞典辭書

　　袁賓《禪宗詞典》（1994）爲國内第一部禪宗專科辭書。其中收釋了中國禪宗文獻中的重要或常見詞語，包括術語、行業語、典故語、成語、口語詞、俗語等，兼收並介紹了重要的中國禪宗人物、寺院、塔、山和典籍，共有詞目 6400 餘條，爲廣大讀者研究禪宗、閲讀禪宗文獻提供了幫助。孫維張《佛源語詞詞典》（2007）是一部近出的收釋佛教和禪宗語詞的詞典。作者注意到佛教對現代漢語詞彙的影響，佛經、禪籍語録中使用的一些詞語，原本充滿著濃重的宗教色彩，是佛教的專門用語。隨著佛教在民間的普及和流佈範圍的擴大，宗教色彩逐漸減弱淡化，禪籍中的一些專門詞語進入一般的日常言語交際中，失去了原有的宗教含義，演化出與世俗生活相關的意義。甚至有一些來自禪宗的詞語，一般人已經看不出它們發展演變的軌跡，只知道現代的意義和用法。該詞典在編寫時突出正本清源，規範人們對佛源語詞的認識。在收詞方面，該詞典收録了一般語詞、熟語性固定詞組和形成爲詞語的典故、故事、傳説。該書從語詞來源上將所有詞條分爲三類：源自上古漢語的詞語；源自佛語的專門用語；源自佛語轉化爲現代漢語普通用語。此外，日本學者在禪宗語言研究方面還做了大量工作。其中值得稱道的是禪僧無著道忠，已經出版的有關禪籍研究的著作有《葛藤語箋》十卷、《禪林象器箋》二十卷、《百丈清規左觽》二十一卷、《虚堂録犁耕》三十卷、《五家正宗贊助桀》及《盎雲靈雨》二十卷等。日本學者還在禪宗文獻整理和語言研究方面取得了豐碩的成果，發表了大批關於禪籍語言研究的文章，出版了系列索引《基本典籍叢刊》十二卷，編著了專門的佛教、禪宗詞典，如日本禪學大詞典編纂處編寫的《禪學大辭典》（1977）、柳田聖山《祖堂集索引》（1982）、古賀英彦《禪語詞典》（1991）等。但遺憾的是，目前尚没有關於禪籍俗語的專門詞典，只在佛教或禪籍詞典辭書中收録了部分禪籍俗語。

　　現有的關於禪籍俗諺的研究成果主要有：劉愛玲《禪籍諺語活用現象探析》（2005）、《禪籍諺語的活用》（2006）、《淺談諺語在禪籍中的作用》（2008），范春媛《智慧禪語——禪宗典籍諺語語義探析》（2006）、《禪籍俗語語義研究》（2007）、《禪籍諺語之妙用》（2009），李艷琴《禪籍戰事格鬥俗語分類及其宗門含義》（2012）、《禪宗衙門俗語宗門義管窺》

（2013）、《禪籍賭博貨貿俗語宗門義舉隅》（2014）。除此，還出現了以俗諺爲研究對象的碩士、博士學位論文：李濤賢《禪宗俗諺初探》（2003）、劉愛玲《禪籍諺語研究》（2006）、范春媛《禪籍諺語研究》（2007）、李艷琴《禪宗語言專題研究》（2012）。

（二）俗語方面的研究

我國的俗語研究古已有之，如漢代服虔《通俗文》、明代陳士元《俚言解》二卷、清代翟灝《通俗編》三十八卷、郝懿行《證俗文》十九卷等，它們不但引書證，而且以探求語源爲重點，對我國俗語語源考察很有價值。但俗語研究一直沒有成爲一門專門的學科。進入二十世紀後，俗語研究才逐漸從方言研究中獨立出來，成爲語言學中獨立的一個分支。俗語的性質特點逐漸被理清，範圍雖有爭議，但也逐漸向著明晰化的方向發展。俗語研究的觸角由原先的探源、考證開始向其他方向延伸，理論研究更加深入，研究材料也更加多樣，除了繼續匯集、考證來自民間百姓口頭上的俚語、鄙語外，還將詩詞曲劇、白話小說、文人筆記等納入研究材料的範圍中，挖掘整理其中的俗語。將現有的俗語研究成果歸納爲以下幾種：

1. 通論性研究

從理論的高度對俗語作宏觀研究，確定俗語在漢語語彙中的地位，總結俗語的性質、特點、範圍，歸納俗語的分類，分析俗語的結構、語義等。具體研究成果有：武占坤、馬國凡《諺語》（1980），甯榘《諺語、格言、歇後語》（1980），溫端政《諺語》（1985）、《歇後語》（1985），孫維張《漢語熟語學》（1989），崔希亮《漢語熟語與中國人文世界》（1997），武占坤《中華諺謠研究》（2000），溫端政、周薦《二十世紀的漢語俗語研究》（2000），溫端政《方言與俗語研究》（溫端政語言學論文選集）（2003）、《俗語探索與研究》（2005）、《漢語語彙學》（2005）。

單篇論文有雲生《關於"熟語"》（1959），溫端政《中國俗語大詞典·前言》（1989）、《〈中國俗語大全〉前言》（2004），王勤《俗語的性質和範圍——俗語論之一》（1990）、《俗語的構成和意義——俗語論之二》（1998），陳平《諺語的定義及其基本特徵》（1997），羅聖豪《論漢語諺語》（2003），武占坤、高兵《試論諺語、俗語之分》（2005），韓爽《俗語界說——兼論俗語與相近範疇的關係》（2012），王麗霞《狹義俗語應是漢語熟語的獨立類型》（2015）。

2. 方言俗語研究

對一地的俗語進行匯集釋義，或結合民俗文化展開研究。如溫端政、張書祥《忻州俗語志》（1986），侯精一《平遙方言民俗語彙》（1995），徐世榮《北京土語詞典》（1990），常錫楨《北京土話》（1992）、《郴州俗語的文化特徵》（2007）、《永興方言俗語與地域文化》（2014），蘭金梅《河套方言俗語的民俗文化探析》（2015）。此類研究多從俗語入手，對地方民俗文化進行考察，俗語反映民俗，民俗又印證歷史俗語。

3. 專書俗語研究

李布青《金瓶梅俚語俗諺》（1988），李申《金瓶梅方言俗語匯釋》（1990），張惠英《金瓶梅俚俗難詞解》（1992），雷漢卿《近代方俗詞叢考》（2006），張愛卿、秦建文《〈西遊記〉中的俗語研究》（2006），曹瑞芳《〈醒世姻緣傳〉中俗語運用的修辭手法和作用》（2007），任連明《〈金瓶梅〉中的俗語研究》（2008），李淑珍《〈兒女英雄傳〉中俗語的運用》（2009），莫嫻《〈何典〉的方言俗語研究》（2013）。

4. 斷代俗語研究

這一類研究成果集中在工具書，代表有龍潛庵《宋元語言詞典》（1985），江藍生《魏晉南北朝小說詞語例釋》（1988），方一新、王雲路《中古漢語詞語例釋》（1992），江藍生、曹廣順《唐五代語言詞典》（1997），江藍生、劉堅《宋語言詞典》（1997），袁賓《宋語言詞典》（1997），王鍈《唐宋筆記語辭匯釋》（修訂本）（2001）。這些工具書除收錄一時代的詞語外，還收錄了部分俗語，爲俗語研究提供了材料。此外還有周志鋒《明清小說俗字俗語研究》（2006），李豔《明清山東方言俗語研究》（2007）。

5. 詞典辭書、俗語集成

黃羽《中華俗語典》（1982），邱崇丙《俗語五千條》（1983），孫治平、王仿《俗語兩千條》（1985），曹聰孫《中國俗語選釋》（1985），溫端政《漢語俗語大辭典》（1989）、《古今俗語集成》（1989），〔日〕長澤規矩也《明清俗語辭書集成》（1989），胡朴安《俗語典》（1991），郝長留《常用俗語詞典》（1992），劉葉秋《成語熟語詞典》（1992），王捷、徐建華、刁玉明《中國俗語》（1992），唐樞《中華成語熟語辭海》（1995），宋洪飛《俗語諺語歇後語選釋》（1997），溫端政等《語海》（2000），翟建波《中國古代小說：俗語大詞典》（2002），温端政《中國諺語大全》（全二冊）（2004），徐宗才、應俊玲《俗語詞典》（修訂本）（2004），温端政《分類歇後語詞典》（2005），許少峰《簡明漢語俗語詞典》（修訂本）（2007），許少峰《近代漢語大詞典》（2008）。部分學者還對俗語辭書、俗語語料庫的編纂和建設進行了研究，如王海靜《俗語語料庫與語典編纂相關問題的思考》（2011）。

從以上所舉兩類研究成果可以看出，禪宗文獻與俗語的交叉研究仍沒有受到足夠重視。禪籍中保存了大量唐宋俗語，這些俗語大多是唐宋時期活生生的語言，反映了當時人們的語言事實，折射出社會的文化風貌。禪宗俗語是唐宋時期語言和文化的活化石。因此，研究唐宋禪籍俗語可以爲中古唐宋語言研究和民俗文化研究提供材料，可以豐富漢語語彙系統。俗語是來自民間的習慣用語，具有口語化的特點，恰好與禪宗“不立文字”的語言觀相契合。俗語在禪籍中擔負起講經說法、應機接人、表達禪理的職責，成爲禪師傳達旨意的傳聲筒。俗語的意義在禪籍中常常超越字面本身或俗語原有的意義，變得怪誕離奇，讓人難以捉摸，“言”與“意”之間表現出超常規和非理性的特點。要理解禪旨佛理，探討禪籍俗語的意義就變得尤爲重要。禪籍俗語的研究爲漢語俗語研究打開了新的視窗，同時爲禪籍語言、思想、文化等方面的研究提供了借鑒。禪籍俗語研究將成爲未來漢語史研究的一片新天地。

第二節　本書的研究目標、對象、內容與方法

一、研究目標

唐宋禪宗文獻數量眾多、篇幅龐大，其中使用了大量禪籍俗語。研究禪籍俗語主要希望達到以下幾個目標：

首先對唐宋禪宗文獻俗語進行匯集、整理，建立禪籍俗語語料庫，通過詞語考證、語境分析對收集到的俗語進行釋義；其次，從禪宗文獻入手，並結合禪宗思想，歸納禪籍俗語的語義類型，找出俗語在禪籍中的使用規律；禪籍俗語的來源複雜，考察其歷史來源及演變方式；總結俗語在禪籍中的作用和特色。

二、研究對象及分類標準

本書以唐宋禪籍爲語料，對其中的俗語進行整理和研究。本書論及的俗語是指群眾創造的，並在群眾口語中流傳、相對定型的通俗而簡練的語句。它具有群眾性、口語性和通俗性的特點；由詞和詞組合而成，是大於詞的語言單位；具有相對固定的結構；可以充當句子成分或單獨成句。我們把出現在禪籍中的所有俗語都稱爲禪籍俗語，包括諺語、慣用語、歇後語和俗成語四個語類。在整理歸類時，集中解決兩個問題：一是區別俗語内部各語類間的不同；二是統計俗語條目。

俗語中的各語類具有共同點，同時，又各有特點，彼此區別。成語和歇後語在形式上區別於諺語和慣用語。我們將成語的形式確定爲二二相承的四字格。歇後語在形式上包括引和注前後兩部分，後面的部分對前面部分進行解釋說明。如果歇後語的形式被省略，就從語義上進行判斷。被省略的歇後語表義不完整，說話人有意爲接受者留下思考的空間，意義需要接受者補充。所以，歇後語在省略引語或注解語後仍然可以從意義上與諺語和慣用語相區別。諺語和慣用語形式相類，但内容和語用功能有很大區別。諺語主要用來總結經驗，傳授人們對客觀事物的認識，強調内容的知識性，在語言風格上帶有莊重和嚴肅的色彩。慣用語缺乏知識性，主要用來對事物的特點、形狀、程度等進行描繪或渲染，具有幽默詼諧的語言風格。從内容、風格和語用三個方面可以將諺語和慣用語區分開。

統計禪籍俗語條目時，會有這樣的情況出現：

（1）曰：“若無諸聖眼，爭鑒得個不恁麽？”師曰：“官不容針，私通車馬。”（《五燈會元》卷十三《曹山本寂禪師》P.790）

（2）僧問：“如何是道？”師曰：“私通車馬。”僧進一步，師曰：“官不容針。”（《五燈會元》卷十七《玄沙合文禪師》P.1121）

（3）《東林頌》：大悲觀音開正面，官不容針通一綫。鼠拽葫蘆有底忙，鬼爭漆桶無人頌。（《古尊宿語錄》卷四十七《東林和尚雲門庵主頌古》X68，p0323b13）

“官不容針，私通車馬”“私通車馬，官不容針”“官不容針通一綫”在形式上相似，特別是前兩句，只是語序顛倒，所以“官不容針，私通車馬”和“私通車馬，官不容針”看作是同一條俗語。而“官不容針通一綫”在形式上與前兩條有明顯不同，成分有所簡省，句型由完整複句變爲了緊縮句，這種情況將其看作是與前兩條不同的俗語。所以，這三段文字中出現了兩條俗語。又如：

（1）鄰壁有一老宿聞曰："好一釜羹，被一顆鼠糞污卻。"雪竇代云："誰家釜裏無一兩顆。"（《五燈會元》卷六《亡名古宿》P.361）

（2）鄰壁有老宿聞云："好一釜羹，被兩顆鼠糞污卻。"師拈云："誰家鍋釜無一兩顆。"（《明覺禪師語録》卷一 T47，p0671b14）

兩條俗語只替換了個別字，是同一條俗語的不同變體，看作一條俗語。

（1）大潙哲云："雲居茱萸，爲人如爲己。爭奈趙州不入綑纜。然雖如是，不得雪霜力，焉知松柏操。"（《聯燈會要》卷六《觀音從諗禪師》X79，p0057b01）

（2）僧云："未審當初靈山合談何法？"師云："不見道'世尊不說說，迦葉不聞聞'？"僧云："與摩則'不覩王居殿，焉知天子尊'？"師云："酌然，瞻敬則有分。"（《祖堂集》卷十一《齊雲和尚》P.523）

（3）僧問："一法若有，毗盧墮在凡夫。萬法若無，普賢失其境界。正當與麼時，還許文殊出頭來也無？"師云："樓頭吹盡角，妄聽五更鐘。"進云："學人未曉，乞師再指。"師云："未到長城不肯休。"進云："不入洪波裏，爭見弄潮人。"［《古尊宿語録》卷四十六《滁州琅琊山（慧）覺和尚語録》X68，p0315a03］

三條俗語表達的意義相同，都強調體驗和實踐的重要性。佛門強調參禪悟道需要親力親爲，需要有對現境的直覺感性認識。禪僧通過遊學參訪、行住坐臥、牧牛勞動等實踐行爲體悟禪門妙理，認識事物本質，辨明事物真僞。由於取材不同，所以將上述三例中的俗語看作獨立的三條俗語。

（1）衡岳南臺守安禪師，僧問："人人盡有長安路，如何得到？"師曰："即今在甚麼處？"（《五燈會元》卷八《南臺守安禪師》P.504）

（2）問："狗子還有佛性也無？"師云："家家門前通長安。"［《古尊宿語録》卷十四《趙州（從諗）真際禪師語録之餘》X68，p0086a05］

兩條俗語意義相同，但取材不同，俗語形式區別較大，看作同義的兩條俗語。

（1）上堂云："……所以菩提等法本不是有，如來所說皆是化人。猶如黃葉爲金錢，權止小兒啼。"［《古尊宿語録》卷三《黃檗（希運）斷際禪師宛陵録》X68，p0019a03］

（2）上堂云："即心即佛，黃葉止啼；非心非佛，驗病施方。你道到這裏作麼生？"［《古尊宿語録》卷二十六《舒州法華山（全）舉和尚語要》X68，p0168c21］

"黃葉爲金錢，權止小兒啼"和"黃葉止啼"，前者爲諺語，後者爲成語，在語類上二者分屬兩類，是兩條不同的俗語。

（1）問："路逢古佛如何？"師云："你或逢駝驢象馬，喚作什麼？"師云："夫上代諸德莫非求實，不自瞞昧。豈比飛蛾投火，自傷自壞！"［《古尊宿語録》卷三十五《大隋開山（法真）神照禪師語録》X68，p0229a20］

（2）上堂："談玄說妙，譬如畫餅充飢。入聖超凡，大似飛蛾赴火。一向無事，敗種焦芽。更若馳求，水中捉月。"（《五燈會元》卷十七《開先行瑛禪師》P.1141）

"飛蛾投火，自傷自壞"爲歇後語，另有成語"飛蛾赴火"，意義相同，但語類不同，是兩條俗語。

（1）開爐上堂："個裏無峻機妙用與人湊泊。老來畏寒，只要說些火爐頭話。且道火爐頭說甚麼話？恐冷灰豆爆，彈破諸人鼻孔。"（《虛堂和尚語録》卷二 T47，p1000b11）

（2）覓其空處，了不可得。到個裏回頭一覷，驀地冷灰裏豆爆，如關將軍入大陣，拼其性命，不見有百萬兵眾。（《密菴禪師語録》T47，p0973b26）

（3）師云："莫從天台采得來不？"對曰："非五嶽之所生。"師曰："莫從須彌頂上采得來不？"對曰："月宮不曾逢。"師曰："與摩則從人得也。"對曰："自己尚怨家，從人得堪作什摩？"師曰："冷灰裏豆子爆。"（《祖堂集》卷七《夾山和尚》P.327）

（4）一日又云："爾但灰卻心念來看，灰來灰去，驀然冷灰一粒豆爆在爐外，便是沒事人也。"（《宗門武庫》T47，p0955c11）

（5）上堂："諸方今日開爐，紅焰互天。衲子爭前向火，個個烘得頭黃面赤。雖然取性一時,爭奈被守爐神看破。龍眠這裏也不要開爐,也不須向火。從教玉潔冰清,滴水滴凍,凍得徹骨徹髓,忽然冷灰中爆出一粒豆響,驚天震地,不妨慶快平生。"(《五燈嚴統》卷二十二《傑峰世愚禪師》X81,p0285a04)

(6)喜曰:"湖南人吃魚,因甚湖北人著鯁?"師打筋斗而出。喜曰:"誰知冷灰裏有粒豆爆出。"(《五燈會元》卷二十《蔣山善直禪師》P.1343)

(7)師曰:"自己尚是冤家,從人得堪作什麼。"曰:"冷灰裏有一粒豆子爆。"(《景德傳燈錄》卷二十《杭州佛日和尚》T51,p0361c29)

(8)師曰:"自己尚是冤家,從人得堪作甚麼?"山曰:"冷灰裏有一粒豆爆。"(《五燈會元》卷十三《杭州佛日禪師》P.827)

"冷灰豆爆""冷灰裏豆爆""冷灰一粒豆爆在爐外""冷灰中爆出一粒豆響""冷灰裏有粒豆爆出""冷灰裏有一粒豆子爆""冷灰裏有一粒豆爆"都是原型①"冷灰裏豆子爆"的臨時變體,而不是由構語成分變異構成的異型俗語。它們隨著語境的變化而變化,具有較強的靈活性。這些語句連同原型都只看作一條俗語。

在歸納統計禪籍俗語條目時,有四點規則:一是取材相同,只替換個別詞語,但不改變語義,都看作同一條俗語,相互間爲變體關係;二是由一條原型俗語衍生出的臨時變體,或增減字詞,或變更表述,與原型一同看作同一條俗語;三是意義相同的同類型俗語,但由於取材不同,看作不同條俗語;四是取材相同,意義相同,但分屬不同語類的俗語,看作不同條俗語。

三、研究内容

本書從禪籍俗語使用的實際出發,根據俗語在禪籍中的特點,主要從五個方面來組織内容:

第一章,本章借鑒已有的研究成果,立足於禪宗文獻,對俗語的性質、特徵、歸屬和範圍等問題進行探討。其中,以"俗語"作爲總概念,分類討論其下的諺語、慣用語、歇後語和俗成語,爲"禪籍俗語"的概念

---

① 俗語"原型"的確定,以在文獻中使用的早晚爲依據,將可查考文獻中見到的俗語的最初形式看作是該條俗語的原型,其後文獻或口語中使用的同義、形近俗語看作是原型的變體。

作出明確界定和分類，從而爲禪籍俗語的判定確定統一的標準，使得研究對象更加明確，研究過程更加科學合理。

第二章，語義特點。禪籍俗語在特殊的禪宗文化背景和語用環境下，其意義受到禪門思想的影響，具有多樣性的特點。本章將禪籍俗語的語義歸納爲字面義、禪義和語用義三類，在動態語境中分析禪籍俗語的不同語義類型。禪門師僧借助俗語表達深刻的禪旨佛理，由於彼此取材各異，許多來源不同、形式有別的俗語常常表達相同的意義內涵。本章還從語義聚合的角度將禪籍俗語分爲同義俗語類聚和反義俗語類聚，以展示禪籍俗語豐富性和俗語語義複雜性的特點。

第三章，來源及演變。這一章我們對禪籍俗語上溯其源，下順其流。俗語多創造於口頭，流傳於民間，所以在形式和意義上難免存在變異。本章從源流的探討中對禪籍俗語的演變進行歸納，包括形式的演變和意義的演變兩個方面。禪籍俗語的沿用、創新和演變體現出其傳承性和變異性的特點。

第四章，修辭手段。禪宗典籍爲方便接引學人，傳播教理，常常使用俗語增強語言的表現力。而大量的俗語又積極運用多種修辭手段對語言進行調配，突破語法規範和事理邏輯，形成一種超越常規的創造性語言，進一步增強了語言的張力，使禪籍語言在通俗易懂的基礎上更加富於情趣。本章從表達效果的角度對其進行分類討論。本章第二節專門分析了非理修辭對禪籍俗語的作用方式。

第五章，民俗文化。唐宋禪宗典籍中保留了大量俗語，其中一部分俗語直接或間接地反映出當時社會的民俗文化風貌。本章首先從禪籍俗語是唐宋時代物質生活的真實反映、是唐宋時代社會生活的一面鏡子、是唐宋時代人們精神信仰的顯現三個方面對禪籍俗語進行分類考察，以展現其深厚的民間文化底蘊。第二節將禪籍中的民俗類俗語按照是否體現民俗語義分成兩類討論。豐富的民俗類俗語體現出禪宗語言廣泛的民間來源。

第六章，作用及特色。禪籍俗語作爲禪宗語言的重要表達方式，在禪宗文獻中被廣泛使用，特別是在禪師接引僧徒時發揮著重要作用。俗語在禪籍中發揮重要作用，與其自身的特點密不可分。本章從七個方面歸納了禪籍俗語的特點。涉及禪籍俗語的構成形式、語義、語用等方面。本章利用大量例證來揭示禪籍俗語的多種特色，彰顯其獨特的語言魅力，突出它寶貴的研究價值。

四、研究方法

在研究中，力求做到微觀考究與宏觀論述相結合，將具體的個案研究提高到理論的高度，同時借助文化學、民俗學、語言學的理論方法，多角度對禪籍俗語進行研究。

在研究過程中，主要採取以下幾種方法：

第一，宏觀研究和微觀研究相結合的方法。全面考察唐宋禪籍俗語的語言面貌是宏觀研究，但是具體到每一條俗語的歷史來源、演變趨勢、禪門語義又屬微觀研究。

第二，比較法。將禪籍內外的俗語從共時和歷時的角度進行對比，總結共性，尋找差異，從而發現其中的特點。如利用比較法討論俗語意義的演變、形式的活用等。

第三，數據統計法。對唐宋禪籍中的俗語進行多角度考察，并以數據比對、列表統計等形式進行分析。

五、語料範圍

禪宗典籍數量龐大，本文語料的收集首先集中于《祖堂集》《景德傳燈錄》《五燈會元》《古尊宿語錄》，并以《大藏經》《卍續藏經》中的唐宋禪宗文獻作爲補充。

《祖堂集》二十卷爲南唐靜、筠二禪師所編。由於它比《景德傳燈錄》還要早五十多年出現，所以《祖堂集》是研究唐宋時期語言的重要文獻。從中我們可以發現，許多俗語並非源自《景德傳燈錄》或《五燈會元》，而是來源於時代更早的《祖堂集》。《祖堂集》的發現，爲我們研究禪籍俗語提供了時代更久遠，價值更珍貴的語料。

《景德傳燈錄》三十卷爲北宋禪僧道原編，因該書寫成于北宋景德年間（1004—1007），故稱《景德傳燈錄》。本書主要取材于《寶林傳》《祖堂集》諸書，記敘自七佛至法眼宗後嗣共五十二世一千七百零一人的生平行狀和機語作略。本書是繼《祖堂集》之後的早期燈錄，具有很高的文獻價值。由於《祖堂集》大約從宋代以後失傳，所以本書長期被視爲最早的燈錄，又因此書曾由宋真宗御批入藏，具有敕修史書的特殊地位，故在後世受到更多關注。

　　《五燈會元》二十卷由南宋僧人普濟編撰。所謂"五燈"就是將此前的《景德傳燈録》《天聖廣燈録》《建中靖國續燈録》《聯燈會要》和《嘉泰普燈録》五種燈録合爲一編。該書在彙編五書時刪繁就簡，去其重複，在保留原有語言的同時還進行了重新改造。所以《五燈會元》中保留了大量其他先前禪籍中未有的俗語。

　　《古尊宿語録》四十八卷由宋代僧人賾藏主編，後人有所增補。此書爲禪師語録合集，收入南嶽懷讓以下唐宋三十六位著名禪師的語録，許多機語作略是《景德傳燈録》所未曾記載的，所以本書同樣具有較高的語料和史料價值。

　　此外，我們將《大藏經》中的禪宗類文獻作爲輔助語料，原因如下：一方面，《大藏經》中的禪宗類文獻非常豐富，俗語語料也相當可觀，而且其中有大量俗語不見於《祖堂集》《景德傳燈録》《五燈會元》和《古尊宿語録》，挖掘這些文獻中的俗語不但可以爲我們的研究提供更充分的證據，使論證更具說服力，而且可以證明禪籍俗語具有豐富性的特點；另一方面，《大藏經》《卍續藏經》中的禪宗類文獻數量龐大，且斷句有誤，由於我們學力有限，無法對其中所有的俗語進行全面調查、匯集整理，選擇了其中部分材料作爲輔助語料，僅是權宜之計。本書涉及的《大藏經》《卍續藏經》禪宗類文獻具體如下：

　　禪宗語録七十四部二百三十一卷：唐法海集《壇經》（法海本）一卷，《壇經》（敦煌本）一卷，唐臨濟義玄撰、慧然編《鎮州臨濟慧照禪師語録》一卷，唐裴休集《黃檗山斷際禪師傳心法要》一卷，唐裴休集《黃檗斷際禪師宛陵録》一卷，唐慧海撰《諸方門人參問語録》一卷，唐于頔編集《龐居士語録》三卷，宋崇嶽、了悟等編《密菴禪師語録》一卷，宋守堅集《雲門録》三卷，宋仁勇等編《楊岐方會和尚語録》一卷，宋才良等編《法演禪師語録》三卷，宋圓悟克勤撰、紹隆等編《圓悟佛果禪師語録》二十卷，宋妙源編《虛堂和尚語録》十卷，宋蘊聞編《大慧普覺禪師語録》三十卷，宋道謙編《大慧普覺禪師宗門武庫》一卷，宋惟蓋竺編《明覺禪師語録》六卷，宋楚圓集《汾陽無德禪師語録》三卷，宋黃龍慧南著、惠泉編集《黃龍慧南禪師語録》一卷，宋侍者等編《宏智禪師廣録》九卷，宋惠泉集《黃龍慧南禪師語録》一卷，宋惟蓋竺編《明覺禪師語録》六卷，宋文素編《如淨和尚語録》二卷，宋義遠編《天童山景德寺如淨禪師續語錄》一卷，宋處凝等編集《白雲守端禪師廣錄》四卷，宋開福道甯集《開福道甯禪師語錄》二卷，宋法寶等編《月林師觀禪師語錄》一卷，宋無門慧開撰、普敬等編《無門慧開禪師語錄》二卷，宋普庵印肅撰《普庵印肅禪師語錄》三卷，宋子文編《佛果克勤禪師心要》四卷，宋應庵曇華撰、守詮等編《應庵曇華禪師語錄》十卷，宋虎丘紹隆撰《虎丘紹隆禪師語錄》一卷，宋齊己等編《瞎堂慧遠禪師廣錄》四卷，宋沈孟枡敘述《濟顛道濟禪師語錄》一卷，宋法宏等編《普覺宗杲禪師語錄》二卷，宋覺心等編《西山亮禪師語錄》一卷，宋了見等編《率庵梵琮禪師語錄》一卷，宋大觀編《北磵居簡禪師語錄》一卷，德溥等編校《物初大觀禪師語錄》一卷，宋元清《偃溪廣聞禪師語錄》二卷，宋元愷編《大川普濟禪師語錄》一卷，宋實仁等編《淮海原肇禪師語錄》一卷，宋士洵編《龍源介清禪師語錄》一卷，宋道沖編《曹源道生禪師語錄》一卷，宋智沂等編《癡絕道沖禪師語錄》二卷，宋元靖等編《運庵普岩禪師語錄》一卷，宋圓照等編《破庵祖先禪師語錄》一卷，宋宗慧等編《無準師範禪師語錄》六卷，宋妙恩等編《絕岸可湘禪師語錄》一卷，宋了覺等編《石田法薰禪師語錄》四卷，宋善珙等編《劍關子益禪師語錄》一卷，宋覺此編《環溪惟一禪師語錄》二卷，宋自惜等編《希叟紹曇禪師語錄》一卷，宋法澄等編《希叟紹曇禪師廣錄》七卷，宋文寶等編《斷橋妙倫禪師語錄》二卷，宋淨韻《兀庵普寧禪師語錄》三卷，宋住顯等編《石溪心月禪師語錄》三卷、《石溪心月禪師雜錄》一卷，宋淨伏等編《虛舟普度禪師語錄》一卷，宋居簡等編《月江正印禪師語錄》三卷，宋本光等編《橫川行珙禪師語錄》二卷，宋元浩等編《古林清茂禪師語錄》五卷，宋法林等編《元叟行端禪師語錄》八卷，宋宗謐等編《南石文琇禪師語錄》四卷，宋自覺重編《投子義青禪師語錄》二卷，宋道楷編《投子義青禪師語錄》一卷，宋慶預校勘《丹霞子淳禪師語錄》二卷，宋德初等編《真歇清了禪師語錄》二卷，宋智嚴集《玄沙師備禪師廣錄》三卷、《馬祖百丈黃檗臨濟四家錄》六卷，宋文智編《薦福承古禪師語錄》一卷，宋宗密錄《法昌倚遇禪師語錄》一卷，宋師皎重編《吳山淨端禪師語錄》二卷，宋慧辯錄《慧林宗本禪師別錄》一卷，宋宗敬等編《雲谷和尚語錄》二卷。

禪宗燈錄十部二百四十八卷：南唐靜、筠禪師撰《祖堂集》二十卷，宋道原纂《景德傳燈錄》三十卷，宋李遵勖編《天聖廣燈錄》三十卷，宋惟白勅集《建中靖國續燈錄》三十卷，宋悟明集《聯燈會要》三十一卷，宋正受編《嘉泰普燈錄》三十卷，宋普濟集《五燈會元》二十卷，宋寶曇述《大光明藏》三卷，宋頤藏主集《古尊宿語錄》四十八卷，宋師明集《續古尊宿語要》六卷。

禪宗拈頌九部七十六卷：宋重顯頌古、克勤評唱《佛果圜悟禪師碧岩錄》十卷，宋宗紹編《無門關》一卷，宋法應集、元普會續集《禪宗頌古聯珠通集》四十卷，宋雪竇重顯拈古、圓悟克勤擊節《佛果擊節錄》二卷，宋義青頌古、元從倫評唱《林泉老人評唱投子青和尚頌古空谷集》六卷，宋正覺拈古、元行秀評唱《萬松老人評唱天童覺和尚拈古請益錄》二卷，宋宗杲集並著語《正法眼藏》六卷，宋祖慶重編《拈八方珠玉集》三卷，宋子淳頌古、元行倫評唱《虛堂集》六卷。

宗祖略傳一部六卷：宋智昭集《人天眼目》六卷。

筆記十部二十一卷：唐段成式撰《寺塔記》一卷，唐徐靈府撰《天臺山記》一卷，宋慧洪集《林間錄》二卷，宋慧洪集《林間錄後集》一卷，宋陳舜俞撰《廬山記》五卷，宋善卿編正《祖庭事苑》二卷，宋曉瑩集《羅湖野錄》二卷，宋曉瑩錄《雲臥紀譚》二卷，宋道融撰《叢林盛事》二卷，宋枯崖圓悟編《枯崖漫錄》三卷。

禪宗清規四部十三卷：宋宗頤集《重雕補注禪苑清規》十卷，宋宗壽集《入眾日用》一卷，宋宗壽集《入眾須知》一卷，宋惟勉編次《叢林校定清規總要》一卷。

禪宗論議二部一百零一卷：唐玄覺撰《禪宗永嘉集》一卷，五代延壽集《宗鏡錄》一百卷。

禪宗詩歌五部十五卷：隋僧璨撰《信心銘》一卷，唐玄覺撰《永嘉證道歌》一卷，宋法泉繼頌《證道歌頌》一卷，宋知訥《證道歌注》一卷，宋延壽撰《永明智覺禪師唯心訣》一卷。

禪宗史傳：十四部一百六十七卷：隋費長房撰《歷代三寶紀》十五卷，唐淨善重《禪林寶訓》四卷，唐淨覺撰《楞伽師資記》一卷，宋志磐撰《佛祖統紀》五十四卷，梁慧皎撰《高僧傳》十四卷，宋贊寧等撰《宋高僧傳》三十卷，宋契嵩編《傳法正宗記》九卷，宋契嵩編《傳法正宗論》二卷，宋贊寧撰《大宋僧史略》三卷，宋紹曇記《五家正宗贊》四卷，宋慧洪撰《禪林僧寶傳》三十卷，宋祖琇撰《僧寶正續傳》一卷。

第一章　俗語研究概況

俗語作爲一種語彙類型早就存在於漢語中，古人很早就開始了對俗語的整理和輯録工作。但對俗語性質、特點、定義、範圍等問題的探討和研究則是比較晚近的事情。直至近、現代，俗語才逐漸作爲一個獨立的語言學術語被人們接受。

第一節　俗語性質的研究

我國的俗語研究歷史悠久，特別是二十世紀後俗語研究向著更加深入全面的方向發展，但是對於俗語概念、性質、範圍的界定歷來存在分歧。

一、古人對俗語的認識

俗語自古就有，而且作爲一種語彙類型很早就存在於漢語中。雖然古人對俗語性質、特點、範圍等理論方面的闡釋較少，但我們依然可以通過記録在典籍中的對俗語的不同稱說，認識古人的俗語觀。

先秦文獻中已有俗語，但在當時還沒有"俗語"這個概念，多稱作"野語""民語""鄙語"或"語"。如：

（1）野語有之曰："眾人重利，廉士重名，賢士重志，聖人貴精。"故素也者，謂其無所與雜也；純也者，謂其不虧其神也。①（《莊子·刻意》）

（2）民語曰："欲富乎，忍恥矣，傾絕矣，絕故舊矣，與義分背

――――――――――

① （清）郭慶藩：《莊子集釋》，王孝魚整理，中華書局，1961年，第三冊，第546頁。

矣。"上好富，則人民之行如此，安得不亂！① (《荀子·大略》)

（3）襄王曰："寡人不能用先生之言，今事至於此，爲之奈何？"
莊辛對曰："臣聞鄙語曰：'見兔而顧犬，未爲晚也；亡羊而補牢，未
爲遲也。'"②（《戰國策·楚策四》)

（4）夫妻者，非有骨肉之恩也，愛則親，不愛則疏。語曰："其
母好者其子抱。"③（《韓非子·備内》)

其中，最常稱作的是"諺"。例如：

（1）故諺有之曰："人莫知其子之惡，莫如知其苗之碩。"④（《禮
記·大學》)

（2）求蓋人，其抑下滋甚，故聖人貴讓。且諺曰："獸惡其網，
民惡其上。"⑤（《國語·周語中》)

（3）諺所謂"輔車相依，唇亡齒寒"者，其虞、虢之謂也。⑥
（《左傳·僖公五年》)

（4）管仲曰："齊鄙人有諺曰：'居者無載，行者無埋。'今臣將
有遠行，胡可以問？"⑦（《呂氏春秋·知接》)

（5）諺曰："厚者不毀人以自益也，仁者不危人以要名。"以故掩
人之邪者，厚人之行也；救人之過者，仁者之道也。⑧（《戰國策·燕
策》)

也有在"諺"之前加"鄙"，以强調其民間性，或加朝代名，以顯示其流
行或來源的年代。例如：

（1）鄙諺曰："長袖善舞，多錢善賈。"此言多資之易爲工也。⑨
（《韓非子·五蠹》)

---

① 《荀子》，《四部叢刊初編》，上海商務印書館，1919年，第196頁。
② （漢）劉向集録：《戰國策》，上海古籍出版社，1978年，第555頁。
③ 《韓非子》，《四部叢刊初編》，上海商務印書館，1919年，第25頁。
④ 《十三經注疏》，中華書局，1980年，第1674頁下欄。
⑤ 《國語》，上海古籍出版社，1978年，第84頁。
⑥ 《十三經注疏》，中華書局，1980年，第1795頁中欄。
⑦ 《呂氏春秋》，《四部叢刊初編》，上海商務印書館，1919年，第105頁。
⑧ （漢）劉向集録：《戰國策》，上海古籍出版社，1978年，第1122頁。
⑨ 《韓非子》，《四部叢刊初編》，上海商務印書館，1919年，第98頁。

（2）鄙諺曰："莫眾而迷。"今寡人舉事，與群臣慮之，而國愈亂，其故何也？① （《韓非子·內儲說上》）

（3）公使羽父請於薛侯曰："君爲滕君辱在寡人，周諺有之曰：'山有木，工則度之；賓有禮，主則擇之。'"② （《左傳·隱公十一年》）

（4）初，虞叔有玉，虞公求旃。弗獻。既而悔之，曰："周諺有之：'匹夫無罪，懷璧其罪。'"③ （《左傳·桓公十年》）

（5）夏諺曰："吾王不遊，吾何以休？吾王不豫，吾何以助？一遊一豫，爲諸侯度。"④ （《孟子·梁惠王下》）

由此可見，在先秦時代，俗語與諺語屬於等同的概念，所以後來出現了"俗諺"之稱。例如：

（1）灅水東入漁陽，所在枝分，故俗諺云："高粱無上源，清泉無下尾。"⑤ （北魏酈道元《水經注·灅水》）

（2）自爾鄰曲，冬春再交，欵然良對，忽成舊遊。俗諺云："數面成親舊。"況情過此者乎？⑥ （晉陶潛《答龐參軍並序》）

（3）俗諺曰："教婦初來，教兒嬰孩。"誠哉斯語！⑦ （北齊顏之推《顏氏家訓·教子》）

"俗語"一詞，最早見於西漢司馬遷的《史記》：

民人俗語曰"即不爲河伯娶婦，水來漂沒，溺其人民"云。⑧ （《史記·滑稽列傳》）

這裏所說的"俗語"指民間流傳的說法，不是作爲語言學術語出現，與今天我們所說的"俗語"意義不同。用來指通俗、定型、流行於民間口頭的語句的"俗語"，則見於劉向的《說苑·貴德》及班固的《漢書·路溫舒傳》：

---

① 《韓非子》，《四部叢刊初編》，上海商務印書館，1919年，第46頁。
② 《十三經注疏》，中華書局，1980年，第1735頁下欄。
③ 《十三經注疏》，中華書局，1980年，第1755頁上欄。
④ 《十三經注疏》，中華書局，1980年，第2675下欄。
⑤ （北魏）酈道元：《水經注》，陳橋驛點校，上海古籍出版社，1990年，第273—274頁。
⑥ （晉）陶潛：《陶淵明集》，逯欽立校注，中華書局，1979年，第51頁。
⑦ （北齊）顏之推：《顏氏家訓》，王利器集解，上海古籍出版社，1980年，第25頁。
⑧ （漢）司馬遷：《史記》，中華書局，1959年，第3211頁。

獄吏專爲深刻，殘賊而無極，偷爲一切，不顧國患，此世之大賊也。故俗語云："畫地作獄，議不可入；刻木爲吏，期不可對。"此皆疾吏之風，悲痛之辭也。① （《說苑·貴德》）

故俗語云："畫地爲獄，議不入；刻木爲吏，期不對。"② （《漢書·路溫舒傳》）

而歷史上第一次將"俗語"作爲語言學術語使用的是西漢揚雄的《方言》卷一：

秦晉之間凡物壯大謂之嘏，或曰夏。秦晉之間凡人之大謂之奘，或謂之壯。燕之北鄙，齊楚之郊或曰京，或曰將，皆古今語也。初別國不相往來之言也。今或同而舊書雅記故俗語不失其方，而後人不知，故爲之作釋也。③

對於"舊書雅記故俗語不失其方"解說紛紜，王念孫《方言疏證補》："'雅'者，故也，謂故記也。'舊書故記'，通指六藝群書而言；'故俗語'，謂故時俗語……言舊書故記中所載故時俗語，本不失其方，而後人不知，故作《方言》以釋之耳。"華學誠說："'舊書雅記故俗語不失其方'應當是指古方言俗語還可在古籍中考查到他們的本來面貌這一現象。"④

之後東漢的鄭玄、東晉的郭璞在釋義時常常使用"俗語""方俗語"，但所指與今不同。鄭玄和郭璞所謂"俗語""方俗語"有時是指方音，有時還指方言詞。⑤

在唐宋以後的文獻中，"俗語"一詞更是常見：

（1）俗語云："耕則問田奴，絹則問織婢。"⑥（《北史·邢巒傳》）

---

①　（漢）劉向：《說苑》，《四部叢刊初編》，上海商務印書館，1919年，第21頁。

②　（漢）班固：《漢書》，中華書局，1962年，第2370頁。

③　（清）錢繹：《方言箋疏》，上海古籍出版社，1984年，第52頁。

④　華學誠：《揚雄方言校釋彙證》，中華書局，2006年，第43頁。

⑤　有的"俗語"指方音，如《詩·小雅·瓠葉》："有兔斯首，炮之燔之。"鄭玄箋："斯，白也。今俗語斯白之字作鮮。齊魯之間聲近。"《爾雅·釋詁上》："隕、磒、湮、下、降、墜、摽、蘦，落也。"郭璞注："磒猶隕也，方語有輕重耳。"郭璞所言的"方俗語"有時是指方言詞，如《爾雅·釋言》："律、遹，述也。"郭璞注："皆敘述也，方俗語耳。"《爾雅·釋言》："庇、庥，廕也。"郭璞注："今俗語呼樹陰爲庥。"

⑥　（唐）李延壽：《北史》，中華書局，1974年，第五冊，第1583頁。

（2）俗語云：“寧值十狼九虎，莫逢癡兒一怒。”① （《燕子賦》）

（3）才卿問：“來而伸者爲神，往而屈者爲鬼。凡陰陽魂魄，人之噓吸皆然；不獨死者爲鬼，生者爲神。故横渠云：‘神祇者歸之始，歸徃者來之終。’”曰：“此二句，正如俗語罵鬼云：‘你是已死我，我是未死你。’《楚詞》中說終古，亦是此義。”② （《朱子語類》卷三《鬼神》）

（4）問：“前後左右何指?”曰：“譬如交代官相似。前官之待我者既不善，吾毋以前官所以待我者待後官也。左右，如東鄰西鄰。以鄰國爲壑，是所惡於左而以交於右也。俗語所謂‘將心比心’，如此，則各得其平矣。”③ （《朱子語類》卷一六《大學三·十章釋治國平天下》）

（5）曰：“若言反己，是全不見用處，如何接得下句來！推發此心，便無餘蘊，便是忠處，恕自在其中。如今俗語云‘逢人只說三分話’，只此便是不忠。循體事物而無所乖違，是之謂信。”④ （《朱子語類》卷二一《論語三·學而篇中》）

（6）或云：“俗語：‘夜飯減一口，活得九十九。’”曰：“此出古樂府《三叟詩》。”⑤ （《朱子語類》卷一三八《雜類》）

（7）俗語云：“但存方寸地，留與子孫耕。”指心而言也。三字雖不見於經傳，卻亦甚雅。⑥ （宋羅大經《鶴林玉露·丙編》卷六《方寸地》）

（8）諺有“巧息婦做不得沒麵餺飥”與“遠井不救近渴”之語。陳無已用以爲詩云：“巧手莫爲無麵餅，誰能留渴需遠井？”遂不知爲俗語。世謂少陵“雞狗亦得將”用“嫁得雞，逐雞飛；嫁得狗，逐狗走”，或幾是也。⑦ （宋莊綽《雞肋編》卷中）

（9）杜甫《新婚別》云：“雞狗亦得將。”世謂諺云“嫁得雞，逐雞飛；嫁得狗，逐狗走”之語也。而陳無已詩，亦多用一時俚語。如

---

① 張錫厚録校：《敦煌賦彙》，江蘇古籍出版社，1996 年，第 399 頁。

② （宋）黎靖德編：《朱子語類》，王星賢點校，中華書局，1986 年，第一冊，第 39 頁。

③ （宋）黎靖德編：《朱子語類》，王星賢點校，中華書局，1986 年，第二冊，第 362－363 頁。

④ （宋）黎靖德編：《朱子語類》，王星賢點校，中華書局，1986 年，第二冊，第 490 頁。

⑤ （宋）黎靖德編：《朱子語類》，王星賢點校，中華書局，1986 年，第八冊，第 3295 頁。

⑥ 《宋元筆記小說大觀》，上海古籍出版社，2001 年，第 5376 頁。

⑦ 《宋元筆記小說大觀》，上海古籍出版社，2001 年，第 4031 頁。

"昔日剜瘡今補肉，百孔千竅容一罅，拆東補西裳作帶，人窮令智短，百巧千窮只短檠，起倒不供聊應俗，經事長一智，穪家豐儉不求餘，卒行好步不兩得"，皆全用四字。巧手莫爲無麪餅（巧息婦做不得無麪飥飥），不應遠水救近渴，誰能留渴須遠井（遠水不救近渴）。瓶懸瓽間終一碎（瓦罐終須井上破），急行寧小緩（急行趕過慢行遲），早作千年調，一生也作千年調（人作千年調，鬼見拍手笑），拙勤終不補（將勤補拙），斧斫仍手摩（大斧斫了手摩挲），驚雞透籬犬升屋（雞飛狗上屋），割白鷺股何足難（鷺鷥腿上割股），薦賢仍賭命，而東坡亦有"三盃軟飽後，一枕黑甜餘"，皆世俗語。如"賭命""軟飽"猶可解，而"黑甜"後世不知其爲睡矣。如《詩》之"串夷載路"，安知非當時之常談也。① （宋莊綽《雞肋編》卷下）

（10）王荊公初執政，對客悵然曰："投老欲依僧耳。"客曰："急則抱佛腳。"公微笑曰："投老欲依僧，古人全句。"客曰："急則抱佛腳，亦全俗語也。然上去投，下去腳，豈不爲的對邪？"公遂大笑。② （宋邵博《聞見後録》卷一九）

（11）俗語有之曰："槐花黃，舉子忙。"謂槐之方花，乃進士赴舉之時。而唐詩人翁承贊有詩云："雨中粧點望中黃，勾引蟬聲送夕陽。憶得當年隨計吏，馬蹄終日爲君忙。"乃知俗語亦有所自也。③ （宋彭乘《墨客揮犀》卷十）

（12）句法欲老健有英氣，當間用方俗言爲妙，如奇男子行人羣中，自然有潁脫不可干之韻。老杜《八仙詩》，序李白曰"天子呼來不上船"，方俗言也。所謂襟紉是也。④ （宋釋惠洪《冷齋夜話》卷四《詩用方言》）

（13）故諺有之曰："人莫知其子之惡，莫知其苗之碩。"集注："諺，俗語也。"⑤ （《四書章句集注·大學章句》）

---

① 《宋元筆記小說大觀》，上海古籍出版社，2001年，第4062—4063頁。

② 《宋元筆記小說大觀》，上海古籍出版社，2001年，第1955頁。

③ （宋）彭乘：《墨客揮犀》，《景印文淵閣四庫全書》，臺北商務印書館，1986年，第1037冊，第715頁。

④ 《宋元筆記小說大觀》，上海古籍出版社，2001年，第2190頁。

⑤ （宋）朱熹：《四書章句集注》，《景印文淵閣四庫全書》，臺北商務印書館，1986年，第197冊，第8頁。

（14）夏諺曰："吾王不遊，吾何以休？吾王不豫，吾何以助？一游一豫，爲諸侯度。"集注："夏諺，夏時之俗語也。"① （《四書章句集注·孟子集注》卷一）

（15）俗諺云："盛喜中不許人物，盛怒中不答人簡。"按：《列子》宋元君曰："昔有異技干寡人者，技無庸。適值寡人有歡心，故賜金帛。"乃知俗語亦有所自也。② （宋吳曾《能改齋漫錄》卷二《事始·盛喜中不許人物》）

（16）俗語"有心避謗還招謗，無意求名卻得名"。此孟子語也。孟子云："有不虞之譽，有求全之毀。"俗語有"任真省氣力，弄巧費功夫"。此《周官》語也。《周官》云："作德心逸日休，作偽心勞日拙。"③ （元李冶《敬齋古今黈》卷五）

（17）夫仁傑之法，政得之平、勃者也。既以王陵爲正，又以仁傑爲法，俗語所謂"要吃楊梅，又怕齒酸；不吃楊梅，又怕口乾"者也，其無定見甚矣。④ （明謝肇淛《五雜俎·事部二》）

（18）俗語云："八十媽媽嫁到菜園裏，只圖吃好菜，不圖養孩子。"這些話頭都是老頭兒與兒孫輩所念誦，我耳熟焉，故能詳也。⑤ （清李光庭《鄉言解頤·人部·圃》）

明清小說中也大量用到"俗語"之稱，例如：

（1）俗語嘗道得好："只有錦上添花，沒有雪中送炭。"⑥ （明陸人龍《型世言》一四回）

（2）行不過一、二日，早是高郵湖。這地方有俗語道："高郵湖，蚊子大如蛾。"⑦ （同上二〇回）

（3）悟空道："我老孫不去！不去！俗語謂'賒三不敵見二'，只

---

① （宋）朱熹：《四書章句集注》，《景印文淵閣四庫全書》，臺北商務印書館，1986 年，第197 冊，第 102 頁。

② （宋）吳曾：《能改齋漫錄》，上海古籍出版社，1979 年，第 41 頁。

③ （元）李冶：《敬齋古今黈》，《景印文淵閣四庫全書》，臺北商務印書館，1986 年，第866 冊，第 376 頁。

④ 《明代筆記小說大觀》，上海古籍出版社，2005 年，第 1795 頁。

⑤ （清）李光庭：《鄉言解頤》，中華書局，1982 年，第 40 頁。

⑥ （明）陸人龍：《型世言》，覃君點校，中華書局，1993 年，第 194 頁。

⑦ （明）陸人龍：《型世言》，覃君點校，中華書局，1993 年，第 173 頁。

望你隨高就低的送一副便了。"①（明吳承恩《西遊記》三回）

（4）俗語云："尿泡雖大無斤兩，秤鉈雖小壓千斤。"②（同上三一回）

（5）那怪雖是肚腹絞痛，還未傷心。俗語云："人未傷心不得死，花殘葉落是根枯。"③（同上六六回）

（6）俗語道："公子登筵，不醉便飽；壯士臨陣，不死即傷。"④（同上八一回）

（7）大聖道："俗語云，十日灘頭坐，一日行九灘。"⑤（同上九九回）

（8）常言俗語說得好："借米下得鍋，討米下不得鍋。"⑥（明蘭陵笑笑生《金瓶梅詞話》三一回）

（9）俗語云："孝重千斤，日減一斤。"⑦（明凌濛初《二刻拍案驚奇》卷一一）

（10）俗語道："未看老婆，先看阿舅。"⑧（同上卷一七）

（11）俗語道："只愁不養，不愁不長。"⑨（明馮夢龍《警世通言》一一卷）

歷史上，俗語有許多不同稱呼，除先秦時俗語被稱作"野語""民語""鄙語""語""諺""俗諺"之外，後來又出現了眾多名稱。曲彥斌在《中國民俗語言學》中說："光是關於俗語的叫法，古來即許多，如邇言、俚言、俚語、常言、常語、常談、方言土語、鄉言、鄉諺、俗言、俗談、直語、里語、傳言、俗諺、古諺、俗話、野諺、里諺、鄙語、俏皮話，等等。"⑩

名稱的多樣顯示出古人對俗語性質的多角度認識。將俗語稱作"里

———————————

① （明）吳承恩：《西遊記》，人民文學出版社，1980年，第31頁。
② （明）吳承恩：《西遊記》，人民文學出版社，1980年，第375頁。
③ （明）吳承恩：《西遊記》，人民文學出版社，1980年，第804頁。
④ （明）吳承恩：《西遊記》，人民文學出版社，1980年，第979頁。
⑤ （明）吳承恩：《西遊記》，人民文學出版社，1980年，第1182頁。
⑥ （明）蘭陵笑笑生：《金瓶梅詞話》，人民文學出版社，1985年，第369頁。
⑦ （明）凌濛初：《二刻拍案驚奇》，青海人民出版社，1981年，第255頁。
⑧ （明）凌濛初：《二刻拍案驚奇》，青海人民出版社，1981年，第368頁。
⑨ （明）馮夢龍：《警世通言》，人民文學出版社，1956年，第144頁。
⑩ 曲彥斌：《中國民俗語言學》，上海文藝出版社，1996年，第148頁。

語""俚語""鄙言""野言""里諺""鄉諺""街談巷語"突出了俗語的通
俗性、口語性和群眾性；將俗語稱作"常語""常言""常談""通俗常言"
強調了俗語的習用性；"傳言""古語""古諺"則暗示了俗語的傳承性。
"俗語"和這些不同的名稱成爲了異名同實的術語。

同時，"俗語"作爲一個固定的術語，指稱內容多種多樣。

有時"俗語"指的是口語詞，是民間對某事物的專門稱謂，例如：

（1）子白色者爲白棠，甘棠也，酢滑而美。赤棠，子澀而酢，無
味，俗語云："澀如杜"。① （北魏賈思勰《齊民要術》卷五《種棠》）

（2）俗語謂錢一貫有畸曰千一、千二，米一石有畸曰石一、石
二，長一丈有畸曰丈一、丈二之類。② （宋洪邁《容齋隨筆》卷三
《俗語有所本》）

（3）今人謂後三日爲"外後日"，意其俗語耳。③ （宋陸游《老學
庵筆記》卷十）

（4）藥中有性穿山甲，俗語呼爲鯪鯉鱗。④ （明吳承恩《西遊記》
七三回）

（5）詩家用"遮莫"字，蓋今俗語所謂"儘教"者是也。⑤ （宋
羅大經《鶴林玉露·丙編》卷一《遮莫》）

有時"俗語"指的是民間口頭的某種習慣稱說方式，例如：

（1）漢人表疏，如東方朔有"不知忌諱"之類，皆戾本旨。今世
俗語言多云"無忌諱"及"不識忌諱"，蓋非也。⑥ （宋洪邁《容齋隨
筆·續筆》卷十四《忌諱諱惡》）

（2）按馬傳曰置，步傳曰郵。置者，驛馬也。郵者，鋪遞也。既
言置，又言郵，蓋亦當時俗語，如今言驛鋪也。⑦ （明謝肇淛《五雜
俎·地部》）

---

① （北魏）賈思勰：《齊民要術》，四部叢刊初編，上海商務印書館，1919年，第51頁。
② （宋）洪邁：《容齋隨筆》，上海古籍出版社，1978年，第35頁。
③ （宋）陸游：《老學庵筆記》，中華書局，1979年，第126頁。
④ （明）吳承恩：《西遊記》，人民文學出版社，1980年，第936頁。
⑤ （宋）羅大經：《鶴林玉露》，中華書局，1983年，第244頁。
⑥ （宋）洪邁：《容齋續筆》，上海古籍出版社，1978年，第383頁。
⑦ 《明代筆記小說大觀》，上海古籍出版社，2005年，第1540頁。

有時指的是某一地的"方言""土語"，例如：

問："'滿腔子是惻隱之心'，如何是滿腔子?"曰："滿腔子，是只在這軀殼裏，'腔子'乃洛中俗語。"①（《朱子語類》卷五十三《孟子三·公孫丑上之下》）

有時指的是外族音譯詞，例如：

傅玄《琵琶賦》曰："漢遣烏孫公主嫁昆彌，念其行道思慕，故使工人裁箏築爲馬上之樂。欲從方俗語，故名曰琵琶，取其易傳於外國也。"②（《宋書·樂志一》）

有時指的是一個字在方言中的讀音，例如：

（1）鎮東北二百三十里，西北入難河，濡、難聲相近，狄俗語訛耳。③（北魏酈道元《水經注·濡水》）

（2）城中有水，登城望見一州之境，故名望州山，俗語訛，今名武鍾山。④（北魏酈道元《水經注·夷水》）

（3）世多言白樂天用"相"字，多從俗語作思必切，如"爲問長安月，如何不相離"是也。然北人大抵以"相"字作入聲，至今猶然，不獨樂天。老杜云："恰似春風相欺得，夜來吹折數枝花。"亦從入聲讀，乃不失律。俗謂南人入京師，效北語，過相藍，輒讀其榜曰大廟國寺，傳以爲笑。⑤（宋陸游《老學庵筆記》卷十）

（4）古今語無雅俗，惟世之罕道者似雅，如古以大爲大（音如舟柂之柂），則言大雅、大夫、大閱、大舉類，不及今人言大（徒帶反）之雅。古以車（音居）爲車（唱遮反），漢以來乃言車（居）。俗語則曰車（唱遮反），則今語爲雅。⑥（宋宋祁《宋景文公筆記》卷上《釋俗》）

---

① （宋）黎靖德編：《朱子語類》，王星賢點校，中華書局，1986年，第四冊，第1284頁。
② 《宋書》，中華書局，1974年，第二冊，第556頁。
③ （北魏）酈道元：《水經注》，陳橋驛點校，上海古籍出版社，1990年，第286頁。
④ （北魏）酈道元：《水經注》，陳橋驛點校，上海古籍出版社，1990年，第699頁。
⑤ （宋）陸游：《老學庵筆記》，中華書局，1979年，第124頁。
⑥ （宋）宋祁：《宋景文公筆記》，《景印文淵閣四庫全書》，臺北商務印書館，1986年，第862冊，第533頁。

（5）又漢西域鄯善國有胡桐，亦似桐。蟲食其木則沫出，其下流者俗名爲胡桐淚，言如目中淚也。可以汗金銀，流俗語訛呼"淚"爲"律"。①（宋羅願《爾雅翼》卷九《釋木·桐》）

（6）《漢書》"引繩排抿（音痕）不附己者"，今人誤讀"抿"爲"根"。注云："猶今言'抿桸'（音戶穀反）之類。"蓋關中俗語如此。"抿桸"猶云"抵拒擔閣"也。"引繩排抿"，如以繩扞拒然。②（《朱子語類》卷一三四《歷代一》）

另外，從古人輯録俗語的辭書、筆記中我們也可以看到古人對俗語的理解。隋唐時，已有學者著專書收集整理俗語。《隋書·經籍志》記載有王劭《俗語難字》和劉霽《釋俗語》，可惜早已亡佚。現可查考到的古代釋俗語的著書有唐代李義山的《雜纂》，主要收録歇後語，此後出現了"雜纂"系列，包括宋代王君玉的《雜纂》、蘇軾的《雜纂二續》、明代黃允交的《雜纂三續》、清代韋光黻的《雜纂新續》、顧鐵卿的《廣雜纂》、石成金的《纂得確》和《雜纂二集》等。宋代輯録俗語的專書還有無名氏的《釋常談》和龔頤正的《續釋常談》，周守忠的《古今諺》。此外在一些文人筆記中也考釋和收録了大量俗語，如陸游的《老學庵筆記》、洪邁的《容齋隨筆》、王應麟的《困學紀聞》等，爲研究古代俗語提供了寶貴材料。明代則有郎瑛的《七修類稿》《七修續稿》、楊慎的《古今諺》、陳士元的《俚語解》、周夢暘的《常談考誤》、郭子章的《六語》、無名氏的《目前集》等。清代俗語的收集和考源有了更大的發展，出現了一批具有辭書性的俗語專書，如錢大昕的《恒言録》、陳鱣的《恒言廣證》、錢大昭的《邇言》、翟灝的《通俗編》、平步青的《釋諺》、杜文瀾的《古謠諺》、李鑒堂的《俗語考源》、唐訓方的《俚語徵實》、梁同書的《直語補證》、曾廷枚的《古諺閑譚》、胡式鈺的《語竇》和鄭志鴻的《常語尋源》等，此外還有一些文人筆記雜著收録和考釋了部分俗語，如趙翼的《陔餘叢考》、顧張思的《土風録》。這些書中輯録的俗語從類型上看既有諺語、成語、歇後語、慣用語，也有方言土語，既有句子、詞組，也有詞。可見，

---

① （宋）羅願：《爾雅翼》，《景印文淵閣四庫全書》，臺北商務印書館，1986年，第222冊，第334頁。

② （宋）黎靖德編：《朱子語類》，王星賢點校，中華書局，1986年，第八冊，第3204頁。

古人對俗語的認識還處於模糊狀態，只關注到俗語"俗"的風格，但對"語"的認識還不成系統，只要帶有"俗"的風格，不論是詞、自由詞組、句子，都判作俗語。

二、現代學者對俗語的探討

古人對俗語的研究僅僅停留在語詞輯錄的階段，俗語的性質、特點、定義、範圍等深層次的理論研究還是一片空白，俗語研究沒有成為一門獨立的學科。二十世紀開始，漢語俗語研究迅速發展，眾多學者從不同角度入手對漢語俗語進行了討論，正是由於著眼點不同，所以俗語研究被納入不同的學科領域，形成了對俗語的不同認識。

第一種觀點將俗語研究看成是民間文學研究的組成部分，認為俗語是民間文學的一個分支。美國學者洪長泰在整理 1918 年至 1937 年中國境內所產生和發展的民間文學運動史時將諺語研究列入其中，他在《到民間去——1918—1937 年的中國知識分子與民間文學運動》一書中談到："中國學界的諺語研究至 1920 年代達到了高潮。……這種氣氛，標誌著一個民間文學研究新領域的開闢。"[1]

第二種觀點將俗語研究看作是民俗學研究的一個分支。如薛誠之《諺語的探討》（1936）。薛氏認為，諺語屬於民俗學的範疇[2]。鍾敬文在《民俗學概論》中將俗語納入民間語言的範疇，將俗語、諺語、歇後語視為民俗學研究的對象。鍾氏認為俗語等熟語是"風俗化石"，滯留和承載著已經消亡和正在流傳的民俗文化。它們是"民眾習俗的一部分、民間文化的一種"，應當將它們放到民眾生活的沃土中去考察[3]。

第三種觀點認為，俗語是語言學範疇中的一個部分，是一種獨立的語言單位，應當納入語言學研究的領域。把俗語與諺語區別開，並明確地用俗語表示諺語上位概念的是《辭海》（1979），其中"俗語"條指出，俗語是"流行於民間的通俗語句，帶有一定的方言性。指諺語、俚語及口頭上

---

① （美）洪長泰：《到民間去——1918—1937 年的中國知識分子與民間文學運動》，上海文藝出版社，1993 年，第 228 頁。

② 薛誠之：《諺語的探討》，《禹貢》1936 年第 2 期，轉引自《二十世紀的漢語俗語研究》，書海出版社，1999 年，第 57—64 頁。

③ 鍾敬文：《民俗學概論》，上海文藝出版社，1998 年，第 302 頁。

常用的成語等"①。此前的研究主要集中於對諺語的討論，俗語只在論說諺語時有所涉及。由此，學者們開始關注俗語，並將俗語的性質、特點、範圍作爲研究的重點。但在討論中，各家所持觀點並不一致，有的學者將俗語看作獨立並平行於諺語、歇後語、慣用語的語言單位；有的將俗語看作一個上位概念，其中包括了諺語、歇後語、慣用語；有的將熟語看作上位概念，俗語和諺語、歇後語、慣用語從屬於熟語。眾多學者從語言學的角度展開了對俗語性質的討論，如曹聰孫《現代漢語俗語釋例》(1980)②、邱崇丙《俗語五千條·說明》(1983)③、溫端政、張書祥《忻州俗語志》(1986)④、王勤《俗語的性質和範圍》(1990)⑤，俗語真正成爲一個語言學概念。

學者們從不同角度認識、研究俗語，一方面有助於對俗語進行多側面研究，另一方面反映了俗語的內容、思想、結構的複雜性，具有寶貴的研究價值。俗語是漢語語彙中由人民群眾創造的、流傳於民眾口頭的通俗習慣用語，具有群眾性、通俗性、口語性的特點，由此決定了俗語的創造和使用會帶有地方色彩，俗語可以爲方言研究提出參考材料。俗語作爲一種民間語言，是民眾習俗的一部分，其中描寫的民俗事象、暗含的民俗思想可以直接或間接地反映民眾生活的面貌，爲民俗學研究提供了生動的材料。俗語中包含豐富的語音形式、語法規則、構詞形式、詞彙語義，可以爲語言學研究提供第一手材料。究竟該把俗語研究納入哪一類學科中，完全取決於研究的角度和側重點，讓俗語根據研究的需要發揮作用。

從"俗語"名稱的提出到今天，經歷了兩千多年的歷史。古人對俗語的認識比較模糊，將主要的精力集中到俗語資料的輯錄和探源上。但正是由於古人的積累，爲後人研究提供了大量寶貴材料。現代學者對俗語的探討更加科學化，將俗語納入不同的學科領域中進行專門研究，特別是在語言學界，俗語研究在理論、輯錄、考釋等方面都取得了豐碩的成果。但同時，俗語的性質、定義、範圍等問題在學術界仍存在分歧。

---

① 《辭海》，上海辭書出版社，1979年，上冊，第564頁。
② 曹聰孫：《現代漢語俗語釋例》，《天津師院學報》1980年第5期。
③ 邱崇丙：《俗語五千條》，陝西人民出版社，1983年。
④ 溫端政、張書祥：《忻州俗語志》，語文出版社，1986年。
⑤ 王勤：《俗語的性質和範圍》，《湘潭大學學報（社會科學版）》1990年第4期。

三、俗語性質的界定

從二十世紀開始，俗語研究向著理論化方向發展，眾多學者開始關注並探討俗語的性質、特點、範圍等問題。但經過上百年的研究，這些問題仍存在爭議。

懷一先生在《成語、諺語、格言、俗語、俚語的區別》（1958）一文中認爲俗語有兩個指稱對象，一是俗語跟諺語意義相近，往往指的是"諺語"，只是比諺語名稱通俗些。另一是俗語跟俚語意思相近，因爲俚語這個名稱生僻些，所以平常也叫作俗語，俗語即土語①。

《辭海》（1979）在"俗語"條下作了這樣的解釋："流行於民間的通俗語句帶有一定的方言性。指諺語、俚語及口頭上常用的成語等。"②

曹聰孫《現代漢語俗語釋例》（1980）認爲："俗語是一種具有口語通俗性、廣泛適應性和完整的述謂性的定型語句。或者說，是日常生活中口頭流傳的一種通俗的話。它言簡意賅，寓意深刻。有的比喻形象，鮮明生動。"③ 在《中國俗語選釋》（1985）中他進一步將俗語概括爲："是一種具有口語通俗性、廣泛適應性和完整述謂性的定型語句。或者說，是在日常生活中口頭流傳的一種通俗的話。它言簡意賅，寓意深刻，比喻形象，鮮明生動。俗語充滿了真知灼見，是生產生活中智慧與經驗的總結。"④

溫端政《中國俗語大詞典·前言》（1989）給俗語下定義："俗語是群眾所創造的、並在群眾口語中流傳、結構相對定型的通俗而簡練的語句。"⑤

王勤在《俗語的性質和範圍——俗語論之一》（1990）一文中指出："俗語是以語言形象、生動、活潑爲特點，以提高語言的表達效果爲宗旨具有口語風格定型的語句。"⑥

雖然各家對俗語的定義不同，但具有幾個共同點：一是俗語來自民間，是人民群眾創造的，具有群眾性；二是俗語流傳在民眾的口頭表達

---

① 懷一：《成語、諺語、格言、俗語、俚語的區別》，《語文研究》1958 年第 1 期。
② 《辭海》，上海辭書出版社，1979 年，上冊，第 564 頁。
③ 曹聰孫：《現代漢語俗語釋例》，《天津師院學報》1980 年第 5 期。
④ 曹聰孫：《中國俗語選釋》，四川教育出版社，1985 年，例言第 1 頁。
⑤ 溫端政：《〈中國俗語大詞典〉前言》，《語文研究》1989 年第 1 期。
⑥ 王勤：《俗語的性質和範圍——俗語論之一》，《湘潭大學學報（社會科學版）》1990 年第 4 期。

中，具有鮮明的通俗性和口語性；三是不能隨意更改結構和成分，具有結構的相對定型性；四是經常出現在人民群衆日常表達中，具有慣用性；五是在形式上，俗語是大於詞的語言單位，結構短小精練，具有簡明性的特點。

各家在給俗語下定義時，也存在一些較大的爭議，主要集中在兩個問題上：一是俗語屬於語言單位還是言語單位；二是俗語到底有沒有必要分成廣義和狹義兩種，如果有廣義和狹義之分，到底在何種情況下理解爲廣義俗語，又在何種情況下理解爲狹義俗語。

大多數學者都肯定俗語屬於語言單位，劉叔新認爲諺語是"表達思想的語句"，"無論什麼結構，也無論是否單獨存在，末了總出現一個表示終止的語調"，所以，"諺語不屬於語言詞彙"，"對諺語的研究不屬於詞彙學，是語文學範圍內的工作"①。他同時指出："俗語指的是出自民間集體創造並在民間流行的、語義警醒或表意詼諧生動的現成語句。它本身是一句話，有完整的意思和句子結構形式，出現在人們的話語中是被搬引來代替自己的話語以增强表達力的。""俗語實際上指的，不外就是諺語和成句子的俚語。"② 由此推斷，俗語屬於語文學研究的範疇，俗語是一個言語單位，而非語言單位。

俗語是人民群衆集體創造的，不屬於任何個人，表達的内容也不是某個人的特定思想。在長期的口耳相傳中逐漸形成了相對固定的結構，既可以單獨成句也可以充當句子成分。所以，俗語不是專屬於個人的言語作品，而是社會化了的，屬於全民共有的可以用作語言建築材料的單位。俗語屬於語言單位，而不能看作是言語單位。

影響俗語廣義和狹義之分討論的關鍵在於俗語範圍的界定，廣義的俗語一般作爲屬概念，包括諺語、慣用語、歇後語、成語等語言單位，有的學者還將格言、名言、警句也納入廣義俗語的範圍；而狹義俗語則降格到種概念的地位，將屬概念讓給了"熟語"，俗語成爲和成語、諺語等語類並列的語言單位，有的學者所指俗語相當於慣用語，有的相當於諺語。廣義俗語和狹義俗語分別屬於兩個不同層面的概念，一個是屬概念，一個是

---

① 劉叔新：《漢語描寫詞彙學》，商務印書館，2005 年，第 130—131 頁。
② 劉叔新：《漢語描寫詞彙學》，商務印書館，2005 年，第 177—178 頁。

種概念。將俗語劃分爲廣義和狹義兩種是由於認識和界定所處的層面不同。至於將俗語分爲廣義和狹義，是將同一個概念分別用在兩個不同的分類層面中，屬於同名異用，對俗語的界定和分類并沒有幫助。應當儘可能做到概念專門化，避免同一名稱的交叉使用。正如王勤在《俗語的性質和範圍》（1990）中所言："廣義俗語的叫法在社會上有一定的影響，甚至在語言學術語中也占有一席之地是有原因的。它繼承了歷代傳統的說法，有一定的社會基礎，用起來自然方便些；同時俗語本身也確有通俗性的特點。"[1] 在這種情況下，硬把"俗語"降格爲和諺語、慣用語、歇後語平行的一種語類，容易造成概念上的混亂，不利於人們使用。

我們借鑒溫端政在《中國俗語大詞典・前言》（1989）[2] 中給俗語下的定義，認爲俗語就是群眾創造的，並在群眾口語中流傳、相對定型的通俗而簡練的語句。具有群眾性、口語性和通俗性的特點。由詞和詞組合而成，是大於詞的語言單位；具有相對固定的結構；可以充當句子成分或單獨成句。

第二節　俗語範圍的研究

俗語的範圍和性質關係緊密。人們對俗語性質的認識決定了其對俗語範圍的界定。眾多學者都對俗語範圍的問題作過討論，但到目前仍存在很大分歧。因爲其中除了給俗語下定義，確定俗語的性質外，還涉及諺語、歇後語、慣用語、成語、熟語、格言、警句、歌謠等概念，這些概念間關係複雜，相互交涉。

一、學術界關於俗語範圍的幾種觀點

綜合各家觀點，從俗語的性質出發，可將其分作廣義和狹義兩類。廣義俗語作爲一個屬概念，包括其他多種概念；狹義俗語作爲一個種概念，與其他語類平行，統屬於一個屬概念下。

具體細分，關於俗語的範圍大概有以下幾種觀點：

一是同時將俗語分爲廣義和狹義兩類。廣義俗語包括成語、諺語、慣

---

① 王勤：《俗語的性質和範圍》，《湘潭大學學報（社會科學版）》1990 年第 4 期。

② 溫端政：《〈中國俗語大詞典〉前言》，《語文研究》1989 年第 1 期。

用語、歇後語。狹義俗語是與成語、諺語、慣用語、歇後語平行的一種語類，俗語有區別於其他語類的特點。該觀點代表有孫治平、王仿主編的《俗語兩千條·前言》（1985）："在我國對俗語的理解有廣義和狹義兩種。廣義的俗語包括在民間口頭流傳的諺語、歇後語、常用語、慣用語以及方言土語等。狹義的俗語是指一種形象的定型的語句。"① 徐宗才、應俊玲《俗語詞典》（2004）："通常對俗語有兩種不同的理解，一種是廣義的，一種是狹義的。廣義的俗語包括諺語、歇後語、慣用語、方言俚語等。狹義的俗語是指那些通俗的、形象的定型語句。我們認爲俗語是具有自己特點的一種語類，它不同於諺語，也不同於歇後語，它們之間既有區別，又有交叉。俗語包括大部分諺語和小部分歇後語。"② 二人界定的俗語範圍有些混亂，狹義的俗語應該是和諺語、歇後語平行的概念，但"又有交叉"，表明其沒有將俗語和諺語等語類明確地區分開來。此外，上海文藝出版社2000年出版的《語海》也持相同觀點。

二是確立一個上位概念"熟語"，俗語作爲熟語中的一類，與成語、諺語、慣用語、歇後語平行。代表有王德春《詞彙學研究》（1983），書中把熟語定爲上位概念，其中包括五個小類：（1）成語；（2）諺語；（3）格言和警句；（4）歇後語；（5）俗語和慣用語。王氏把俗語作爲熟語的一個小類，與諺語、歇後語、慣用語以及格言、警句等相並列。"語言中的熟語包括成語，諺語，格言和警句，歇後語，俗語和慣用語。"③ 王勤在《俗語的性質和範圍——俗語論之一》（1990）一文中認爲："構成漢語詞彙材料最高級次的單位是熟語。熟語是由數個大於詞的不同類型的成員組成的大集體。""包容俗語在内的所有大於詞的詞彙材料的整體叫做'熟語'。熟語是屬概念，成語、諺語、歇後語、慣用語和俗語是隸屬熟語之下的種概念。"④ 崔希亮在《漢語熟語與中國人文世界》（1997）一書中認爲："熟語是一個上位概念，它的範圍很大，凡是固定用法、習慣用法、現成的詞組或詞組都在熟語的範圍之内。具體地說，熟語包括成語、慣用

① 孫治平、王仿：《俗語兩千條》，上海文藝出版社，1985年，前言第1頁。
② 徐宗才、應俊玲：《俗語詞典》（修訂本），商務印書館，2004年，前言第3頁。
③ 王德春：《詞彙學研究》，山東教育出版社，1983年，第66頁。
④ 王勤：《俗語的性質和範圍——俗語論之一》，《湘潭大學學報（社會科學版）》1990年第4期。

語、俗語、諺語、歇後語。如果把範圍再擴大一些，熟語還可以包括格言、名聯、流行市語，流行歌謠等等。"① 顧承甫、李欣在《試談"狹義俗語"的幾個問題》（1998）一文中認爲："'俗語'應是一個獨立的熟語語種。"② 徐宗才在《俗語》（1999）一書中認爲："特別是引入了'熟語'一詞後，'廣義俗語'就被熟語所代替，'狹義俗語'就成了隸屬於熟語之下的一個獨立的語類，這樣，熟語就包括了俗語、諺語、歇後語、慣用語、成語、方言俚語、格言、名言、警句、典故等。"③

三是將俗語作爲一個上位概念，包括成語、諺語、慣用語、歇後語，還包括熟語在內。例如邱崇丙在《俗語五千條》（1983）一書中認爲："俗語，也稱常言、俗話，包括諺語、熟語、歇後語三個部分。"④ 他認爲"熟語"是指那些"描述性的俗語"，相當於通常所說的慣用語。

四是將俗語作爲一個上位概念，包括成語、諺語、慣用語、歇後語。該觀點以溫端政爲代表，他在《中國俗語大詞典·前言》（1989）中給俗語的範圍作了明確界定："俗語應該包括諺語、歇後語（引注語）、慣用語和口頭上常用的成語，而不應該包括方言詞、'俗語詞'、來自書面系統的成語和來自名家名篇的名言警句。"⑤ 張清常在徐宗才、應俊玲編著的《常用俗語手冊》（1985）序言中提出俗語"實際上包括了諺語、格言、警句和俚語中成句話的一些說法等等"⑥。較之溫端政的界定，張清常的限定更加寬泛一些。

五是確立"熟語"這一屬概念，其意義和性質與"俗語"相同，是"俗語"名稱的替代，這裏的熟語包括成語、諺語、慣用語、歇後語。劉益國在《元曲熟語辭典》（1998）中說："熟語，是指語言中定型的詞組或句子，它包括成語、慣用語、諺語、格言、歇後語等。"⑦

六是確立一個上位概念"熟語"，俗語作爲熟語中的一類，與成語、慣用語、歇後語平行，俗語就是諺語。曹聰孫在《現代漢語俗語初探》

---

① 崔希亮：《漢語熟語與中國人文世界》，北京語言文化大學出版社，1997年，第1頁。
② 顧承甫、李欣：《試談"狹義俗語"的幾個問題》，《漢語學習》1998年第5期。
③ 徐宗才：《俗語》，商務印書館，1999年，第14頁。
④ 邱崇丙：《俗語五千條》，陝西人民出版社，1983年，說明第1頁。
⑤ 溫端政：《〈中國俗語大詞典〉前言》，《語文研究》1989年第1期。
⑥ 張清常：《常用俗語手冊》，北京語言學院出版社，1985年，序第1頁。
⑦ 劉益國：《元典熟語辭典》，四川大學出版社，1998年，例言第2頁。

（1981）一文中說："俗語是語言中熟語風格的一個品種。熟語包括慣用語、成語、格言、歇後語等，俗語也是它的一種。""俗語是口頭流傳的一些通俗的話，是有廣泛的適應性和完整的述謂性的定型語句，在日常言語活動中，使用頻率很高。""古籍中，用'諺'這個稱謂的比較多，現代漢語則多用'俗語'這一名稱，口頭上叫'俗話'。""諺語和俗語基本上是同一類定型語句的不同稱謂。"① 他在《中國俗語選釋》附錄《俗語概說》（1985）中又重複了相同的觀點②。

二、本書對俗語範圍的確定

綜合各家觀點來看，俗語範圍的界定基本上有兩種大的分類法。一是把俗語作爲一個屬概念，包括諺語、歇後語等種概念；二是把俗語作爲一個種概念，平行於諺語等語類，其上層由"熟語"充當屬概念。其中，"熟語"常與"俗語"交叉出現。崔希亮將"熟語"定義爲："加工提煉過了的語言形式，它們是固定的說法。它們雖然長短不一，內容不同，使用範圍不同，但是它們都是在人們的長期習用中慢慢地固定下來的，每一個熟語都表達一個特定的意思，往往不能望文生義，在結構上它們都有自己的特點，不能隨意改動。"③

"熟語"，一般認爲是從俄語譯借過來的，有兩種用法，或者充當"屬概念"，或者充當"種概念"。"熟語"作爲"屬概念"，用來總稱成語、諺語、慣用語、歇後語等，或把成語排除在外，總稱諺語、慣用語、歇後語等。前者如胡裕樹主編的《現代漢語》（修訂本），認爲"熟語的範圍相對廣，包括慣用語、成語、歇後語、諺語、格言等"④。後者如劉葉秋等編寫的《成語熟語詞典》（1992），書名把"成語""熟語"並列。作爲"種概念"的，有的學者把"熟語"和成語、諺語、歇後語等相並列，而把俗語作爲屬概念。如邱崇丙在《俗語五千條》一書的"說明"中指出："俗語，也稱常言、俗話，包括諺語、熟語、歇後語三個部分。"⑤

許威漢在《二十世紀的漢語詞彙學》（2000）中指出："'熟語'這個

① 曹聰孫：《現代漢語俗語初探》，《天津師院學報》1981 年第 6 期。
② 曹聰孫：《中國俗語選釋》，四川教育出版社，1985 年，第 224 頁。
③ 崔希亮：《漢語熟語與中國人文世界》，北京語言文化大學出版社，1997 年，第 1 頁。
④ 胡裕樹：《現代漢語》（修訂本），上海教育出版社，1979 年，第 270 頁。
⑤ 邱崇丙：《俗語五千條》，陝西人民出版社，1983 年，說明第 1 頁。

術語本身是個模糊概念，而且它同其他固定詞組同中有異，異中有同。多著眼於'異'，則'熟語'與其他固定詞組並列；多著眼於同，則'熟語'包容了其他固定詞組。而且彼此同異程度又不盡一致，分合劃界也費斟酌。"① 因此，本書認爲，"熟語"這個概念不能體現漢語中"語"的特點，而且漢語中的"語"本身也沒有生、熟之分，在劃界時又多紛亂，所以在討論"俗語"時不插入"熟語"的概念。

排除了"熟語"後，可以將注意力集中到"俗語"上。"俗語"可以拆分爲"俗"和"語"兩個部分來理解。"俗"體現在來源、流傳、表達、用詞等方面。俗語是由群眾創造的，流行於民間，是民眾常用的口頭表達方式，用詞通俗，體現民俗事象，反映民眾思想。俗語不同于文人創作的雅言。溫端政在《漢語語彙學》（2005）中提出了"語"的概念，把"語"定義爲："由詞和詞組合成的、結構相對固定的、具有多種功能的敘述性語言單位。"② 同時歸納出"語"的幾個特點：第一，"語"是由詞和詞組構成的大於詞的語言單位；第二，"語"的意義具有整體性，是敘述性的語言單位，包括表述語、描述語和引述語；第三，"語"的結構具有相對定型性；第四，"語"具有成句的功能，可以單獨成句、充當句群的組成部分，也可以充當複句的組成成分；第五，"語"有被引用的功能；第六，"語"有被拆分充當不同成分的功能③。

所以，本書把"俗語"看作是一個屬概念，同時具有"俗"和"語"特點的語類都可以歸入俗語的範圍內。依據這兩條標準，諺語、慣用語、歇後語和俗成語都屬於俗語。

諺語，早在先秦時，古人就已確定了它與俗語的種屬關係。《禮記·大學》："故諺有之曰：'人莫知其子之惡，莫知其苗之碩。'此謂身不修，不可以齊其家。"鄭玄注："諺，俗語也。"④ 表明諺語是俗語的一個部分。郭紹虞於二十世紀二十年代指出："諺語是人的實際經驗之結果而用美的言辭以表現者，於日常談話可以公然使用，而規定人的行爲之言語。"⑤

---

① 許威漢：《二十世紀的漢語詞彙學》，書海出版社，2000年，第290頁。
② 溫端政：《漢語語彙學》，商務印書館，2005年，第17頁。
③ 溫端政：《漢語語彙學》，商務印書館，2005年，第9—16頁。
④ 《十三經注疏》，中華書局，1980年，第1674頁下欄。
⑤ 郭紹虞：《諺語的研究》，《小說月報》1921年第2期。

成書於二十世紀九十年代的《中國諺語集成》在"總序"中將諺語的定義琢磨得更爲精緻："諺語是民間集體創作、廣爲口傳、言簡意賅並轉爲定型的藝術語句,是民衆豐富智慧和普遍經驗的規律性總結。"① 溫端政從語言學的角度對諺語作了更加科學的定義："諺語是群衆所創造的,所表達的不是某個人的特定思想;在口耳相傳中,形成了相對固定的結構,既可以單獨成句,也可以像其他語彙成員一樣充當句子成分。因此,諺語不是個人的言語作品,而是内涵社會化了的、可以充當語言建築材料的單位。"② 諺語來源於民衆,用於民間口頭語言,符合"俗"的標準;諺語又是大於詞的敘述性語言單位,結構相對固定,可以充當構成語言的成分,符合"語"的標準,所以諺語是俗語下的種概念。

慣用語的概念出現較晚,馬國凡在《諺語·歇後語·慣用語》(1961)一書中對"慣用語"作了這樣的說明："慣用語本身是一種定型的詞組。它的結構是詞組,意義卻是整體化了的。比如,我們管重複別人已經做過的事叫'炒冷飯',管奉承人叫'戴高帽子','炒冷飯'和'戴高帽子'就都是慣用語。'炒冷飯'和'戴高帽子'從結構上看都是詞組。'炒冷飯'是'炒'和'冷飯'的組合,'戴高帽子'是'戴'和'高帽子'的組合。從意義上看,'炒冷飯'的整體意義不同於'炒'和'冷飯'的個體意義,'戴高帽子'的整體意義也不同於'戴'和'高帽子'的個體意義。"③ 隨後,馬國凡、高歌東在他們合著的《慣用語》(1982)一書中說道:"慣用語是一種定型詞組,它從意義到結構都是完整的、統一的。"④ 王勤認爲慣用語的"外在形態是三言體","結構基本上是簡單詞組"⑤。

學者們將慣用語的特點集中在形式上,認爲慣用語區別於其他語類的關鍵在於它是"一種定型的詞組",以三字格爲主。也有學者提出了不同看法。如溫端政認爲:"慣用語從結構上也可以分爲兩種類型:一類是表

---

① 中國民間文學集成全國編輯委員會:《中國諺語集成》,中國 ISBN 中心出版,2000 年,總序第 3 頁。

② 溫端政:《漢語語彙學》,商務印書館,2005 年,第 23 頁。

③ 馬國凡:《諺語·歇後語·慣用語》,遼寧人民出版社,1961 年。轉引自溫端政、周薦《二十世紀的漢語俗語研究》,書海出版社,1999 年,第 197—198 頁。

④ 馬國凡、高歌東:《慣用語》,内蒙古人民出版社,1982 年,第 2—3 頁。

⑤ 王勤:《俗語的性質和範圍——俗語論之一》,《湘潭大學學報(社會科學版)》1990 年第 4 期。

示完整意思的句子，一類是不表示完整意思的詞組。前者如'生米煮成了熟飯'，'哪一壺不開提哪一壺'，'公說公有理，婆說婆有理'等，在形式上同諺語沒有什麼區別，只是在内容上屬於描述性的，缺乏諺語所具有的哲理性。"① 在《漢語語彙學》中，温端政又重申了這一观点，認爲"慣用語屬於描述性的語言單位，除了結構上'二二相承'的描述性成語外，都是慣用語，不受'以三音節動賓結構爲主'和'在意義上具有雙層性'的限制"②。

慣用語同樣來源於民間，由群眾集體創造，流傳於普通民眾的口語表達中，具有"俗"的特點。其形式是大於詞的語言單位，内容具有描述性，意義獨立完整，風格幽默、風趣，具有成句功能。慣用語具有"語"的特點，所以也在俗語的範圍内。形式並不局限於三字格、動賓式，只要是群眾創造的，大於詞、除四字格成語外，語義上具有描述性，風格幽默、通俗的固定詞組或句子都可以看作是慣用語。

歇後語同樣具有"俗"和"語"的特點。甯榘在《古今歇後語選釋》（1985）一書的緒論中爲歇後語下了定義，歇後語"原則上由前後兩個語言片段（所以稱爲'片段'，因爲它在結構上有的是詞、詞組，有的是子句或句子）組成；前一片段是言在此而意在彼的譬喻，後一片段是說明或解譬。作爲修辭手段之一，爲增強語感上的效果，它常常被運用於文藝作品和社會言語生活中。不管是在口語中或書面上，這種形象化語言形式，和成語同樣地習聞常見"③。温端政在分析歇後語結構時指出："凡是歇後語，意義的重點都在後一個語節，即後一語節表示整個歇後語的基本意義；前一個語節除了表示某種附加意義之外，主要是起'引子'的作用，從中'引'出後一部分。"④ 認爲將歇後語稱爲"引注語"更確切。

俗語中還有一類是俗成語。劉玉凱、喬雲霞在《中國俗成語》（1991）中首次正式提出"俗成語"這一概念，將俗成語的來源歸納爲四個方面：（1）漢族人民歷代口頭使用的成語；（2）少數民族創作出的漢語俗成語；（3）隨著社會前進、時代發展不斷產生的新成語；（4）出自古書典籍，但

---

① 温端政：《〈中國俗語大詞典〉前言》，《語文研究》1989 年第 1 期。
② 温端政：《漢語語彙學》，商務印書館，2005 年，第 229 頁。
③ 甯榘：《古今歇後語選釋》，湖北教育出版社，1985 年，緒論第 1 頁。
④ 温端政：《漢語語彙學》，商務印書館，2005 年，第 358 頁。

在群眾使用過程中已經通俗化的成語①。之後，温端政從成語來源、語言形式和使用群體三方面，對"雅成語"和"俗成語"作了比較，把俗成語確定爲"來源於口語系統，有的來自古代口語系統，有的來自近代或現代口語系統；組成要素多白話成分，多通行在群眾的口語中"的一類俗語②。徐波在《舟山方言俗成語修辭考察》一文中認爲"俗成語也可稱'四字組俗成語'，屬於熟語範疇"，俗成語指"在某一區域慣常通用的，具有固定的結構、整體的語義和形容詞性語用價值的四字組詞語。這種俗成語一般通過比喻途徑，描摹、形容人或事物的性質、狀態"③。陳建生在《認知詞彙學概論》（2008）中設專章討論俗成語，詳細分析了俗成語的特點，認爲俗成語具有集體性、口頭性、傳承性、變異性、民族性和表義雙層性等特點。④ 雷漢卿認爲"本來'俗成語'就是方俗詞"⑤。

綜上，本書依據雷漢卿的觀點，把俗成語定義爲"主要來源於民間口語系統，部分來自古代書面語系統，結構固定、形式短小、語義完整生動，通過比喻等修辭途徑，描摹、形容人或事物的性質、狀態的四字語"⑥。

俗成語與雅成語不同。首先是來源的不同，雅成語來源於書面系統，多數來自古代的經典著作或神話、寓言故事，如"暴虎馮河""愚公移山"，俗成語主要來源於民間口語系統，是廣大勞動群眾在口頭交際中創造出來的一種特殊的習慣用語，如"過河拆橋""七上八下""三三兩兩"，少部分來自古代書面語系統，但在使用上已經通俗化，如"弱不禁風""取長補短"。其次是構成要素的不同，雅成語中多文言成分，如"貽笑大方""取而代之"，俗成語的組成要素以白話爲主，如"左右兩難""逢場作戲"。第三是結構方面的差異，雅成語結構整齊、凝固，不能隨意變動詞序或替換其中的成分，俗成語的結構具有相對靈活性，可以變換結構、替換成分。第四是語義方面的不同，雅成語一般具有雙層語義，除字面義

---

① 劉玉凱、喬雲霞：《中國俗成語》，上海文藝出版社，1991年。轉引自温端政、周薦《二十世紀的漢語俗語研究》，書海出版社，1999年，第245—246頁。
② 温端政：《中國俗語大全·前言》，《語文研究》2004年第2期。
③ 徐波：《舟山方言俗成語修辭考察》，《浙江海洋學院學報（人文科學版）》2002年第4期。
④ 陳建生：《認知詞彙學概論》，復旦大學出版社，2008年，第242—243頁。
⑤ 雷漢卿：《禪籍方俗詞研究》，巴蜀書社，2009年，第283頁。
⑥ 雷漢卿：《禪籍方俗詞研究》，巴蜀書社，2009年，第284頁。

外還有一個深層含義，成語實際要表達的意義往往隱含在字面下，俗成語的語義相對通俗易懂，往往從字面上就可以明白，即便具有深層含義，意義也較雅成語更加淺近。第五是使用群體和通行範圍的不同，雅俗語多爲文人所用，出現在語詞典雅和規範程度較高的文體中，而俗成語主要通行於民衆口語中，部分記錄在語録和戲曲等文本中。

綜上，我們把俗語作爲屬概念，其中包括諺語、慣用語、歇後語和俗成語四類。它們共同具有"俗"和"語"的特點。但又各自獨立，相互區別。同時，這幾類俗語又共同區別於格言、歌謠。

先看格言與俗語的區別。主要體現在三個方面：一是格言屬於個人的言語作品，而俗語中的各語類都是語言單位，是構建語言的建築材料；二是來源不同，格言都來自名家名篇，而俗語中的各類皆產生並流傳於群衆中，一般難以說出確切的作者和出處；三是格言的基本形態是"話"，是作爲句子形式存在的，有完整的意思，有獨立的句調，而俗語中的各語類沒有一定的句調，不是完整意義上的句子。所以，格言與俗語不同。

再看歌謠與俗語的區別。杜文瀾在《古謠諺》凡例第一條就作了闡述："謠諺二字之本義，各有專屬主名。蓋謠訓徒歌，歌者詠言之謂。詠言即永言，永言即長言也。諺訓傳言，言者直言之謂。直言即徑言，徑言即捷言也。長言主於詠歎，故曲折而紆徐；捷言欲其顯明，故平易而疾速，此謠諺所由判也。"[①] 杜文瀾把諺語與歌謠的區別概括爲"捷言"與"長言"。其實二者的主要區別在於諺語是語言單位，是構建語言的建築材料。而謠是一種文學形式，屬於民間文學，是一種言語單位。在形式上，謠要比諺更長，内容更豐富。俗語中除諺語外，其他幾類與謠的區別也是相同的。所以，歌謠與俗語不同。

從俗語内部看，諺語、慣用語、歇後語和俗成語幾類相互間也各有區別。

從形式上看，俗成語有別於其他幾類，爲二二相承的四字格結構。歇後語在形式上的特點也十分突出。王勤從形式的角度對歇後語作了界定："其結構卻是由前後兩部分構成，前部分是一個物件或一件事、一個動作

---

① （清）杜文瀾：《古謠諺》，周紹良校點，中華書局，1958年，凡例第3頁。

一種狀態等等。後部分則是對前部分的解釋、說明。"① 所以，歇後語一般都包括引、注兩個部分，如果前後兩部分都齊備，則很容易將歇後語同其他俗語語類區別開來。有時歇後語的引語或注解部分被省去，在形式上不容易和諺語、慣用語甚至成語區分開，可以從語義的角度看，被省略的歇後語在表義時意義不完整，需要聽話者補充缺失的部分才能領會整條歇後語。諺語和慣用語的主要區別體現在內容、語用和色彩三個方面。諺語體現對客觀事物的認識，反映在社會實踐中形成的經驗。諺語突出的是知識性，用來傳授經驗和認識，風格相對嚴肅。慣用語在內容上缺乏知識性，主要用來對事物的特點、形狀、程度等進行描繪或渲染，風格多幽默風趣。

　　這一節我們給俗語劃定了範圍，包括諺語、慣用語、歇後語和俗成語四類。

---

① 王勤：《俗語的性質和範圍——俗語論之一》，《湘潭大學學報（社會科學版）》1990 年第 4 期。

第二章　禪籍俗語的語義層次及存在形態

　　禪宗典籍歷來被看作唐宋時期口語化程度較高的文獻，其中俗語的大量使用，更增強了禪籍語言的口語化傾向。俗語是流行於群眾中的通俗習慣用語，精練簡短的話語中蘊含了深刻抽象的意義。禪籍俗語由於受到禪文化的影響，語義變得更加複雜。本章將禪籍俗語的語義歸納爲字面義、禪義和語用義三類，在動態語境中分析禪籍俗語的不同語義類型。禪門師僧借助俗語表達深刻的禪旨佛理，由於彼此取材各異，許多來源不同、形式有別的俗語常常表達相同的意義內涵，形成同義俗語聚合。由於人們認識的角度不同，對待同一事物、情理產生了不同觀點，甚至是相反相對的理解，禪籍中出現了意義相反的俗語，構成反義俗語聚合。禪籍俗語的語義形式多樣，相互交錯、聚合，表現出豐富性和複雜性的特點。

第一節　禪籍俗語的語義類型

　　出現在禪籍中的俗語稱爲禪籍俗語。這些俗語被賦予了禪的意蘊，對其語義的理解常須跳出原有的意義樊籠，進入活潑靈動、生機遠出的禪悟空間。禪籍俗語的語義在特殊的文化背景和語用環境下變得複雜多樣，我們將禪籍俗語的語義歸納爲字面義、禪義和語用義三類。字面義，是根據俗語的構成成分及其語法關係直接推斷出來的意義。禪義，指俗語在禪文化背景下表達出的體現禪門思想的意義，具有行業性和專門性的特點。禪籍中還有一些俗語出現在僧問師答的會話語境中，禪師利用俗語並有意超越俗語的字面義和禪義，設法讓聽話人領悟自己所說話語的隱含意義。這一類意義難以從傳統語義學的角度分析，我們將其置於語用學的範疇，視爲禪籍俗語語義的一個特殊義類，稱爲語用義。

一、字面義

在禪籍中，一些俗語採用直敘式表達，俗語字面的意義就是其所要表達的意思。這一類俗語在禪籍中所占比重較小。

（1）師問僧："'<u>才有是非，紛然失心</u>。'祖師與摩道還有過也無？"對云："不可道無。"師云："過在於何？"對云："合與摩道不？"師云："你只是擔枷判事。"師代云："只爲自犯嚴條。"（《祖堂集》卷十三《報慈和尚》P.590）

俗語"才有是非，紛然失心"指辨明是非的同時也就失去了本心。禪宗提倡將所有的對立和矛盾都統一起來，調和成前後一致的有機整體，而辨明是非就會導致分別心的產生，就會與禪的思想背道而馳，澄明清淨的本心便在是非分別中迷失。

（2）上堂云："本自無瘡，勿傷之也。然雖如是，<u>不因一事，不長一智</u>。參。"（《白雲守端禪師廣録》卷一 X69，p0307a08）

"不因一事，不長一智"謂知識、智慧都隨閱歷的增加而豐富。禪宗強調三界唯心、萬法唯識，但也十分重視實踐的體驗。俗語字面直接表意，強調要在實踐中驗證佛法真如。

（3）衆方集定。師云："<u>不用低頭，思量難得</u>。"便下座。（《明覺禪師語録》卷一 T47，p0676b06）

禪宗認爲思維是理性的產物，理性的出現就會帶來分別，難以到達禪悟的最高境界，所以要求學人當下便悟，低頭思量就會錯過頓悟之機，俗語字面直接表義。

（4）上堂云："<u>耳聞不如眼見，眼辨不如手親</u>。"（《圓悟佛果禪師語録》卷七 T47，p0743a22）

俗語謂聽說的不如目睹，眼見的不如親自動手，強調實際經歷的重要性。

（5）師乃云："突出難辨，只眨得眼。閃電提持，衲僧無湊泊處。放一線道，轉見蹺訛。不落階梯，猶形唇吻。到這裏如何即是？<u>車不</u>

橫推，理不曲斷。"（《圓悟佛果禪師語录》卷七 T47，p0737c25）

車不能橫著推，道理不能歪曲理解，比喻要遵循事物的本來屬性。禪籍用俗語的字面義直接表義。

(6) 有一般漢，聞人舉著他肚裡事，嗔心忿起，便道佛法豈有與麼事，大悟不拘小節，更問阿誰。（《緇門警訓》卷七 T48，p1078a05）

禪門諺語。大悟，破除迷惘，獲得真實知見。《觀無量壽佛經》："豁然大悟，得无生忍。"隋慧遠《觀無量壽經義疏》本："聖慧一起，朗然大悟，如睡得寤，故名爲覺。"小節，細節。俗語在禪籍中用字面義表義，即破除迷惘，獲得真知，不必拘於小事細節。

(7) 師云："多語忉忉，少言易會。"（《汾陽無德禪師語録》卷上 T47，p0603b16）

忉忉，囉嗦，嘮叨。《五燈會元》卷五《潭州石室善道禪師》："號髭曰：'從誰受戒？'師曰：'不依他。'髭曰：'在彼即恁麼，來我這裏作麼生？'師曰：'不違背。'髭曰：'太忉忉生。'師曰：'舌頭未曾點著在。'"宋歐陽修《與王懿敏公書》："客多，偷隙作此簡，鄙懷欲述者多，不覺忉忉。"言多囉嗦，言少反而容易理解，反映禪宗"不立文字"的語言觀。禪籍直接用俗語的字面表義。

僅表字面義的俗語在禪籍中具有類型的特定性和表達的明確性。從類型上看，主要集中於總結、傳授經驗的諺語，包括反映勞動經驗的生產諺，如"冬無積雪，夏無餘糧""不經敏手，終成廢器"；總結客觀事物規律性和必然性的哲理諺，如"差之毫釐，失之千里""車不橫推，理無曲斷""方以類聚，物以群分""福不重受，禍不單行"。其中直接說明事理的諺語占多數，這與其功能有關。諺語主要是社會實踐經驗的總結，單純明了的字面義可以更直接地將生產生活經驗和感受傳達出來。從表達上看，這一類俗語往往採用直陳式，敘事說理直截了當，意思表述簡潔明快，而少用其他修辭方式。

二、禪義

于谷在《禪宗語言和文獻》一書中最先提出了禪宗同行詞語的概念，文中說："同行詞語具有特殊詞義，是同行內部約定俗成的結果。許多禪

宗同行詞語意義的形成，與禪宗傳教、悟道方式有密切關係。"① 周裕鍇
在《禪宗語言》中則提出"宗門語"的概念，他認爲："（宗門語）具有某
種約定俗成的宗教語言和行業語言的性質。它的意義往往不附著於語詞本
身，而在於語詞給予的暗示，在於禪宗圈内人士相互之間的默契。在後出
的禪宗典籍中，不少源於日常生活中的語言有了特定的宗教暗示意義。"②
兩位先生都指出了禪宗語義的特殊性，除了禪宗自創的語詞具有宗門意義
外，一般語詞進入禪宗語境也具有了特殊的行業義。

禪籍中有大量俗語受到禪文化的影響，產生出反映禪宗精神的意義，
這類意義只用於禪林宗門，具有專門性和行業性的特點，我們將其稱爲禪
義。這是禪籍俗語語義類型中獨特的一類。

> （1）臨安府慧因懷祥禪師，上堂："南山高，北山低。日出東方
> 夜落西。白牛上樹覓不得，烏難入水大家知。且道覓得後又如何？"
> （《五燈會元》卷十六《慧因懷祥禪師》P.1021）

由於地球自西向東旋轉，產生了日從東方升起，夜晚又從西方落下的自然
現象，我國古人用諺語"日出東方夜落西"高度概括了這一自然規律。禪
師借用該俗語，在字面意義的基礎上直接注入禪的思想，抽象出禪義，謂
自然之物自在自爲的生命律動就是禪理，啓發學人在日常生活中體悟佛法
真如。

> （2）上堂："老盧不識字，頓明佛意，佛意離文墨故。白兆不識
> 書，圓悟宗乘，宗乘非言詮故。如此老婆心，分明入泥水。今時人猶
> 尚抱橋柱澡洗，把纜放船。"（《五燈會元》卷十七《東林常總禪師》
> P.1112）

兩條歇後語連用，省去了後面相同的解說部分"放手不得"。俗語的字面
描寫了兩種動作行爲。在禪籍中"洗澡"和"放船"被用來比喻參悟佛
意，而以"抱橋柱"和"把纜"喻指死守教條、拘泥文字義理的參禪行
爲。整條俗語被納入到禪宗文化背景下，只有結合禪文化才能正確理解俗
語的真正内涵。

---

① 于谷：《禪宗語言和文獻》，江西人民出版社，1995年，第54頁。
② 周裕鍇：《禪宗語言》，浙江人民出版社，1999年，第215頁。

（3）師舉古人道："讀經千遍紙上見經，不識忽然國師問爾作麼生？"（《雲門匡真禪師廣錄》卷中 T47，p0564b13）

反復誦讀經書，不待他人解說便可自曉其深意。禪師用以告誡僧徒要刻苦修習。

禪籍俗語的字面義和禪義之間存在著聯繫，但不能簡單地把俗語的字面義看作本義，把禪義看作派生義。根據俗語字面所述事實或現象的特點以及相關禪義由來的不同，可以分爲兩種類型：一是字面義爲俗語本義，禪義爲派生義，包括引申義和比喻義；二是字面義爲俗語的表層義，禪義爲深層義，二者是表與裏，淺與深的關係。

（一）字面義與禪義爲本義與派生義的關係

（1）問："祖祖相傳傳法印，師今繼嗣嗣何方？"師曰："特謝證明。"曰："恁麼即白龍當時親受記，今日應聖度迷津。"師曰："汝莫錯認定盤星。"（《景德傳燈錄》卷二十四《福州東禪玄亮禪師》T51，p0402a15）

定盤星，秤桿上的起點星號，比喻判斷事物的基準。"錯認定盤星"，字面義指將秤桿上的起點星號認錯了，禪義引申謂犯了根本性的錯誤。

（2）僧問："如何是道？"師曰："良田萬頃。"曰："學人不會。"師曰："春不耕，秋無望。"（《五燈會元》卷十七《廬山開先行瑛廣鑒禪師》P.1140）

此爲唐宋時農諺。春天不耕種，秋天就沒有收成。引申比喻不付出就不會有收穫。禪籍中師父常以此語告誡學人只有勤奮修行，方能悟得佛法。禪義由俗語的本義派生而來，在俗語字面義的基礎上附加了宗教內涵。

（3）師示眾云："從門入者非寶，直饒說得石點頭，亦不干自己事。"（《祖堂集》卷五《雲巖和尚》P.254）

俗語本謂從門外取來之物，終非自家珍寶。禪宗賦予了俗語宗教內涵，派生出利用外在方式獲得的佛法都非真如佛法的禪門語義。

（4）法昌這裏，有幾個埿根阿師？病者病在膏肓，頑者頑入骨髓。若非黃龍老漢到來，總是虛生浪死。拈拄杖曰："要會麼？打麵還他州土麥，唱歌須是帝鄉人。"（《五燈會元》卷十六《洪州法昌倚

遇禪師》P.1024)

打麵，和麵。《法苑珠林》卷八十六：“大業末中夏召千僧七日行道，忽感異人，形服率麗然，來告美曰：‘時既炎熱，何不作餅以用供養？’且溲二十斛面作兩日調，明旦將設。半夜便起，打麵動案。人物驚亂並作切粥，以供大眾。須臾切麵命煮隨熟，千人同飽咸共欣慶。”《續高僧傳》卷二十九《唐京師會昌寺釋德美》：“明旦將設，半夜便起打麵捶案。”和麵要用其他地方的麥子，唱歌須是京城中的人。比喻辦事須是內行高手，才可以取得更好的效果。禪宗在俗語引申義的基礎上又灌注了禪義，引申喻指接引教化僧徒須是高僧大德。

（5）僧問：“如何是衲僧變通之事？”師曰：“東湧西沒。”曰：“變通後如何？”師曰：“地肥茄子嫩。”（《五燈會元》卷十五《復州北塔思廣禪師》P.989）

土地肥沃茄子就長得嫩，隱喻事物之間存在因果聯繫。禪藉比喻修習禪法的根本在於認識事物間的因果關係，通一物而通百物。

（6）且道，慈氏宮中今日說甚麼法？卓主丈，鋼刀雖利，不斬無罪之人。（《虛堂和尚語録》卷二 T47，p0994a05）

鋼刀雖然鋒利，卻不斬殺無罪之人。禪籍中禪師常以此語鼓勵學人大膽求佛，俗語由字面義引申出禪義，比喻禪師對根基淺薄但誠心學佛之人也可以隨機應接，要求不那麼苛刻。

（7）新羅國智異山和尚，一日示眾曰：“冬不寒，臘後看。”（《五燈會元》卷十一《智異山和尚》P.659）

氣象諺。俗語字面義指冬天是否寒冷，臘月後方能看出。禪師用以警示學人，修行的境界必須等到一定時候才能看出。俗語意義根據表達的需要被引申。

（8）僧問：“寶劍未出匣時如何？”師云：“在什麼處？”曰：“出匣後如何？”師曰：“臂長衫袖短。”（《五燈會元》卷十五《文殊應真禪師》P.969）

俗語字面義指因手臂長袖子短，衣袖無法遮蓋整個手臂。禪義保留了其中的義素"無法遮蓋",將具體的手臂和衫袖替換成了抽象的佛法和語言,表示言不及意,佛法大意深奧玄妙,語言文字無法透徹解釋。

(9) 師云:"爐中添火猶嫌冷,路上行人只守寒。"進云:"未審此理如何?"師云:"冬無積雪,夏無餘糧。"[《古尊宿語録》卷二十三《汝州葉縣廣教(歸)省禪師語録》X68,p0154a11]

農諺,字面意義強調冬雪對來年收成有著重要影響。禪宗用來喻指修佛習禪不能一蹴而就,需要逐漸積累。禪師用此語鼓勵僧徒潛心學習方能有所精進。

(10) 乃豎起拳云:"握則爲拳,有高有下。"復開云:"開則成掌,無掌無偏。且道放開爲人好,把定爲人好。開也造車,握也合車輙。若謂閉門造車,出門合轍,我也知爾向鬼窟裏作活計。"(《明覺禪師語録》卷三 T47,p0686a19)

"閉門造車,出門合轍"字面意義指按照同一規格,即使關起門來造出的車也一樣,禪家意指自我修行,只要掌握了正確的方法就可以與禪理契合。

(11) 若望涯而退,不是大丈夫漢。須是不顧死生,從他手中奪去始得。所以道不入虎穴不得虎子。(《圓悟佛果禪師語録》卷十三 T47,p0771c29)

諺語比喻不冒風險就無法取得成功,禪籍中則特指不勇猛精進就難以求得至高之法。

(12) 師云:"步平履穩底,嶮絶處疑著。行玄體妙底,平地上吃交。魯祖尋常只解把定,及乎此時,卻幹得轉。病深用藥,藥過用醫。"(《宏智禪師廣録》卷一 T48,p0007c03)

俗語字面謂病深用藥治,藥物醫治不了時需要求助醫生。禪家喻指根據學人的根性可以採取不同的接引方法,引導學人擺脫滯礙,明心見性。

以上幾例中,俗語的禪義都是俗語本義的引申。有些俗語的字面義就是本義,有些通過字面形象的描繪,揭示社會現象,說明人情事理,字面之外的抽象義爲本義。禪義在俗語本義的基礎上派生而成。在禪籍中,這些俗語的字面義或派生義與禪義間存在著邏輯推理關係,俗語描寫或反映的現象事理，進入禪籍後被賦予了禪宗宗教意義，反映禪思觀照下的抽象的思想意識。禪義是俗語世俗義的延伸。這一類禪籍俗語的本義和禪義間是有關聯的，是本義與引申義的關係。

（二）字面義與禪義爲表層義和深層義的關係

還有一些俗語的禪義是字面義的轉移。俗語字面描寫的事物、現象、行爲、情狀只作爲隱含意義的形象性表達，通過形象的描繪，揭示社會現象，說明人情事理。這些俗語的字面義不能看作是本義，其字面表述只是抽象概念的形象化，使平淡的說理生動活潑。俗語字面描摹的是具體的自然之物或具體特定的動作行爲，進入禪籍後用來轉指禪門事理。禪義不是字面義的抽象和延伸，二者間也不存在邏輯推理關係，兩個意義之間沒有任何聯繫，禪義是對俗語表層字面義的重新概括。如氣象諺"冬不寒，臘後看"，在禪籍中不是用來說明氣象天氣，不是指示年節時令，而是指僧人道行的高低要經過修行達到一定的階段方能看出。禪義與俗語的表層字面義沒有任何關聯，俗語在禪籍中被賦予了新的宗教內涵。俗語的字面義和禪義構成表層義與深層義的關係。

> （1）上堂："舉慈明示眾云：'道吾打鼓，四大部洲同參。拄杖橫也，挑括乾坤大地。缽盂轉也，覆卻恒沙世界。汝等諸人，向甚麼處安身立命？若也知安身立命處，北俱盧洲，吃粥吃飯。若也不知，<u>長連床上，吃粥吃飯</u>。'"（《瞎堂慧遠禪師廣錄》卷一 X69，p0566a04）

無著道忠《禪林象器箋·器物門》"長連床"條："《南海寄歸傳》云：西方房迮，居人復多，臥起之後，床皆舉攝，或內置一邊，或移安戶外。床闊二肘，長四肘半，褥席同然。"又釋"椸架"條引《禪門規式》云："僧堂設長連床，施椸架，掛搭道具。""長連床"即禪林僧堂中所置的大床，可以多人連坐。以"長連床"爲意象創作的俗語如"長連床上伸腳睡""長連床上展腳臥""長連床上鹿羹淡""長連床上帶刀眠"等描繪的都是禪門中的日常生活，俗語在禪籍中喻指在日常生活中契悟，佛理道法無處不在。

> （2）有俗官問黃蘗供養主："黃蘗和尚驢馬相似，上座作供養主，作什摩？"僧無對。卻歸，舉似黃蘗。黃蘗云："道薄人微，甚是難消。"有人舉似南泉，南泉云："<u>池州麻黃，蜀地當歸</u>。"有人舉似師，

師云："泉州葛布，好造汗衫。"（《祖堂集》卷十一《睡龍和尚》
P. 533）

風土諺。池州，安徽西南部，出產麻黄，蜀地盛產當歸。禪宗用此風土諺
比喻宇宙萬象皆有佛性，禪思佛理一切現成，都蘊含於自然之物中。

（3）問："如何是學人著力處？"云："春來草自青，日上已天
明。"（《祖堂集》卷二十《後魯祖和尚》P. 898）

常識諺。春天到來，草木自然變緑。禪宗主張參悟佛法應抱有平常心，精
勤修行，自然能夠契悟高妙禪法。諺語在禪籍中暗喻道法自然，以平常心
處之的宗門義理。

（4）問："古人道毗盧有師，法身有主，如何是毗盧師、法身
主？"師曰："不可床上安床。"（《五燈會元》卷七《金輪可觀禪師》
P. 240）

"床上安床"字面指在床上再放上一張床，禪家意謂重複多餘的行爲。

（5）初問青峰："如何是學人自己？"峰曰："丙丁童子來求火。"
（《五燈會元》卷十《報恩玄則禪師》P. 593）

古代以十干配五行，丙丁屬火，因稱火爲"丙丁"。《呂氏春秋·孟夏》：
"其日丙丁。"高誘注："丙丁，火日也。""丙丁童子"即指主管火的神童。
管火神童向外求火，禪家藉以比喻自身是佛，還向外馳求，人們逐物迷
己，忘記了本來佛性。

（6）問："如何是孤峰宿底人？"師曰："半夜日頭明，日午打三
更。"（《五燈會元》卷十一《魯祖教禪師》P. 670）

"半夜日頭明，日午打三更"爲禪門諺語。從字面看黑白顛倒，時間錯亂。
禪家否定時間的絶對性，要求學禪悟道之人要超越時間概念，實現時間的
圓融統一，消除心中的對立分别。

（7）師曰："東家點燈，西家暗坐。"曰："未審意旨如何？"師
曰："馬便搭鞍，驢便推磨。"（《五燈會元》卷二十《龍翔士珪禪師》
P. 1310）

俗語字面謂東家點明燈，而西家卻在黑暗中靜坐。禪宗認爲佛性人人具

足，但參禪者對佛法的領悟卻不相同，有的明心見性、圓融無礙，如有明燈相照；有的則昏昧不明、滯礙於煩惱業障中，如獨坐於暗房之中。同類的還有"東家點燈，西家覓油""東堂月朗西堂闇"。

（8）師拈棒，僧云："老和尚莫瞎猱，奪棒打和尚去在。"師云："今日被這漢鈍置煞我。"僧云："陣敗不禁苕帚掃。"〔《古尊俗語録》卷七《汝州南院（慧顒）禪師語要》X68，p0042b13〕

俗語字面用誇張的方式說戰敗之軍不堪掃帚掃，比喻軍隊潰敗，士氣全無。禪家用以比喻一方在機鋒對峙中敗下陣來。

（9）問："牛頭未見四祖時如何？"師云："家家觀世音。"進云："見後如何？"師云："火裏蝍蟟吞大蟲。"〔《古尊俗語》卷十五《雲門（文偃）匡真禪師廣録上》X68，p0095c07〕

宋沈括《夢溪筆談·雜志一》："蟭蟟之小而綠色者，北人謂之蟭，即《詩》所謂'蟭首蛾眉'者也，取其頂深且方也。"此蟭蟟爲蟬的一種。"蟭"，《廣韻》即消切，宵韻，精母；蝍，《廣韻》子力切又子結切，皆精母。疑蝍蟟或即蟭蟟。大蟲，老虎。禪家常居山林，蟬和虎并山林中常見之物，但二者大小懸殊。火中小蟲吞食老虎，構成禪門奇特語，并以爲喻。比喻佛門中的真如實相或微妙禪法。是《華嚴經》中毛端容國土、海水入毛孔之境，體現了禪門大小圓融的思想。

（10）問："超佛越祖人難得，請師一句顯根源。"師云："裁衫錯卻領。"〔《古尊宿語録》卷三十八《襄州洞山第二代（守）初禪師語録》X68，p0250a03〕

"裁衫錯卻領"，字面謂剪裁衣衫卻錯剪了衣領。比喻用錯了力，辦錯了事。禪籍中用作禪師責備學人語，比喻修行沒有找對門徑，用錯了力。

同類俗語還有"打驢聽馬知""頂門上著眼""東家作驢，西家作馬""法網無邊""大開眼了作夢"等。這些俗語字面描述的情狀全都違背常理，單從字面無法理解俗語的真正含義，字面義在語境中不具有表意功能。通過運用比喻、誇張等修辭手段，俗語字面具有了強烈的形象性色彩，使深奧的佛法變得淺顯易懂，使平淡的義理變得生動活潑。這一類俗語的字面義是禪義的引導者，處於俗語語義的表層，隱藏於字面義下的深層禪義才是俗語要表達的真正含義。

三、語用義

禪宗典籍裏，有一些俗語在使用時表示的意義不是這些俗語本身所固有的，而是其使用者在特定的語境中賦予的，這種意義就是俗語的語用義。具有這種意義的俗語總是出現在師僧問答的語境中，並且被禪師用作答語，而在他們上堂說法、吟詩偈頌或記述其生平事蹟的敍述中是不會出現的。其中又以用不同的俗語來回答相同的問題者最爲典型。例如：

（1）蜀中仁王欽禪師，僧問：“如何是佛？”師曰：“聞名不如見面。”曰：“如何是祖師西來意？”師曰：“鬧市裏弄猢猻。”（《五燈會元》卷六《仁王欽禪師》P. 359）

（2）僧問：“如何是祖師西來意？”師曰：“見錢買賣不曾賒。”（《五燈會元》卷十《翠巖嗣元禪師》P. 641）

（3）僧問：“如何是祖師西來意？”師曰：“十箇指頭八箇丫。”（《五燈會元》卷十二《沩潭景祥禪師》P. 763）

（4）問：“如何是祖師西來意？”師曰：“三年逢一閏。”（《五燈會元》卷十五《天睦慧滿禪師》P. 975）

（5）問：“如何是祖師西來意？”師曰：“眼裏不著沙。”（《五燈會元》卷十五《天童懷清禪師》P. 990）

（6）上堂，僧問：“如何是祖師西來意？”師曰：“東家點燈西家暗坐。”（《五燈會元》卷二十《龍翔士珪禪師》P. 1310）

（7）師舉三聖僧問：“如何是祖師西來意？”三聖云：“臭肉來蠅。”〔《古尊宿語録》卷五《興化（存獎）禪師語録》X68，p0034b18〕

實際上禪師們回答“如何是祖師西來意”這一問題所使用的俗語遠不止這些，僅《五燈會元》中就多達十幾個。這種情況，在其他文獻中難以見到，因而非常引人注目。那麼，這些答問者到底使用了相關俗語的什麼意義呢？

有學者認爲，他們使用的是這些俗語的“零意義”①、“終極意義”②。

---

① 范春媛：《智慧禪語——禪宗典籍諺語語義探析》，《佛教文化》2006 年第 6 期。

② 范春媛：《禪籍俗語語義研究》，《蘭州學刊》2007 年第 2 期。

所謂"零意義"，指其"在當下的語境中，根本不起語言上的意義"，"它既代表'空'，又蘊涵了'有'"，"禪宗通過這種零意義……的阻斷，就是讓人們回到'0'，回到頓悟點身邊"。所謂"終極意義"，也"根本不起語言上的意義"，"它是表達當下心性的自然流露，它沒有被賦予俗語本身具有的理性意義和世俗意義"，"理解者應該結合自己對禪境界的體驗來理解"。我們認爲，既"空"又"有"並能讓人回到"零"，禪師們仿佛在變戲法，什麼樣的意義竟然如此玄乎呢？爲什麼不同俗語的意義都會指向零？而"終極"只是"最終，最後"的意思，利用時間或者方位的"座標"來給一個語言單位的意義定位，也讓人難以理解，比如這項意義跟非"終極"意義有無聯繫，有什麼樣的聯繫和區別等等。因此，這樣的術語、定義值得商榷，因爲它們沒能反映這些俗語意義的特殊本質。

　　不過，定義者也的確發現了使用中的這些俗語意義的特殊性。例如它們"根本不起語言上的意義"，"沒有被賦予俗語本身具有的理性意義和世俗意義"，只是這恰好證明其意義顯然不是這些俗語本身所固有的，相應的探析必須跳出傳統語義學的藩籬；又如"表達當下心性的自然流露"，以"阻斷"對方的慣常思維使之"回到頓悟點"，"應該結合自己對禪境界的體驗來理解"，這也恰好證明它們此時的意義是和特定的交際條件密切相關的，因而只有語用學的相關理論才能作出準確的詮釋。

　　杰佛瑞·N. 利奇曾提出四條標準，以判斷對意義的討論是否屬於語用學的範圍：（1）是否考慮了發話人和受話人，或言者或聽者；（2）是否考慮了言者的意圖或聽者的理解；（3）是否考慮了語境；（4）是否考慮了通過使用語言或依靠使用語言而施行的那種行爲或行動。如果對這些問題的回答有一個或一個以上是肯定的，那麼對意義的討論便是在語用學的範疇裏進行的[1]。以此衡量，要解析上述例句中俗語的意義，對此四條的回答無一不是肯定的，其中"言者的意圖"以及想要引導"聽者"作出怎樣的"理解"至關重要。試比較：

　　（1）他日，門又問："水牯牛安樂否？"師曰："水草不曾虧。"曰："田中事作麼生？"師曰："深耕淺種。"（《五燈會元》卷十四《石

---

　　① （英）傑佛瑞·N·利奇：《語義學》，李瑞華等譯，上海外語教育出版社，1987 年，第 455 頁。

門紹遠禪師》P. 867)

　　(2) 問："如何是祖師西來意?" 師曰："深耕淺種。"(《五燈會元》卷十二《翠巖可真禪師》P. 729)

同是"深耕淺種"，前例用來回答"田中事"，顯然是用其固有的字面意義；後例用來回答"祖師西來意"，卻是風馬牛不相及，它此時的意義分明已在語言符號之外。禪師的話語如此突兀，如此答非所問，令人不能不聯想到他們著名的特殊施教方式"棒喝"：爲了打破學人的凡想迷情，交流禪機，不用言語答其所問，而或以棒擊，或以口喝，以促其領悟佛理。"棒喝"，用的是非語言手段；俗語作答，用的是語言手段。兩相對比，卻有異曲同工之妙，只不過後者來得"溫柔"一些罷了。那些與僧徒問話毫不相干的俗語，只是用來截斷話頭，但禪師的目的不在中斷交談，而是爲了防止學人墮入凡想俗念的庸常思維之中。這樣，那些俗語的語用義也就不難明白：佛法大意不可言傳，必須超越言辭義理，澄明本心、自心領悟。在師僧問答的語境中，爲了達到同樣的目的，表明相同的含義，禪師們興致所至，可以隨口道來。於是字面、結構全然不同的俗語，其實際意義卻"殊途同歸"，並在禪宗典籍裏構成了一個特殊的聚合。

　　禪宗獨特的語言觀是形成俗語語用義的重要因素。禪宗主張不立文字，見性成佛，認爲語言文字會妨害修行者對佛法禪旨的領悟，但禪師接引僧徒、傳法弘教又離不開語言文字，於是就借助語言文字之形，而脫離其意。因此，理解禪籍俗語的語用義，關注的不是俗語本身表示了些什麼，而是禪師用這則俗語可能意味著什麼。

　　禪籍俗語的語義類型具有多樣化的特點，同一條俗語在具體語境中又可以表示不同類型的語義。例如：

　　(1) 問："二祖立雪齊腰，意旨如何?" 師曰："三年逢一閏。"(《五燈會元》卷十六《蔣山法泉禪師》P. 1029)

　　(2) 歲旦上堂。僧問："舊歲已隨殘臘去，今日新春事若何?" 師云："鉢盂裏滿盛。" 進云："與麼則三年逢一閏，九月是重陽。" 師云："野火燒不盡，春風吹又生。"(《楊岐方會和尚語錄》T47, p0641b18)

例（1）中"三年逢一閏"作爲答語，與前面的問話毫不相干，俗語的理性意義不起作用，它只作爲禪師截斷學人話頭的工具，引導學人跨越世俗庸常的思維藩籬，領悟佛法禪旨的不可言傳性。例（2）中的"三年逢一閏"作爲歲時諺，用字面意義回答了僧人"新春事若何"的問題。又如：

（1）問："父母不聽，不得出家，如何得出家？"師云："淺。"進云："學人不會。"師云："深。"問："從上來事，請師提綱。"師云："朝看東南暮看西北。"進云："便與麼會時如何？"師云："<u>東家點燈，西家暗坐</u>。"（《雲門匡真禪師廣祿》卷上 T47，p0548b26）

（2）僧問："如何是祖師西來意？"師曰："眼裏不著沙。"曰："如何領會？"師曰："耳裏不著水。"曰："恁麼則禮拜也。"師曰："<u>東家點燈，西家暗坐</u>。"（《五燈會元》卷十五《天童懷清禪師》P. 990）

（3）上堂。僧問："如何是祖師西來意？"師曰："<u>東家點燈西家暗坐</u>。"（《續傳燈錄》卷二十九《竹庵士圭禪師》T51，p0668a11）

例（1）、例（2）中"東家點燈，西家暗坐"是禪師教導學人語，意謂人人自有佛性，修行習佛重在自施自爲，兩個例句使用的都是禪義。例（3）則用了表示阻斷學人問話的語用義，禪師的答話與僧徒的提問表面看似答非所問，但有實際的語用義，即當即阻斷學人的問話。再如：

（1）臨安府慧因懷祥禪師，上堂："南山高，北山低。<u>日出東方夜落西</u>。白牛上樹覓不得，烏雞入水大家知。且道覓得後又如何？"（《五燈會元》卷十六《慧因懷祥禪師》P. 1021）

（2）僧問："如何是函蓋乾坤句？"師曰："<u>日出東方夜落西</u>。"（《五燈會元》卷十六《歸宗慧通禪師》P. 1031）

例（1）中"日出東方夜落西"描述的是一種自然現象，表示字面本身的意義。例（2）表達的是禪義，將它作爲涵蓋天地的至高句，暗示佛法的最高妙境界就蘊含在自然萬物的本真狀態中。

通過上述分析，可以發現禪籍俗語的語義類型多樣，相互間的關係也比較複雜，同一條俗語在不同語境中又具有多解的可能，所以僅從字面難以對俗語的語義做出正確的理解，必須結合語境，在禪文化背景的觀照下體會禪籍俗語暗含的意味。

第二節　禪籍俗語語義聚合

禪籍中許多俗語取材不同，但卻表達相同或相近的意義，這些俗語互為同義關係，聚合在一起構成同義俗語聚合。還有一些俗語，人們由於認識的角度不同，對其產生了不同觀點，甚至形成了相反相對的態度。於是禪籍中出現了意義相反的俗語，構成反義俗語聚合。因為反義俗語大多兩兩相對，所以在禪籍俗語的反義聚合中都只有兩個成員。本節我們從同義和反義聚合兩個方面考察禪籍俗語的語義關係。

一、同義俗語聚合

禪宗在表達"不可說"的本心時，採用的不是理性、邏輯的定式語言，而是借助語言的暗示象徵。瑞士語言學家索緒爾在《普通語言學教程》中把語言符號看作一個概念和一個有聲意象的統一體，有聲意象又稱能指（signifiant），概念又稱所指（signifie）。在同一個符號系統中，能指與所指之間的組合關係是固定的[①]。而在禪宗看來，任何用語言文字表達的意義都是第二性的，並非真正的實在。所以語言能指與所指的對應關係在禪籍中被重新整合，約定俗成的意義被特殊的禪義替代。俗語間原有的語義關係被打破，許多俗語原本來源不同、形式不同、意義也各不相關，但在禪宗語境下變成了同義關係。

所謂同義俗語是指兩個或兩個以上語義相同或相近的俗語。同義俗語必須兼有兩個條件，一是表達的內容基本相同，二是取材不同。如果取材基本相同，只是說法上稍有變動，不能看成同義俗語。試看以下幾例：

（1）師謂眾曰："汝等師僧家，發言吐氣須有來由，凡間事須識好惡。尊卑良賤信口無益，傍家到處覓相似語。所以尋常向兄弟道，莫怪不相似，恐同學太多去。第一莫將來，將來不相似。八十老人出場屋，不是小兒戲。一言參差千里萬里難為收攝，直至敲骨打髓須有來由。"（《景德傳燈錄》卷第十七《洪州雲居道膺禪師》T51，p0335c12）

---

① （瑞士）索緒爾：《普通語言學教程》，高明凱譯，商務印書館，1999 年，第 100－102 頁。

（2）上堂："八十老人入場屋，不是小兒嬉，不是因循事。一言
參差即千里萬里，難爲收攝。"（《五燈會元》卷十三《雲居道膺禪師》
P. 797）

（3）今特令去相見，無事時試令渠吐露看，還契得左右意否？八
十翁翁入場屋，真誠不是小兒戲。若生死到來不得力，縱說得分曉，
和會得有下落，引證得無差別，盡是鬼家活計。（《大慧普覺禪語錄》
卷二十九 T47，p0934c15）

除此，禪籍中還有"八十翁翁入場屋，不是小兒戲""八十翁翁入場屋，
真誠不是小兒戲""八十翁翁入場屋，豈是兒戲""百歲老兒作歌舞，豈是
小兒戲"等形式。這些歇後語，都指八十高齡老人上戲場不是件容易的
事，禪宗比喻參禪修佛需要謹慎小心，用心對待，不可大意馬虎。這些俗
語意義相同，取材也相同，只是在表述上稍有區別，應該看作同一條俗語
的不同變體，不宜看作同義俗語。再如：

（1）上堂："談玄說妙，譬如畫餅充飢。入聖超凡，大似飛蛾赴
火。一向無事，敗種焦芽。更若馳求，水中捉月。"（《五燈會元》卷
十七《開先行瑛禪師》P. 1141）

（2）問："路逢古佛時如何？"師云："你或逢駝驢象馬，喚作什
麼？"師云："夫上代諸德莫非求實，不自瞞昧。豈比飛蛾投火，自傷
自壞！"［《古尊宿語錄》卷三十五《大隋開山（法真）神照禪師語錄》
X68，p0229a20］

"飛蛾赴火"和"飛蛾投火，自傷自壞"，前者是成語，後者是歇後語，所
屬俗語類型不同，雖然看作兩條俗語，但是二者取材相同，意義相同，不
能看作同義俗語。只有取材不同而語義相同或相近的俗語，才構成同義關
係。同義俗語可以是同類型的，也可以是不同類型的。如：

（1）初問青峰："如何是學人自己？"峰曰："丙丁童子來求火。"
（《五燈會元》卷十《報恩玄則禪師》P. 593）

（2）師云："得者是不得。"云："既若不得，云何是不得底意？"
師云："爲你向一切處馳求心不能歇，所以祖師言：咄哉丈夫，將頭
覓頭！"［《古尊宿語錄》卷四《鎮州臨濟（義玄）慧照禪師語錄》
X68，p0028c20］

（3）志公笑云："不解即心即佛，真似<u>騎驢覓驢</u>者。"（《祖堂集》卷二十《五冠山瑞雲寺和尚》P.879）

在禪宗看來，我心即佛，佛即我心，世界萬物、客體主體、佛我僧俗、日月星辰、山河大地，都是我心幻化，一切佛法真如都蘊藏在本心之中，無需向外馳求。"丙丁童子"即指主管火的神童。管火神童向外求火，比喻自身是佛，還向外馳求。"將頭覓頭"，謂手中拿著頭還四處尋找頭，禪宗以此譏諷愚癡之人不知自身具有純真佛性，還忙忙碌碌向外尋求。"騎驢覓驢"，禪宗寓意人們自性清淨，卻不識家珍，還四處向外尋求。三條俗語皆言人們迷失本性的迷相，意義相同，取材各異，屬於同義俗語。

歇後語由前後兩部分組成，如果前一語節取材不同，後一語節所表示的意義相同或相近，也看作是同義關係，如：

（1）僧問："峭峻之機，請師垂示意。"師曰："<u>十字街頭八字立</u>。"（《五燈會元》卷十六《佛日文祖禪師》P.1049）

（2）師曰："<u>十字街頭吹尺八</u>，村酸冷酒兩三巡。"（《五燈會元》卷十七《渤潭文准禪師》P.1151）

尺八，古管樂器名。竹製，豎吹，六孔，旁一孔蒙竹膜，因管長一尺八寸而得名。唐張鷟《遊仙窟》："五嫂詠箏，兒詠尺八。"《舊唐書·呂才傳》："太宗令侍臣更訪能者，中書令溫彥博奏才聰明多能，眼所未見，耳所未聞，一聞一見，皆達其妙，尤長於聲樂，請令考之。侍中王珪、魏徵又盛稱才學術之妙，徵曰：'才能爲尺十二枚，尺八長短不同，各應律管，無不諧韻。'"宋洪邁《容齋隨筆·四筆》卷十五《尺八》："唐盧肇爲歙州刺史，會客於江亭，請目前取一事爲酒令，尾有樂器之名。肇令曰：'遙望漁舟，不闊尺八。'有姚岩傑者，飲酒一器，憑欄嘔噦，須臾即席，遠令曰：'憑欄一吐，已覺空喉。'此語載於《摭言》。""十字街頭"指縱橫交錯的熱鬧街道，車輛行人往來很多，是市鎮中最熱鬧繁華的地方。"十字街頭八字立"和"十字街頭吹尺八"同爲歇後語，省去了後面的解說部分"千人萬人知"。兩條歇後語在禪籍中意義相同，比喻眾人皆知，無需再說。

有些俗語表示的意義基本相同，但一個抽象概括，一個形象具體，我們也把它們看作同義俗語，如：

（1）師乃頌云："啐啄好，林間問三老，<u>不湌王母桃</u>，<u>自有仙家
棗</u>。"便下座。[《古尊宿語録》卷四十六《滁州琅琊山（慧）覺和尚
語録》X68，p0314b02]

（2）師云："人人具足各各圓成，<u>但向己求</u>，<u>莫從他覓</u>。何故？
從他覓是他家底，捨己從人，去道遠矣。"（《圓悟佛果禪師語録》卷
十三 T47，p0773a26）

"不湌王母桃，自有仙家棗"，指王母桃雖爲珍貴之物，但終不及自家仙
棗。禪宗重視本心的珍貴性，俗語形象地表達了人人本心明淨，自有佛
性，反對向外馳求的思想。"但向己求，莫從他覓"，則直接說明佛性人人
自有，无需向外尋求的禪旨。兩條俗語表述方式不同，但蘊含的意義相
同，可以看作同義關係。

因爲受到禪宗文化的影響，禪籍俗語與一般俗語不同，原本意義沒有
關係的俗語在禪文化背景下具有了同義關係。

（1）僧云："未審當初靈山合談何法？"師云："不見道'世尊不
說說，迦葉不聞聞'？"僧云："與摩則'<u>不覩王居殿</u>，<u>焉知天子尊</u>'？"
師云："酌然，瞻敬則有分。"（《祖堂集》卷十一《齊雲和尚》
P.523）

（2）慧能問云："當於何處而堪避難？"五祖云："……時慧明：
'雖在黄梅剃髮，實不知禪宗面目。今蒙指授入處，<u>如人飲水，冷暖
自知</u>。'"（《祖堂集》卷十八《仰山和尚》P.813）

（3）問："諸佛出世，已涉繁辭。作麼生是的旨？"師云："逢人
不得錯舉。"僧曰："<u>不因一事</u>，<u>不長一智</u>。"師云："怪之不及。"
（《建中靖國續燈録》卷三《定慧道海禪師》X78，p0655b20）

（4）大溈哲云："雲居茱萸，爲人如爲己。爭奈趙州不入縴縷。
然雖如是，<u>不得雪霜力</u>，<u>焉知松柏操</u>。"（《聯燈會要》卷六《觀音從
諗禪師》X79，p0057b01）

（5）僧問："此箇法門，如何繼紹？"師曰："冬寒夏熱，<u>人自委
知</u>。"（《五燈會元》卷五《大同濟禪師》P.269）

（6）知無迷妄，謂之見道，近世皆曰無不是道。譬如<u>飯籮邊坐說
食</u>，<u>終不能飽</u>，爲不親下口也。[《古尊宿語録》卷三十四《舒州龍門

（清遠）佛眼和尚語録》X68，p0225b19]

（7）僧問："一法若有，毗盧墮在凡夫。萬法若無，普賢失其境
界。正當與麽時，還許文殊出頭來也無?"師云："樓頭吹畫角，妄聽
五更鐘。"進云："學人未曉，乞師再指。"師云："未到長城不肯休。"
進云："不入洪波裏，爭見弄潮人。"[《古尊宿語録》卷四十六《滁州
琅琊山（慧）覺和尚語録》X68，p0315a03]

（8）雲門問長慶："作麽生道免得石鞏喚作半箇聖人?"慶云：
"若不還價，爭辯真僞?"（《明覺禪師語録》卷二 T47，p0681a15）

（9）若望涯而退，不是大丈夫漢。須是不顧死生，從他手中奪去
始得。所以道不入虎穴不得虎子。（《圓悟佛果禪師語録》卷十三
T47，p0771c29）

這些俗語似乎各言其事，各表其義，意義上沒有聯繫，但在禪籍中它們構
成了同義關係，共同處於一個語義聚合中，即強調實踐的重要性，要認識
事物的本質，辨明事物的真僞必須進行驗證，佛門參禪悟道也需要親力親
爲。禪宗精神是一種農禪運水搬柴式的宗教實踐精神，主張在最淳樸的農
禪實踐中領會禪佛之妙。上述這些俗語，有的直接強調實踐對參悟的重要
作用，如"不因一事，不長一智"；有的從反面進行舉例論說，如"不入
虎穴不得虎子"；也有的通過打比方講道理，如"冬寒夏熱，人自委知"
"如人飲水，冷暖自知"；還有的用反問的方式舉例說理，如"不得雪霜
力，焉知松柏操""不覩王居殿，焉知天子尊"等。這些俗語在禪籍中表
示相同的意義，即禪悟是個人之事，必須經過親身的實踐和體驗。

　　禪籍俗語受禪宗文化的影響，意義帶有了禪的意蘊，表達禪的思想，
成爲了禪門行業語。有些俗語原本意義毫無關係，但在禪籍中，從禪文化
的角度來解讀，它們就成爲同義俗語。這裏所說的"同義"是指在禪宗文
化背景和語境下俗語的意義相同。禪籍中的同義俗語相互間又可以構成一
個同義聚合。禪籍中存在大量的同義俗語聚合。

（一）表示"多此一舉，累贅重複"的語義聚合

（1）娘云："過在什麽處?"師乃叱之。娘云："今日便是錦上更
添花。"（《祖堂集》卷九《羅山和尚》P.450）

（2）急回首，不須疑。嫩竹抽新筍，寒松長舊枝。靈雲親悟處，

眉上更安眉。(《開福道寧禪師語錄》卷下 X69，p0341c19)

(3) 進云："只如松源和尚頌云：'傾盡寶山寶，全身入荒草。若是鳳皇兒，不向那邊討。'還契他睦州意也無？"師云："<u>矢上更加尖</u>。"(《古林清茂禪師語錄》卷二 X71，p0220c03)

(4) 上堂云："有一則奇特因緣，舉似諸人。欲說又被說礙，不說又被不說礙，欲舉山河大地又被山河大地礙。從<u>教頭上且安頭</u>，真金不博鍮，丈夫意如此，快樂百無憂。"(《法演禪師語錄》卷中 T47，p0660c11)

(5) 僧問："天不能蓋，地不能載。未審是甚麼人？"曰："掘地深埋。"云："此人還受安排也無。"曰："<u>土上更加泥</u>。"(《嘉泰普燈錄》卷二《紹興府天衣義懷禪師》X79，p0298b09)

(6) 又問："德講什摩經論？"云："曾講十數本經語。""何得妄說？"對云："某甲實語。"師云："<u>雪上更加霜</u>，擔伽過狀來。我與你道不妄語，近前來。"(《祖堂集》卷十九《陳和尚》P.863)

(7) 見成活許莫周遮，椎下分疏事轉差。若是咬人獅子子，何須<u>牙上更安牙</u>。(《月林師觀禪師語錄》X69，p0350b20)

(8) 破庵和尚忌日，拈香。這個老凍儂，從來不賭眨。剛把胡張三喚作黑李四，更於<u>眉上安眉</u>，不向鼻中出氣。(《無準師範禪師語錄》卷二 X70，p0241c02)

(9)："師臨順寂時，告眾云：'吾非明，即後也。今有事，問汝等。若道這個是，即<u>頭上安頭</u>。若道這個不是，即斬頭覓活。'"(《聯燈會要》卷二十三《澧州洛浦元安禪師》X79，p0199c10)

(10) 覺從何起，語默動靜一切聲色。盡是佛事，何處覓佛，不可更<u>頭上安頭</u>，<u>嘴上加嘴</u>。(《黃檗斷際禪師宛陵錄》T48，p0385c12)

(11) 問："古人道毗盧有師，法身有主，如何是毗盧師、法身主？"師曰："不可<u>床上安床</u>。"(《五燈會元》卷七《金輪可觀禪師》P.420)

(12) 後雲門拈云："且道有指示無指示？若道有指示，向伊道什麼？若道無指示，其僧因什麼悟去？'師云：'雲門不識好惡。怎麼說話，大似<u>爲蛇畫足</u>，<u>與黃門裁須</u>。翠巖則不然，這僧與麼悟去，入地獄如箭射。"[《古尊宿語錄》卷四十一《雲峰（文）悅禪師初住翠巖

語録》X68，p0266c01]

"錦上更添花"，在錦緞上再織花朵。"眉上更安眉"，在眉毛上再安一個眉毛。"矢上更加尖"，矢，鋒利的箭。在鋒利的箭頭上再加一個箭頭。"頭上且安頭"，在頭上再安一個頭。"床上安床"，指在床上再疊放一張床，比喻重複多餘。"爲蛇畫足，與黃門裁須"，黃門，宮廷中接近皇帝的職官名稱，即宦官。漢班固《漢書·百官公卿表》："諸僕射、署長、中黃門皆屬焉。"唐顏師古注："中黃門，奄人居禁中在黃門之內給事者也。"《四庫全書總目提要·急就章》："漢史游撰。《漢書·藝文志》注稱游爲元帝時黃門令，蓋宦官也。"蛇本無足還要另添蛇足，黃門之人本來無鬚，還要爲其裁剪鬍鬚，比喻做事節外生枝，多此一舉，不但無益，反而有害。這些俗語形式各異，取材廣泛，表示的意義皆同，構成一個同義聚合，都用來比喻多餘累贅的行爲。十三條俗語構成一個同義聚合群，表示相同的意義，即多此一舉，徒勞無益。禪宗主張頓教，瞬間領悟佛法，反對修習禪法時來回不斷地推敲，滯留於言辭義理之中，認爲任何解說或自心之外的修禪方式都是多餘而無益的，如同在頭上又安了一個頭，在土上又加了一層泥，累贅重複，多餘無益。

（二）表示"隨緣任運"的語義聚合

（1）曹山云："但念水草，餘無所知。"僧云："成得個什麼邊事?"曹山云："只是逢水吃水，逢草吃草。"（《祖堂集》卷十六《南泉和尚》P.707）

（2）問："如何是平常心?"師云："要眠則眠，要坐則坐。"僧云："學人不會。"師云："熱則取涼，寒則向火。"（《祖堂集》卷十七《岑和尚》P.769）

（3）熱則乘涼，寒則向火。至於飢餐渴飲，復有何事。（《破庵祖先禪師語録》X70，p0218a08）

"逢水吃水，逢草吃草"，碰到水就喝水，遇到草就吃草。"熱則取涼，寒則向火"，向火，烤火。唐元稹《擬醉》："九月閑宵初向火，一尊清酒始行杯。"熱了就想辦法涼快，冷了就烤烤火。"飢餐渴飲"，餓了就吃，渴了就喝。這些俗語構成一個同義聚合群，比喻按照自然規律辦事，遇到什麼問題就根據情況採取相應的措施。禪宗隱喻參禪悟道要隨緣任運，不刻意強爲，所謂的修禪習佛其實就是回歸平常心，在簡單質樸的日用生活中體悟禪法。

（三）表示"迷失本心，滯礙於俗念"的語義聚合

（1）師來日卻問其僧："十方世界是一顆明珠汝作麼生會？"對曰："盡十方世界是一顆明珠用會作麼？"師曰："知汝向山鬼窟裏作活計。"（《景德傳燈録》卷十八《福州玄沙宗一大師》T51，p0346b25）

（2）"山僧不避諸方檢責，入泥入水爲汝諸人。莫有會底麼？試通個消息。"良久云："看看總在魔界裏作活計也。"（《正法眼藏》卷一 X67，p0580c03）

（3）師或云："非色非聲體上明得是第幾機。"代云："不可向野狐窟裏作活計。"（《雲門録》卷中 T47，p0566c16）

（4）更有一般底，才聞人說個休歇處，便向陰界裏閉眉合眼。老鼠孔裏作活計，黑山下坐鬼趣裏，體當便道得個入頭路。（《景德傳燈録》卷十九《韶州雲門山文偃禪師》T51，p0358b19）

（5）鼓山來，師作一圓相示之。山曰："人人出這個不得。"師曰："情知汝向驢胎馬腹裏作活計。"（《五燈會元》卷七《福州玄沙師備宗一禪師》P.396）

（6）如何是納些些底道理？便道，著衣吃飯有甚麼難，向驢前馬後作活計。（《大慧普覺禪師語録》十四 T47，p0870b26）

（7）一日云："五音六律，是有是無？"代云："不可蝦蟆窟裏作活計。"（《古尊宿語録》卷十七《雲門録》X68，p0110c10）

（8）拈，須菩提一生，虛空作活計。被人問著，不說便休無事。駕禍與別人作麼？若非補處大士，深辨端倪，寧免寐熟饒譫語。（《希叟紹曇禪師廣録》卷五 X70，p0450a16）

（9）上堂云："爍電之機罕遇，且向摸窯村裏作活計。"僧問："如何是摸窯村裏作活計？"（《古尊宿語録》卷六《睦州和尚語録》X68，p0038a24）

（10）問僧："今日吃得多少鹽醋。"僧拈起鉢盂。師云："可惜許鹽醋，牛欄裏作活計。"（《古尊宿語録》卷六《睦州和尚語録》X68，p0040a23）

（11）上堂云："我今日共汝說葛藤，屎灰屎火，泥豬疥狗，不識

好惡，<u>屎坑裏作活計</u>。"（《古尊宿語録》卷十五《雲門匡真禪師廣録上》X68，p0097a21）

這一組皆爲禪門慣用語。"山鬼窟裏作活計"，鬼窟，鬼之洞穴，禪門喻指煩惱業障叢生的凡俗世界。俗語謂在煩惱業障中枉費心力。"在魔界裏作活計"，魔界，禪宗喻指充滿愁惱的世俗。俗語比喻忙忙碌碌滯礙於妄情俗念之中，不得開悟。"野狐窟裏作活計"，野狐窟，禪宗喻指歪門左道。俗語比喻不能澄明本心，滯礙於旁門歪道的情識意解之中。"老鼠孔裏作活計"，老鼠孔，陰暗狹小，與光明正大的禪悟之道形成對比，禪宗喻指蒙昧、狹隘，不得開悟的世俗之道。俗語謂不能明心見性，而是在混沌蒙昧中徒勞費力。"驢胎馬腹裏作活計"，驢胎馬腹，形容昏暗不可見。俗語在禪籍中喻指蒙昧、不清醒，沒有徹見清淨本心，而是忙忙碌碌在昏暗中修行求佛，終究無法找到光明大道，獲得禪悟。"驢前馬後作活計"，驢前馬後，比喻奴僕在主人面前受驅使。禪宗提倡以自我爲主，拾得自己的主人公地位，俗語比喻迷失了清淨本心，只知受外在他物的驅使，忙忙碌碌參禪悟佛，但終究不得開悟，是禪宗反對的修行方式。"蝦蟆窟裏作活計"，蝦蟆，禪宗喻指蒙昧不開悟者。《阿毗曇毗婆沙論》卷二十六："畜生中，如蝦蟆等以愚癡，故不能起諸見。"蝦蟆窟，形容黑暗不見光，禪宗喻指內心蒙昧，不能徹見清淨本心。《雲門録》卷中："舉：'夾山坐次，洞山到來。云："作麼生？"夾山云："祇與麼？"'師代洞山云：'不放過又作麼生？'代夾山便喝。師又拈夾山云：'祇與麼，元來祇在蝦蟆窟裏。'又云：'祇與麼，也難得。'"俗語謂忙忙碌碌在惡道中探尋佛法，終究不得開悟。"虛空作活計"，虛空爲虛幻之空，在虛幻之中忙碌只能徒勞無獲。"摸窯村裏作活計"，摸窯村，比喻落後偏僻的小村莊。在偏僻小村莊裏作活計，禪師以此語批評僧徒在蒙昧愚鈍中忙忙碌碌地修行，癡迷不悟。"牛欄裏作活計"，牛欄，畜生欄，禪宗比喻落入蒙昧不開悟的境地。俗語謂在癡迷混沌中忙碌修行。"屎坑裏作活計"，屎坑，禪宗比喻澄明本心被塵俗雜染，混沌蒙昧。俗語謂不能清淨本心，在煩惱業障中修禪習佛。十一條俗語構成一個同義聚合群，表示迷失了佛之本心，在煩惱業障中勞碌而無所獲。"內心蒙昧混沌、不開悟"是一種主觀認識，難以量化評判，面對無法用邏輯語言表達的體驗，禪宗用象徵性的語言進行描繪。用"摸窯村裏作活計""牛欄裏作活計""牛欄裏作活計"隱喻內心蒙昧、無知；用"山鬼窟裏作活計""野狐窟裏作活計""老鼠孔裏作活計"隱喻澄明本心被外物雜染，陷入邪曲狹隘的境地；用"虛空裏作活計"隱喻思想落入虛幻不實之中。

（四）表示"枉費力氣無所獲"的語義聚合

（1）冬至小參："天寒人寒，針頭削鐵，滴水滴凍，畫餅充飢。丹霞燒木佛，餓狗齧枯髏。鏡清不展單，<u>胡餅裏覓汁</u>。"（《虛堂和尚語錄》卷一 T47n，p0986b19）

（2）所以《證道歌》云："吾早年來積學問，亦曾討疏尋經論。分別名相不知休，<u>入海算沙徒自困</u>。"（《宗鏡錄》卷九十二 T48，p0918c25）

"胡餅裏覓汁"，胡餅乾，在胡餅中找湯汁徒勞費力，一無所獲。禪宗喻指在言句知解中探求佛法，只是枉費力氣。《碧巖錄》卷一【一】："切忌向言句中作活計，何故胡餅有什麼汁？人多落在意識中，須是向語句未生已前，會取始得。""入海算沙徒自困"，入海計算沙子的數量自尋困頓。比喻方法不對，徒勞費力。禪宗喻指不當的修行不但不能獲得開悟，反而使自己陷入更深的迷惘之中。兩條俗語表示相同的意義，在禪籍中為禪師批評僧徒語，謂其參禪學佛的方法不對，花費力氣卻無所獲。

（五）表示"認虛為實、錯認真假"的語義聚合

（1）問："大庾嶺頭提不起，如今何得在師邊?"師舉拂子，進云："拈來當宇宙，<u>錦上更鋪華</u>。"（《圓悟佛果禪師語錄》卷一 T47，p0715a11）

（2）上堂："談玄說妙，譬如畫餅充飢。入聖超凡，大似飛蛾赴火。一向無事，敗種焦芽。更若馳求，<u>水中捉月</u>。"（《五燈會元》卷十七《廬山開先行瑛廣鑒禪師》P.1141）

（3）師又有《驪龍珠吟》："……莫求覓，損功夫，轉求轉覓轉元無。恰如渴鹿趁陽燄，又似狂人在道途。"（《祖堂集》卷四《丹霞和尚》P.217）

（4）上堂："談玄說妙，譬如<u>畫餅充飢</u>。入聖超凡，大似飛蛾赴火。一向無事，敗種焦芽。更若馳求，<u>水中捉月</u>。"（《五燈會元》卷十七《廬山開先行瑛禪師》P.1141）

（5）上堂云："⋯⋯所以菩提等法本不是有，如來所說皆是化人。猶如黃葉爲金錢，<u>權止小兒啼</u>。"（《古尊宿語錄》卷三《黃檗（希運）斷際禪師宛陵錄》X68，p0019a02）

"錦上更鋪華"，語出宋黃庭堅《了了庵頌》："又要涪翁作頌，且圖錦上添花。"在錦緞上鋪放花朵，禪宗比喻虛假不實。"水中捉月"，在水底捉月亮，禪宗喻指不識佛之本性，認虛爲實，是一種錯誤的修禪行爲。"渴鹿趁陽燄"，春初原野上陽光照映，浮沉四散，乾渴之鹿誤以爲水，狂奔而去，卻無論如何都無法追尋到遠方的水。佛教用此寓言象徵人的迷惘之心被幻象所惑，以假爲真。"畫餅充飢"，《三國志·魏書·盧毓傳》："選舉莫取有名，名如畫地作餅，不可啖也。"比喻虛名無補於實用。"黃葉爲金錢，權止小兒啼"，楊樹黃葉似金錢，小兒誤以爲是黃金而停止啼哭。比喻禪門接機時用的各種方便，都不是根本法，都是虛幻的假象。五條俗語在禪籍中皆比喻錯認虛幻假象，於實無用。在習佛時執著於言辭義理，錯以爲可以從中有所收穫，但這些都不是根本法，無助於參禪。這些俗語在禪籍中常被禪師用來批評以假爲真，認虛爲實的荒唐行爲。

（六）表示"錯上加錯"的語義聚合

（1）師上堂云："諸和尚子，饒爾道有什麼事，猶是頭上著頭，雪上加霜，棺木裏瞠眼，<u>炙瘡瘢上著艾燋</u>。遮個一場狼藉不是小事，爾合作麼生各自覓取個托生處，好莫空遊州獵縣。"（《景德傳燈錄》卷十九《韶州雲門山文偃禪師》T51，p0358b08）

（2）時有僧，近前。師云："維那不在，自領去三門外，與你三十棒。"云："某甲過在甚麼處？"師云："<u>枷上更著杻</u>。"（《聯燈會要》卷八《睦州陳尊宿》X79，p0079a16）

（3）有僧出云："不敢妄生節目。"師云："也知闍梨不分外。"云："高高處平之有餘，低低處觀之不足。"師云："<u>節目上更生節目</u>。"（《聯燈會要》卷二十《本生和尚》X79，p0171b01）

（4）丈云："昨夜南山虎咬大蟲，此意如何？"師云："真不掩偽。"進云："不謬真詮，爲甚不垂方便？"丈云："掩耳偷鈴漢，又作麼生？"師云："<u>醉後添杯</u>。"（《物初大觀禪師語錄》X69，p0689c22）

（5）上堂，拈拄杖卓一下喝一喝云："德山棒臨濟喝，今日爲君重拈掇。天何高地何闊，休向糞掃堆上更添搕撻，換卻骨洗卻腸。徑山退身三步，許爾諸人商量。且作麼生商量?"(《大慧普覺禪師語錄》卷二 T47，Ap0816b04)

(6)若謂平常心是道，枝蔓向上更生枝。貼肉汗衫如脫了，喚來眼上與安眉。(《古尊宿語錄》卷四十七《東林和尚雲門庵主頌古》X68，p0324a08)

"炙瘡瘢上著艾燋"，往烤焦的傷口上再用艾草灼燒，比喻錯上加錯。禪宗比喻本已謬誤，還要加上虛妄言行，更是錯上加錯。或換"炙"作"灸"，又有"灸瘡瘢上更著艾燋"。"枷上更著杻"，禪門慣用語。枷，古代加在犯人頸上的木製刑具。杻，古代刑具，即手銬。脖子上已經有一副枷鎖，還要在手上再添一副手銬，比喻錯上加錯，罰上加罰。"節目上更生節目"，節目，猶枝節，麻煩。晉車永《與陸士龍書》："具說此縣既有短狐之疾，又有沙蝨害人。聞此消息，倍益憂慮。如其不行，恐有節目，良爲愁憤。"《朱子語類》卷一百《邵子之書》："伊川之學，於大體上瑩徹，於小小節目上猶有疏處。"俗語謂在已有的麻煩上再添一重麻煩，比喻節外生枝，平添事端。禪籍中又作"節目上更加節目"。"醉後添杯"，醉酒後繼續飲酒醉上加醉。比喻做多餘的事情，不但無益反而有害。禪籍中另有諺語"醉後添杯不如無"。"糞掃堆上，更添搕撻"，禪門慣用語。糞掃堆，垃圾。搕撻，風埃。垃圾上再堆塵土糞便，比喻錯上加錯。禪宗喻指已經有言句知解還要再加一重言句，往往帶來適得其反的效果。"枝蔓向上更生枝"，在枝節上再加枝節，在藤蔓上再生出枝蔓，比喻節外生枝，平添事端。禪宗比喻錯上加錯。六條俗語在禪籍中皆比喻本已謬誤，還要節外生枝，平添事端，在參禪習佛時本已背離佛道，還要在已有的錯誤上加上虛妄的言行，更是錯上加錯。

(七)表示"不識自家佛性"的語義聚合

(1)問："心佛俱忘時如何?"師曰："賣扇老婆手遮日。"(《五燈會元》卷十九《臨安府徑山宗杲大慧普覺禪師》P.1277)

(2)第二問："本無今有有何物，本有今無無何物。誦經不見有無義，真似騎驢更覓驢。"(《景德傳燈錄》卷二十八《洛京荷澤神會大師》T51，p0439c16)

（3）上堂云："<u>擔水河頭賣</u>，<u>諸人盡笑怪</u>。滯貨沒人猜，一似欠他債。昨夜三更半，石人鬥禮拜。這個說話，莫道你理會不得，我也理會不得。"（《法演禪師語錄》卷中 T47，p0663c28）

"賣扇老婆手遮日"，賣扇老婆自家有扇子，卻要用手遮日，禪宗喻指不識自家佛性。"騎驢更覓驢"，騎著驢還在找驢，比喻要尋找的東西已經在自己手中，卻還四處找尋。禪宗喻指人自性清淨，卻不識家珍，四處向外尋求。此語最早出自梁寶志和尚《大乘贊》："……不解即心即佛，真似騎驢覓驢。"禪籍中又作"騎牛更覓牛"。另有成語"騎驢覓驢""騎牛覓牛"。"擔水河頭賣，諸人盡笑怪"，在河邊擔水賣，眾人皆笑。比喻多此一舉，做多餘累贅的行爲。禪師以此諺告誡僧徒人人自有佛性，無需向外馳求。

（八）表示"人人自有佛性"的語義聚合

（1）上堂云："馬大師道'即心即佛'，又道'非心非佛'，諸人即今要見馬大師麼？<u>處處綠楊堪系馬</u>，<u>家家門首透長安</u>。"（《白雲守端禪師廣錄》卷二 X69，p0315b13）

（2）師示眾云："<u>從門入者非寶</u>，直饒說得石點頭，亦不干自己事。"（《祖堂集》卷五《雲岩和尚》P.254）

（3）上堂云："揚眉瞬目，拈槌豎拂。彈指謦欬，盡是鉤鉤搭索。且道，海會今日還免過也無？"乃云："<u>家家觀世音</u>，<u>處處彌陀佛</u>。"（《白雲守端禪師廣錄》卷二 X69，p0314c04）

（4）又曰："樵夫跣足下層巒，大笑漁翁溪上寒。山色橫擔塵市去，<u>家家門底透長安</u>。"（《嘉泰普燈錄》卷五《福州地藏守恩禪師》X79，p0319a06）

（5）長安化主歸上堂："大眾，一兩絲，一匹絹，一一盡從蠶口現，口中吐出濟人間，衲僧如何總不薦，若也薦，<u>家家門裏含元殿</u>。"（《古尊宿語錄》卷四十三《寶峰雲庵真淨禪師住金陵報寧語錄二》X68，p0286a11）

（6）於是謁閩中尊宿，僅五十餘員，不能契旨，即趨河南首山念禪師，因致問曰："學人到寶山空手回時如何？"念曰："<u>家家門前火把子</u>。"璉豁然大悟。（《羅湖野錄》卷下 X83，p0387c01）

（7）問："披雲一句師親唱，長慶今朝事若何？"師曰："<u>家家觀</u>

世音。”（《景德傳燈録》卷二十三《廬山開先清耀禪師》T51，p0391a19）

（8）春波門外，有水無山，尋常只是不能望得，何故？<u>路途雖好，不如在家</u>。（《虚堂和尚語録》卷一 T47，p0985c01）

（9）上堂云：“始見新春，又逢初夏。四時若箭，兩曜如梭。不覺紅顏翻成白首，直須努力別著精神。<u>耕取自己田園，莫犯他人苗稼</u>。”（《建中靖國續燈録》卷二十三《洪州分寧兜率從悦禪師》X78，p0782c11）

（10）《黄龍慧南禪師語録》：“師云：‘汝等諸人，<u>各有自家寶藏</u>，爲什麼不得其用？祇爲不回頭。’擊禪床，下座。”

（11）法無異轍殊途同歸，若要省力易會，但<u>識取自家桑梓</u>，便能紹得家業。（《續傳燈録》卷十一《真州定山惟素山主》T51，p0534b01）

（12）<u>自家田地</u>，枯木生花。古廟香爐，寒灰再燄。莫不一切語言文字，資生產業，皆與實相不相違背。（《建中靖國續燈録》卷十六《東京十方淨因禪院佛日禪師》X78，p0741a21）

（13）到這裏若有轉身一路，則不守<u>自家活計</u>。（《大慧普覺禪師語録》卷九 T47，p0848b20）

“處處綠楊堪系馬，家家門裏透長安”，隨處都可以系馬，家家都可以通抵長安，比喻人人自有佛性，不必茫茫然向外尋求，佛祖就在每個人的心頭安坐。“從門入者非寶”，從門外取來之物，終非自家珍寶。禪宗比喻人人自心本佛，無需向外馳求。“家家觀世音，處處彌陀佛”，家家都有觀世音，處處都有彌勒佛，比喻人人自有佛性。“家家門底透長安”，唐朝都城在長安，各地均須到長安朝拜天子或辦理事物，家家門前都有通往長安的路，禪宗喻指人人都有自己參悟真如佛法的途徑，無需向他人尋求，或效仿他人。“家家門裏含元殿”，含元殿，唐時長安城中最重要的宮殿。《穀山筆塵》卷十三《儀音》：“唐高宗作蓬萊宮，正殿爲含元殿，含元之後爲宣政殿，宣政之北曰紫宸殿，則内朝聽政之所也，大會則於含元。”每家每戶都有一個含元殿，禪門比喻佛性人人皆有，參禪悟佛只需向内心尋求，無需向外。“路途雖好，不如在家”，謂出門在外會遇到許多困難，不如在家方便。禪宗比喻人人自有佛性，只要明心便能見性，向外尋求佛道，不如守得自家本心。"家家門前火把子""家家觀世音""自己田園"
"自家寶藏""自家桑梓""自家田地""自家活計"，這幾條俗語在禪籍中
皆喻指人人都有澄明本心，人人都自有佛性。禪籍常將"家"比作"自
心"，又以"家"中的"觀世音、楊柳、含元殿、火把子、寶藏、桑梓、
田地、活計"等意象喻指佛性。人人都有家，家中皆有這些尋常物，抽象
的禪旨、玄妙的義理在禪籍中被充分形象化，并與人們的日用生活緊密地
結合在一起。

（九）表示"不識事物的本來面貌"的語義聚合

（1）取捨之心成巧偽，學人不了用修行，深成認賊將爲子，損法
財滅功德。（《永嘉證道歌》T48，p0396b01）

（2）明眼衲僧到來，切忌指柳作楊，證龜成鱉。何故？水上掛燈
毬。（《斷橋妙倫禪師語錄》卷上 X70，p0559a11）

（3）要且不打這鼓笛，誰更管你有結有解，無解無結。七個八
個，指馬作驢。三人四人，證龜成鱉。（《斷橋妙倫禪師語錄》卷上
X70，p0550a10）

（4）拾得展卷，寒山指月。用無所用，說無所說。惹得豐幹饒舌
閭丘屈節，謂其起佛見法見。貶向二鐵圍山，也是喚鹿作馬，證龜爲
鱉。（《南石文琇禪師語錄》卷二 X71，p0714c11）

（5）水庵室裏，爭鋒一掌打得耳聾，從茲喚鐘作甕。滅卻楊岐正
宗，自謂木庵可入，卻言不識中峰。（《虛堂和尚語錄》卷六 T47，
p1032b14）

"認賊將爲子"，錯將賊人當作了自己的孩子，比喻不認識事物的本來面
目，錯認了事物的真實面貌。禪籍中另有成語"認賊爲子"。"指柳作楊"
"證龜成鱉""指馬作驢""喚鹿作馬""喚鐘作甕"，把柳樹當作楊樹，把
龜當作鱉，把馬當作是驢，把鹿當作馬，把鐘叫作甕，比喻錯認事理，混
淆是非，不辨真相。禪宗喻指學佛之人不能明心見性，頭腦混沌，錯將情
識意解當作禪佛的根本。

（十）表示"言語囉嗦"的語義聚合

（1）一日，云："放下一句無不盡。"代云："養子之緣。"或云：
"不用指東劃西。什麼人會佛法？"代云："三家村裏老翁婆。"（《古尊

宿語録》卷十七《雲門録》X68，p0110b24）

（2）上堂云：“諸方老禿奴，曲木禪床上座地。求名求利，問佛答佛，問祖答祖，屙屎送尿也。三家村裏老婆傳口令相似，識個什麽好惡，總似這般底，水也難消。”（《雲門録》卷上 T47，p0553a05）

（3）是向上是向下，是與麽是不與麽？這個喚作三家村裏老婆說話，是爾有幾個到此境界？（《雲門録》卷上 T47，p0552c16）

（4）舉：“一切聲是佛聲，一切色是佛色。”師拈起拂子云：“是什麽？若道是拂子，三家村裏老婆禪也不會。”（《雲門録》卷中 T47，p0555b19）

（5）問：“如何是一切法皆是佛法？”師云：“三家村裏老婆盈衢溢路。”（《雲門録》卷上 T47，p0546c29）

幾條俗語都用“三家村裏老婆……”的結構表示相同的意義，喻指禪人言語囉嗦，糾纏於語言文字，此是禪宗否定的修禪方式。

（十一）表示“因小失大，得不償失”的語義聚合

（1）師問僧：“什麽處去？”對云：“山下去。”師云：“第一不得謾王老僧。”對云：“終不敢謾和尚。”師遂將瓶噴水，云：“是多少？”僧無對。師代云：“非師本有。”又云：“非和尚境界。”保福代云：“和尚圖他一斛米，失卻半年糧。”（《祖堂集》卷十六《南泉和尚》P.715）

（2）脫去還如臂屈伸，先師旨趣得來親。貪他一粒多年粟，失卻家中萬斛珍。（《禪宗頌古聯珠通集》卷二十七 X65，p0643a07）

（3）師曰：“五湖衲子，一錫禪人，未到同安，不妨疑著。”僧回首，曰：“遠聞不如近見。”師曰：“貪他一杯酒，失卻滿船魚。”（《五燈會元》卷六《洪州鳳棲同安院常察禪師》P.335）

（4）山云：“和尚溜麽道得，某甲爲什麽不得？”沙云：“我得爾不得。”師云：“只解貪觀白浪，不知失卻手橈。”（《明覺禪師語録》卷三 T47，p0689c29）

“圖他一斛米，失卻半年糧”，爲了貪圖一粒米，損失了半年的糧食。“貪他一粒多年粟，失卻家中萬斛珍”，爲了貪圖一粒陳年粟米，損失了家中萬斛的珍寶。“貪他一杯酒，失卻滿船魚”，貪喝他人一杯酒，忘記了自家

船上的魚。"只解貪觀白浪，不知失卻手橈"，橈，船槳。只知道觀賞水中浪花，遺失了手中的船槳。幾條俗語在禪籍皆比喻因小失大，得不償失。禪宗喻指糾纏於語言文字、情識知解，結果與內心開悟愈加遙遠。

（十二）表示"參禪悟道需要親力親爲"的語義聚合

（1）大溈喆云："雲居茱萸，爲人如爲己，爭柰趙州不入緤繢。然雖如是，<u>不得雪霜力，爲知松柏操</u>。"（《聯燈會要》卷六《趙州觀音從諗禪師》X79，p0057b01）

（2）時有學人問："只如龍花之會，何異於靈山？"師云："化城教一級。"僧云："與摩則彼彼不相羨也。"師云："前言終不虛施。"僧云："未審當初靈山合談何法？"師云："不見道'世尊不說說，迦葉不聞聞'？"僧云："與摩則'<u>不睹王居殿，爲知天子尊</u>'？"師云："酌然，瞻敬則有分。"（《祖堂集》卷十一《齊雲和尚》P.523）

（3）師問僧："甚處來？"云："五臺。"師云："還見文殊麼？"僧展兩手。師云："展手頗多，文殊誰睹，雲氣急殺人。"僧云："<u>不睹雲中雁，爲知沙塞寒</u>。"（《聯燈會要》卷二十五《洪州同安常察禪師》X79，p0216c10）

（4）入方丈，據座云："此室甚深廣大，非語默可及。淨名居士向遮，寐語未惺。七佛祖師到來，納敗愈甚。傑上座口似乞兒破席袋，又如何施設？"喝一喝云："<u>不入洪波裏，爭見弄潮人</u>。"（《密庵和尚語錄》T47，p0958a12）

（5）僧問："大事未辦時如何？"師云："金燈連夜照，不覺五更鐘。"進云："大事已辦時如何？"師云："<u>跣足踏冰雪，方知徹骨寒</u>。"〔《古尊宿語錄》卷四十六《滁州琅琊山（慧）覺和尚語錄》X68，p0314a05〕

（6）僧問："此個法門，如何繼紹？"師曰："<u>冬寒夏熱，人自委知</u>。"（《五燈會元》卷五《大同濟禪師》P.270）

（7）師曰："汝不見《華嚴經》中'六相'義？同中有異，異中有同；成中有壞，壞中有成；總中有別，別中有總？眾生與佛雖同一性，不妨各各自修自得。<u>看他人食，終自不飽</u>。"（《祖堂集》卷三《慧忠國師》P.170）

（8）請典座上堂，舉夾山在溈山充典座，溈山一日問："今日堂中吃甚菜?"座云:"兩年同一春。"山云:"如法修事著。"座云:"龍宿鳳巢。"師云:"柄霸在手,縱奪臨時。敲磕將來,百味具足。其中只欠一味,且道,是油是醬。若點檢得出,華藏功不浪施。其或未然,更聽重下注腳。輔弼宗門有老成,一番提掇一番新。咬薑呷醋知鹹淡,便是叢林過量人。"(《密庵和尚語錄》T47,p0965c01)

(9)問:"如何是學人的的用心處?"師云:"著衣吃飯自家事。"〔《古尊宿語錄》卷十《並州承天(智)嵩禪師語錄》X68,p0061c05〕

(10)自家冷暖自家知,莫管他人是與非。說未到時行得到,無端辜負兩莖眉。(《石溪心月禪師語錄》卷上 X71,p0043c08)

"不得雪霜力,焉知松柏操",強調體驗和實踐的重要性,認識事物的本質,辨明事物的真偽都需要親自感受和驗證。"不睹王居殿,焉知天子尊",沒有見到雄壯華美的王宮,怎能知道天子的尊貴。"不睹雲中雁,焉知沙塞寒",沒有見到雲中高飛的大雁,怎知邊塞的寒冷。"跣足踏冰雪,方知徹骨寒",跣足,赤腳。只有親自嘗試光腳在雪地上行走,才能體會到天氣的寒冷。禪宗強調體驗的重要性,只有親身經歷才能獲得真切的認識和感受。"冬寒夏熱,人自委知",冬夏天氣冷熱只有自己感知,禪宗喻指禪悟乃個人之事,必須親身實踐和體驗。"看他人食,終自不飽",比喻做事要親身體驗,才能有所收穫。"咬薑呷醋知鹹淡",親自品嘗後方知薑和醋的鹹淡。"著衣吃飯自家事",穿衣吃飯是個人的事情,每個人各有不同。禪宗喻指參禪修佛是學人自己的事,別人無法代替,必須親力親爲。"自家冷暖自家知",只有自己才能準確地知道是冷是暖,比喻自身情況只有自己最瞭解。禪宗比喻參禪悟佛無需追隨他人,而要明見自心佛性,認識自我。這幾條俗語都強調體驗和實踐的重要性,認識事物的本質,辨明事物的真偽都需要親自感受和驗證。佛門強調參禪悟道需要親力親爲,需要有對現境的感性認識。禪僧通過遊學參訪、行住坐臥、牧牛勞動等實踐行爲體悟禪門妙理。

(十三)表示"勇猛精進"的語義聚合

(1)南嶽云:"若以成壞聚散而見道者非也。馬祖於是泮然無疑,所謂不入虎穴,不得虎子。"(《大慧普覺禪師語錄》卷十四 T47,p0871a15)

（2）師云："闍黎，進前三步。"學云："<u>不入虎口，爭見虎牙</u>。"（《古尊宿語録》卷四十六《滁州琅玡山覺和尚語録》X68，p0311b09）

（3）"辜負己靈，未具頂門正眼。總不恁麽，又作麽生？"良久云："<u>不入驚人浪，難尋稱意魚</u>。"（《聯燈會要》卷十六《福州鼓山佛心才禪師》X79，p0138b11）

（4）而今<u>當爐不怕猛火</u>，忠言不避截舌。或有個衲僧出來問遠上座："未離本國，道一句將來。"只對佗道："久立。"（《佛海瞎堂禪師廣録》卷三 X69，p0578b02）

（5）上堂，拈拄杖卓一卓喝一喝云："德山臨濟來也，是汝諸人，且莫錯認定盤星。所以道，爐韛之所，鈍鐵尤多。良醫之門，病者愈甚。有般漢便道：且莫壓良爲賤。然<u>當爐不避火迸</u>，忠言不避截舌。"（《應庵曇華禪師語録》卷五 X69，p0526b16）

諺語"不入虎穴，不得虎子"，源自漢班固的《東觀漢記》第十六卷："（超）激怒曰：'不探虎穴，不得虎子⋯⋯鄯善破膽，功成事立也。'"比喻不冒風險就難以成功。禪師以此語鼓勵學人參禪學法要勇猛精進，否則難以求得至高之法。"不入虎口，爭見虎牙"，意義與"不入虎穴，不得虎子"同，比喻不冒風險就難以成功。禪宗比喻不勇猛精進就難以獲得真正的開悟。"不入驚人浪，難尋稱意魚"，驚人浪，巨浪。稱意，合乎心意，滿意。不進入巨浪之中，不會捕到滿意的大魚。比喻不冒風險就難以取得成功。禪師常以此諺激勵僧徒參禪學佛要勇猛精進方能有所收穫。"當爐不怕猛火"，面對火爐不怕爐中的猛火。形容勇猛無畏。禪師以此語鼓勵僧徒參禪學佛勇猛精進，無所畏懼。"當爐不避火迸"，面對火爐不躲避爐中迸出的火苗。形容勇敢無所畏懼。禪宗喻指修習禪法要勇猛沒有畏懼。

（十四）表示"圓融互攝，消除分別"的語義聚合

（1）若知落處，朝見釋迦暮參彌勒。若也未明，白雲爲你點破。道無不是無，道有不是有。<u>東望西耶尼，面南看北斗</u>。（《法演禪師語録》卷中 T47，p0657c15）

（2）師乃云："光飛玉宇，影落秋江。是時人知有，因什麽寒山子，<u>伸手不見掌</u>。會得，正當三五夜，何處不嬋娟。"（《虛堂和尚語録》卷八 T47，p1042c04）

(3) 上堂："懷州牛吃禾，益州馬腹脹。天下覓醫人，灸豬左膊上。杜順和尚，鶻臭布衫，終竟難脫。育王眉毛觸碎須彌，鼻孔飲乾大海。更有一件長處。逢人只是不說。"（《虛堂和尚語錄》卷八 T47，p1041c13）

"東望西耶尼，面南看北斗"，西耶尼，人中起罪行者，處於西方。《法苑珠林》卷六十八《十惡部》："第四就人中起罪行者，人中即有四天下，南閻東弗西耶，此三方人，起惡多故，皆具十惡。然東西則輕，南方最重。"東望見西耶，南面見北斗，禪宗以此打破學人東西南北四方的空間意識。四方概念本是人爲所定，實則表明人的心中有分別的意識。此諺正是要打破空間分割，實現東西南北的圓融互攝。"伸手不見五指"，語出《建中靖國續燈錄》卷四："問：'如何是和尚家風？'師曰：'伸手不見掌。'"禪宗認爲悟道的人見一切事物，都不會加入主觀的虛妄分別與愛憎之情，在他們看來一切事物在本質上都是平等不二的，正如在黑夜中萬物混沌如一，不區分自己與外物。俗語"伸手不見掌"用來形容打成一片，萬法一如的禪悟境界。"懷州牛吃禾，益州馬腹脹"，禪宗構造的奇特語。懷州的牛吃禾，益州的馬腹卻吃脹了，此諺體現了禪宗圓融統一的宗教觀，啓發僧徒放棄已有的邏輯概念，從禪的角度重新認識世界。

（十五）表示"平常心是道"的語義聚合

(1) 上堂："見聞覺知無障礙，聲香味觸常三昧。衲僧道，會也，山是山，水是水，飢來喫飯，困來打睡。"（《五燈會元》卷十二《雲峰文悅禪師》P.745）

(2) 問："如何是祖師西來意？"師曰："喫醋知酸，喫鹽知鹹。"（《五燈會元》卷十九《太平慧勲禪師》P.1258）

(3) 山曰："鹹則鹹味，淡則淡味，不鹹不淡是常味。作麼生是百味具足底句？"師無對。（《五燈會元》卷五《雲巖曇晟禪師》P.273）

(4) 上堂云："有鹽曰鹹，無鹽曰澹。太平聞說，口似匾簷。"便下座。（《古尊宿語錄》卷二十《次住太平語錄》X68，p0134a17）

(5) 問投子："定慧等學明見佛性，此理如何？"投子云："打水用桶，舀粥用杓。"（《明覺禪師語錄》卷四 T47，p0695c09）

（6）三聖和尚問：“承師有言：‘百尺竿頭須進步。’百尺竿頭則不問，百尺竿頭如何進步？”師云：“<u>朗州山</u>，<u>禮州水</u>。”（《祖堂集》卷十七《岑和尚》P. 770）

（7）問：“學人有一問，未審還答也無？”師云：“<u>南地鷓</u>，<u>北地狐</u>。”（《建中靖國續燈録》卷二《隨州智門光祚禪師》X78，p0650a24）

（8）有個人，從東京來，問伊：“甚處來？”他卻道：“蘇州來。”問伊：“蘇州事如何？”伊道：“一切尋常。”雖然如是，謾白雲不過。何故只爲語音各別，畢竟如何？<u>蘇州菱</u>，<u>邵伯藕</u>。（《聯燈會要》卷十六《蘄州五祖法演禪師》X79，p0136c15）

（9）僧問：“如何是祖師西來意？”師曰：“<u>新羅附子</u>，<u>蜀地當歸</u>。”（《五燈會元》卷十四《鼎州梁山巖禪師》P. 872）

（10）有俗官問黃蘗供養主：“黃蘗和尚驢馬相似，上座作供養主，作什摩？”僧無對。卻歸，舉似黃蘗。黃蘗云：“道薄人微，甚是難消。”有人舉似南泉，南泉云：“<u>池州麻黃</u>，<u>蜀地當歸</u>。”有人舉似師，師云：“泉州葛布，好造汗衫。”（《祖堂集》卷十一《睡龍和尚》P. 533）

（11）或云：“迷本底人觸途俱滯，悟本底人爲什麼有四大見。”代云：“<u>益州附子建州薑</u>。”（《雲門録》卷中 T47，p0563b03）

（12）僧問：“向上一路請師道。”師云：“一口針三尺線。”僧云：“如何領會？”師云：“<u>益州布</u>，<u>揚州絹</u>。”（《景德傳燈録》卷第十《湖南長沙景岑號招賢大師》T51，p0275a25）

（13）上堂，僧問：“佛未出世時如何？”師云：“大憨不如小憨。”學云：“出世後如何？”師云：“小憨不如大憨。”乃云：“入荒田不揀，信手拈來草。不認大哥妻，元來是嫂嫂。<u>鄭州出鵝梨</u>，<u>青州出大棗</u>。無事巾單下，個個從頭咬。”（《法演禪師語録》卷上 T47，p0653b21）

（14）問：“如何是和尚家風？”師曰：“<u>福州荔枝</u>，<u>泉州刺桐</u>。”（《景德傳燈録》卷十一《台州勝光和尚》T51，p0287c26）

餓了吃飯，困了睡覺，冷了添衣，熱了乘涼，這些俗語描繪了人們最單純平凡的生活，卻折射著禪宗“平常心是道”的主張。禪宗提倡用一顆不受干擾的“平常心”去接觸生活，從中體悟禪的高妙。所謂“平常心”就是不執著、不強求，順應自然，平和處事的人生態度。擁有了平常心也便獲得了佛心，一切春花秋月、夏熱冬寒皆可顯現佛的真諦。馬祖道一對"平常心是道"作了精闢的解釋："道不用修，但莫污染，但有生死心，造作趣向皆是污染。若欲直會其道，平常心是道，謂平常心無造作，無是非，無取捨，無斷常，無凡無聖。……只如今行住坐臥、應機接物盡是道。"（《景德傳燈錄》卷二十八《江西大寂道一禪師》）道信禪師將"平常心"解釋得更加具體："汝但任心自在，莫作觀行，亦莫澄心，莫起貪嗔，莫懷愁慮，蕩蕩無礙，任意縱橫，不作諸善，不作諸惡，行住坐臥，觸目遇緣，總是佛之妙用。快樂無憂，故名爲佛。"（《五燈會元》卷二《牛頭山法融禪師》）禪宗認爲平常心就是佛心。"平常心是道"在禪宗慧能門下的青原一系又稱爲"即事爲真"。"即事"，指不離開日常行事；"真"，即指真實。禪門重視從日用平常中領悟佛法真如。馬祖道一一派又提倡"觸類是道"，即指在修行中自然生成的任何行爲均是道的流露。禪宗強調心隨自然、無拘無束的修行行爲和修行態度。"飢來吃飯，困來即眠""寒時向火，熱則取涼""吃醋知酸，吃鹽知鹹""打水用桶，舀粥用杓""喫醋知酸，喫鹽知鹹""鹹則鹹味，淡則淡味，不鹹不淡是常味""有鹽曰鹹，無鹽曰澹"，這些俗語無一不折射著禪宗"即事爲真""觸類是道"的宗教精神。佛之真諦並非遙遠，其實就蘊含在質樸無華的日用生活中，只要以一顆未受干擾、靜默平和、赤裸純然的平常心去感受佛法，便可以徹見整個宇宙人生。俗語多反映人們最真實的生產生活，描繪人們最本真的行住坐臥，所以禪師們便借用俗語來暗示"平常心是道"的禪宗哲學。"朗州山，澧州水"，禪宗比喻高妙的禪旨佛理就蘊含在不假修飾，最自然的事物之中。"南地鵓，北地狐"，南方有鵓，北方有狐，這些都是最平常自然之物。禪宗喻指佛法即在平常自然之物中。"蘇州菱，邵伯藕""新羅附子，蜀地當歸""泉州葛布，好造汗衫""池州麻黃，蜀地當歸""益州布，揚州絹""益州附子建州薑""鄭州出鵝梨，青州出大棗"，禪宗用日常生活中極爲普通的物品，暗示學人禪宗最微妙、最根本的旨意即來自日常生活，平常心即是道。

（十六）表示"道法自然"的語義聚合

（1）上堂云："巢知風，穴知雨，靈利衲僧未可相許。若問如何，苦哉佛陀耶。"（《明覺禪師語錄》卷二 T47，p0684b27）

（2）上堂："春風如刀，春雨如膏。衲僧門下，何用切切。"（《虛

堂和尚語録》卷一 T47，p0989b08）

（3）生死無慮，更須何憂？水月無形，我常只寧。萬法皆爾，本自無生。兀然無事坐，<u>春來草自青</u>。（《祖堂集》卷三《懶瓚和尚》P.151）

（4）師召曰大衆，衆回首，師曰："看月。"大衆看月。師曰："<u>月似彎弓，少雨多風</u>。"（《景德傳燈録》卷十九《南嶽金輪可觀禪師》T51，p0356b01）

（5）僧問："如何是道中寶？"師曰："<u>地傾東南，天高西北</u>。"曰："學人不會。"師曰："落照機前異。"（《景德傳燈録》卷二十三《灌州靈岩和尚》T51，p0393c22）

（6）問："舊歲已去，新歲到來。不涉二途，乞師指示。"曰："<u>東方甲乙木</u>。"（《嘉泰普燈録》卷三《隆興府黄龍普覺慧南禪師》X79，p0302c16）

（7）問："寒來暑往，日居月諸，心地未明，乞師指示。"曰："<u>臂長衫袖短，腳瘦草鞋寬</u>。"（《嘉泰普燈録》卷三《福州大中海印德隆禪師》X79，p0309b08）

（8）師次住漳州報恩院，謂衆曰："報恩遮裏不曾與人揀話，今日與諸上座揀一兩則話。還願樂麽？諸上座鶴脛長，<u>鳧脛短</u>。甘草甜黄檗苦。怎麽揀辨還愜雅意麽？諸上座莫道血脈不通泥水有隔好。且莫錯會。珍重。"（《景德傳燈録》卷二十五《漳州羅漢院守仁禪師》T51，p0412a24）

（9）示衆云："<u>巢知風</u>，<u>穴知雨</u>。<u>甘草甜</u>，<u>黄連苦</u>。不須計較作商量，五五從來二十五。"（《聯燈會要》卷二十九《臨安府淨慈慧暉禪師》）

（10）問："不住有雲山，常居無底船時如何？"師曰："<u>果熟自然香</u>。"（《五燈會元》卷六《撫州逍遙山懷忠禪師》X80，p0129c15）

（11）世間之寶，能變窮爲富。此之一寶，能轉凡成聖。且道如今是凡是聖？太平道總不是，何故苦瓠連根苦，甜瓜徹蒂甜。（《法演禪師語録》卷上 T47，p0652a25）

（12）問："如何是佛法大意？"師云："<u>杏熟來年麥</u>。"進云："不會意旨如何？"師云："<u>棗收當年禾</u>。"學人禮拜。［《古尊宿語録》卷

二十三《汝州葉縣廣教（歸）省禪師語録》X68，p0152a14]

（13）上堂：“雲居不會禪，洗腳上床眠。<u>冬瓜直儱侗，瓠子曲彎彎</u>。”（《五燈會元》卷十五《南康軍雲居曉舜禪師》P. 1004）

（14）問：“如何是學人親切處？”師曰：“五九盡日又逢春。”曰：“畢竟事如何？”師曰：“<u>冬到寒食一百五</u>。”（《五燈會元》卷十一《汝州首山省念禪師》P. 680）

（15）僧云：“教學人向什摩處領會？”師云：“<u>夏天赤骨身，冬天須得被</u>。”（《祖堂集》卷十七《岑和尚》P. 769）

“巢知風，穴知雨”，巢居的動物知道什麼時候起風，而穴居的動物則對下雨很敏感，能夠預測到雨水將至，比喻經常處於某種環境中可以預知將要發生的事情。禪師用此古諺意在說明道法自然的禪理，一切玄妙的佛法大意都蘊含在自然事物之中。“春風如刀，春雨如膏”，膏，油脂。春天的風尤帶寒意，刮在人臉上如刀割，春天的雨如油脂，細膩溫潤，滋養大地。自然事物有其屬性和規律，禪家藉以比喻禪門佛法也有宗旨，學習佛法也要遵循其中的宗旨律令。“春來草自青”，春天到來，草木自然變綠。禪宗主張參悟佛法應隨順自然，自然能夠契悟高妙禪法。“月似彎弓，少雨多風”，宋羅大經《鶴林玉露》丙編卷三《占雨》：“范石湖詩云：‘朝霞不出門，暮霞行千里。今晨日未出，曉氛散如綺。心疑雨再作，眼轉雲四起。我豈知天道，吳儂諺云爾。……’此詩援引占雨事甚詳可喜。諺有云：‘日出早，雨淋腦；日出晏，曬殺雁。’又云：‘月如懸弓，少雨多風；月如仰瓦，不求自下。’”月亮形似彎弓，則雨少風多。禪宗喻指道法自然。佛法真如就蘊藏在自然之中。“地傾東南，天高西北”，描寫了中國西高東低的地理面貌。禪宗暗喻佛法就蘊含在自然萬物之中，道法自然。禪籍中又作“天高東南，地傾西北”。“東方甲乙木”，《大方廣佛華嚴經隨疏演義鈔》卷十九：“五方有五帝，東方甲乙木，其色青故，東方爲青帝，南方丙丁火，其色赤爲赤帝。西方庚辛金，其色白爲白帝。北方壬癸水，其色黑爲黑帝。中央戊已土，其色黃爲黃帝。”天地有五方，各方配不同陰陽五行，《朱子語類》卷一：“陰陽播而爲五行，五行中各有陰陽。甲乙木，丙丁火；春屬木，夏屬火。年月日時無有非五行之氣，甲乙丙丁又屬陰屬陽，只是二五之氣。”諺語謂佛法即自然，在自然中領悟禪旨佛理。諺語在禪籍中又縮減作“東方甲乙木”。“寒來暑往”，梁周興嗣《千字文》：

"寒來暑往，秋收冬藏。閏餘成歲，律呂調陽。"冬夏交替，冷暖循環往
復。禪宗喻指佛法禪旨就蘊含在自然萬物質樸的規律之中。"鶴脛長，鳧
脛短"，《莊子·駢拇》："是故鳧脛雖短，續之則尤；鶴脛雖長，斷之則
悲。故性長非所斷，性短非所續，無所去憂也。"王叔之疏："鳧，小鴨
也。鶴，鵠之類也。脛，腳也。自然之理，亭毒眾形，雖復修短不同，而
形體各足稱事，咸得逍遙。"禪宗用諺語"鶴脛長，鳧脛短"來說明道法
自然，參禪習佛就要順應事物的自然屬性。禪籍中又作"鶴脛自長，鳧脛
自短"。同義諺語有"鳧腳長，鶴腳短"。"甘草甜，黃連苦"，黃蘗，落葉
喬木，中醫用樹皮入藥，味苦，有清熱解毒的功效。宋戴侗《六書故·植
物一》："黃蘗，束木性涼可爲藥。"《樂府詩集·清商曲辭一·子夜歌十》：
"黃蘗郁成林，當奈苦心多。"《京本通俗小說·錯斬崔寧》："啞子謾嘗黃
蘗味，難將苦口對人言。""黃蘗"禪籍中又作"黃連"。《太平御覽》卷九
九一引三國魏吳普《本草經》："黃連，一名王連，味苦寒，生川穀，治熱
氣、目痛、皆（眥）傷、泣出、明目。生巫陽。"寒山詩："死惡黃連苦，
生憐白蜜甜。"甘草，北魏賈思勰《齊民要術·雜說》："《師曠占》曰：
'黃帝問曰：吾欲占歲苦樂善惡，可知否？對曰：歲欲甘，甘草先生。'"
甘草味甜，黃蘗味苦。禪宗喻指道法自然，佛法禪旨就是事物的本真狀
態。"果熟自然香"，禪宗比喻依循事物自然規律，道法現成，自然而爲。
"苦瓠連根苦，甜瓜徹蒂甜"，瓠，瓜類。蒂，根蒂，即花或瓜果與枝莖相
連的部分。甜瓜從根到果實都是甜的，苦瓜從根上起就是苦的。比喻事物
的外在表像由其本質屬性決定。禪宗喻指道法自然，佛法就蘊含在自然本
真的萬物之中。"杏熟來年麥，棗收當年禾"，不同作物的生長年限有別，
杏與麥成長時間長，棗與禾成長時間短。禪家意謂佛法大意就在最本真質
樸的自然之中。"冬瓜直儱侗，瓠子曲彎彎"，禪宗謂道法自然，佛法禪旨
就蘊含在最本真的自然萬物中。"五九盡日又逢春"，中國農曆從冬至日開
始"數九"，以九天爲一個單位，共有九個"九"，計八十一天。天氣由寒
逐漸變暖，八十一天以後，北方開犁耕春。五九過後天氣轉暖，春日來
臨。禪宗認爲道法自然，在自然規律中暗含高妙的佛法大意。"夏天赤骨
身，冬天須得被"，赤骨力、赤骨身、赤體立，即指赤裸，打赤膊，是唐
宋時的口語詞。王梵志詩《身如圈裹羊》："脫衣赤體立，形段不如羊。"
禪籍中另作"赤骨曆""赤骨律""赤骨立""赤立"。諺語謂夏天赤身睡

覺，冬天則要蓋棉被。比喻做事情要根據環境和條件的變化調整方法。禪宗喻指參禪悟佛無需刻意而爲，只要依循自然規律便能獲得開悟。禪籍中另作"夏天赤骨力，冬寒須得被"。禪宗用自然風土諺比喻宇宙萬象皆有佛性，禪思佛理一切現成，都蘊含於自然之物中。禪宗借天氣的冷暖、星辰的變化、莊稼作物的生長成熟、年節時令的更迭交替以及動植物的自然形態來暗指高妙佛法盡在平常無奇在自然萬物和日用生活中，修禪習佛即是道法自然。同屬該語義聚合的俗語還有"火不待日而熱，風不待月而涼""但得雪消去，自然春到來""但得雪消去，自然春到來""日出東方月落西"。

（十七）表示"見機行事"的語義聚合

（1）問："如何是道者家風？"師云："看樓打樓。"（《建中靖國續燈錄》卷六《金陵廣慧遇新禪師》X78，p0674a23）

（2）上堂，舉："僧問馬祖：'如何是佛？'祖曰：'即心是佛。'"師云："馬大師也是看孔著楔，然現前一眾，雖不受馬駒所踏，是不可忘古人大慈悲故，誰教從來今日清明。"（《古尊宿語錄》卷四十三《寶峰雲庵真淨禪師住金陵報寧語錄二》X68，p0290c01）

"看樓打樓"，"樓"即耬，也叫耬犁，是一種播種的農具，用人力或畜力牽引，開溝下種，同時完成。成語本指根據耬犁開溝的情況來下種，引申爲見機行事。禪宗喻指根據不同的禪機採取相應的應機方式。"看孔著楔"，根據窟窿的大小打入合適的木楔，比喻根據具體情況採取相應措施。禪宗喻指根據禪機的不同，採取相應的對機方式。

（十八）表示"陷入情識知解"的語義聚合

（1）開堂日，上首白槌罷。師云："大眾落二落三了也。諸人何不負丈夫志氣，若不然者，有疑請問。"（《建中靖國續燈錄》卷七《袁州楊岐山普通禪院方會禪師》X78，p0680c09）

（2）因請本院首座開堂，僧問："承和尚有言，一人悟道，三界平沉。首座悟道，三界還沉也無？"師云："不淹不抑。"進云："恁麼即一言才出，大地全收。"師云："落三落四。"（《天聖廣燈錄》卷十七《筠州興教院守芝禪師》X78，p0504a12）

（3）何況抛沙撒土，說心說性，未免落七落八。（《圓悟佛果禪師

語録》卷十三 T47，p0774c20)

"落二落三""落三落四""落七落八"在禪籍中用相同的結構表示同一語義，即遠離禪門第一義，落入情識知解中。

(十九) 表示"當下頓悟，禪思敏捷"的語義聚合

(1) 問："靈山一會，迦葉親聞，未審聞箇什麼句?"師云："不避來鋒，速道速道!"進云："是什麼句?"師云："掣電之機，徒勞佇思。"(《雲門匡真禪師語録》卷上 T47，p0549a18)

(2) 上堂："光透日月，明暗不收。智出聖凡，賢愚不歷。所以道，不用低頭，思量難得。"(《五燈會元》卷十六《天衣義懷禪師》P.1017)

"掣電之機，徒勞佇思"，掣電，閃電，形容異常迅速。禪宗用"掣電之機"比喻禪悟如閃電般迅捷，不能駐足冥想，以此啟發學人要當下頓悟。"不用低頭，思量難得"，禪宗認爲思維是理性的產物，理性的出現就會帶來分別，難以到達禪悟的最高境界，所以要求學人當下便悟，低頭思量就會錯過頓悟之機。兩條諺語，前者用形象性的描述，後者用概括性的語言，表達方式不同，但都在強調禪機迅捷，必須當下頓悟，不要拖泥帶水，滯礙不前。俗語意義相同。

(二十) 表示"從實際出發"的語義聚合

(1) 上堂云："端然據坐，度腳買靴，左視右顧，不準一錢。"〔《古尊宿語録》卷二十五《筠州大愚（守）芝和尚語録》X68，p0164c22〕

(2) 《雲門頌》：度體裁衣，量水打碓。毫髮不差，且居門外。(《古尊宿語録》卷四十七《東林和尚雲門庵主頌古》X68，p0324c15)

"度腳買靴"和"度體裁衣，量水打碓"皆比喻行事、作決定都要從實際出發，根據具體情況採取行動。兩條俗語選材不同，但意義相同。

(二十一) 表示"自我束縛"的語義聚合

(1) 問："非言所及，非解所到。什摩人能到?"師云："阿誰教你擔枷帶索?"僧云："今日得遇明師批判。"師云："我則與摩批判。你到什摩處?"對云："熱則靈原取源，寒則燒火圍爐。"(《祖堂集》卷十二《仙宗和尚》P.579)

（2）僧云："某甲過在什麼處？"師云："擔枷過狀漢。"[《古尊宿語錄》卷六《睦州（道蹤）和尚語錄》X68，p0039b07]

（3）問："一念未生，爲什麼不見自己？"師云："劃地成牢。"[《古尊宿語錄》卷三十八《襄州洞山第二代（守）初禪師語錄》X68，p0250c18]

"擔枷帶索"，枷、索，古代的刑具。一般羈押犯人只選其一，不會同時使用，並用則嫌重複。禪宗喻指自負枷鎖，束縛太多，難以解脫。"擔枷過狀"，本爲"擔枷過狀——雪屈一場"的歇後，凝合爲成語。擔負枷鎖到衙門投案，比喻自我束縛，不得解脫。禪籍中又作"擔枷陳狀"，《五燈會元》卷四《睦州陳尊宿》："師曰：'且放下葛藤。會麼？'曰：'不會。'師曰：'擔枷陳狀，自領出去。'""劃地成牢"，比喻在限定的範圍內行事。三條俗語在禪籍中皆比喻所有的欲望俗念和錯誤的習禪方式都是自我束縛，參禪的本質就是要自求解脫。

（二十二）表示"佛法不可言說"的語義聚合

（1）"如何是向上事？"師云："待你一口吸盡鏡湖水，我則向你道。"（《祖堂集》卷十《鏡清和尚》P.471）

（2）洪州渤潭法會禪師，問馬祖："如何是祖師西來意？"祖曰："低聲！近前來，向汝道！"師便近前，祖打一摑曰："六耳不同謀，且去。來日來。"（《五燈會元》卷三《渤潭法會禪師》P.158）

"一口吸盡鏡湖水"，一口將鏡湖水喝光，禪師以此語拒絕回答學人關於佛法的提問，謂佛法大意不可言說。"六耳不同謀"，六耳，指三人。引申謂不能當著第三個人的面商議秘密的事情。禪宗傳道強調以心傳心，兩條俗語皆比喻佛法具有不可言說性。禪師通過推諉的方式斷除學人的知解之心。

（二十三）表示"沒有找對門徑，修行方法錯誤"的語義聚合

（1）問："如何是學人相契處？"師曰："方木逗圓孔。"（《五燈會元》卷十四《廣德義禪師》P.857）

（2）問："如何是本來心？"師曰："拆東籬，補西壁。"（《五燈會元》卷十六《棲賢智遷禪師》P.1042）

（3）問：“超佛越祖人難得，請師一句顯根源。”師云：“裁衫錯却領。”[《古尊宿語録》卷三十八《襄州洞山第二代（守）初禪師語録》X68，p0250a03]

“方木逗圓孔”，謂要將方形榫頭強行插入圓形榫眼中，比喻彼此不相投合，事不能成。在禪籍中意指不按佛法本質修行，難以契悟其中真意。“拆東籬，補西壁”，拆了東邊的籬笆去補西邊的漏洞，引申指臨時湊合應對，沒有徹底解決問題。“裁衫錯却領”，剪裁衣衫卻錯剪了衣領。比喻用錯了力，辦錯了事。三條俗語在禪籍中都被用作譏諷僧徒語，禪師責備學人修行沒有找對門徑，用錯誤的修行方法，用功雖多，但都是徒勞施爲。

（二十四）表示“單個力量弱”的語義聚合

（1）婺州報恩院寶資曉悟禪師，僧問：“學人初心，請師示箇入路。”師遂側掌示之曰：“還會麼？”曰：“不會。”師曰：“獨掌不浪鳴。”（《五燈會元》卷八《報恩寶資禪師》P.459）

（2）師到神鼎，鼎問：“一朵峰巒上，獨樹不成林。作麼生？”師云：“水分紅樹淺，澗遠碧泉深。”[《古尊宿語録》卷二十六《舒州法華山（全）舉和尚語要》X68，p0171c15]

（3）送化主上堂云：“火不待日而熱性相類，風不待月而涼氣相合。獨樹不成林，單絲不成綫。建大廈非一木之能，濟巨川非一棹之力。所以道眾毛成毬，聚鐵成斧。”（《圓悟佛果禪師語録》卷八 T47，p0748c11）

一隻手不能擊打出響聲，一棵樹不能構成森林，一根絲不能合成綫。三條俗語都在說明單個力量無以成大事的道理，強調集體的重要性。

（二十五）表示“事物間有關聯”的語義聚合

（1）僧問：“一等明機雙扣，爲甚麼卻遭違貶？”師曰：“打水魚頭痛，驚林鳥散忙。”（《五燈會元》卷七《鏡清道怤禪師》P.416）

（2）僧問：“如何是佛？”師曰：“水來河漲。”曰：“如何是法？”師曰：“風來樹動。”（《五燈會元》卷十五《白馬辯禪師》P.991）

（3）師問僧：“從苗辨地，因語識人。作麼生？”僧云：“不錯。”[《古尊宿語録》卷十八《雲門（文偃）匡真禪師廣録下》X68，p0118b19]

（4）問：“心未生時，法在什麼處？”師云：“池中荷葉動，決定有魚行。”［《古尊宿語録》卷三十八《襄州洞山第二代（守）初禪師語録》X68，p0246b22］

（5）或云：“火待日熱，風待月涼，北斗南星句不要儞道，留與後人貶剥。”（《明覺禪師語録》卷四 T47，p0693c18）

例（1）到例（5）中的俗語皆比喻事物間有關聯性，反映事物相互聯繫的觀點。

（二十六）表示“不苛求，寬容對待”的語義聚合

（1）曰：“學人今日，小出大遇。”師曰：“降將不斬。”曰：“恁麼則和尚放某甲逐便也。”師曰：“停囚長智。”（《五燈會元》卷十九《虎丘紹隆禪師》P. 1280）

（2）問：“拈槌竪佛，揚眉瞬目，即不問。向上一路，請師舉唱。”師云：“你爲什麼擔枷過狀？”進云：“與麼則謝師方便。”師云：“罪不重科。”［《古尊宿語録》卷三十九《智門（光）祚禪師語録》X68，p0256b06］

（3）上堂：“……然則剛刀雖利，不斬無罪之人。莫有無罪底麼？也好與三十拄杖。”《古尊宿語録》卷四十二《住洞山語録》（X68，p0279c19）

“降將不斬”，不斬殺投降之將。“罪不重科”，科，判決。《東觀漢記·吳祐傳》：“民有相爭訴者，輒閉閣自責，然後科其所訟，以道譬之。”① “罪不重科”，重，重複。俗語謂犯了一重以上的罪不重複判決。“剛刀雖利，不斬無罪之人”，鋼刀雖然鋒利，卻不斬殺無罪之人。這三條俗語都爲禪師鼓勵學人的應機之語，喻指禪師接引弟子沒有好壞高下之別，即便根基淺薄，只要誠心求佛，禪師也可以隨機應接，要求不那麼苛刻，并鼓勵學人要勇猛精進，大膽求佛問道，即便有錯誤也不會受到批評。

（二十七）表示“言在此而義在彼”的語義聚合

（1）師有時曰：“……所以老僧道：垂絲千丈，意在深潭，語覆機而不顧，舌頭玄而不參。”（《祖堂集》卷七《夾山和尚》P. 326）

---

① （漢）劉珍撰，吳樹平校注：《東觀漢記校注》，中華書局，2008年，下册，第772頁。

（2）上堂舉："念法華與真圓頭侍立風穴次。穴問真云：'作麼生
是世尊不說說、迦葉不聞聞？'真云：'<u>鵓鳩樹頭啼，意在麻畬裏</u>。'"
（《大慧普覺禪師語錄》卷三 T47，Ap0823c23）

"垂絲千丈，意在深潭"，垂下千尺的鉤絲，意不在釣魚，而在深潭之中。
"鵓鳩樹頭啼，意在麻畬裏"，"鵓鳩"，一種飛鳥，天將雨時其鳴甚急，又
名水鵓鳩。"畬"，熟田。諺語謂言在此而義在彼。兩條俗語在禪籍中比喻
希望借助語言來修行，但真正的佛法并不能用言語道斷，語言只是幫助理
解佛法的工具，修行的真正目的是要領悟語言文字背後隱含的真如佛法。
禪門要超越語言文字，但又不能徹底擺脫文字，就利用意在言外的方法傳
情達意。

（二十八）表示"事物真實本相，本來面目"的語義聚合

（1）小參，云："……大眾，切須自尊自貴，將知尊貴邊合著得
箇什麼？無事不須久立。<u>師姑本是女人做，阿嫂元是大哥妻</u>。好大
哥，歸堂去。"［《古尊宿語錄》卷三十一《舒州龍門（清遠）佛眼和
尚小參語錄》X68，p0204a04］

（2）上堂："尺頭有寸，鑒者猶稀。秤尾無星，且莫錯認。若欲
定古今輕重，較佛祖短長。但請於中著一隻眼，果能一尺還他十寸。
<u>八兩元是半斤</u>，自然內外和平，家國無事。"（《五燈會元》卷十八
《慶元府育王無示介諶禪師》P.1213）

兩條俗語反映的都是自然常理，毋庸置疑。在禪籍中都被用來暗喻"本來
面目"。"本來面目"又叫"本地風光""本覺真心""本分田地""自己本
分"，指本來的自己，是脫落一切意識雲翳、纖塵不著的澄明悟心，側重
于本心的原真性，禪悟的本質就是要追尋事物不加任何粉飾的本來面目。
參禪的終極目標就是明心見性，徹見自己的"本來面目"。這些俗語都描
繪反映了事物最真實自然的本質，正是禪家所說的"本來面目"。

同義俗語的聚合是基於同一經驗上對不同事物的相同認識。在禪宗文
化背景的觀照下歸納同義俗語，得到與通用俗語不同的聚合群。原本毫無
關係的俗語因受禪思的影響而具有了相同的意義，被納入同一個聚合群
中。許多怪誕離奇、難以理解的禪籍俗語，通過聚合群中其他成員的映
照，便都有了一個概念的形式，有了一個可以理解的意義。

二、反義俗語聚合

反義俗語指，兩條或兩條以上的俗語表示的意義相反相對，它們共同形成反義聚合。

（1）曰："玄沙道，諦當甚諦當，敢保老兄未徹在，又作麼生？"師曰："海枯終見底，人死不知心。"（《五燈會元》卷十二《法華全舉禪師》P.710）

（2）上堂，舉興化問克賓維那："汝不久爲唱道之師？"克賓云："我不入這保社。"化云："你會了不入，不會了不入？"克賓云："我總不恁麼。"化便打。遂罰錢五貫，設饡飯了，趁出院。後來卻法嗣興化。師云："還會麼？路遙知馬力，歲久見人心。"以拂子擊禪床，下座。（《古尊宿語錄》卷四十《後住雲峰語錄》X68，p0265c10）

"海枯終見底，人死不知心"，源自唐時杜荀鶴《感寓》詩："大海波濤淺，小人方寸深。海枯終見底，人死不知心。"[1] 比喻人心難測。"路遙知馬力，歲久見人心"，爲民間諺語，指路途遙遠才知道馬的力量，相處的時間長久才知道人的真心。意謂時間可以考量人的能力和情感，人心是可以了解的。兩條俗語意義相反。

（1）因數僧來參。師問："作什麼來？"云："般柴來。"師云："歸向北去，不得辜負老僧。"無對。復云："來來，三愚共成一智作麼生？"（《雲門錄》卷下 T47，p0571b12）

（2）問："如何是室內一盞燈？"師曰："三人證龜成鱉。"（《五燈會元》卷十五《香林澄遠禪師》P.938）

"三愚共成一智"，形容人多生智慧。而"三人證龜成鱉"意義完全相反，比喻眾人錯誤的認識可以壓倒真理，以誤爲正。

（1）鼎州李翶刺史，嚮藥山玄化，屢請不赴，乃躬謁之。山執經卷不顧。侍者曰："太守在此。"守性褊急，乃曰："見面不如聞名。"拂袖便出。山曰："太守何得貴耳賤目？"（《五燈會元》卷五《刺史李翶居士》P.278）

---

① 《全唐詩》（增訂本），中華書局，1999年，第十冊，第8046頁。

（2）蜀中仁王欽禪師，僧問："如何是佛？"師曰："<u>聞名不如見面</u>。"曰："如何是祖師西來意？"師曰："鬧市裏弄猢猻。"（《五燈會元》卷六《仁王欽禪師》P.359）

"聞名不如見面"，本爲中古常用俗語，是見面時的客套話，表示見面比聽聞聲名更加令人欽佩。"見面不如聞名"，謂名聲很高，但實際卻達不到口傳的高度。所見與所聞有差別。兩條俗語意義相反。

人們認識事物的角度或經驗不同，會得出完全相反的結論，於是產生了反義俗語。禪籍中反義俗語數量不多。

第三節 禪籍中的俗語連用

我們把連續使用兩個或兩個以上的俗語稱爲俗語連用。禪籍中存在大量俗語連用的現象，俗語連用常出現在禪師回答僧徒的提問，禪師評價僧徒或是禪師上堂說法等語境中。我們從俗語連用的長度、結構類型、語義類型、作用等幾個方面對唐宋禪籍中的俗語連用現象進行考察。

一、俗語連用的長度

禪籍中的俗語連用，從連用俗語的條目數量上看，少則兩條俗語連用，多至五條俗語連用。

（一）兩條俗語的連用

（1）<u>蠱毒之鄉水莫嘗</u>，<u>謹家之門禍不入</u>。而今要見隆首座轉身處麼？麒麟墮地露閂索，泥牛耕破夕陽春。（《佛海瞎堂禪師廣錄》卷四X69，p0596c05）

"蠱毒之鄉水莫嘗，謹家之門禍不入"爲兩條諺語連用。

（2）端午上堂："寫王公符，用商君令。師多鬼亂，藥多病甚。南山門下，卻有一遏真言，只欲行其所無事，即說咒曰：'<u>床窄先臥，粥稀後坐。耳聵要聲高，眼昏宜字大</u>。'彈指一下。"（《偃溪廣聞禪師語錄》卷一 X69，p0736b21）

"床窄先臥，粥稀後坐。耳聵要聲高，眼昏宜字大"爲兩條諺語連用。

（3）師云：'<u>朝行三千，暮行八百</u>。東家杓柄長，西家杓柄短。

作麼生？'"（《雲門録》卷下 T47，p0572c19）

"朝行三千，暮行八百。東家杓柄長，西家杓柄短"爲兩條慣用語連用。

（4）因什麼十個有五雙，問著口似匾簷，<u>人貧智短</u>，<u>馬瘦毛長</u>。（《石田法薰禪師語録》卷一 X70，p0323a14）

"口似匾簷，人貧智短，馬瘦毛長"爲歇後語和諺語的連用。

（5）有一般不識好惡秃奴，即<u>指東劃西</u>，<u>好晴好雨</u>，好燈籠露柱。"（《臨濟録》T47，p0500b12）

"指東劃西，好晴好雨"爲兩條俗成語的連用。

（二）三條俗語的連用

（1）有一般不識好惡秃奴，便即<u>見神見鬼</u>，<u>指東劃西</u>，<u>好晴好雨</u>。如是之流，盡須抵債。（《臨濟録》T47，p0497c21）

"見神見鬼，指東劃西，好晴好雨"爲三條俗成語連用。

（2）師乃云："<u>好日多同</u>，<u>數彩一賽</u>，<u>錦上鋪華</u>，全通内外。若是知音更不話會。"（《圓悟佛果禪師語録》卷七 T47，p0746a24）

"好日多同，數彩一賽，錦上鋪華"爲三條俗成語連用。

（3）若到這裡，須是決擇身心，分明見解，始爲究竟。所以<u>得兔而忘蹄</u>，<u>得魚而忘筌</u>，<u>得意而忘言</u>。若三者，未有所得，即不可忘也。（《普庵印肅禪師語録》卷二 X69，p0397c22）

"得兔而忘蹄，得魚而忘筌，得意而忘言"爲三條諺語連用。

（4）見山即是山，見水即是水。信手拈來，草無可無不可。設使<u>風來樹動</u>，<u>浪起船高</u>。<u>春生夏長</u>，<u>秋收冬藏</u>，有何差異？（《人天眼目》卷二 T48，p0310a17）

"風來樹動，浪起船高。春生夏長，秋收冬藏"爲兩條俗成語和一條諺語的連用。

（5）上堂："欲言言不及，林下好商量，且商量個什麼？<u>腳瘦草鞋寬</u>，<u>地肥茄子大</u>。嫂嫂阿哥妻，師姑女人做。"（《南石文琇禪師語録》卷一 X71，p0702c07）

"腳瘦草鞋寬，地肥茄子大。嫂嫂阿哥妻，師姑女人做"爲一條慣用語和兩條諺語的連用。

(6) 把纜放船，膠柱調弦，遠水不救近火，短綆那汲深泉。天平老大刍草，爲兩錯悔行腳。大地茫茫愁殺人，眼裡無筋一世貧。(《圓悟佛果禪師語録》卷十九 T47，p0803c02)

"把纜放船，膠柱調弦，遠水不救近火，短綆那汲深泉"爲"成語＋成語＋諺語"三條俗語的連用。

（三）四條俗語的連用

(1) 至於天下老和尚據曲録木，敲床豎拂，瞬目揚眉，指東劃西，鼓唇搖舌，亦未免依草附木。(《應庵曇華禪師語録》卷五 T47，p0740c03)

"瞬目揚眉，指東劃西，鼓唇搖舌，依草附木"爲四條俗成語的連用。

(2) 古者道："淨地上死人無數，過得荆棘林者是好手。"若說大盡三十日，小盡二十九。地肥茄子大，腳瘦草鞋寬。寒則向火，熱則取涼。(《續古尊宿語要》集四 X68，p0439a05)

"大盡三十日，小盡二十九。地肥茄子大，腳瘦草鞋寬。寒則向火，熱則取涼"爲"諺語＋慣用語＋慣用語＋諺語"四條俗語的連用。

(3) 上堂云："和尚子直饒爾道有什麼事？猶是頭上安頭，雪上加霜，棺木裡眨眼，炙盤上更著艾爝。這個是一場狼藉不少也。"(《雲門録》卷上 T47，p0552a04)

"頭上安頭，雪上加霜，棺木裡眨眼，炙盤上更著艾爝"爲"成語＋成語＋慣用語＋慣用語"四條俗語的連用。

（四）五條俗語的連用

(1) 上堂："窮諸玄辨，竭世樞機。糞掃堆頭，重添搕撻。明投暗合，水到渠成，作賊人心虛，抱贜叫屈。"(《密庵和尚語録》T47，p0965c04)

"糞掃堆頭，重添搕撻。明投暗合，水到渠成，作賊人心虛，抱贜叫屈"爲"慣用語＋成語＋成語＋慣用語＋成語"五條俗語的連用。

從數量上看（表 2-1），俗語連用的條目越多，在禪籍中所占的比重越小。兩條俗語連用，形式上便於組合，且符合漢語的對偶習慣，所以在各類俗語連用中數量最多。

表 2-1　俗語連用數量

俗語連用	兩條連用	三條連用	四條連用	五條連用
數量	148	22	10	1

二、俗語連用的結構類型

爲了進一步看清禪籍俗語連用的結構形式，我們將禪籍中的四類俗語分別用字母表示（諺語 A，慣用語 B，歇後語 C，俗成語 D，見表 2-2）。

表 2-2　俗語連用結構類型

兩條連用		三條連用		四條連用		五條連用	
類型	數量	類型	數量	類型	數量	類型	數量
A+A	29	A+A+A	3	A+A+A+A	1	B+D+D+B+D	1
B+B	8	B+B+B	1	D+D+D+D	3	—	—
C+C	7	D+D+D	10	A+A+B+A	1	—	—
D+D	75	A+D+A	1	D+D+A+A	1	—	—
A+B/B+A	12	B+A+A	1	D+D+B+B	1	—	—
C+A	1	B+D+D	2	D+D+C+B	1	—	—
A+D/D+A	7	D+D+A	2	A+詩句+A+C	1	—	—
B+D/D+B	5	B+D+C	2	A+詩句+A+B	1	—	—
C+D/D+C	4	—	—				

表 2-3 爲不同長度俗語連用中，俗語連用結構的數量。

表 2-3　俗語連用結構數量

	兩條俗語連用	三條俗語連用	四條俗語連用	五條俗語連用
組合類型數量	9	8	8	1

從表 2-3 中可以看出除了五條俗語連用外，其他俗語連用的結構數量相差不大。兩條俗語連用的結構類型最多，且兩條成語連用的數量佔比最高。同樣，成語的連用在三條和四條俗語連用中數量也最多。四字格成語

構成的連用在語音上可以產生和諧的韻律感，增強了語言的美感，在結構上容易形成對偶，在語義上可以通過同義、近義成語的連用形成同義反復，增強語勢，反義成語連用則形成對比反差，突出差異。

從俗語的類型上劃分，可以將禪籍俗語連用分爲同類型俗語連用和不同類型俗語連用；從俗語連用的接續形式，可以分爲連續式連用和分離式連用。

（一）同類型俗語連用

　　（1）上堂："一葉落，天下秋；一塵起，大地收；一法透，萬法周。且道透那一法？"（《五燈會元》卷十八《石佛益禪師》P.1196）

"一葉落，天下秋；一塵起，大地收；一法透，萬法周"是一組由三個同義諺語組成的連用，皆比喻從個別細微的現象推斷預見事物的發展趨向和結果。禪籍中謂抓住參禪悟道的核心，就可以一悟一切悟，透得一機，千機萬機就能一時透得。

　　（2）示眾云："巢知風，穴知雨。甜瓜徹蒂甜，苦瓠連根苦。"（《聯燈會要》卷十五《金陵保寧璣禪師》X79，p0255b16）

"巢知風，穴知雨"本指指巢居的動物知道什麼時候起風，而穴居的動物則對下雨很敏感，能夠預測到雨水將至，比喻經常處於某種環境中可以預知將要發生的事情。"甜瓜徹蒂甜，苦瓠連根苦"，字面指甜瓜從根到果實都是甜的，苦瓜從根上起就是苦的。比喻事物的外在表象由其本質屬性決定。兩條諺語原本表示的意義毫無關聯，但在禪文化的背景下，兩條諺語皆被禪師用來喻指道法自然，佛法就蘊含在自然本真的萬物之中。

　　（3）上堂舉："一老宿道：'臨濟入門便喝，也是齋後打鐘。德山入門便棒，也是平地陷人。諸仁者便道，是幸然無事，向好肉上剜瘡，枝條上強生節目。'"（《古尊宿語錄》卷四十六《滁州琅玡山覺和尚語錄》X68，p0314b06）

"好肉上剜瘡，枝條上強生節目"爲兩條慣用語連用，在禪籍中都爲禪師批評僧徒語，形容修行方法有誤，徒勞用功，多此一舉，結果還是枉費力氣。

　　（4）慈雲隆云："這般說話，喚作嚼飯喂嬰兒，把手更與杖。"

《聯燈會要》卷二十三《福州玄沙師備禪師》X79，p0206a06)

"嚼飯"和"與杖"在禪籍中被用來喻指禪師接引僧徒時的反復言說，話語囉嗦，拖泥帶水。"嚼飯喂嬰兒"和"把手更與杖"兩條慣用語連用，表示禪家否定的教化方式。

> （5）上堂："一向恁麼去，直得凡聖路絕，水泄不通，鐵蛇鑽不入，鐵錘打不破。至於千里萬里，鳥飛不度。一向恁麼來，未免灰頭土面，帶水拖泥，唱九作十，指鹿爲馬。"（《五燈會元》卷二十《西禪文璉禪師》P.1311）

"灰頭土面，帶水拖泥，唱九作十，指鹿爲馬"爲四條成語連用，在禪籍中分別表示四種接引僧徒的方便之法。

> （6）上堂："盡大地無一粟米大，十有九個，刺頭入膠盆，有般瞎漢。只管說照用同時，人境俱奪，蓋爲爐鞴之所，鈍鐵尤多，良醫之門，病者愈甚。報恩更作死馬醫，未免撞入漆桶隊裡。"（《應庵曇華禪師語録》卷二 X69，p0512a08)

"爐鞴之所，鈍鐵尤多，良醫之門，病者愈甚"爲兩條同義諺語連用。好的煉鐵設備中多鈍鐵，醫術高明的醫生門外多有重病之人求治。禪籍中皆比喻道法高明，善於應機接人的禪師身邊往往多根基淺薄的僧徒求教。

> （7）示眾："俊鷂不打籬邊兔，猛虎終不食伏肉。毛頭星現北斗前，把斷天關並地軸。"（《大慧普覺禪師語録》卷七 T47，p0841a26)

"俊鷂不打籬邊兔，猛虎終不食伏肉"爲兩條同義諺語連用。禪宗以俊鷂、猛虎比喻道法高妙的禪師或是峻峭機鋒。兩條諺語連用，在禪籍中比喻高師大德不與内心蒙昧不開化的僧徒較量。

> （8）十字街頭，和泥合水。轉見周遮，二途不涉。別有生機一路，如龍得水，似虎靠山。把斷要津，不通凡聖。（《密庵和尚語録》T47，p0969c27)

"如龍得水，似虎靠山。把斷要津，不通凡聖"爲兩條慣用語連用。"如龍得水，似虎靠山"禪宗喻指進入了無拘無束，自由無礙的禪悟境界。"把斷要津，不通凡聖"是禪家的一種機緣施設：通過扼斷語路，消除凡聖分別對立，使僧徒無可用心，無路可循。其目的在於蕩盡胸中種種學解知見和妄情俗念，進而獲得清淨本心，獲得禪悟。兩條俗語分別指明是的禪宗的禪悟境界和修行施設。

（9）除夜小參：“拈花未曾，萬象森羅悉皆微笑。覓心無處，山河大地早已平沉。可憐這邊那邊，東走西走，<u>胡餅裏討汁</u>，<u>虛空中覓縫</u>。”（《雲谷和尚語録》卷下 X73，p0441a12）

“胡餅裏討汁，虛空中覓縫”兩條歇後語連用，由於意義相同，註解語相同，所以在連用中省去了後面的註解“徒勞費工夫”。兩條俗語在禪籍中皆比喻錯誤的修行方式只能是徒勞用力，枉費力氣。

（10）只是向人口角頭尋言逐句，刺頭入經裡論求玄覓妙，猶如<u>入海算沙</u>，<u>捫空追響</u>。只益疲勞，終無了日。（《嘉泰普燈録》卷二十五《西蜀仁王欽禪師》X79，p0440a05）

“入海算沙，捫空追響”是兩條歇後語的引語連用，“只益疲勞，終無了日”作爲兩條歇後語的共用註解語，在禪籍中皆比喻錯誤的修禪行爲。

（11）妙喜云：“<u>騎賊馬趕賊隊</u>，<u>借婆帔子拜婆年</u>。”（《聯燈會要》卷二十四《韶州雲門文偃禪師》X79，p0208b19）

“騎賊馬趕賊隊，借婆帔子拜婆年”爲兩條歇後語連用，省去了相同的註解語，在禪籍中比喻用煩惱消除煩惱，不是恰當的修行方式。此爲禪師批評僧徒語。

由於歇後語特殊的結構形式，在禪籍中連用時也呈現出多樣的連用模式。有的是兩條或多條歇後語的引語連用，註解語省略不出，如“胡餅裏討汁，虛空中覓縫”；有的是引語連用後共用一條註解語，如“入海算沙，捫空追響。只益疲勞，終無了日”；有的是兩條完整歇後語的連用，如“入海算沙，空自費力。磨磚作鏡，枉用功夫”。

（12）放教<u>八達七通</u>，<u>自由自在</u>，長養綿密。（《佛果克勤禪師心要》卷下 X69，p0496c14）

“八達七通，自由自在”爲兩條同義成語連用，在禪籍中比喻進入了自由無礙的禪悟境界。

(13) 上堂："向上向下，全提半提。<u>風行草偃</u>，<u>斗轉星移</u>。總是諸方普請邊事，秀峰個裡只是多年上大人。"（《破庵祖先禪師語錄》X70，p0210b04）

"風行草偃，斗轉星移"爲兩條成語連用，在禪籍中皆形容禪師大德道法高超。

(14) 若也一擊便透，一舉雙明，不在揚眉瞬目，亦非佇思停機，方可捋猛虎須，拈毒蛇尾，<u>放身捨命</u>，<u>入水入泥</u>。（《聯燈會要》卷十八《福州天王志清禪師》X79，p0160a19）

"放身捨命，入水入泥"爲兩條俗成語連用。放身捨命，放棄生命，形容做出巨大犧牲。入水入泥，禪宗比喻用言語啓發接引學人的權宜手段。禪宗提倡不立文字、當下頓悟，用語言啓發學人不是高妙教法，但是針對學人的根機不同，此法可以方便僧人應機接物，隨宜融通。兩條成語在語義上有遞進關係。

(15) 經行及坐臥唦，吃粥吃飯唦，正是<u>喚奴作郎</u>，<u>認賊爲子</u>。蔣山直截與諸人道卻，毗婆屍佛早留心，直至而今不得妙。"（《密庵和尚語錄》T47，p0962c28）

"喚奴作郎，認賊爲子"爲兩條同義成語連用，在禪籍中皆比喻沒能認識到自心是佛，錯將外在的良朋、道友看作主人。

(16) 或言即心是佛，更不參尋。或則妄認塵緣，強作主宰。無非私心作解，<u>捏目生花</u>，<u>緣木求魚</u>，<u>守株待兔</u>，蓋爲打底不遇作家。（《法昌倚遇禪師語錄》X73，p0061c15）

"捏目生花，緣木求魚，守株待兔"爲三條同義俗語連用。禪宗用三種荒唐行爲比喻修禪中以虛爲實，錯將虛幻不實之像當作真如的錯誤修禪行爲。

（二）不同類型俗語連用

俗語包括諺語、慣用語、歇後語和俗成語。有時這些不同的語類在禪籍中組合連用。

(1) 上堂："<u>一葉落</u>，<u>天下秋</u>，欲窮千里目，更上一層樓。<u>一塵</u>

起，大地收，嘉州打大像，陝府灌鐵牛。明眼漢合作麼生?"良久曰:
"久旱簷頭句，橋流水不流。"(《五燈會元》卷二十《龍翔士珪禪師》
P. 1310)

這一組俗語連用情況複雜，其中既有諺語間的間斷連用，還有歇後語連
用。"一葉落，天下秋"和"一塵起，大地收"兩條同義諺語連用時中間
插入王之渙《登鸛雀樓》中的詩句，"欲窮千里目，更上一層樓"。而"嘉
州打大像，陝府灌鐵牛"，又爲兩條歇後語連用。"嘉州打大像"，意謂
"天生自然"，指海通和尚開鑿嘉州（今四川樂山）大佛之事，歷經艱辛始
成;"陝府灌鐵牛"意謂"千人萬人共見"，指陝州（今河南陝縣）黃河中
大禹所鑄鐵牛之事，鐵牛橫身阻黃河水勢。三條俗語間接連用，構成"諺
語＋詩文＋諺語＋歇後語"的連用組合形式。

　　(2) 上堂:"云黃檗有時正路行，或時草裡走。汝等諸人，莫見
　　錐頭利，失卻鑿頭方。不見古者道:開不能遮，勾賊破家。當斷不
　　斷，返遭其亂。"(《黃龍慧南禪師語録》T47，p0633a02)

"勾賊破家"是俗成語，在禪籍中比喻用言語知解去解說佛法，結果污染
了澄明本心，無法識得自家佛性。"當斷不斷，返遭其亂"爲諺語，形容
做事猶豫不決，不果斷。兩條俗語皆形容錯誤的修禪方式。

　　(3) 把纜放船，膠柱調絃，遠水不救近火，短綆那汲深泉。天平
　　老大忽草。爲兩錯悔行腳。大地茫茫愁殺人，眼裡無筋一世貧。(《圓
　　悟佛果禪師語録》卷十九 T47，p0803c02)

"把纜放船，膠柱調絃"爲成語連用。"膠柱調絃"語出《史記·廉頗藺相
如列傳》:"王以名使括，若膠柱而鼓瑟耳。括徒能讀其父書傳，不知合變
也。"比喻固執拘泥，不知道變通。"遠水不救近火"和"短綆那汲深泉"
爲諺語。四條俗語在禪籍中構成"成語＋成語＋諺語＋諺語"的連用組合
形式，一同比喻藉助外力修習佛法的錯誤行爲。禪宗認爲澄明本心之外的
佛經、禪師都無法從根本上幫助僧徒掃除心中的妄情俗念，唯有清淨本
心，才能解脫煩惱獲得開悟。

　　(4) 上堂:"夫爲宗師，須是驅耕夫之牛，奪飢人之食，遇賤即
　　貴，遇貴即賤。驅耕夫之牛，令他苗稼豐登。奪飢人之食，令他永絕

飢渴。<u>遇賤即貴，握土成金</u>。<u>遇貴即賤，變金成土</u>。"（《五燈會元》卷十六《天衣義懷禪師》P. 1016）

諺語"遇賤即貴，遇貴即賤"意謂看待問題有時需要從正反兩方面看，在不同的條件和環境下，事物的貴賤、高低、明暗等屬性會有所不同。"握土成金，變金成土"亦比喻事物在一定條件下可以相互轉化。兩條同義俗語交叉連用，構成新的組合。

（5）《送雅禪者往石城作丐歌》："<u>雞不鷇無功之食，水長船高</u>；<u>物歸乎有道之心，泥多佛大</u>。"（《嘉泰普燈錄》卷三十《渤潭真淨雲庵文禪師》X79，p0483a12）

諺語"雞不鷇無功之食，物歸乎有道之心"和"水長船高，泥多佛大"交叉連用。

（6）上堂："一舉不再說，已落二三。相見不揚眉，翻成造作。<u>設使動弦別曲，告往知來，見鞭影便行</u>。"（《嘉泰普燈錄》卷十六《隆興府谷山海禪師》X79，p0389c07）

"動弦別曲，告往知來"爲兩條俗成語連用，"見鞭影便行"爲諺語，三條俗語表示相同的意義，即從某些微小的變化可以預測到事物的發展。禪宗形容僧徒思維敏捷，具有慧根，稍加點撥便能契合禪機。

（7）上堂："欲言言不及，林下好商量，且商量個什麽？<u>腳瘦草鞋寬</u>，<u>地肥茄子大</u>。<u>嫂嫂阿哥妻，師姑女人做</u>。"（《南石文琇禪師語錄》卷一 X71，p0702c08）

"腳瘦草鞋寬"爲慣用語，"地肥茄子大"和"嫂嫂阿哥妻，師姑女人做"爲兩條諺語，構成了"慣用語＋諺語＋諺語"的組合連用方式，在禪籍中表示相同的意義，比喻參禪悟道要遵循事物的自然規律。

（三）兩條或多條俗語連續無間斷的連用

（1）師有時示衆云："若向這裏通得，未是自己眼目。"又云："古人恐<u>與蚖畫足，眼中生翳</u>，復若爲。"（《祖堂集》卷十二《荷玉和尚》P. 545）

"與蚖畫足，眼中生翳"是兩條俗成語連用，比喻兩種錯誤的認識方式。

（2）上堂："<u>平高就下</u>，<u>勾賊破家</u>。<u>截鐵斬釘</u>，<u>狐狸戀窟</u>。總不恁麼，合作麼生？所以道，萬仞崖頭親撒手，須是其人。祇如香積國中持鉢一句，作麼生道？"（《五燈會元》卷十八《長靈守卓禪師》P.1184）

"平高就下"，禪宗喻指本有佛性，但落入了俗情妄念之中。"勾賊破家"禪家比喻用語言知解去解說佛法，結果污染了澄明本心，無法識得自家佛性。"截鐵斬釘"禪宗喻指斬斷煩惱，斷離俗念。"狐狸戀窟"，喻指不忘其本。四條俗成語連用，皆在暗示僧徒摒棄雜染，不忘本心即佛。

（3）上堂："<u>真不掩偽</u>，<u>曲不藏直</u>。<u>雪後始知松柏操</u>，<u>夜深方見把針人</u>。參！"（《古尊俗語錄》卷四十二《寶峰雲庵真淨禪師住筠州聖壽語錄一》X68，p0275b05）

"真不掩偽，曲不藏直。雪後始知松柏操，夜深方見把針人"是兩條對偶諺語連用。

（4）上堂舉："雲門問直歲：'今日作甚來？'歲云：'刈茅來。'門云：'刈得幾個祖師？'歲云：'三百個。'門云：'<u>朝打三千</u>，<u>暮打八百</u>。<u>東家杓柄長</u>，<u>西家杓柄短</u>。作麼生？'"（《雲門錄》卷下T47，p0572c19）

"朝打三千，暮打八百"，佛門早晚都要參禪修行，稱爲"朝參"和"晚參"。參禪時都要擊打法器，每天擊打很多次。此語謂禪僧學佛，禪師要不斷敦促、教誨，捶打鍛煉學人。"東家杓柄長，西家杓柄短"，東西兩家互不相涉，各自有別。意謂人人自有佛性，修行習佛全在個人。兩條慣用語連用，揭示了兩種截然不同的修行方式。

（5）尋遷玉泉，有示眾曰："一夜雨雾烹，打倒蒲萄棚。知事頭首，行者人力，挂底挂，撐底掌，撐撐挂挂到天明，依舊可憐生。"自贊："<u>粥稀後坐</u>，<u>床窄先臥</u>。<u>耳聵愛高聲</u>，<u>眼昏宜字大</u>。"（《五燈會元》卷十五《玉泉承皓禪師》P.1012）

"粥稀後坐，床窄先臥"，看到床窄，就先躺下給自己占個地方，看到粥稀，就讓別人先盛上面的水，自己後吃，自然能盛到下面稠的粥飯。"耳聵愛高聲，眼昏宜字大"，聽力不好，喜歡聽高聲，眼睛看不清，需要寫大字。兩條俗語連用，意義相近，皆比喻遇到問題要審時度勢，見機行事，根據具體情況採取不同的對策，靈活解決問題。兩條俗語無間斷對偶連用，在語義上構成同義反復。

禪籍中俗語的無間斷連用最為常見，禪師在接化僧徒、開堂布法或是對禪僧設機勘驗時常常將幾條意義相關、相同或是相反的俗語連綴在一起。俗語的連用，體現出禪家語言的質樸無華，生動活潑，意蘊深遠。

（四）兩條或多條俗語間接連用，中間插入其他成分

（1）上堂曰："吃粥了也，<u>頭上安頭</u>。洗缽盂去，<u>為蛇畫足</u>。更問如何？自納敗闕。"（《五燈會元》卷十九《寶華顯禪師》P.1296）

"頭上安頭"和"為蛇畫足"是同義俗成語間接連用。比喻重複累贅的行為。禪宗主張頓教，瞬間領悟佛法，反對修習禪法時來回不斷地推敲，滯留於言辭義理之中，否則就等於頭上安頭，多此一舉。兩條俗成語被夾在了"吃粥了也"和"洗缽盂去"的中間，而"吃粥了也"和"洗缽盂去"皆是禪宗提倡的修行方式和修行中應當持有的平和心態。一正一反交替說理，在保證語言對仗工整，韻律和諧的同時，使得話語的含義更加豐富。

（2）上堂："世尊不說說，<u>拗曲作直</u>。迦葉不聞聞，<u>望空啟告</u>。馬祖即心即佛，<u>懸羊頭賣狗肉</u>。趙州勘庵主，<u>貴買賤賣</u>，分文不直。"
（《五燈會元》卷二十《天童咸傑禪師》P.1393）

禪師間接連用貶義俗成語和慣用語評價了禪宗四位祖師，表面在呵佛罵祖，實則是要破除禪僧對祖師的執迷，做到明心見性，不為外物所累。四條俗語被分散在四個句子中，但表達相同相近的語義。

（3）且道此個是什麼？若喚作佛，<u>頭上安頭</u>；若喚作法，<u>無繩自縛</u>。祖師巴鼻是<u>抱贓叫屈</u>，向上機關是<u>揚聲止響</u>。直得總不恁麼始較些子。（《圓悟佛果禪師語錄》卷一 T47，p0716a14）

"頭上安頭"，謂多此一舉；"無繩自縛"，比喻不得解脫；"抱贓叫屈"，謂手裡抱著贓物，口裡卻喊著冤屈，比喻笨拙可笑的抵賴和狡辯；"揚聲止響"，想要用更高的聲音制止聲響，比喻方法不對，徒勞費力。四條貶義成語間接連用，皆比喻學人修行時荒唐可笑的行為，在結構上對稱，在意義上相關。

俗語的交叉連用打破了原有的定型模式，使得俗語在形似上有了新的變化，既符合禪師信手拈來、隨口道出的表達需要，同時重新組合的俗語雖然在形式上有了變化，但所用的材料仍然爲舊有俗語，禪僧在接受這些被改造過的俗語時不會感到無從下手。禪籍中大量俗語的連用實則是在傳統中創新，在定型中變換，豐富了禪籍語言的表達方式。

三、俗語連用的語義類型

意義上，有同義俗語連用、相關俗語連用和反義俗語連用。

（一）同義俗語連用

（1）上堂云：“乾坤肅靜，海晏河清，風不鳴條，雨不破塊，春生夏長，秋收冬藏，遮個是世間法，作麼生是佛法？”（《建中靖國續燈録》卷十五《資壽圓澄巖禪師》X78，p0736c18）

“風不鳴條，雨不破塊”爲氣象諺，比喻太平之象，無大風大雨。“春生夏長，秋收冬藏”爲農諺。春天萌生，夏天生長，秋天收穫，秋天貯藏。佛家喻指萬事萬物都有各自的規律，應遵循事物的規律。兩條諺語連用，比喻事物各有規律。

（2）鎮江府甘露達珠禪師，福州人。上堂：“聖賢不分，古今惟一。可謂火就燥，水流濕，鑿井而飲，耕田而食。大衆，東村王老去不歸，紛紛黃葉空狼籍。”（《五燈會元》卷十六《甘露達珠禪師》P.1097）

“火就燥，水流濕”，語出《周易·乾》：“子曰：‘同聲相應，同氣相求。水流濕，火就燥，雲從龍，風從虎。聖人作而萬物覩。”比喻事物都有其適合活動和生存的環境。“鑿井而飲，耕田而食”，形容自力更生，自己勞動，滿足衣食所需。反映了南禪自耕自足的農禪生活。兩條諺語連用，比喻道法自然，順應萬物。

（3）上堂云：“良工未出，玉石不分。巧冶無人，金沙混雜。縱使無師自悟，向天童門下，正好朝打三千，暮打八百。”（《五燈會元》卷二十《天童曇華禪師》P.1356）

玉石，美玉和石頭。良匠手巧，可以將美玉從石頭中分離出來，沒有良匠，美玉和石頭就難以區分。沒有技術精巧的冶煉師傅，金子與沙土就混雜難分。兩條諺語連用，比喻沒有慧眼識人才的伯樂，有才之士就難以脫穎而出。兩條諺語爲同義反復，選擇了不同的材料作比喻。

（4）進云：“既無意，用西來作麼？”師乃云：“祖師西來，也祇箇冬寒夏熱，夜暗日明。”[《古尊宿語録》卷十二《衢州子湖山第一代（利蹤）神力禪師語録》X68，p0074c01]

禪師描寫自然規律，意謂道法自然，無須刻意執著。

（5）上堂舉：“僧問法眼慧超諮和尚：‘如何是佛法？’眼云：‘汝是慧超。’”師云：“還委悉麼？病遇良醫，飢逢王膳。醬裡得鹽，雪中送炭。”（《圓悟佛果禪師語録》卷七 T47，p0744a08）

皆比喻在困難之中遇人相助，接觸危難。禪師一連四個成語並用，旨在告訴僧徒，修禪習佛之時，如果能得到良師的指點受益頗多。這些俗語取材不同，但意義相近，連用後融合成一個整體，表示相同意義。

（6）問：“還丹一粒，點鐵成金。至理一言，轉凡成聖。請師一點。”師曰：“還知齊雲點金成鐵麼？”曰：“點金成鐵，前之未聞。至理一言，敢希垂示。”師曰：“句下不薦，後悔難追。”（《五燈會元》卷七《龍華靈照禪師》P.411）

同義俗語連用，形容道法高妙，掌握關鍵，可以帶來非凡的效果。

（7）《送儼禪者吉州丐》：“佛子之心，大喜大捨。喚龜作鱉，指鹿爲馬。偃溪水聲，廬陵米價。一一法門，死蛇活把。”（《古尊宿語録》卷四十五《寶峰雲庵真淨禪師偈頌》X68，p0302c）

俗成語連用，比喻認假爲真，不識事物本來面目。

（8）師拈云：“精金不百煉，爭見光輝。至寶不酬價，爭辨真假。不是臨濟不能驗他普化，不是普化不能抗他臨濟。”（《圓悟佛果禪師語録》卷十七 T47，p0794a12）

經過千錘百煉才能獲得真金。酬價，償付代價。通過償付代價才能體現寶物的價值。比喻只有通過付出代價才能有所收穫。禪宗暗喻只有通過勇猛精進、堅持不懈的努力才能參悟佛法，修得正果。禪師以此鼓勵僧徒要想正悟，必須精勤修行。禪師在拈古中連用俗語，闡説形象。

(9) 世尊會看風使帆，應病與藥。(《碧巖錄》卷七【六五】T48，p0196a23)

"看風使帆"，根據風向調整航船。禪宗指根據學人資質的高低使用不同的教化方法。"應病與藥"，根據病症施藥。比喻根據問題，提出解決方法。禪林之"病"特指不能擺脫俗念妄想的心理滯礙。禪師根據學人心中的滯礙，採取有針對性的開悟方法。俗語連用，意義相同，皆比喻根據具體情況採取有效措施。

(10) 上堂云："心不是佛，智不是道。且道是什麼？刻舟求劍，膠柱調弦。"［《古尊宿語錄》卷二十六《舒州法華山（全）舉和尚語要》X68，p0169a07］

"刻舟求劍"，比喻拘泥刻板，不知道靈活變通。"膠柱調弦"，膠柱，粘住琴上的弦柱，以至不能調節琴瑟音節的高低。比喻固執拘泥，不知道變通。兩條同義俗語並列連用。

(11) 師問："毛吞巨海、芥納須彌，為是神通妙用？本體如然？"(《鎮州臨濟義玄禪師語錄》T47，p0503b04)

須彌，佛家所說的須彌山，是一個小世界的中心。毫毛可以吞下大海，纖芥可以包含須彌山。禪宗打破大與小的分別，小亦能包含大，大亦能融入小，大小圓融，沒有分別。俗語連用，同義反復。

(12) 上堂："火熱風動搖，水濕地堅固。然於一一法，依根葉分佈。所以雲從龍，風從虎，水流濕，火就燥。且道衲僧就箇什麼？"良久云："千箇作團，萬箇作隊，困則一處睡，夢則各自做。"便下座。(《古尊宿語錄》卷四十《次住法輪語錄》X68，p0264a10)

兩組對偶的俗語連用。旨在說明參禪悟佛無需刻意執著，只有任運自然，率性而爲就會有所得。

(13) 舉："僧問趙州：'如何是趙州？'云：'東門南門西門北門。'僧云：'不問這個。'州云：'爾問趙州麼？'"師云："這僧問趙州。趙州答：'趙州得人一馬，還人一牛。人平不語，水平不流。'會麼？受恩深處宜先退，得意濃時便好休。"(《大慧普覺禪師語錄》卷八 T47，p0844c02)

"得人一馬，還人一牛"，得到別人什麼好處，以相等的利益還報別人。意謂公平待人，不貪圖他人便宜。"人平不語，水平不流"，謂人受到公平的待遇就不會抱怨，心平氣和不用言說，猶如水在平坦的地勢中就不會流動。兩條俗語連用，意義相近。皆強調做事要公正。

（14）上堂："道源不遠，性海非遙。但向己求，莫從他覓。古人與麼說話，大似認奴作郎，指鹿爲馬。"（《五燈會元》卷十七《保寧圓璣法師》P.1126）

同義俗語連用，皆喻顛倒事物，以錯爲真。

（15）師乃云："全提單拈斬釘截鐵，呵佛罵祖大用大機。猶未稱衲僧本分事，何況立問立答立賓立主，涉語涉言說玄說妙，無事生事平地上起波瀾。雖然如是，事無一向理出多途，雖然看風使帆，不免相席打令。'"（《圓悟佛果禪師語錄》卷九 T47，p0752a11）

"看風使帆"，禪宗喻指根據學人資質的高低使用不同的教化方法。"相席打令"，本指主人根據在座客人的多少和地位的高低貴賤行酒令。禪籍引申爲在語言使用注意隨機應變。俗語連用，道出了僧徒開悟的關鍵，雖然需要師父應機引導，但更重要的是學人要隨機應變。兩條俗成語構成並列關係。

（16）南嶽法輪文昱禪師，上堂，以拄杖卓一卓，喝一喝曰："雪上加霜，眼中添屑。若也不會，北郁單越。"（《五燈會元》卷十七《法輪文昱禪師》P.1130）

"雪上加霜"在禪籍中比喻多此一舉的荒唐行爲。"眼中添屑"，縱是珍寶，也不可放入眼中。在禪宗看來，佛法說教對於禪悟沒有幫助，反而會增添滯礙，學人對諸法空相絕不可執著。兩條成語連用，構成並列關係，表示兩種錯誤的修禪行爲。

（二）相關俗語連用

多條俗語從不同角度說明同一問題，連用的俗語間彼此相關，可以加強判斷、補充說明；有時後面的俗語是對前面俗語作評價，表明某種觀點、態度。

（1）問："寸絲不掛，法網無邊。爲甚麼卻有迷悟？"師曰："兩

桶一擔。"(《五燈會元》卷十一《穀隱蘊聰禪師》P. 693)

"寸絲不掛"，禪林用來比喻蕩盡妄情俗念，心無掛礙，不爲塵世所牽累，是一種極高的修持境界。"法網無邊"，形容佛法無限廣大。兩條成語連用，反映了參禪悟道應該達到的兩種境界，連用的成語在禪籍中意義相關。

(2) 上堂："談玄說妙，譬如畫餅充飢。入聖超凡，大似飛蛾赴火。一向無事，敗種焦芽。更若馳求，水中捉月。"(《五燈會元》卷十七《開先行瑛禪師》P. 1141)

間接連用俗語，這四條俗成語屬於同類關係，概括了四種修禪習佛中的弊病。禪宗用"畫餅充飢"比喻語言文字並不能真正準確地說明佛法大意。用"飛蛾赴火"比喻自尋死路，自取滅亡。用"敗種焦芽"比喻不能萌生無上道心的人。用"水中捉月"比喻想取得本來就虛幻的東西只是徒勞用功，枉費力氣的荒唐行爲。四條俗語在意義上相關，皆比喻認虛爲實的錯誤修行行爲。

(3) 上堂："一向恁麼去，直得凡聖路絕，水泄不通，鐵蛇鑽不入，鐵錘打不破。至於千里萬里，鳥飛不度。一向恁麼來，未免灰頭土面，帶水拖泥，唱九作十，指鹿爲馬。……"(《五燈會元》卷二十《西禪文璉禪師》P. 1311)

"灰頭土面"比喻菩薩爲化度眾生而隨機應現各種混同凡俗的化身。後用來形容人面孔污濁。禪家用"帶水拖泥"比喻心中有掛礙。後來用以比喻做事不乾脆俐落，又作"拖泥帶水"。成語連用，意謂禪師爲教化學人變換各種方式，但不過都是臨時之爲，不能從根本上啓發學人，有時反而會讓學人認假爲真，以虛爲實。"唱九作十"，將九當成十，比喻錯認事物本質。"指鹿爲馬"比喻歪曲事實，錯認事理，混淆是非。禪宗喻指沒有認清事物的本來面目。成語連用，說明四種錯誤的修行方式。四條俗語在語義上有關聯。

(4) 上堂："云黃檗有時正路行，或時草裡走。汝等諸人，莫見錐頭利，失卻鑿頭方。不見古者道：開不能遮，勾賊破家。當斷不斷，返遭其亂。"(《黃龍慧南禪師語錄》T47, p0633a02)

"勾賊破家"，勾結盜賊破敗自家，禪家比喻澄明本心受到情塵欲垢的翳障，不識自家佛性，自壞其身。"當斷不斷，反遭其亂"，意謂應當作決斷的時候卻猶豫未決，行事不果斷，反而會招致災禍。兩條俗語連用，意謂對不識自家佛性，自壞其身的行爲必須早作決斷，果斷制止，不能任由其發展。兩條俗語在語義上有遞進關係。

> （5）上堂："以字不成，八字不是。有利無利，不離行市。"驀拈
> 挂杖云："襄中天子，塞外將軍。"擊禪床，下座。（《古尊宿語錄》卷
> 四十二《寶峰雲庵真淨禪師住筠州聖壽語錄一》X68，p0275a19）

"以字不成，八字不是"，《祖庭事苑》卷一"以字"："'以字不成'其說有三：一謂是嘔啊二字；二謂是音字不譯；三謂是梵書心字，並指經簽題上以字也……或問經首以形自何而得？蓋當時傭書者運筆以覆經題。"既不是以字，也不是八字，比喻什麼都不是。禪宗喻指沒有邏輯概念的規約，不受情識知解的束縛，是一種無礙的禪悟境界。獲利還是賠錢，都離不開市場。禪宗喻指堅守本心，在自心中體悟佛法。兩條俗語連續使用，在語義呈遞進關係。

> （6）問："學人近入叢林，乞師指示。"師云："不得埋沒老僧。"
> 進云："乞師慈悲。"師云："一箭過西天，一不成兩不是。"[《古尊宿
> 語錄》卷六《睦州（道蹤）和尚語錄》X68，p0038b15]

學人請師父接引教化，禪師用兩則俗語作答。"一箭過西天"謂禪語機鋒迅捷不容擬議，要求僧徒當下頓悟。"一不成兩不是"鼓勵僧徒堅持不懈。兩條俗語道出了參禪習佛的必須具備的兩個條件，不但要有機敏的頭腦，頓悟佛法，更要持之以恆，精勤不息。兩條俗語呈現遞進關係。

> （7）師云："……若自不具眼，就人揀辨，卷子裏抄，冊子裏寫，
> 假饒百千萬句，龍宮海藏一時吞納，盡是他人，不干自己。亦喚作識
> 學依通，猶如水母借蝦爲眼，無自由分。亦如盲者辨色，依他語故，
> 實不能辨色之正相。……"[《古尊宿語錄》卷三十七《鼓山先興聖國
> 師（神晏）和尚法堂玄要廣集》X68，p0239c01]

水母，《漢語大詞典》解釋爲："腔腸動物。形似傘，傘蓋下中央有口，傘蓋周圍有很多觸手。"水母不以自己的眼睛辨別事物，而要借蝦爲眼；盲

人想要辨別顏色只能依從他人之說，自己看不到真實的顏色。禪宗比喻不
開悟者，如水母和盲者，心中蒙昧，不識自家佛性，只能向外尋求，依據
他人言說。兩組同義俗語連用，後者對前者進行解釋說明。

　　（8）師入州，崇勝和尚請上堂。云："者裏崇勝法堂，不可向者
　　裏說佛說法去也。然雖如是，<u>官不容針</u>，<u>私通車馬</u>。恁麽大似<u>擔水河</u>
　　<u>頭賣</u>，眾中還有檢點得底麽？試出來檢點看！有麽，有麽？"［《古尊
　　宿語錄》卷十一《（石霜楚圓）慈明禪師語錄》X68，p0065b16］

"官不容針，私通車馬"，官路不容一根針通行，卻可以私下放行車馬。意
謂法律嚴密，不容絲毫含糊，但私下人情卻可以通融。按照禪宗"不立文
字"的原則認爲法不可說，強爲之說則爲誹謗佛法。但是禪家在接引學人
不得已而強爲說破的時候，可以用言語教化暗示學人。"擔水河頭賣"，在
河邊擔水賣，比喻多此一舉，做多餘累贅的行爲。"擔水河頭賣"對"官
不容針，私通車馬"作評述，謂禪師的言語教化對於開悟學人，啓發學人
參禪悟道都是多餘之舉。

　　（9）《送雅禪者石城丐》："雞不鷁無功之食，<u>水長船高</u>；<u>物歸乎</u>
　　<u>有道之心</u>，<u>泥多佛大</u>。"（《古尊宿語錄》卷四十五《寶峰雲庵真淨禪
　　師偈頌》X68，p0301a09）

兩組俗語交叉連用，同時構成對偶關係。"雞不鷁無功之食，物歸乎有道
之心"，比喻事物間建立聯繫是有原因的。"水長船高，泥多佛大"，比喻
事物隨憑藉的增長而增長。禪宗喻指僧徒悟性的高低與佛學修養的高低
有關。

　　（10）國師曰："即非眾生。"師云："奇哉！爾看他轉轆轆地不滯
　　在一隅，不負他來問。賴我不聞，我若聞則齊于諸聖。汝即不聞我說
　　法，爾喚作郎當得麽？不是得諸佛諸祖心髓。如何轉得？爾莫喚作無
　　得失，這個是無得失中有得失，有得失中無得失。喚作<u>入泥入水</u>，<u>騎</u>
　　<u>賊馬趕賊隊</u>，<u>借婆帔子拜婆年</u>，難奈何。"（《大慧普覺禪師語錄》卷
　　十五 T47，p0874b06）

"入泥入水"，禪宗比喻用言語啓發接引學人的權宜手段。禪宗提倡不立文
字、當下頓悟，用語言啓發學人不是高妙教法，但是針對學人的根機不

同，此法可以方便僧人應機接物，隨宜融通。"騎賊馬趕賊隊"，歇後語。騎著盜賊的馬匹追趕盜賊，無法剿絕賊人。賊，佛教比作擾亂人心智的煩惱業障。用煩惱消除煩惱，終究無法將所有煩惱斬斷。"借婆帔子拜婆年"，借用阿婆的披肩作爲禮物給阿婆拜年，比喻行事沒有創新，落入舊有的圈子。禪宗喻指沒有擺脫經教文字的束縛，落入言辭義理之中，沒能真正認清事物的本質。"入泥入水"與後兩條俗語構成因果關係。通過語言文字接化學人，不過是臨時方便之計，所以不能從根本上幫助學人徹悟佛法真如。

（11）上堂："穿雲不渡水，渡水不穿雲。乾坤把定不把定，虛空放行不放行。<u>橫三豎四</u>，<u>乍離乍合</u>，<u>將長補短</u>，即不問汝諸人，飯是米做一句，要且難道。"良久曰："私事不得官酬。"（《五燈會元》卷十二《姜山方禪師》P. 739）

三條俗語在禪籍中謂禪師接引僧徒的三種方便之法。"橫三豎四"，隨意舉說，運用自在，不受任何拘束，比喻道法高妙的禪師接引學人的施設不拘一格，而又契合禪法；"乍離乍合"，忽然離開又忽然靠近，形式不拘；"將長補短"，用長處補足短處。

（三）反義俗語連用

反義俗語連用，把意義相反相對的俗語放在一起連用，在比較中加以甄別，通過對比，突出差異。

（1）師次住漳州報恩院，謂眾曰："報恩遮裡不曾與人揀話，今日與諸上座揀一兩則話，還願樂麼？諸上座<u>鶴脛長</u>，<u>鳧脛短</u>，<u>甘草甜</u>，<u>黃蘗苦</u>。怎麼揀辨還愜雅意麼？諸上座莫道<u>血脈不通</u>，<u>泥水有隔</u>好。且莫錯會。珍重。"（《景德傳燈錄》卷二十五《漳州羅漢院守仁禪師》T51，p0412a26）

"鶴脛長，鳧脛短，甘草甜，黃蘗苦"和"血脈不通，泥水有隔"兩條對偶的俗語間接連用，說明了兩種相反相對的修行行爲。前者順應自然，不刻意不執著，而後者內心滯礙，難以進步。

（2）徑山即不然，<u>眼不自見</u>，<u>刀不自割</u>。吃飯濟飢，飲水定渴。（《五燈會元》卷十九《徑山宗杲禪師》P. 1275）

"眼不自見，刀不自割"，比喻人往往看不到自己的缺點，自己也沒有辦法解決自身的問題。"吃飯濟飢，飲水定渴"，比喻找到正確的方法可以有效地解決問題。兩組俗語連用，代表兩種相反的修行行爲。形成對比關係。

（3）上堂："看風使帆，正是隨波逐浪。截斷眾流，未免依前滲漏。<u>量才補職，寧越短長</u>；<u>買帽相頭，難得恰好</u>。"（《五燈會元》卷十六《法雲法秀禪師》P. 1038）

"量才補職，寧越短長"，比喻遵循事物的本性。"買帽相頭，難得恰好"，禪宗比喻不能用心地參禪悟道，只求粗魯知曉，難以修得正果。前後兩條俗語意義相反。

（4）上堂："窮諸玄辨，竭世樞機。糞掃堆頭，重添搕擡。<u>明投暗合，水到渠成</u>。<u>作賊人心虛，抱贓叫屈</u>。德山棒如雨點，臨濟喝似雷奔。正是平地上干戈，太平時細作。"（《密庵禪師語錄》T47，p0972a17）

"明投暗合"，未經商量就暗中相合，形容有默契。"水到渠成"，比喻按照事物發展的自然趨勢，時機成熟後就會獲得成功。"作賊人心虛"，比喻做了壞事，害怕別人知道而心中膽怯。"抱贓叫屈"，禪門用來諷刺禪師接引學人不離言辭但自認爲不落言筌，手段高妙。兩條俗語反映了兩種相反相對的修行態度和結果，相反相對中又有同義俗語連用。

四、俗語連用的作用

俗語的大量連用，成爲禪籍特有的一種語言特色，同時俗語連用在禪師講法布道，接化僧徒時發揮著特殊作用。

第一，在禪師與僧徒的機鋒酬酢中，俗語連用構成的對偶或排比句式可以增強話語的氣勢，使機鋒語更顯銳利鋒芒。其中同義俗語連用可以增強語勢、豐富論據；相關俗語連用，可以使說理全面，論證充分；意義相反的俗語連用，則可以從正反兩方面對比論說，突出禪師想要強調的重點。

第二，禪宗語言隱晦乖謬、寄意深刻，俗語連用可以將流星激箭般的禪語表達得淋漓盡致，在俗語連用中對比領會禪師的言外之意，話外之音。

第三，禪師在接引學人時將連用俗語作爲一種方便施設，利用最具本土平民色彩的俗語反復言說，便於引導學人參悟禪旨。單條俗語有時晦澀難懂，僧徒常常難明其意，但同義俗語連用可以爲學人領悟禪語提供便利，學人只要領悟其一就可以透得其理。

第四，俗語連用可以從不同角度闡明事理，對所闡發的複雜的佛理禪思可以加強判斷、補充說明。

這一章我們從動態語境的角度分析了禪籍俗語的語義類型，包括字面義、禪義和語用，同一條俗語在不同語境下可能表示不同語義。同時，禪籍俗語由於受到禪宗文化的影響，意義與一般通用俗語有差別，帶有禪的意蘊。所以俗語間的語義聚合在禪籍中被重新規約，出現了特殊的同義和反義聚合。多樣的語義類型和特殊的語義聚合體現出禪籍俗語語義的多樣性和複雜性特點。

第三章　禪籍俗語的來源與演變

　　俗語主要來自群众的口語創造，人們將生產、生活实践的感受、體驗凝煉成形象、活潑、富於情趣、表现力特別强的話語，并爲日常生活所習用。除此，俗語的來源多種多樣，有的來自經典文獻，有的來自文人詩詞，有的來自歷史典故。我國古代學者很早就重視俗語的輯録整理，隋唐时已出現收集整理俗語的專書。《隋書·經籍志》記載有王劭《俗語難字》和劉霽《釋俗語》，此後又出現了大批俗語著作。古代學者大都不重視對詞目的解釋，而把功夫放在求典尋根上。至清代，受考據學盛行的影響，俗語的考源之風達到了頂峰。古人認爲俗語字字有來歷，正如沈濤在《邇言》的序中所說："昔人言杜詩韓筆，無一字無來歷。豈知街談巷語，亦字字有所本。"① 《釋諺》的作者平步青說："方言俚語皆有自來。"② 《常語尋源》的作者鄭志鴻也認爲："常語亦無一句無來歷者。"③ 古代學者爲俗語考源確立了理論依據，使探源工作成爲了俗語研究的中心。雖然古人在研究俗語時過分强調探源，忽視了意義和語用的探討，使研究顯現出發展不平衡的特點，但我們不能否認，考察俗語的源流演變對於我們了解俗語的意義和用法還是具有積極意義的。

　　這一章我們對禪籍俗語上溯其源，下順其流。從源頭看，一部分禪籍俗語起著傳承作用，一方面忠實保留了上古漢語中的俗語，另一方面記録了中古漢語中的現成俗語，包括來源於儒家經典、先秦諸子、史傳文學、

---

① 《邇言》等五種，商務印書館，1959年，第 7 頁。
② 《邇言》等五種，商務印書館，1959年，第 79 頁。
③ 《邇言》等五種，商務印書館，1959年，第 172 頁。

文人詩文和佛經文獻的現成俗語，禪籍成爲漢語俗語發展的"中轉站"，使上古、中古俗語流傳至近現代；另一部分俗語爲禪林自創，禪師在接引僧徒，隨機教化時臨時發揮，或者直接創造出生動活潑、妙趣橫生的話語，或者撮要概括、壓縮提煉教外文獻中的語句，形成新的，不見於前代文獻的俗語，并廣泛流傳於禪林和民間。由此，我們將禪籍俗語的來源歸納爲兩個大類：一是沿用已有俗語；二是禪籍新創俗語。從流傳演變看，俗語是定型化的語句，但在世代傳遞使用中形式和意義都會發生改變。有的在意義不變的基礎上或替換了個別字詞，或變換了句式，或顛倒重組了語句；有的則保留其形而改變意義。本章從形式和意義兩個角度，圍繞禪籍俗語的演變展開討論。

第一節　禪籍俗語的歷史來源

禪宗典籍常常引徵前代事典、文辭，以古鑒今。禪籍中引用了大量古已有之的俗語，從來源上看，涉及禪門教內教外的典籍，包括經學著作、史傳文學、諸子著作、文人詩文、佛經文獻。俗語來源的廣泛性折射出禪宗宗教背景的複雜性，禪宗是中印文化融合的產物。本節分類具體考察禪籍俗語的多種來源。

一、來源於儒家經學著作

（一）雲從龍，風從虎

　　遇飯吃飯遇茶吃茶，千重百匝四海一家。解却黏去却縛，言無言作無作。廓然本體等虛空，風從虎兮雲從龍。（《圓悟佛果禪師語錄》卷十九 T47，p0803c29）

　　問："二十年來方外客，今朝出世事如何？"師云："雲從龍，風從虎。"（《建中靖國續燈錄》卷二十一《袁州仰山清簡禪師》X78，p0777a06）

語出《周易·乾》："子曰：'同聲相應，同氣相求。水流濕，火就燥，雲從龍，風從虎。聖人作而萬物覩。'"又見漢王充《論衡·偶會》："風從虎，雲從龍，同類通氣，性相感動。"雲跟著龍，風隨著虎。比喻同類事物能互相感應。禪籍用該俗語比喻佛法真如是不會變動的，事物各有其適合生存的環境。

（二）火就燥，水就濕

　　文質彬彬，特行獨立。一大藏教，詮注不及。<u>火就燥，水就濕</u>。瞥爾轉頭來，野外春風急。（《虛堂和尚語録》卷六《文彬藏主秉炬》T47，p1033c21）

語出《周易·乾》：“子曰：‘同聲相應，同氣相求。水流濕，火就燥，雲從龍，風從虎。聖人作而萬物覩。’”比喻事物都有其適合活動和生存的環境。禪宗比喻同類相聚，沒有分別。禪籍中又作“水流濕，火就燥”“火就燥，水流濕”。《大慧普覺禪師語録》卷十二《蔡宣教請贊（正卿）》：“手裏指東畫西。口中胡說亂道。生慣打葛藤。天真不屬做造。有個蔡正卿。時時來著到。水流濕，火就燥。馬面團團隨人所好。”《嘉泰普燈録》卷十二《鎮江府甘露達珠禪師》：“上堂曰：‘聖賢不分，古今惟一，可謂火就燥，水流濕，鑿井而飲，耕田而食。大眾，東村王老去不歸，紛紛黃葉空狼藉。’”

（三）雲行雨施

　　上堂：“……然<u>雲行雨施</u>，自古自今，其奈爐鞴之所，鈍鐵尤多；良醫之門，病者愈甚。痤病須求靈藥，銷頑必藉金錘。”（《五燈會元》卷十六《法昌倚遇禪師》P.1024）

語出《周易·乾》：“雲行雨施，品物流形。”比喻廣施恩澤。唐韓愈《賀赦表》：“發號出令，雲行雨施。”宋郭茂倩集《樂府詩集》卷十二《積善舞》：“雲行雨施，天成地平。造我邦家，幹我璿衡。”禪宗比喻師父廣施教化，幫助弟子修習佛法。

（四）虎視耽耽

　　來何處，去何之。與二子，何所期。<u>虎視耽耽</u>，陰飈淒淒。（《物初大觀禪師語録》X69，p0695a03）

　　前後三三，謝師指南。龍蛇躍躍，<u>虎視耽耽</u>。擬數看數，欲談何談。（《禪宗頌古聯珠通集》卷二十七 X65，p0641c04）

語出《周易·頤》：“虎視耽耽，其欲逐逐，無咎。”形容像猛虎一樣兇狠地注視著。禪籍中又作“耽耽虎視”。

（五）方以類聚，物以群分

上堂："唯一堅密身，一切塵中現。蝦蟆蚯蚓各有窟穴，烏鵲鳩鴿，亦有窠巢。正當與麼時，爲甚麼人說法？"良久曰："<u>方以類聚，物以群分</u>。"（《五燈會元》卷十五《雲居曉舜禪師》P. 1003）

語出《周易·繫辭上》："天尊地卑，乾坤定矣。卑高以陳，貴賤位矣。動靜有常，剛柔斷矣。方以類聚，物以群分，吉凶生矣。"晉韓康伯注："方有類，物有群，則有同有異，有聚有分，順其所同則吉，乖其所趣則凶，故吉凶生矣。"孔穎達正義："方謂法術性行，以類共聚。"① 比喻同類事物聚集在一起。禪籍中使用了俗語的原有意義，即同類事物聚集在一起。

（六）窮則變，變則通

古人道："<u>窮則變，變則通</u>。"拈燈籠向佛殿裏，若是常情可測度得，將三門來燈籠上。還測度得麼？（《佛果圓悟禪師碧巖錄》卷七【六二】T48，p0150c14）

上堂："謝後堂寮元監寺，并踏山，地上翻瓢，眉間掛劍。古道雖微，惡聲難掩。<u>窮則通，通則變</u>。倒跨楊岐三腳驢，踏破山前祖父田園。一片兩片，四五六七片。"（《希叟紹曇禪師廣錄》卷二 X70，p0428c15）

語出《周易·繫辭下》："《易》，窮則變，變則通，通則久。"晉韓康伯注："通變則無窮，故可久。"謂道行不通時就作改變，變了就行得通。禪家以此語勸誡僧徒參禪不可執著於佛法經文，執著就會滯礙不前，難以開悟。

（七）暑往寒來

金山首座寮至節，出叢林，入保社。<u>暑往寒來</u>忘晝夜，面門掫轉越僧祇，方得名爲觀自在。（《破庵祖先禪師語錄》X70，p0215b20）

智門問師："<u>暑往寒來</u>即不問，林下相逢事若何？"師云："五鳳樓前聽玉漏。"（《聯燈會要》卷二十七《蘄州五祖師戒禪師》X79，p0234c02）

語出《周易·繫辭下》："寒往則暑來，暑往則寒來，寒暑相推，而歲成焉。"形容四季交替，時間流轉。佛法如時間流逝，永不停息。法即一元，

---

① 《十三經注疏》，中華書局，1980年，第76頁上欄。

不住兩端，如寒暑往來，不滯任何一方。禪宗借時間流轉不停，引導學人融化對立、消解分別、脫落滯礙。

（八）將成九仞之山，莫惜一簣之土

> 師云："你向什麼處見四面？"僧拂袖歸眾。師云："作家。"乃云："滿口道得底却不知有，知有底又道不得。且道過在什麼處？""將成九仞之山，莫惜一簣之土。"（《法演禪師語録》卷上 T47，p0650c15）

九仞，形容極高或極深；簣，承土的竹籠。語出《尚書·旅獒》："爲山九仞，功虧一簣。"要砌成高山，哪怕只差一竹籠土，終究未算成功。禪宗以此勸誡學人只有精勤努力、堅持不懈方能修得正果。禪籍中又作"將成九仞之山，不進一簣之土""一簣之土，可以成九仞之山""將成之山不進一簣"。《圓悟佛果禪師語録》卷十七："舉：'僧問雲門："如何是法身向上事？"門云："向上與汝道即不難，作麼生會法身？"僧云："請和尚鑒。"門云："鑒則且致，爾作麼生會法身？"僧云："與麼與麼。"門云："這個是長連床上學得底。我問爾，法身還吃飯也無？"僧無語。雪竇云："將成九仞之山，不進一簣之土。"'"《虛堂和尚語録》卷二："'近前來，我要識爾。'良久以主丈畫云：'將成九仞之山，不進一簣之工。'"《月江正印禪師語録》卷上："一掬之水，可以漲滔天之浪。一簣之土，可以成九仞之山。也不易也不難，青山長伴白雲閑。"《禪宗頌古聯珠通集》卷三十四："將成之山，不進一簣。老倒雲門坐而獲利，釣鼇釣鯨手段高，慣曾下海涉波濤。"

（九）欲行千里，一步爲初

> 僧云："欲行千里，一步爲初。"師云："信受奉行。"（《圓悟佛果禪師語録》卷二 T47，p0719c05）

> 問："如何是道？"師云："什麼道？"僧曰："大道。"師云："欲行千里，一步爲初。"（《建中靖國續燈録》卷六《杭州靈隱山雲知慈覺禪師》X78，p0673a21）

想要走到千里之外，總要從第一步開始。比喻任何事情都有開端。語義源自《尚書·太甲下》："若升高，必自下；若陟遐，必自邇。"俗語字面的人行之"道"與禪宗的佛法之"道"暗中相合，禪宗喻指想要修持正果，

必須由始做起。

（十）禮之用和爲貴

開爐上堂：“靈山元氣，少林火種。埋沒寒灰，幾絕滅矣。法華素無浩養含輝之作，幸遇開爐節，試與挑撥看。”以拂子，作撥火勢。“暢殺你儂，快殺我儂，達磨祖師忌拈香。教外別傳，全無巴鼻。接二祖錯指本來心，破六宗打落當門齒。罪犯彌天，容身無地。法華小比丘，既不能斬草除根，因甚燒香作禮？不見道，<u>禮之用和爲貴</u>。”（《希叟紹曇禪師語錄》X70，p0400b06）

語出《論語·學而》：“有子曰：‘禮之用，和爲貴。先王之道斯爲美，小大由之。”《禮記·中庸》：“喜怒哀樂之未發謂之和中，發而皆中節謂之和。”朱熹《論語集注》：“禮者，天理之節文，人事之儀則也。和者，從容不迫之意。蓋禮之爲體雖嚴，而皆出於自然之理，故其爲用，必從容而不迫，乃爲可貴。”楊伯峻在《論語譯註》中解釋爲：“禮的作用是以遇事都做得恰當爲可貴。”禪宗比喻任何學佛向道的外在方式，都要合乎禪悟的本質。

（十一）見義不爲無勇也

遂斂衣坐，云：“見義不爲無勇也。莫有勇底衲僧，出來相見。”（《建中靖國續燈錄》卷十六《東京十方淨因禪院佛日禪師》X78，p0739b18）

語出《論語·爲政》：“子曰：‘非其鬼而祭之，諂也。見義不爲，無勇也。’”看到義勇之事應當挺身而出，退却避讓袖手旁觀是懦弱的表現。後又作成語“見義勇爲”，宋周密《文忠集》：“遇事極言見義勇爲，如璧如圭，表裏無疵。”《宋史·歐陽修傳》：“修始在滁州，號醉翁，晚更號六一居士。天資剛勁，見義勇爲，雖機阱在前，觸發之不顧。”禪宗比喻領悟佛法禪旨時，應當勇猛精進，應機而悟，如果退縮避讓將難以參透佛法大意。禪籍中又作“見義不爲，何勇之有”。《古尊宿語錄》卷四十《雲峰（文）悅禪師初住翠巖語錄》：“師噓一聲，乃云：‘千人排門，不如一人踏關。一人踏關，千人萬人得到無疑安樂之地，豈不快哉！如今還有踏關者麼？’良久云：‘見義不爲，何勇之有？’擊禪床，下座。”另有成語“見義勇爲”，《絕岸可湘禪師語錄》：“後來二師，行棒行喝，便能於無佛處稱尊。殺活自由，不存師教。作千古參禪，徹佛祖巴鼻底樣子。善也雋敏，不言而可知。萬一見義勇爲，應道彼既丈夫我亦爾。"《空谷集》卷一《第十七則國師塔樣》："示眾云：'預備不虞，待覓個信心檀越。隨緣赴感，令修座出格浮圖。見義勇爲，當仁不讓者知是何人？還理會得麼？'"

（十二）朝聞道，夕死可矣

上堂："……俗人尚道：'朝聞道，夕死可矣。'況我沙門，合履踐個什麼事？大須努力，珍重！"（《五燈會元》卷十五《雲門文偃禪師》P.926）

語出《論語·里仁》："子曰：'朝聞道，夕死可矣。'"早晨聽聞世之有道，晚上死去也沒有什麼遺憾的。禪宗形容能領悟佛法，雖遭受不幸，心中沒有遺憾。

（十三）憤憤悱悱

昔雲峰悅，誦先德："如何是佛法大意？"三問三被打話。知金鑾有善，大愚有芝，憤憤悱悱。（《偃溪廣聞禪師語錄》卷下 X69，p0747b15）

窮他三回賜棒，看是什麼道理？驀地覷破，便知道黃檗佛法無多子，豈虛語哉？回視從前憤憤悱悱。（《破庵祖先禪師語錄》X70，p0217b17）

語本《論語·述而》"不憤不啓，不悱不發"。何晏集解引漢鄭玄注："孔子與人言，必待其人心憤憤，口悱悱，乃後啓發爲説之。"成語形容心求通而未得，鬱結於心而難以表達。宋衛湜《禮記集說》卷八十八："學校以遊暇學者之志意時，觀而弗語，使之憤憤悱悱，然後啓發也。"禪宗形容心中之有滯礙，無法獲得開悟。

（十四）三人行必有我師

又問第三人云："三人同行，必有我師。作麼生是師？"云："見參禮次。"師亦打云："過這邊立。"復云："將頭不猛，帶累三軍。瞎漢參堂去。"（《聯燈會要》卷十一《汝州風穴延沼禪師》X79，p0102c04）

寶曇曰："永嘉欲定宗旨，不得不爲曹溪一來。及乎一見投機，不得不留一宿而去。師資道盡，佛法見忘。真龍門躍鱗，鷲鳥一鶚者也。同門如左溪朗東陽策輩，皆一時經論淵藪。朗宗智者而策見曹

溪，三人行必有我師，永嘉之謂也。"（《大光明藏》卷上《溫州玄覺禪師》X79，p0677c22）

語出《論語・述而》："三人行，必有我師焉，擇其善者而從之，其不善者而改之。"何晏集解："言我三人行本無賢愚，擇善從自，不善改之，故無常師。"強調學無常師，人人各有所長。

（十五）君子坦蕩蕩

楊億侍郎，寄問云："入山不怕虎，當路却防人時如何？"師云："君子坦蕩蕩。"（《聯燈會要》卷十二《襄州石門慧昭山主》X79，p0109a21）

語出《論語・述而》："子曰：'君子坦蕩蕩，小人長戚戚。'"何晏集解引鄭玄注曰："坦蕩蕩，寬廣貌。"謂君子胸襟寬廣，心地純潔。禪宗謂內心澄淨，沒有雜染，不會受到外物的影響。

（十六）成山假就於始簣，修途托至於初步

上堂云："昨日拈香，擬爲汾陽和尚，又緣孤佗葉縣老人，既爲葉縣老人，又乃孤負佗汾陽和尚。然雖如是，一客不煩兩主，一鳥不棲二林。於此二途，須至一決。何故？成山假就於始簣，修途托至於初步。如斯更不向汾陽浪裏競棹孤舟，却向汝海枯木上生花，別迎春色。"（《建中靖國續燈錄》卷四《舒州浮山圓鑒禪師》X78，p0662c03）

上堂："成山假就於始簣，修途托至於初步。上座適來從地爐邊來，還與初步同別？若言同，即不會不遷。若言別，亦不會不遷。"（《五燈會元》卷十五《藍田縣真禪師》P.983）

功流萬世而常存，道通百劫而彌固。成山假就於始簣，修途托至於初步者，果以功業不可朽故也。（《宗鏡錄》卷三十三 T48，p0606c27）

簣，盛土的竹籠；修途，長途。《論語・子罕》："子曰：'譬如爲山，未成一簣止，吾止也。'"《荀子・勸學篇》："故不積頤步，無以至千里。不積小流，無以成江海。"禪籍將兩句儒家經典糅合在一起，勸誡學人只有精進努力、堅持不懈方能修得正果。

（十七）一言可以喪邦

云："一言可以喪邦。"師云："不知是不是，是即也大奇。"（《古尊宿語錄》卷三十八《襄州洞山第二代初禪師語錄》X68，p0250c02）

語本《論語·子路》："定公問：'一言而可以興邦，有諸？'孔子對曰：'言不可以若是其幾也。人之言曰："爲君難，爲臣不易。"如知爲君之難也，不幾乎一言而興邦乎？'曰：'一言而喪邦，有諸？'孔子對曰：'言不可以若是其幾也。人之言曰："予無樂乎爲君，唯其言而莫予違也。"如其善而莫之違也，不亦善乎？如不善而莫之違也，不幾乎一言而喪邦乎？'"《舊唐書·孫伏伽傳》："周、隋之季，忠臣結舌，一言喪邦，諒足深誡。"一句話可以滅亡整個國家。禪宗喻指言語不但無法解說佛法，反而會將人置於迷惘之中，更加難以開悟。

（十八）一言已出，駟馬難追

　　問："達磨九年面壁，意旨如何？"師云："閉口深藏舌。"僧曰："學人未曉。"師云："<u>一言已出</u>，<u>駟馬難追</u>。"（《建中靖國續燈錄》卷六《雲居山佛印禪師》X78，p0676a20）

　　在三家村裏老婆，亦不作如是見解。大愚會下，莫有說得道理底麼？試出來，對眾說看，大愚與你證明。有麼？<u>一言已出</u>，<u>駟馬難追</u>。（《聯燈會要》卷二十八《南康軍雲居曉舜禪師》X79，p0247a05）

語本《論語·顏淵》："子貢曰：'惜乎！夫子之說君子也，駟不及舌。'"一句話說出口，四馬拉的車都追不回來。比喻已經說出去的話就不能挽回，已經成的事實，就無法改變。宋歐陽修《筆說·駟不及舌說》："俗云：'一言出口，駟馬難追。'《論語》所謂'駟不及舌'也。若較其理，俗諺爲是。"禪宗喻指佛法禪旨不可言說，所有的言說解釋都與真如佛法相悖。禪籍中有多種形式，又作"一言才出，駟馬難追""一言出口，駟馬難追""一言既發，駟馬難追""一言易出，駟馬難追""一言出口，駟馬難追"。

（十九）風行草偃

　　師云："爾分上作麼生？"進云："直得<u>風行草偃</u>，水到渠成。"（《宏智禪師廣錄》卷一 T48，p0012c10）

　　上堂，僧問："如何是先照後用？"師曰："<u>風行草偃</u>。"（《開福道寧禪師語錄》卷下 X69，p0335c12）

語出《論語·顏淵》："君子之德風，小人之德草。草上之風，必偃。"何晏集解引孔安國曰："加草以風，無不仆者，猶民之化於上。"比喻庶民被德教感化而順從君上。禪籍中有兩個義項，一喻指習佛參禪者深受佛祖、禪師影響。《圓悟佛果禪師語錄》卷十七："師云：'德山大似金輪聖王，寰中獨據四方八表無不順從，等閒布一敕施一令，直得草偃風行。'"《古尊宿語錄》卷四十《雲峰悅禪師初住翠巖語錄》："歲旦上堂，僧問：'大眾雲集，合談何事？'師云：'花須連夜發。'進云：'與麼則草偃風行也。'"《月江正印禪師語錄》卷中："雪竇云：'然則德山門下，草偃風行。要且不能塞斷人口，當時才禮拜，劈脊便打。非唯剿絕洞山，亦乃把定黿老。還會麼，李將軍有嘉聲在，不得封侯也是閑。'"二比喻掃除障礙，使得通行無阻。禪宗喻指掃除心中的塵俗滯礙，獲得開悟後的自由無礙。《圓悟佛果禪師語錄》卷七："既到這裏，直須念德修德知恩報恩。若也如此，則佛法付囑有在。正當恁麼時一句作麼生道？銀山鐵壁無回互，草偃風行得自由。"《圓悟佛果禪師語錄》卷三："既爾從天降下，理應直下承當。泉石光輝林巒增秀，風行草偃水到渠成。由是擊開解脫門，顯示正法眼，調無生曲唱太平歌，樂無爲之化去也。"禪籍中又作"草偃風行"。

（二十）不令而行

> 上堂云："豁爾轉身，全體紹父王之業。端然垂拱，應機付臣子之功。可謂道契環中，恩流域內。自然無爲之化，<u>不令而行</u>。"（《宏智禪師廣錄》卷一 T48，p0007a22）

> 曲木床穩，刺梨杖橫。攬五宗之家法，據萬象之主盟。秋半風清，霽空月明。水雲模楷兮，無禪可說。叢林規矩兮，<u>不令而行</u>。（《宏智禪師廣錄》卷七 T48，p0081b24）

語出《論語·子路》："子曰：'其身正，不令而行；其身不正，雖令不從。'"形容不用下命令就主動採取行動。《漢書·董仲舒傳》："夫古之天下亦今之天下，今之天下亦古之天下，共是天下，古亦大治，上下和睦，習俗美盛，不令而行，不禁而止。"禪宗喻指佛法禪旨威名天下，遍及四海。

（二十一）人無遠慮，必有近憂

> 僧曰："恁麼則霜溪嫡子，汾陽玄孫。"師云："<u>人無遠慮，必有近憂</u>。"（《建中靖國續燈錄》卷七《湖州報本澄說禪師》X78，p0682c07）

> 云："如何是賓中賓？"師云："<u>人無遠慮，必有近憂</u>。"云："如

何是主中主?"師云:"當斷不斷,返招其亂。"(《聯燈會要》卷十六
《東京天寧守卓禪師》X79,p0138a21)

語出《論語·衛靈公》:"子曰:'人無遠慮,必有近憂。'"指人應當心存
憂患並有所預防。禪宗取其形、義,謂說話、行事都要有所防備。

(二十二)殺身成仁

　　道吾在方丈外聞雲巖不薦,不覺咬得指頭血出,此猶君子恨不殺
身成仁。(《虛堂集》卷一【十】"南泉異類"X67,p0329b05)

語出《論語·衛靈公》:"志士仁人,無求生以害仁,有殺身以成仁。"本
指儒家爲了仁義道德可以不惜犧牲生命。引申比喻爲了正義的事情不惜犧
牲生命。禪宗喻指爲獲得真如佛法,寧可犧牲生命。

(二十三)當仁不讓

　　示眾云:"預備不虞,待覓個信心檀越。隨緣赴感,令修座出格
浮圖。見義勇爲,當仁不讓者知是何人?還理會得麼?"(《空谷集》
卷一【十七】"國師塔樣"X67,p0277c09)

　　師云:"打鼓弄琵琶,相逢兩會家。歷村老,不歇心。這僧少,
當努力。然則旋汲清泉慢生活火,煮鳳餅而要知回味。烹蟹眼而恐滯
咩邪,這僧果然見義勇爲,當仁不讓。"(《空谷集》卷五【七十九】
"歷村煎茶"X67,p0309b04)

語出《論語·衛靈公》:"當仁不讓於師。"朱熹集注:"當仁,以仁爲己任
也;雖師亦無所遜。言當勇往而必爲也。"禪宗喻指面對佛法禪旨不退讓。

(二十四)不患寡而患不均

　　夫古寺香花,元無稅產。滴水爲界,四壁寥寥。失蓋像摧,年深
木朽。某使命灑掃,一十二年。念念究心,忘飢失寢。應奉檀那而不
闕,往來雲水事無虧。食無求飽,而常令佗飽。居無求安,而常與佗
安。不患寡而患不均。(《普庵印肅禪師語錄》卷一X69,p0383c22)

語出《論語·季氏》:"有國有家者,不患寡而患不均,不患貧而患不安。"
俞樾《群經平議》卷三十一:"'寡''貧'二字傳寫互易。此本作'不患
貧而患不均,不患寡而患不安。''貧'以財言,'不均'亦以財言。財宜
平均,不均則不如無財矣。故不患貧而患不均也。'寡'以人言,'不安'

亦以人言。人宜平安，不安則不如無人矣。故不患寡而患不安也。"人們不擔心獲得的財物少，但不能分配不均。

（二十五）飢不擇食

　　問："如何是和尚家風?"師曰："飢不擇食。"（《五燈會元》卷十一《潭州神鼎洪諲禪師》P.690）

語本《孟子·公孫丑上》："飢者易爲食，渴者易爲飲。"飢餓難耐之時，不論什麼都吃。後世沿用，比喻急需或無奈而顧不得選擇。元施惠《幽閨記》第十二出："陀滿興福來到此間，所謂'慌不擇路，飢不擇食'，只得結集亡命，哨聚山林，靠高岡爲寨柵，依野澗作城濠。"《水滸傳》第三回："自古有幾般：飢不擇食，寒不擇衣，惶不擇路，貧不擇妻。"禪籍中爲禪師批評僧徒語，迷惘不開悟時，不加選擇胡亂投師。

（二十六）揠苗助長

　　師拈云："大小圓悟，揠苗助長。"（《北澗居簡禪師語錄》X69，p0670b10）

　　揠苗助長非吾事，塊雨條風不汝欺。（《環溪惟一禪師語錄》卷上X70，p0375b07）

語本《孟子·公孫丑上》："宋人有閔其苗之不長而揠之者，芒芒然歸，謂其人曰：'今日病矣，予助苗長矣。'其子趨而往視之，苗則槁矣。"比喻欲要速成，行違背自然規律之事，反而有害無益。禪宗喻指不當的修行方式，反而會適得其反。

（二十七）補短裁長

　　上堂云："深深處無物堪比倫，淺淺個兩手相分付。以一統萬穿眾穴，於毫端補短裁長。"（《圓悟佛果禪師語錄》卷三 T47，p0726b14）

　　師舉："德山示眾云：'今夜不答話，問話者三十棒。'時有僧出禮拜，山便打。僧云：'某甲話也未問。'山云：'爾是甚處人?'云：'新羅人。'山云：'未踏船舷，好與三十棒。'法眼拈云：'大小德山，話作兩橛。'圓明道：'大小德山，龍頭蛇尾。'"師云："二老宿，雖善裁長補短，舍重從輕。要見德山亦未可，何故德山大似握闔外威？有當斷不斷不招其亂底劍，諸人要識新羅僧麼？只是撞著露柱底個瞎漢。"（《明覺禪師語錄》卷三 T47，p0685b12）

師云：“二老宿雖善裁長補短，舍重從輕，要見德山亦未可。何故？德山大似握闤外威權。有當斷不斷，不招其亂底劍，諸人要識新羅僧麼？祇是撞著露柱底瞎漢。”（《建中靖國續燈錄》卷二十七《明州雪竇山重顯明覺禪師二十則》X78，p0802a05）

語出《孟子·滕文公上》：“今滕絕長補短，將五十里也，猶可以爲善國。”裁用有餘以補不足，比喻用長處彌補短處。南朝梁鍾嶸《詩品》中用作“裁長補短”，“安道詩雖嫩弱，有清工之句。裁長補短，袁彥伯之亞乎？”後世還有用作“截長補短”“取長補短”。禪籍中又作“補短截長”“裁長補短”“截長補短”“將長補短”“牽長補短”，近義俗成語有“將長就短”“將長補短”。《楊岐方會和尚語錄》：“上堂：‘三春將杪，四海廓清。風恬浪靜，是人知有且道。將長就短一句作麼生道？’良久云：‘幾度黑風翻大海，未曾聞道釣舟傾。’”《聯燈會要》卷十四《越州姜山方禪師》：“示眾云：‘穿雲不渡水，渡水不穿雲。乾坤把定不把定，虛空放行不放行。橫三豎四，乍離乍合。將長補短，即不無。汝諸人，飯是米做一句子，要且難道？’良久云：‘私事不得官酬。’”

（二十八）家無二主，國無二王

師曰：“從西川到這裏，黃三郎如今在西川？在洪州？”云：“家無二主，國無二王。”（《祖堂集》卷十四《江西馬祖》P.614）

正《法華經》云：“第一大道，無有兩正。”釋曰：“志當歸一萬法所宗，如國無二王，家無二主。若離此別有所求則成兩道。”（《宗鏡錄》卷九十六 T48，p0936b14）

語本《孟子·萬章上》：“孔子曰：‘天無二日，民無二王。’”一家不可容二主，一國不可容二王，是古人的一種政治觀，形容權力的唯一性和絕對性。禪宗比喻不可心生分別，區別待物。禪籍中又作“國無二王，家無二主”。

（二十九）投我以木桃，報之以瓊瑤

上堂：“鐘鼓之鳴，可以節禮樂。權衡之正，可以定錙銖。而我比丘，爲佛弟子。有道有德，有仁有義。結夏已一月，業識茫茫。殊不在己，良可悲也。驀然有個牙如劍樹，口似血盆，出來便喝，擬議便掌。老僧道：‘爾且住，我今年七十七，爾也饒我些子。’者漢回頭一覷，冷笑而去。且道，他笑個甚麼?"卓主丈:"投我以木桃，報之以瓊瑤。"(《虛堂和尚語錄》卷八 T47，p1043b26)

語出《詩・衛風・木瓜》:"投我以木桃，報之以瓊瑤。"木桃，比木瓜小的一種果名，味酸澀。瓊瑤，美玉。比喻對別人給予的好處以十倍百倍來報答。禪宗喻指禪僧間一來一往的機鋒對答。

(三十) 兢兢業業

戰庵大居士動靜可觀，容止可法。雖居富樂，而富樂無惑。存誠妙道，兢兢業業，念念無間。(《破庵祖先禪師語錄》X70，p0217c10)

然更宜日慎一日，業業兢兢，直下脫灑，滴水滴凍，蹈規循矩。(《佛果克勤禪師心要》卷下 X69，p0486c02)

語出《詩・大雅・雲漢》:"早既大甚，則不可推。兢兢業業，如霆如雷。"漢毛亨傳:"兢兢，恐也;業業，危也。"形容危懼貌。後形容謹慎小心。《尚書・皋陶謨》:"兢兢業業，一日二日萬幾。"孔傳:"兢兢，戒慎;業業，危懼。"禪籍中又作"業業兢兢"。

(三十一) 如臨深淵

上堂:"衲僧行處，孤風凜然。動無妄動，言無妄言。如履薄冰，如臨深淵。不須明祖意，只此是單傳。"(《環溪惟一禪師語錄》卷上 X70，p0379a19)

語出《詩・小雅・小旻》:"戰戰兢兢，如臨深淵，如履薄冰。"毛亨傳:"恐墜也。"如同臨近深淵，形容謹慎小心。

(三十二) 如履薄冰

上堂:"衲僧行處，孤風凜然。動無妄動，言無妄言。如履薄冰，如臨深淵。不須明祖意，只此是單傳。"(《環溪惟一禪師語錄》卷上 X70，p0379a19)

語出《詩・小雅・小旻》:"戰戰兢兢，如臨深淵，如履薄冰。"毛亨傳:"恐陷也。"與"如臨深淵"同義。形容謹慎小心。

(三十三) 只知其一，不知其二/只知其一，且不知其二

藥山只知其一，不知其二。(《黃龍慧南禪師語錄》T47，p0630b22)

舉:"雲門拈世尊生下，一手指天。一手指地。"師曰:"雲門大

師只知其一，不知其二。只道我一朝權在手，看取令行時。”(《嘉泰普燈録》卷二十六《渤潭湛堂准禪師五則》X79，p0453a02)

雲門雖然識得仰山底裏，爭奈祗知其一，不知其二。(《宏智禪師廣録》卷三 T48，p0032a15)

風后先生只知其一，不知其二，只如山僧下五個錯。(《圓悟佛果禪師語録》卷十八 T47，p0796a)

師云：“不得與別人說。”進云：“和尚只知其一，且不知其二。”(《古尊宿語録》卷二十二《黄梅東山演和尚語録》X68，p0146c22)

語本《詩·小雅·小旻》：“人知其一，莫知其他。”比喻眼界有限，對事物的認識不全面。禪宗喻指没有徹底領悟佛法。禪籍中又作“只知其一，且不知其二”。《古尊宿語録》卷二十二《黄梅東山演和尚語録》：“師云：‘不得與別人說。’進云：‘和尚只知其一，且不知其二。’”

（三十四）牆壁有耳

上堂：“三教聖人，同歸一理。理長則行，理短則止。虚空無心，牆壁有耳。不涉言詮，單提直指。”卓拄杖云：“口縫才開，不是不是。”(《無門開和尚語録》卷上 X69，p0360b21)

妙指既發，妙音密圓。萬竅無聲，牆壁有耳。(《北澗居簡禪師語録》X69，p0669c13)

語本《詩·小雅·小宛》：“君子無易由言，耳屬于垣。”鄭玄箋：“王無輕用讒人之言，人將有屬耳於壁而聽之者，知王有所受之，知王心不正也。”《管子·君臣下》：“古者有二言：‘牆有耳，伏寇在側。’牆有耳者，微謀外泄之謂也。”後以“牆壁有耳”“隔牆有耳”謂牆外有人偷聽，秘密洩漏。禪家藉以比喻佛法之義不可道斷，禪師以此語回答僧徒的提問，旨在拒絕用語言言說佛法。

（三十五）天高地厚

天書下十詔，雲恩飛九重。萬邦歸正化，千載一遭逢。(臣)鈯斧有愧，束篋無堪。火冷煙深，晚節寒灰起燄，天高地厚。(《瞎堂慧遠禪師廣録》卷二 X69，p0569c16)

上堂：“佛祖不到處，時人知有。時人知有處，佛祖不知。何故？天高地厚人難見，暗剖衷腸說向誰。”(《癡絕道冲禪師語録》卷上

X70，p0049c07）

　　至節朕兆未分，<u>天高地厚</u>。一言道盡，夜暗晝明。所以洞山掇退
果子掉。（《雲谷和尚語録》卷下 X73，p0439c16）

語本《詩·小雅·正月》：“謂天蓋高，不敢不局；謂地蓋厚，不敢不蹐。”
《荀子·勸學》：“故不登高山，不知天之高也；不臨深谿，不知地之厚
也。”形容程度極深。

（三十六）手舞足蹈

　　大地山河，向者裏百雜碎，直得鴟夷子與天隨子，<u>手舞足蹈</u>。
（《雲谷和尚語録》卷下 X73，p0440a08）

語本《詩大序》：“情動於中而形於言。言之不足，故嗟歎之。嗟歎之不
足，故永歌之。永歌之不足，不知手之舞之，足之蹈之也。”歌舞時配合
著音樂雙手舞動，兩腳跳動。南朝宋劉鑠《白紵篇·大雅》：“在心曰志發
言詩，聲成于文被管絃。手舞足蹈欣泰時，移風易俗王化基。”

（三十七）老不以筋力爲能

　　謝街坊，上堂云：“街坊昨日將一把沙到方丈前，一見老僧劈面
便撒。賴遇老僧先見，衫袖一遮，並不妨事。今朝舉似大衆，不敢隱
藏。何故？賞伊膽大，下得者個手腳。忽有人問：‘白雲爲什麼只恁
休去？’不見道：‘<u>老不以筋力爲能</u>。’然雖如是，賓主歷然。”［《古尊
宿語録》卷二十一《舒州白雲山海會（法）演和尚語録》X68，
p0143a05］

語出《禮記·曲禮上》：“貧者不以貨財爲禮，老者不以筋力爲禮。”筋力，
猶體力。年老之人不以體力爲己所能，比喻不做超出自身能力的事情，量
才取職。禪宗取其比喻義。

（三十八）狐狸戀窟

　　才升此座，已涉塵勞。更乃凝眸，自彰瑕玷。別傳一句，勾賊破
家。不失本宗，<u>狐狸戀窟</u>。所以真如凡聖，皆是夢言。佛及衆生，並
爲增語。（《五燈會元》卷十四《芙蓉道楷禪師》P.883）

語本《禮記·檀弓上》：“太公封於營丘比及五世，皆反葬於周。君子曰：
‘樂，樂其所自生；禮，不忘其本。古之人有言曰：狐死正丘首，仁也。’”

陳澔集說：“狐雖微獸，丘其所窟藏之地，是亦生而樂於此矣。故及死而猶正其首以向丘，不忘其本也。”禪籍在成語形式上改變原有說法，比喻不忘其本。不失本心是禪宗追求的修行境界。

（三十九）低聲下氣

赤肉團上真人，猶未免叫屈在，何況新婦子怕阿家相似，<u>低聲下氣</u>。（《石田法薰禪師語録》卷三 X70，p0347b01）

語本《禮記·內則》：“（子、婦）及所，下氣怡聲，問衣燠寒，疾痛苛癢，而敬抑搔之。”“父母有過，下氣怡色，柔聲以諫。”不敢大聲說話和喘氣，形容恭順小心的樣子。

（四十）玉不琢不成器，人不學不知道

大師又勸學徒曰：“……故云：‘生我者父母，成我者朋友’。親於善者，如霧裏行。雖不濕衣，時時有潤。蓬生麻竹，不扶自直。白砂在泥，與之俱黑。一日爲師，終世爲天。一日爲主，終身爲父。<u>玉不琢不成器，人不學不知道</u>。”（《祖堂集》卷六《洞山和尚》P.307）

外書云：“<u>玉不琢，不成器。人不學，不知道</u>。但堅志節，常聞未聞。熏修而觀力轉深，磨煉而行門益淨。”（《宗鏡録》卷三十九 T48，p0648c08）

大覺璉和尚曰：“<u>玉不琢，不成器。人不學，不知道</u>。今之所以知古，後之所以知先。善者可以爲法，惡者可以爲戒。歷觀前輩立身揚名於當世者，鮮不學問而成之矣（九峰集）。”（《禪林寶訓》卷一 T48，p1017b）

語出《禮記·學記》：“玉不琢不成器，人不學不知道。”指玉石不經過打磨就不能做成器物。比喻人不經過鍛煉，就不能有所成就。禪籍中又作“不琢不成器”。《祖堂集》卷十一《中曹山和尚》：“僧問：‘抱璞投師如何？’師云：‘不是自家珍。’僧曰：‘如何是自家珍？’師云：‘不琢不成器。’”《五燈會元》卷十三《撫州曹山羌慧智炬禪師》：“問：‘抱璞投師時如何？’師曰：‘不是自家珍。’曰：‘如何是自家珍？’師曰：‘不琢不成器。’”

（四十一）差之毫釐，失之千里

師云：“有甚了期？”復云：“問話且阻，言多道遠。然則通人分

上，無可不可。……館也私也，僧也俗也，智也愚也，凡也聖也，天
也地也，悟則戶同一家，迷乃萬別千差。**差之毫釐，失之千里**。"
（《古尊宿語錄》卷四十二《住洞山語錄》X68，p0274a10）

毫、釐都是極微小的度量單位。俗語謂稍有差池便相差千里，形容小誤差
會帶來大錯誤。此諺最早見於漢戴德《大戴禮記》卷三："《易》曰：'正
其本，萬物理。失之毫釐，差之千里。'故君子慎始也。"漢董仲舒《春秋
繁露》卷六"立元神"："君人者，國之元。發言動作，萬物之樞機，樞機
之發，榮辱之端也。失之毫釐，駟不及追。故爲人君者，謹木詳始，敬小
慎微。"《降魔變文》："須達啓言丈人：'一手可能獨拍？良好搜相擊始鳴。
一言可以喪邦，差失在毫釐之內。"宋朱熹《二程遺書》卷十一《師訓》：
"失之毫釐，繆以千里，深可戒慎。"籍中指對佛法的領悟稍有偏差，便會
相隔天地，終難契會。形容要認真領悟佛法，不要輕視細小的失誤。又作
"毫氂有差，天地悬隔"，《景德傳燈錄》卷二十四《昇州清涼院文益禪
師》："師問修山主：'毫氂有差，天地懸隔。兄作麼生會？'修曰：'毫氂
有差天地懸隔。'師曰：'恁麼會又爭得？'修曰：'和尚如何？'師曰：'毫
氂有差天地懸隔。'修便禮拜。""毫釐有差，天地懸隔"，《五燈會元》卷
一《三祖僧璨鑒智禪師》："師信心銘曰：'至道無難，唯嫌揀擇。但莫憎
愛，洞然明白。毫釐有差，天地懸隔。欲得現前，莫存順逆。'""差之毫
釐，過犯山嶽"，《五燈會元》卷十三《雲居道膺禪師》："上堂：'……差
之毫釐，過犯山嶽。不見古人道，學處不玄，盡是流俗；閨合中物，捨不
得俱爲滲漏。'"

（四十二）寡不敵眾

上堂："汝等諸人，盡是久經陣敵慣戰作家。倚天長劍即不問，
爾作麼生是袖裏藏鋒？"代云："**寡不敵眾**。"（《明覺禪師語錄》卷四
T47，p0692b22）

佛涅槃上堂："釋迦老子二千年前，做一個夢，至今未醒。引得
兒孫，向夢中說夢。狐魅後人，報恩**寡不敵眾**，只得換手椎胸。道蒼
天蒼天。"（《虛堂和尚語錄》卷一 T47，p0987a24）

上堂云："黑豆未生芽處會得，自古自今，**寡不敵眾**，若說臂長
衫袖短，腳瘦草鞋寬。一任天下人，笑承天不唧𠺕。然雖如是，有利

無利，不離行市。"（《白雲守端禪師廣錄》卷一 X69，p0306c01）

語出《逸周書·九·芮良夫》："民至億兆，後一而已；寡不敵眾，後其危哉！"人數少的一方無法抵抗人數眾多的一方。形容雙方人數懸殊，其中一方勢單力薄，無法與對方對抗。

（四十三）居安則慮危，在樂須知苦

智慧爲橋樑，柔和作依怙。居安則慮危，在樂須知苦。（《五燈會元》卷十七《靈鷲慧覺禪師》X80，p0360a11）

前半句源自《左傳·襄公十一年》："《書》曰：'居安思危。'思則有備，有備無患。"《舊唐書·岑文本傳》："文本上封事曰：'臣聞創撥亂之業，其功既難，守已成之基，其道不易。故居安思危，所以定其業也；有始有卒，所以隆其基也。'"禪宗又造後半句與前面構成對偶。謂身處安寧的環境中要心存憂慮，考慮到可能存在的危險；生活在快樂中要知道還有苦難和不幸存在。

（四十四）禍福無門，唯人自召

僧曰："恁麼則知難而退。"師云："禍福無門人自召。"（《建中靖國續燈錄》卷四《汝州寶應禪院法昭演教禪師》X78，p0663a10）

進云："又太不慈悲生。"師云："禍福無門，唯人自召。"（《古尊宿語錄》卷二十三《汝州葉縣廣教省禪師語錄》X68，p0152c20）

語出《左傳·襄公二十三年》："季氏以公鉏爲馬正，慍而不出。閔子馬見之，曰：'子無然。禍福無門，唯人所召。'"事情的好壞由人決定，強調人的主觀能動性。《後漢書·楊秉列傳》："是日，大風拔樹，晝昏，秉因上疏諫曰：'臣聞瑞由德至，災應事生。傳曰：禍福無門，唯人所召。'"清王有光《吳下諺聯》卷二《棺材頭邊無咒死鬼》："今世此等事甚多，禍福惟人自召耳。"禪宗喻指本心的迷失全因自己，人們逐物迷己，迷己逐物，從而迷失了本心。禪籍中又作"禍福無門人自召"。

（四十五）東西南北

師有時云："若問佛法兩字，東西南北，七縱八橫。朝到西天暮歸唐土。雖然如此，向後不得錯舉。"（《雲門錄》卷中 T47，p0559b18）

語出《左傳·襄公二十九年》："東西南北，誰敢寧處。"泛指到處，處處。

禪家形容領悟佛法透徹明白，可以任運自然，毫無阻礙。

（四十六）父慈子孝

師云："諸佛不出世，擾擾世界無依怙。祖師不西來，茫茫眾生無本據。諸佛出世祖師來，遂使人人皆得所。上則見皇天，下則履厚土。君聖臣賢，十方得路。<u>父慈子孝</u>，尊卑有序。衲僧要去便去，要住便住。"（《建中靖國續燈錄》卷十《汀州開元智孜禪師》X78，p0704c16）

<u>父慈子孝</u>少人知，回首面南看北斗。（《開福道寧禪師語錄》卷下X69，p0333c12）

師云："<u>父慈子孝</u>，小黠大癡。若據令而行，才見卷席，便與擯出。何故？透過龍門，風波更險。"（《物初大觀禪師語錄》X69，p0690a）

語出《左傳·昭公二十六年》："對曰：'禮之可以爲國也久矣。與天地並，君令臣共，父慈子孝，兄愛弟敬，夫和妻柔，姑慈婦聽，禮也。君令而不違，臣共而不貳，父慈而教，子孝而箴，兄愛而友，弟敬而順，夫和而義，妻柔而正，姑慈而從，婦聽而婉，禮之善物也。"父親慈愛，子女孝順，是中國古人推崇的一種社會人倫關係。禪宗喻指禪法就蘊含於質樸平常的事物及邏輯關係中。

二、來源於史傳文學

包括"四庫"史部中的正史、別史、傳記類文獻。

（一）異口同聲

師乃云："一問一答，總未有事在。直饒乾坤大地草木叢林，盡爲衲僧，<u>異口同聲</u>各置百千問難。"（《明覺禪師語錄》卷一T47，p0669a28）

語本《戰國策·齊一》："有司請曰：'言章子之敗者，異人而同辭。王何不發將而擊之？'"不同的人說出不同的話，但是表示的意見相同，觀點一致。晉葛洪《抱朴子·道意》："左右小人，並云不可，阻之者眾，本無至心，而諫怖者，異口同聲。"《西遊記》第九一回："三個妖精異口同聲道：'你是那方來的和尚？怎麼見佛像不躲，却衝撞我的雲路？'"禪籍中又作"異口同音"。《法苑珠林》卷十三："展轉相教乃至三千人，異口同音，一心敬禮，即得超越無數億劫生死之罪。"禪籍中又作"異口同音"。《應庵曇華禪師語錄》卷十："異口同音咒詛，至今活陷地獄。"《佛海瞎堂禪師廣録》卷三："直饒橫說豎說，虛空爲口說。須彌爲舌說，四方八面說。

十虛三際說，森羅萬象說。異口同音說，結角羅紋說。熾然無間說，說則不無。"

（二）畫蛇添足

鬼盡皆自救不了，是則一期方便，早是<u>畫蛇添足</u>。（《虛堂和尚語錄》卷四《雙林夏前告香普說》T47，p1014a06）

指法座，此普光明華藏師子之座，盡十方世界，無一人不大坐其中。茲者特地高升，正是<u>畫蛇添足</u>。（《元叟行端禪師語錄》卷一X71，p0514c04）

典出《戰國策・齊策二》："楚有祠者，賜其舍人巵酒。舍人相謂曰：'**數人飲之不足，一人飲之有餘；請畫地爲蛇，先成者飲酒。**'一人蛇先成，引酒且飲之；乃左手持巵，右手畫蛇，曰：'吾能爲之足。'未成，一人之蛇成，奪其巵曰：'蛇固無足，子安能爲之足！'遂飲其酒。"成語出自西晉陳壽《三國志・蜀書・張翼傳》："翼曰：'可止矣。不宜復進，進或毀此大功。'維大怒曰：'爲蛇畫足。'"蛇本無足還要另添蛇足，比喻做事節外生枝，多此一舉，不但無益，反而有害。《三國演義》第一一〇回："將軍功績已成，威聲大震，可以止矣。今若前進，倘不如意，正如畫蛇添足也。"禪宗喻指在澄明本心之外又附加了各種外在的修行之法，如同畫蛇添足，徒勞無益。明胡儼《續十二辰》詩："驪龍有珠常不睡，畫蛇添足適爲累。"禪籍中同義成語有"爲蛇畫足"與"蛇畫足"。宋處凝《白雲端和尚語錄》卷一："上堂，良久云：'早是爲蛇畫足了也。'下座。"《景德傳燈錄》卷十《池州靈鷲閑禪師》："池州靈鷲閑禪師謂眾曰：'是汝諸人本分事，若教老僧道即與蛇畫足，此是頓教諸上坐。'有僧便問：'與蛇畫足即不問，如何是本分事？'"

（三）桀犬吠堯

僧曰："何是境中人？"師云："<u>桀犬吠堯</u>。"（《建中靖國續燈錄》卷三《蘄州義臺子祥禪師》X78，p0655a13）

語本《戰國策・齊策六》："蹠之狗吠堯，非貴蹠而賤堯也，狗固吠其主也。"桀，夏朝最末一個君主，相傳是暴君；堯，唐堯，傳說中上古的賢君。夏桀的狗朝著唐堯亂叫，比喻身爲人臣僕或奴才，像桀所蓄養的狗一樣，只知道聽從主子的命令去咬人，不問誰惡誰善。舊喻各爲其主。亦作

"蹳犬吠堯"。禪師以此語警示僧徒心中尚未開悟，不辨善惡真偽。

（四）爲知己者喪身

問："如何是佛法大意？"師云："爲知己者喪身。"僧曰："爲什摩却喪身？"師云："好心無好報。"（《祖堂集》卷十二《禾山和尚》P.560）

語本《戰國策·趙策一》："豫讓遁逃山中，曰：'嗟乎！士爲知己者死，女爲悅己者容。吾其報知氏之讎矣！'"《史記·刺客列傳》："豫讓遁逃山中曰：'嗟乎，士爲知己者死，女爲說己者容。今智伯知我，我必爲報讎而死，以報智伯，則吾魂魄不愧矣。'"形容與友人情誼深厚，寧可爲其犧牲生命。禪宗暗喻修習佛法要有大無畏的精神，勇猛精進，拋棄世俗凡念。

（五）非父不生其子

師顧視大眾云："要識玄沙麼？平生心膽向人傾，相識還如不相識。"當時地藏和尚在座下，便出來道："某甲有口不啞，有眼不盲，有耳不聾，和尚作麼生接？"師云："非父不生其子。"（《大慧普覺禪師語錄》卷十四 T47，p0871c27）

語出《國語·晉語一》："辭曰：成聞之民生於三事之如一，父生之，師教之，君食之。非父不生，非食不長，非教不知，生之族也，故壹事之。"不是其父，不生其子。比喻事物間有因果聯繫，佛家喻指事物間互有因緣。

（六）百步穿楊

問："百步穿楊，中的者誰？"師曰："將軍不上便橋，金牙徒勞拈筈。"（《五燈會元》卷六《烏牙彥賓禪師》P.342）

語本《史記·周本紀》："楚有養由基者，善射者也。去柳葉百步而射之，百發而百中之。左右觀者數千人，皆曰善射。"形容射術非常高明。唐李涉《看射柳枝》詩："萬人齊看翻金勒，百步穿楊逐箭空。"禪宗形容禪思敏捷，能夠準確地理解禪悟之機。

（七）指鹿爲馬

上堂："道源不遠，性海非遙。但向己求，莫從他覓。古人與麼說話，大似認奴作郎，指鹿爲馬。"（《五燈會元》卷十七《保寧圓璣

法師》P.1126）

典出《史記·秦始皇本紀》："趙高欲爲亂，恐羣臣不聽，乃先設驗，持鹿獻於二世曰：'馬也。'二世笑曰：'丞相誤邪，謂鹿爲馬。'問左右，左右或默或言馬，以阿順趙高，或言鹿者，高因陰中諸言鹿（者），高因陰中諸言鹿者以法，後羣臣皆畏高。"趙高爲擾亂朝政，有意將馬說成是鹿。比喻故意顛倒是非，以錯爲真。後世沿用該成語，《後漢書·孝靈帝紀》："論曰：《秦本紀》說趙高誑二世，指鹿爲馬。"亦省作"指鹿"，宋蘇軾《驪山絕句三首》其二："幾變雕墻幾變灰，舉烽指鹿事悠哉。"禪籍謂不識事物本來面目，認假爲真。

（八）明修棧道，暗渡陳倉

當甚多年茗帚椿，明修棧道，暗渡陳倉。（《物初大觀禪師語錄》X69，0696b22）

棧道，古代在懸崖峭壁上鑿開石頭用木頭架起的道路。陳倉，古地名，在今陝西寶雞市東，爲古時的戰略要地。《史記·高祖本紀》中記載，劉邦用韓信的計策，從漢中出兵攻打項羽，表面上派兵修復棧道，暗地卻繞道陳倉，攻打關中。比喻表面伴裝做某事掩人耳目，實際另有所圖。禪宗比喻禪師不會直接言明禪旨佛理，而是繞路說禪，言在此而意在彼。

（九）只有受璧之心，且無割城之意

黃龍心云："雲門仰山只有受璧之心，且無割城之意。殊不知被這僧一時領過，黃龍今日更作死馬醫。"（《仰山慧寂禪師語錄》T47，p0585c16）

典出《史記·廉頗藺相如列傳》秦昭王欲騙趙國和氏璧之典。秦昭王想要得到趙國的和氏璧，便假裝答應用十五座城池作爲交換條件。俗語比喻言不由衷，心口不一。禪宗喻指禪師教化學人言在此而意在彼，不要從言語字面或行爲表面曲解師父的意圖。

（十）倒行逆施

亦乃自得受用，至於執佛祖柄，倒行逆施。（《劍關子益禪師語錄》X70，p0363c08）

語出《史記·伍子胥列傳》："吾日莫途遠，吾故倒行而逆施之。"司馬貞索引："譬如人行，前途尚遠，而日勢已莫，其在顛倒疾行，逆理施事，何得責吾順理乎！"《漢書·主父偃傳》："吾日暮，故倒行逆施之。"顏師古注："倒行逆施，謂不遵常理。"故意違背常規或事之情理。

（十一）當斷不斷，返遭其亂

> 上堂，云："黃蘗有時正路行，或時草裏走。汝等諸人，莫見錐頭利，失却鑿頭方。不見古者道：開不能遮，勾賊破家。<u>當斷不斷，返遭其亂</u>。"下座。(《黃龍慧南禪師語錄》T47，p0633a02)

語出《史記·春申君列傳》："太史公曰：吾適楚，觀春申君故城，宮室盛矣哉！初，春申君之說秦昭王，及出身遣楚太子歸，何其智之明也！後製於李園，旄矣。語曰：'當斷不斷，反受其亂'。春申之失朱英之謂耶？"應當作決斷的時候却猶豫未決，行事不果斷，反而會招致災禍。禪宗喻指面對禪機當下頓悟，不可滯礙於言辭義理。禪籍中又作"當斷不斷，反遭其亂""當斷不斷，返招其亂""當斷不斷，自招其亂"。《景德傳燈錄》卷十三《汝州風穴延沼禪師》："師云：'見什麼道理？'牧主云：'當斷不斷，返招其亂。'"《聯燈會要》卷六《趙州觀音從諗禪師》："五祖戒云：'正賊走了，邏蹤人吃棒。'又云：'南泉當斷不斷，返招其亂。'"《宏智禪師廣錄》卷四："十月旦上堂云：'開爐歲歲是今朝，暖氣潛通稱我曹。可惜丹霞燒木佛，翻令院主墮眉毛。諸禪德，院主只知飢來吃飯，且不知有許多般事。丹霞只知寒即向火，亦不知有許多般事。天童門下忽有個漢，恁麼出手，恁麼性燥，也與劈脊便打。爲甚麼如此？當斷不斷，反招其亂。'"《古尊宿語錄》卷四十《雲峰悅禪師初住翠巖語錄》："上堂：'德山入門便棒，臨濟入門便喝。看這兩個老漢一場敗闕。然則事不孤起，起必有因。翠岩不著便，蓋是爲眾竭力。你等諸人平地吃交，過在阿誰？'良久，云：'當斷不斷，反遭其亂。'驀拈挂杖一時趁下。"

（十二）明珠暗投

> 設使三平，以大地作一條挂杖打他，亦未免<u>明珠暗投</u>，反遭按劍。(《癡絕道沖禪師語錄》卷上 X70，p0055c20)

語本《史記·魯仲連鄒陽列傳》："臣聞明月之珠，夜光之璧，以闇投人於道路，人無不按劍相眄者。何則？無因而至前也。"比喻有才能的人得不到賞識和重用，或珍貴的東西落入不識貨的人手裏。禪宗喻指真如佛法即在眼前，但學人蒙昧不識。爲禪師批評僧徒語。

（十三）隨波逐浪

僧曰："唯將一摘曹溪水，四海爲霖報我皇。"師云："休要<u>隨波逐浪</u>。"（《建中靖國續燈錄》卷十《東京法雲寺圓通禪師》X78，p0700b20）

語本《史記·屈原賈生列傳》："屈原至於江濱，被髮行吟澤畔。顏色憔悴，形容枯槁。漁父見而問之曰：'子非三閭大夫歟？何故而至此？'屈原曰：'舉世渾濁而我獨清，衆人皆醉而我獨醒，是以見放。'漁父曰：'夫聖人者，不凝滯於物而能與世推移。舉世渾濁，何不隨其流而揚其波？衆人皆醉，何不餔其糟而啜其醨？何故懷瑾握瑜而自令見放爲？'""隨其流而揚其波"演化爲成語"隨波逐流"，比喻不思考對錯，盲目跟隨潮流，做事沒有主見。宋陳淳《北溪字義》卷上《志》："須是立志，以聖賢自期，便能卓然挺出於流俗之中，至不隨波逐浪，爲碌碌庸庸之輩。"明凌濛初《初刻拍案驚奇》卷二十五："自道品格勝人，不耐煩隨波逐浪，雖在繁華綺麗所在，心中常懷不足。"禪籍中作"隨波逐浪"，是"雲門三句"之一，比喻參禪悟道三種境界中的一種，代指隨機應變、不拘故常的應接方式。《碧巖錄》卷第一："雲門尋常一句中，須具三句：謂之函蓋乾坤句，隨波逐浪句，截斷衆流句。"《人天眼目》卷二《三句》："師示衆云：'函蓋乾坤，目機銖兩，不涉萬緣，作麼生承當？'衆無對。自代云：'一鏃破三關。'後來德山圓明密禪師，遂離其語爲三句，曰：'函蓋乾坤句，截斷衆流句，隨波逐浪句'。圓悟曰：'本真本空，一色一味，非無妙體，不在躊躇，洞然明白，則函蓋乾坤也。'又云：'本非解會，排疊將來，不消一字，萬機頓息，則截斷衆流也。'又云：'若許他相見，從苗辨地，因語識人，即隨波逐浪也。'"

（十四）一諾千金重

上堂云："大人具大見，大智得大用。一飛六月息，<u>一諾千金重</u>。"（《圓悟佛果禪師語錄》卷三 T47，p0727b13）

語本《史記·季布欒布列傳》："楚人諺曰：'得黃金百斤，不如得季布一諾。'"形容說話極有信用。唐李白《敘舊贈江陽宰陸調》詩："一諾許他人，千金雙錯刀。"

（十五）棄本逐末

有僧問："孛雲不假風雷便，迅浪如何透得身。"師曰："何得**棄本逐末**?"（《景德傳燈錄》卷二十二《福州仙宗院明禪師》T51，p0382a09）

師云："如是之法，亙古亙今，一切現前，不勞心力。上至諸佛，下及傍生。妙湛真如，恒常有異。蓋群情而**棄本逐末**，輾轉輪回。"（《建中靖國續燈錄》卷二十五《潤州金山龍遊寺佛鑒禪師》X78，p0795c09）

語出《漢書·食貨志下》："民心動搖，棄本逐末，耕者不能半，奸邪不可禁。"本指放棄農桑從事商業或其他商業。後比喻捨棄事物的根本而追求末節。形容沒有分清主次輕重。禪宗喻指不識自家佛性，卻要向外尋求真如佛法。禪籍中又作"棄本就末"。《虛堂集》卷二【二九】"韶山禮拜"："大抵理由言彰言不越理，因言會道以道明心。幸不以膠柱調，弦刻舟記劍。執妄迷真，棄本就末。故假言說而趣般若者此之謂也。"

（十六）繫風捕影

悉墮邪思，且無住真心，豈存名相及與處所。若欲以識心圖度，句義詮量，而求真實者，如**繫風捕影**，理可然乎。"（《宗鏡錄》卷三十一 T48，p0603a18）

語出《漢書·郊祀志下》："聽其言，洋洋滿耳，若將可遇；求之，盪盪如繫風捕景，終不可得。"比喻虛幻不實或無根據的猜測。又作"捕風捉影"，宋謝惠連《秋胡行》詩："繫風捕影，誠知不得。念彼奔波，意慮回惑。漢女焭忽，洛神飄揚。空勤交甫，徒勞陳王。"《朱子語類》卷六十九："若有一豪之不實，如捕風捉影，更無下功處，德何由進?"禪宗喻指追逐虛妄不實之物。

（十七）見利忘義

世之**見利忘義**，負大恩不報。（《元叟行端禪師語錄》卷七 X71，p0540c07）

語出《漢書·樊噲酈商等傳贊》："當孝文時，天下以酈寄爲賣友。夫賣友者，謂見利而忘義也。"見到私利而不顧道義。唐王勃《送劼赴太學序》："若意不感慨，行不卓絕，輕進苟動，見利忘義，雖上一階、履半級，何足恃哉！"《晉書·文明王皇后》："時鍾會以才能見任，后每言於帝曰：'會見利忘義，好事端，寵過必亂，不可大任。'"

（十八）臨川羨人取魚，不如歸家結網

> 六合英雄無限，幾個能知痛癢。<u>臨川羨人取魚，不如歸家結網</u>。（《禪宗頌古聯珠通集》卷十 X65，p0531b15）

語本《漢書·董仲舒傳》："古人有言曰：'臨淵羨魚，不如退而結網。'今臨政而願治七十餘歲矣，不如退而更化。"與其在水邊羨慕別人捕到了魚，不如回家自己織漁網。比喻美好的空想，不如切實的行動。漢劉安《淮南子·說林訓》："交畫不暢，連環不解，其解之不以解。臨河而羨魚，不如歸家織網。"禪宗喻指詢師問道，參悟佛經，不如返觀本心，進行自我修行，體現了禪宗的修行方式。

（十九）賞不避仇讎

> 師一日同僧遊山次。到開山和尚塔頭，僧云："見說開山便是黃巢。"師云："黃巢是草頭天子，爲什麼却作住山人？"僧云："忌辰也好與他設粥。"師不肯。自代云："<u>賞不避仇讎</u>。"（《明覺禪師語錄》卷四 T47，p0694c27）

讎，仇敵。唐韓愈《嗟哉董生行》："時之人夫妻相虐兄弟爲讎，食君之祿，而令父母愁。"語出漢班固《漢書·東方朔傳》："朔前上壽，曰：'臣聞聖王爲政，賞不避仇讎，誅不擇骨肉。'"論功獎賞不必計較對方是敵是友。形容公正公平，沒有偏倚。《資治通鑒》卷二十二《漢紀十四》："乃可其奏，哀不能自止，左右盡悲。待詔東方朔前上壽，曰：'臣聞聖王爲政，賞不避仇讎，誅不擇骨肉。'"

（二十）千聞不如一見

> 進云："一言才脫口，萬古落人間。"師云："<u>千聞不如一見</u>。"（《古林清茂禪師語錄》卷一 X71，p0216a10）

> 問："古人道：'北斗裏藏身'意旨如何？"師云："<u>千聞不如一見</u>。"（《建中靖國續燈錄》卷三《明州雪竇山資聖寺明覺禪師》X78，p0653b23）

語出《漢書·趙充國傳》："百聞不如一見，兵難隃度。臣願馳至金城，圖上方略。"耳朵聽聞的不如親見的可靠。《南史·蕭摩訶傳》："安都謂摩訶

曰：'卿驍勇有名，千聞不如一見。'摩訶對曰：'今日令公見之。'"禪宗
以此強調實踐的重要性，修禪習佛要親力親爲。禪籍中又作歇後語"千說
萬說，不如親面一見"，《五燈會元》卷十九《龍門清遠禪師》："上堂：
'千說萬說，不如親面一見。縱不說亦自分明。'"

（二十一）巢知風，穴知雨

> 上堂云："巢知風，穴知雨。靈利衲僧未可相許，若問如何，苦
> 哉佛陀參。"（《明覺禪師語錄》卷二 T47，p0684b27）

> 月旦上堂，兼謝紫巖長老。僧問："日月光天德，山河壯帝居。
> 學人上來，請師祝聖。'師云：'巢知風，穴知雨。"（《虛堂和尚語錄》
> 卷九 T47，p1055b24）

語出《漢書‧翼奉傳》："臣奉竊學齊詩，聞五際之要，《十月之交》篇，
知日蝕地震之效，昭然可明，猶巢知風，穴知雨，亦所不多，適所習耳。"
本指巢居的動物知道什麼時候起風，而穴居的動物則對下雨很敏感，能夠
預測到雨水將至，比喻經常處於某種環境中可以預知將要發生的事情。禪
師用此古諺意在說明平常心是道的禪理。一切玄妙的佛法大意都蘊含在自
然事物之中。禪籍中又作"巢居知風，穴居知雨"，《法昌倚遇禪師語錄》：
"上堂云：'欲識佛性義，當觀時節因緣。巢居知風，穴居知雨。燕去雁
來，寒暑更互。'"

（二十二）負義忘恩

> 昔年曾扣睦州關，負義忘恩當等閑，見說吳音俱變盡，語言渾似
> 廣南蠻。（《虛堂和尚語錄》卷五 T47，p1022c14）

語本《漢書‧張敞傳》："舜本臣敞素所厚吏，數蒙恩貸，以臣有章劾當
免，受記考事，便歸臥家，謂臣'五日京兆'，背恩忘義，傷化薄俗。"忘
記別人對自己的恩情好處，做出對不起別人的事情。後世沿用，元關漢卿
《調風月》第一折："一個個背槽拋糞，一個個負義忘恩。"又作"忘恩負
義"，元劉唐卿《白兔記》第三十一出："繼母堂前多快樂，却交親母受孤
棲，爹爹，忘恩負義非君子，不念糟糠李氏妻。"

（二十三）雷門之下，布鼓難鳴

> 云："還許學人進向也無？"曰："踏地告虛空。"云："雷門之下，
> 布鼓難鳴。"（《嘉泰普燈錄》卷三《紹興府姜山方禪師》X79，

p0306a23）

　　問：“透過三級浪專聽一聲雷。”曰：“伸手不見掌。”云：“還許學人進向也無？”曰：“蹋地告虛空。”云：“雷門之下，布鼓難鳴。”（《正法眼藏》卷一下 X67，p0577b10）

語本《漢書·王尊傳》：“尊（王尊）曰：‘毋持布鼓過雷門。’”顏師古注曰：“雷門，會稽城門也，有大鼓，越擊此鼓，聲聞洛陽，故尊引之也。布鼓，謂以布爲鼓，故無聲。”在雷門大鼓前鳴布鼓，比喻妄誇其能，自不量力。

（二十四）蓬頭垢面

　　謙有出山相贊曰：“蘆膝鵲巢成底事，蓬頭垢面出山來。若言悟道今成佛，當甚街頭破草鞋。”（《雲臥紀譚》卷下 X86，p0676c06）

語本《漢書·王莽傳上》：“世父大將軍鳳病，莽侍疾，親嘗藥，亂首垢面，不解衣帶連月。”頭髮蓬亂，面有污垢，形容人外表不整潔。《魏書·封軌傳》：“君子整其衣冠，尊其瞻視，何必蓬頭垢面，然後爲賢。”

（二十五）告往知來

　　上堂：“一舉不再說，已落二三。相見不揚眉，翻成造作。設使動弦別曲，告往知來。見鞭影便行，望刹竿回去。腳跟下好與三十棒，那湛更向這裏撮摩石火，收捉電光。工夫枉用渾閒事，笑倒西來碧眼胡。”（《嘉泰普燈錄》卷十六《隆興府谷山海禪師》X79，p0389c07）

告訴過去就能推知將來尚未發生之事。《漢書·敘傳下》：“世代實寶，光演文武，《春秋》之占，咎徵是舉。告往知來，王事之表。”《朱子語類》卷三十四：“‘舉一隅以三隅反，只是告往知來否？’曰：‘只是凡方者，一物皆有四隅。’”禪宗形容學人思維敏捷，稍加點撥便能契合禪機。

（二十六）不入虎穴，不得虎子

　　南岳云：“若以成壞聚散而見道者非也，馬祖於是泮然無疑所謂不入虎穴，不得虎子。”（《大慧普覺禪師語錄》卷十四 T47，p0871a15）

語本漢劉珍《東觀漢記·班超傳》：“（超）激怒曰：‘不探虎穴，不得虎子……鄯善破膽，功成事立也。’”《後漢書·班超傳》：“官屬皆曰：‘今在危亡之地，死生從司馬。’超曰：‘不入穴不得虎子。當今之計，獨有因夜以火攻虜，使彼不知我多少，必大震怖，可殄盡也。"唐代爲避李淵父親李虎的名諱，改作"不入獸穴，不得獸子"。比喻不冒風險就難以成功。禪師以此語鼓勵學人參禪學法要勇猛精進，否則難以求得至高之法。禪籍中又作"不入虎穴，爭得虎子""不入虎穴爭奈虎子"。《應庵曇華禪師語錄》卷二："師云：'遵布衲當時若是個漢，待佗道浴那個不得，便拈杓子劈面擲。雖然，也不得屈藥山。何故？不入虎穴，爭得虎子。'"《偃溪廣聞禪師語錄》卷上："入林不動草，入水不動波。無異狐狸渡水，有甚快活。直下掀翻大海，要覓知音。喝散白雲，始張意氣。何也？不入虎穴，爭得虎子。"《佛果擊節錄》卷下【九四】"雪峰古鏡"："'峰爲人在什麼處看他三聖作家？'云：'一千五百人善知識，話頭也不識。他頂門具眼，用本分作略。大丈夫漢須至恁麼，不入虎穴，爭奈虎子。'"

（二十七）畫餅不可充飢

> 遂歸寮，將平日看過底文字，從頭檢尋，無一句可將酬對，乃自歎云："畫餅不可充飢。"（《聯燈會要》卷八《鄧州香嚴智閑禪師》X79，p0076c11）

語本《三國志·魏書·盧毓傳》："選舉莫取有名，名如畫地做餅，不可啖也。"用畫在地上的餅來充飢，比喻徒有虛名而無益於實。禪宗用以比喻語言文字無法準確地解說佛法禪旨。禪籍另有成語"畫餅充飢"，比喻言用辭義理解說佛法不過是虛假之像，實際并沒有獲得開悟。《五燈會元》卷十七《開先行瑛禪師》："上堂：'談玄說妙，譬如畫餅充飢。入聖超凡，大似飛蛾赴火。一向無事，敗種焦芽。更若馳求，水中捉月。'"《虛堂和尚語錄》卷一："冬至小參：'天寒人寒，針頭削鐵。滴水滴凍，畫餅充飢。'"

（二十八）千鈞之弩，不爲鼷鼠而發機

> 時有人問："忽遇時如何？"師云："千鈞之弩，不爲奚鼠而發機。"（《祖堂集》卷十八《趙州和尚》P.790）

> 問："如何是臨濟一喝？"師云："千鈞之弩，不爲鼷鼠發機。"（《天聖廣燈錄》卷十三《汝州西院思明禪師》X78，p0484a22）

弩，弓的一種，利用機械發力。鼷鼠，鼠類的一種，體形最小。《左傳·成公七年》："七年春，王正月，鼷鼠食郊牛角，改卜牛。鼷鼠又食其角，

乃免牛。"俗語本自《三國志·魏書·杜襲傳》:"臣聞千鈞之弩,不爲鼷鼠發機,萬石之鐘,不以莛撞起音。"有千鈞力量的弩不會爲了射殺一隻鼷鼠而放箭,意義與"殺雞用牛刀"同,比喻不必爲小事情大動干戈。禪宗以"千鈞之弩"喻指名師大德解說佛法。禪師常以此語拒絕回答僧徒的提問,暗示僧徒佛理禪旨無法用語言解說。禪籍中又作"千鈞之弩發機,豈爲鼷鼠""不爲鼷鼠發機"。《明覺禪師語錄》卷一:"問:'翠峰一箭已射雪竇,雪竇一箭當射何人?'師云:'不爲鼷鼠發機。'"《聯燈會要》卷十六《成都府昭覺克勤禪師》:"示眾云:'萬仞崖頭撒手,要須其人。千鈞之弩發機,豈爲鼷鼠。'"

(二十九) 對答如流

> 如是,不足二三年間,眾上數百,凡應機接物,<u>對答如流</u>。(《祖堂集》卷十五《大梅和尚》P.674)

> 在潙山眾中時,擊論玄猷,時稱"禪匠"。前後數數扣擊潙山,問難<u>對答如流</u>。(《祖堂集》卷十九《香嚴和尚》P.827)

語本《後漢書·李膺傳》(《七家後漢書》輯本):"(孔融)後與膺談論百姓經史,應答如流,膺不能下之。"答話敏捷順暢,像流水一樣。形容口才好。唐黃滔《龜洋靈感禪院東塔和尚碑》:"和尚蓋行高而言寡,是日對答如流。"

(三十) 命似懸絲

> 師有十二時偈:半夜子,<u>命似懸絲</u>猶未許。因緣契會剎那間,了了分明一無氣。(《祖堂集》卷十一《雲門和尚》P.513)

語本《後漢書·鄧訓傳》:"今張紆失信,眾羌大動,經常屯兵,不下二萬,轉運之費,空竭府帑,涼州吏人,命縣絲髮。"生命就像掛在一根絲線上,形容生命處於十分危險的境地。禪宗喻指在機鋒較量中處於將要落敗的危險境地。禪籍中又作"命如懸絲""命若懸絲"。《祖堂集》卷二《第三十三祖惠能和尚》:"昔吾師有言,從吾後若受此衣,命如懸絲。吾以道化,不可損汝。"《嘉泰普燈錄》卷六《紹興府象田梵卿禪師》:"上堂:'佛法到此,命若懸絲。異目超宗,亦難承紹。'"

(三十一) 覆水難收

> 問:"如何是天龍一句?"師云:"伏汝大膽。"進曰:"與摩則學人

退一步。"師云:"覆水難收。"(《祖堂集》卷十《鏡清和尚》P.470)

公見,援筆題曰:"我心之憂,日月如流。仰箭必墜,覆水難收。"(《嘉泰普燈錄》卷二十三《教授謝鳳居士》X79,p0431a05)

語出《後漢書·何進傳》:"國家之事,亦何容易!覆水不可收。宜深思之。"比喻事成定局,難以挽回。後以"覆水難收"比喻事成定局,难以挽回。唐李白《妾薄命》詩:"雨落不上天,覆水難再收;君情與妾意,各自東西流。"禪師以此語否定學人的回答,認爲其言說有誤,錯誤已犯就無法挽回。

(三十二)聞名不如見面

佛心禪師忌日拈香:"白鶴五通賢聖,瞥喜瞥嗔無定。聞名不如見面,見面依然錯認。"(《大川普濟禪師語錄》X69,p0760a17)

僧問:"如何是佛?"曰:"聞名不如見面。"(《嘉泰普燈錄》卷二十四《蜀中仁王欽禪師》X79,p0438c22)

問:"未見天衣時如何?"師云:"聞名不如見面。"(《建中靖國續燈錄》卷九《舒州山谷三祖會禪師》X78,p0696c20)

語出《北史·列女傳》:"母曰:'吾聞聞名不如見面,小人未見禮教,何足責哉!'"聽到他的名聲,不如見到他本人更加真實可信。強調凡是應當親眼目睹,親自體會才更加真實可靠。本爲中古時常用俗語,用於見面時的客套話,表示見面後比聽聞聲名更加令人欽佩。禪宗喻指參禪悟佛通過語言文字等外在方便之門不如澄明本心,向自己的內心尋求真如佛法。

(三十三)狗尾續貂

上堂舉,圓通秀和尚示眾云:"林九年冷坐,剛被神光覷破。如今玉石難分,只得麻纏紙裹。這一個那一個更一個,若是明眼人,何須重說破?"師云:"徑山今日不免狗尾續貂,也有些子。老胡九年話墮,可惜當時放過。致令默照之徒,鬼窟長年打坐。這一個那一個更一個,雖然苦口叮嚀,却似樹頭風過。"(《大慧普覺禪師語錄》卷六 T47n1998Ap0836b02)

語本《晉書·趙王倫傳》:"其餘同謀者咸超階越次,不可勝紀,至於奴卒廝役亦加以爵位。每朝會,貂蟬盈坐,時人爲之諺曰:'貂不足,狗尾續。'"本指封官太濫。後比喻以壞續好,前後內容優劣不相稱。

（三十四）家破人亡

問："迷子歸家時如何?"師云："<u>家破人亡</u>,子歸何處?"（《祖堂集》卷七《夾山和尚》P. 331)

問："學人擬歸鄉時如何?"師曰："<u>家破人亡</u>,子歸何處?"（《景德傳燈錄》卷十六《澧州樂普山元安禪師》T51，p0331c26)

語本《晉書・溫嶠傳》："會琨爲段匹磾所害,嶠表琨忠誠,雖勳業不遂,然家破身亡,宜在襃崇,以慰海內之望。"形容家園被毀壞,人遭死亡。元鄭廷玉《布袋和尚忍字記》第三折："我早知道他有妻孥引入銷金帳,我肯把金銀船沉入那驚人浪?他剗地抱子攜男,送的我家破人亡。"《紅樓夢》一〇三回："你們不是常和姑娘說,叫他別受委屈,鬧得他們家破人亡,那時將東西卷包兒一走,再配一個好姑爺。"禪宗喻指忘却心中一切妄情俗念,進入空無一物、萬物皆亡的境界。

（三十五）迅雷不及掩耳

舉："僧問五祖:'一大藏教是個切腳,未審切那個字?'祖云:'八囉娘。'"師云："<u>迅雷不及掩耳</u>。"（《圓悟佛果禪師語錄》卷十六 T47，p0790a20)

又一重僧問："釋迦掩室,淨名杜詞。以至諸方橫拈倒用,總是撩鉤搭索。畢竟直截一句,作麼生道?"師云："<u>迅雷不及掩耳</u>。"（《密庵和尚語錄》T47，p0970b09)

語出《晉書・石勒載記上》："出其不意,直沖末杯帳,敵必震惶,計不及設,所謂迅雷不及掩耳。"比喻事情或動作來得突然,沒有絲毫防備。清平步青《霞外攈屑・掌故・陳侍御奏摺》："迅雷不及掩耳,最爲制勝要訣,亦何至一敗之後,絕口不言兵。"禪宗用以形容禪機迅捷,不容擬議。禪師常以此語暗示僧徒要當下頓悟。禪籍中又作"疾雷不及掩耳",《宏智禪師廣錄》卷八："印泥印空印水,疾雷不及掩耳。豁然樓閣門開,消得輕輕彈指。"

（三十六）晉帝斬嵇康

問："向上一路,千聖不傳。未審是什摩人則能傳得?"師云："千聖也疑我。"僧云："莫便是傳底人無?"師云："<u>晉帝斬嵇康</u>。"（《祖堂集》卷十一《齊雲和尚》P. 523)

《晉書‧嵇康傳》載晉帝因聽信鍾會之言，認爲嵇康"害時亂政"，終而斬殺嵇康。臨刑前，嵇康奏《廣陵散》，此曲不爲他人所會，嵇康一死，《廣陵散》也隨他而消逝。"康將刑東市，太學生三千人請以爲師，弗許。康顧視日影，索琴彈之，曰：'昔袁孝尼嘗從吾學《廣陵散》，吾每靳固之。《廣陵散》於今絕矣。"俗語"晉帝斬嵇康"以《廣陵散》絕世不傳，比喻事物絕滅，不復存在。禪宗以此語暗示"向上一路"的佛法無人可傳，打破僧徒對佛祖的迷信執著。

（三十七）聲東擊西

後來大慧因普說，<u>聲東擊西</u>，薄有所議。（《虛堂和尚語錄》卷四 T47，p1016b08）

謝日東山垠方庵上堂："相逢不拈出，猶是東山左邊底。舉意便知有，又是方庵外邊事。南山快便難逢，<u>聲東擊西</u>，持方入圓。"（《偃溪廣聞禪師語錄》卷上 X69，p0736c24）

語出《通典‧兵六》："聲言擊東，其實擊西。"表面上攻打的是東面，實際攻打的是西面，比喻說話行事變幻莫測。

（三十八）衣錦還鄉

師與待制王公論道，畫一圓相，問曰："一不得匹馬單槍，二不得<u>衣錦還鄉</u>。鵲不必喜，鴉不必殃。速道，速道。"公罔措。（《建中靖國續燈錄》卷四《舒州浮山圓鑒禪師》X78，p0662b22）

語出《梁書‧柳慶遠傳》："高祖餞於新亭，謂曰：'卿衣錦還鄉，朕無西顧之憂矣。"指富貴後穿著華麗的衣服回到故鄉，有向親友鄉里炫耀的意思。唐尚顏《送陸肱入關》詩："衣錦還鄉日，他時有此榮。"禪籍中又作"衣錦歸鄉""衣錦還家"。《古尊宿語錄》卷十《汾陽昭禪師語錄》："上堂云：'第一，單槍甲馬。第二，甲馬單槍。第三，撒星排陣。第四，衣錦歸鄉。"《古尊宿語錄》卷二十《舒州白雲山海會演和尚初住四面山語錄》："若無者個腸肚，如何衣錦還家？"

（三十九）隨機應變

衲僧行處，不在東西，遇緣即宗，<u>隨機應變</u>。（《無準師範禪師語錄》卷一 X70，p0225b09）

又藥山雖解<u>隨機應變</u>，爭奈通身泥水，笑倒傍觀。當時若知主丈

用事，非惟令行院主，直須一眾萬里崖州。(《希叟紹曇禪師廣錄》卷
五 X70，p0456b18)

語出《舊唐書·郭孝恪傳》："請固武牢，屯軍氾水，隨機應變，則易爲克
殄。"形容根據時機和情況的變化而靈活應付。禪宗指不拘泥於一，隨機
緣不同而領悟禪旨。

（四十）笑裏藏刀

這漢沒量罪過，不合引惹措大，被渠笑裏藏刀，殺却吾祖達磨。
［《大慧普覺禪師語錄》卷十二《李參政請贊（漢老）》T47，p0860b24］

語出《舊唐書·李義府傳》："義府貌狀溫恭，與人語必嬉怡微笑，而褊忌
陰賊。既處權要，欲人附己，微忤意者，輒加傾陷。故時人言義府笑中有
刀。"唐白居易《新樂府·天可度》："君不見：李義府之輩笑欣欣，笑中
有刀潛殺人。"指人表面十分和善但內心却陰險惡毒。形容表裏不一，暗
藏險惡用心。禪宗形容溫和言語作略中暗藏峻烈的機鋒。禪籍中又作"笑
裏有刀"，《宏智禪師廣錄》卷二："昭云：'更使潙山笑轉新，疏於言下有
省。'乃云：'潙山元來笑裏有刀。'頌曰：'藤枯樹倒問潙山，大笑呵呵豈
等閒。笑裏有刀窺得破，言思無路絕機關。'"《嘉泰普燈錄》卷二十《鎮
江府焦山或庵師體禪師》："師曰：'這個公案，天下老宿拈掇，多第恐皆
未盡善，焦山不免四棱著地。與諸人分明注解一遍，如何是踞地師子？
咄，如何是金剛王寶劍？咄，如何是探竿影草？咄，如何是一喝不作一喝
用？咄，若也未會，拄杖子與焦山吐露看。'卓一下，曰：'笑裏有刀。'"

（四十一）當局者迷，傍觀者哂

拶破面門，磕傷額角。不免教人點檢道：當局者迷，傍觀者哂。
(《空谷集》卷六【八一】"答麻三斤"X67，p0314c23)

遂召云："闍梨爲甚麼却顛倒？這僧遭此腦後一槌，去却三魂鑽
了七魄。報導甚麼處是學人顛倒處？端的是當局者迷，傍觀者哂。"
(《虛堂集》卷二【十九】"洞山鳥道"X67，p0334c06)

語出《舊唐書·元行沖傳》："客曰：'當局稱迷，旁觀見審，累朝銓定，
故是周詳，何所爲疑而不申列？'"《新唐書·元行沖傳》中作"當局稱迷，
旁觀必審"。哂，譏笑。當局者，當事人。當事人往往迷糊不清，反而不
如旁觀者清醒。禪籍中又作"傍觀者哂，當局者迷"，《宏智禪師廣錄》卷

一：“上堂云：‘恰恰無綾縫，明明不覆藏。鷲嶺豈傳迦葉，少林那付神光。現成處處合頭句，具足人人知見香。虛空說法森羅聽，不掛唇皮解舉揚。諸禪德，十二時中，直是滿眼滿耳了也。還體悉得麼？’良久云：‘傍觀者晒，當局者迷。’”另有成語“當局者迷”。《從容庵錄》卷五【八一】“玄沙到縣”：“夜壑藏舟，衲子難謾。澄源著桌，肯墮死水。龍魚未知水爲命，當局者迷。”《虛堂集》卷二【十九】“洞山鳥道”：“僧云：‘甚麼處是學人顛倒處？當局者迷。’”

三、來源於諸子著作

這裏所說的諸子著作包括先秦諸子百家的著作、歷代文人筆記以及醫學、算數、天文曆法等專門類書。

（一）天長地久

問：“至道無難，唯嫌揀擇。如何得不揀擇去？”師云：“天長地久，日諸月餘。”（《汾陽無德禪師語錄》卷上 T47，p0599c25）

僧問：“宗乘一唱，三藏絕詮。祖令當行，十方坐斷。報恩一句作麼生道？”師云：‘天長地久無餘事，萬年長祝聖明君。’”（《圓悟佛果禪師語錄》卷七 T47，p0742b21）

語本《老子》第七章：“天長地久，天地所以能長且久者，以其不自生，故能長生。”形容時間久遠。唐白居易《浩歌行》詩：“天長地久無終畢，昨夜今朝又明日。”

（二）大巧若拙

宣傳吾真，吾爲宣說。眨上眉毛，大巧若拙。（《大慧普覺禪師語錄》卷十二《用宣禪人請贊》T47，p0861b23）

上堂舉：“僧問智門和尚：‘如何是佛？’門云：‘踏破草鞋赤腳走。’‘如何是佛向上事？’門云：‘拄杖頭上挑日月。’”師云：“踏破草鞋赤腳走，拄杖頭上挑日月。智門真得祖家風，放出雲門廣長舌。大智如愚，大功若拙。用盡工夫參不徹，莫於平地上增堆，休向虛空裏釘橛。”（《宏智禪師廣錄》卷四 T48，p0045a25）

語本《老子》四十五章：“大直若屈，大巧若拙，大辯若訥。”內心真正聰慧靈巧之人，不自誇善，反而在外表上表現得木訥笨拙。意義與“大智若愚”同。

（三）出生入死

　　至二十八日夜，主事及三堂上座參省，師顧視云："汝等在此，粗知遠近。生死尋常，勿以憂慮。斬釘截鐵，莫違佛法。<u>出生入死</u>，莫負如來。事宜無多，人各了取。"（《祖堂集》卷八《雲居和尚》P. 372）

語出《老子》第五十章："出生入死，生之徒十有三，死之徒十有三。"王弼注："出生地，入死地。"《韓非子·解老》："人始於生而卒於死。始謂之出，卒謂之入。故曰：出生入死。"成語謂從出生到死去。

（四）天網恢恢，疏而不漏

　　鐘在扣轂受響，池印月鏡含像。曾非展事投機，豈是預搔待癢。點鐵成金舉直措枉，一箭雕一雙，一摑血一掌。君不見<u>疏而不漏</u>兮<u>恢恢天網</u>。（《圓悟佛果禪師語錄》卷十九 T47，p0802b24）

　　云："山雉枉遭傷，此意如何？"師云："<u>天網恢恢，踈而不漏</u>。"（《古尊宿語錄》卷二十三《汝州葉縣廣教（歸）省禪師語錄》X68，p0153b16）

語出《老子》第七十三章："天網恢恢，疏而不失。"踈，同"疏"。謂天道大如網，可以覆蓋一切，沒有遺漏。禪宗謂佛法禪旨廣大無邊，沒有餘漏。禪籍中又作成語"天網恢恢"，《明覺禪師語錄》卷二："因雪示眾云：'頭上皚皚腳下皚皚，金色尊者獨上高臺。開眼造罪合眼受災。如何如何天網恢？'"《續古尊宿語要》集二："因雪示眾：'頭上皚皚，腳下皚皚。金色尊者，獨上高臺。開眼造罪，合眼受災。如何如何？天網恢恢。'"

（五）生我者父母，成我者朋友

　　大師又勸學徒曰："……故云：'<u>生我者父母，成我者朋友</u>'。親於善者，如霧裏行。雖不濕衣，時時有潤。蓬生麻竹，不扶自直。白砂在泥，與之俱黑。一日爲師，終世爲天。一日爲主，終身爲父。玉不琢不成器，人不學不知道。"（《祖堂集》卷六《洞山和尚》P. 306）

語本《列子·立命》："鮑叔不以我爲恥，知我不羞小節，而恥名不顯於天下也。生我者父母，知我者鮑叔也！"《史記·管晏列傳》載管仲少與鮑叔遊，管仲自言："生我者父母，知我者鮑子也。"使我生於世間的是我的父母，使我有所成就的是我的朋友，強調結交友人的重要性。世俗文獻，根據需要對俗語有所變動，《獻徵錄》淮之諺語曰："生我者父母，活我者巡撫。"（《明史考證捃逸》卷十三《王竑傳》之"頌聲大作"條，清望頌蔚撰，見張舜徽主編《二十五史三編》第九分冊，岳麓書社，1994年，第327頁。）

（六）暮四朝三

東林照覺頌云："百非四句絕無言，黑白分明定正偏。"萬松道："暮四朝三，妄生喜怒。"（《從容庵錄》卷一【六】"馬祖白黑"T48，p0231a03）

語本《莊子·齊物論》："狙公賦芧，曰：'朝三而暮四。'衆狙皆怒。曰：'然則朝四而暮三。'衆狙皆悅。"本謂只變名目，不變實質以欺人。後以喻變化多端或反覆無常。禪宗喻指不能澄明本心，被各種外物雜染。

（七）良醫之門，病者愈衆／良醫之門，病者愈甚／良醫之門多病人／良醫之門足病人／良醫之門，藥多病甚

自古自今，其奈爐韛之所，鈍鐵猶多。良醫之門，病者愈甚。瘥病須求靈藥，銷頑必藉金錘。（《嘉泰普燈錄》卷二《隆興府法昌倚遇禪師》X79，p0299c02）

上堂，拈拄杖，示衆云："德山棒如雨點，一棒棒痛徹骨髓。臨濟喝似雷奔，一喝喝轟破髑髏。有般漢，聞恁麼舉，如風過樹。然則良醫之門，病者愈衆。天童更作死馬醫。"卓拄杖一下，喝一喝，下座。（《癡絕道沖禪師語錄》卷上X70，p0047a13）

語本《莊子·人間世》："（顏回）曰：'……回嘗聞之夫子曰："治國去之，亂國就之，醫門多疾。"'"又《荀子·法行篇》："子貢曰：'君子正身以俟，欲來者不距，欲去者不止。且夫良醫之門多病人，檃栝之側多枉木，是以雜也。'"良醫醫術高明，求救的病人愈多。禪宗比喻道法高明，善於應機接人的禪師，其求道者愈多。禪籍中又作"良醫之門，病者愈甚""良醫之門多病人""良醫之門足病人""良醫之門，藥多病甚"。《應庵曇華禪師語錄》卷二："上堂：'盡大地無一粟米大，十有九個，刺頭入膠盆。有般瞎漢，只管說照用同時，人境俱奪。蓋爲爐韛之所，鈍鐵尤多。良醫之門，病者愈甚。報恩更作死馬醫，未免撞入漆桶隊裏。'"《嘉泰普燈錄》卷十《東京天寧長靈守卓禪師》："上堂曰：'三千劍客，獨許莊周，

爲甚麼跳不出？良醫之門多病人，因甚麼不消一劑？已透關者，更請辨看。'"《虛堂和尚語録》卷二："復舉：'當山善慧大士，因遇天竺嵩頭陀曰："我與汝毗婆尸佛所發誓，今兜率天宮衣鉢現在，何日當還？"命大士，臨水觀形。見圓光寶蓋，大士謂之曰："爐鞲之所多鈍鐵，良醫之門足病人。"'"《偃溪廣聞禪師語録》卷上："結夏上堂：'如來圓覺，三月安居。良醫之門，藥多病甚。萬壽通汝活路。'"

（八）續鳬截鶴

示衆云："聞聲悟道，何異緣木求魚。見色明心，大似迷頭認影。諸仁者，不用**續鳬截鶴**。"（《聯燈會要》卷二十八《荊門軍玉泉承浩禪師》X79，p0245b16）

又曰："諸法不異者，不可**續鳬截鶴**，夷嶽盈壑，然後爲無異者哉。但長者長法身，短者短法身，是法住法位，世間相常住。"（《禪林僧寶傳》卷二《韶州雲門大慈雲弘明禪師》X79，p0495c23）

語出《莊子·駢拇》："長者不爲有餘，短者不爲不足。是故鳬脛雖短，續之則憂；鶴脛雖長，斷之則悲。"王叔之疏："鳬，小鴨也。鶴，鴰之類也。脛，腳也。自然之理，亭毒衆形，雖復脩短不同，而形體各足稱事，咸得逍遙。"鳬，野鴨。爲了使野鴨的腿變長，截取鶴的腿來補足，比喻行事違背事物的自然規律和本質屬性。禪師常以此語告誡僧徒參禪習佛要順應事物的自然屬性。禪籍中又作"截鶴續鳬"，《拈八方珠玉集》卷上："佛鑒救得死蛇再活，終不解咬人，何故？截鶴續鳬，轉增酸苦。然雖如是，山僧因事長智。"禪籍中有同義俗語"鶴脛長，鳬脛短""鳬脛長，鶴脛短""鶴脛自長，鳬脛自短"。《景德傳燈録》卷二十五《漳州羅漢院守仁禪師》："師次住漳州報恩院，謂衆曰：'報恩遮裏不曾與人揀話，今日與諸上座揀一兩則話，還願樂麼？諸上座鶴脛長，鳬脛短。甘草甜，黃檗苦，恁麼揀辨還愜雅意麼？諸上座莫道血脈不通泥水有隔好，且莫錯會。珍重。'"《古林清茂禪師語録》卷二："上堂：'一夏九十日，今朝又過半。一句沒商量，大家著眼看。南斗七北斗八，鳬脛長，鶴脛短。會麼？從來驀直爲人，不比諸方擔板。'"《聯燈會要》卷二十七《漳州羅漢守仁禪師》："示衆云：'報恩這裏，不曾與人揀話。今日與上座，揀一兩則，還願樂麼？諸上座，鶴脛自長，鳬脛自短。'"

（九）井底蝦蟆吞却月

　　襄州白馬山行靄禪師，僧問："如何是清淨法身？"師曰："井底蝦蟆吞却月。"（《五燈會元》卷八《白馬行靄禪師》P.493）

語本《莊子·秋水》："北海若曰：'井黿不可以語於海者，拘於虛也。'"《後漢書·馬援傳》："（馬援）因辭歸，謂囂曰：'子陽井底蛙耳，而妄自尊大，不如專意東方。'"比喻眼界狹窄，知之甚少。禪籍中又作"井底蝦蟆"，《五燈會元》卷十《雲蓋用清禪師》："僧問：'如何是鎖口訣？'師曰：'遍天遍地。'曰：'恁麼則石人點頭，露柱拍手去也。'師曰：'一缾淨水一爐香。'曰：'此猶是井底蝦蟆。'"

（十）邯鄲學步

　　示眾云："向上一路，衲僧罔措。求妙求玄，邯鄲學步。"（《聯燈會要》卷十五《鄂州黃龍智明禪師》X79，p0133c02）

　　點污人間閑紙墨，紙因五葉一花開。看他次第傳芳去，總是邯鄲學步來。（《率庵梵琮禪師語錄》X69，p0660b08）

語本《莊子·秋水》："且子獨不聞夫壽陵餘子之學行於邯鄲與？未得國能，又失其故行矣，直匍匐而歸耳。"比喻盲目效仿他人，效仿不成反把自己的長處丟了。禪宗比喻人人自有佛性，反向外馳求，求佛不成却迷失了澄明本心。禪籍中另有慣用語"邯鄲學唐步"。

（十一）郢人無汙，徒勞運斤

　　僧問："心法雙亡指歸何所？"師曰："郢人無汙，徒勞運斤。"（《景德傳燈錄》卷七《京兆府章敬寺懷惲禪師》T51，p0252b29）

典出《莊子·徐無鬼》："郢人堊慢其鼻端，若蠅翼，使匠石斲之。匠石運斤成風，聽而斲之，盡堊而鼻不傷。"郢人的鼻子沒有被污染，揮舞斧頭不過是徒勞費力。比喻根據具體情況採取行動，不要盲目行事，勞爾無功。禪家喻指不當的修禪行爲只是徒勞費力，毫無所獲。

（十二）得魚忘筌，得兔忘蹄

　　眾生說者文語非義，得意者越於浮言。悟理者超於文字，法過語言文字，何向數句中求？是以發菩提者得意而忘言，悟理而遺教，亦猶得魚忘筌，得兔忘蹄也。（《景德傳燈錄》卷二十八《越州大珠慧海和尚》T51，p0443c10）

語出《莊子·外物》："筌者所以在魚，得魚而忘筌；蹄者所以在兔，得兔
而忘蹄。"筌，捕魚器具。捕到了魚就忘記筌，抓到了兔子就忘記了兔子
的蹄印。比喻達到目的便忘記憑藉。禪宗喻指語言只是幫助修習佛法的方
便法門，一旦獲得了開悟，就應將用來解說佛法的語言忘記，語言終究不
是佛法本身。禪籍中另有成語"得魚忘筌"。《黃檗山斷際禪師傳心法要》：
"只爲世人不識迷在情中，所以諸佛出來說破此事，恐汝諸人不了。權立
道名，不可守名而生解。故云'得魚忘筌'。"《大慧普覺禪師語錄》卷二
十四："當知讀經看教，博極群書。以見月亡指，得魚亡筌，爲第一義。"

（十三）得意忘言

曰："佛之與道，只是名字，何不引教?"上座曰："教道什麼?"
師曰："得意忘言。"（《祖堂集》卷六《洞山和尚》P. 305）

三玄三要事難分，得意忘言道易親。（《汾陽無德禪師語錄》卷上
T47，p0597b07）

語出《莊子·外物》："言者所以在意，得意而忘言。"已經領會意旨，就
不再需要表意的言辭。禪師以此語暗示僧徒擺脫語言文字、經教言辭的束
縛，進行自參自悟，是禪宗推崇的修行方式。禪籍中又作"忘言得意"。
《普庵印肅禪師語錄》卷一："儒教詩三百，一言以蔽之。三門則似網求
魚，達了者忘言得意。"

（十四）日出而作日入而息

春耕種，形足以勤勞。秋收斂，形足以休食。日出而作，日入而
息，逍遙于天地之間而心意自得。（《空谷集》卷六【九六】"德山上
堂"X67，p0320a19）

語出《莊子·讓王》："日出而作，日入而息，逍遙於天地之間而心意自
得。"《論衡》卷五："擊壤者曰：'日出而作，日入而息，鑿井而飲，耕田
而食，堯何等力?'"太陽出來了就去勞作，太陽下山了就歸家休息。諺語
描寫了極簡單的生活狀態。禪宗喻指高妙的佛法就蘊含在簡單平常的日用
生活中。

（十五）搖唇鼓舌

妙喜老漢搖唇鼓舌，說得也相似，不知他肚裏如何? 須知妙喜說
得底，便是行得底。（《大慧普覺禪師語錄》卷十七T47，p0886a16）

上根大智點著便知落處，又豈在<u>搖唇鼓舌</u>然後謂之指南。(《應庵曇華禪師語錄》卷九 X69，p0544a14)

語出《莊子·盜跖》："盜跖聞之大怒，目如明星，發上指冠，曰：'此夫魯國之巧偽人孔丘非邪？爲我告之：爾作言造語，妄稱文、武，冠枝木之冠，帶死牛之脅，多辭繆說，不耕而食，不織而衣，搖唇鼓舌，擅生是非，以迷天下之主，使天下學士不反其本，妄作孝弟，而徼幸於封侯富貴者也。子之罪大極重，疾走歸！'"形容賣弄口才，言語多。禪宗喻指用言語胡亂解說佛法。

（十六）居必擇鄰，鑒非止水

<u>居必擇鄰</u>，<u>鑒非止水</u>，明暗相淩，言猶在耳。(《虛堂和尚語錄》卷二 T47，p0993b23)

語本《晏子春秋·雜上》："君子居必擇鄰，遊必就士。"居住安穩必須選擇好的鄰居，要照見自己的臉，必須是靜止的水。強調外界條件的重要性。要做成一件事，有時要憑藉必要的條件。

（十七）危如累卵

方今叢林凋謝，大法<u>危如累卵</u>。凡稱長老者，於我法中。非爲小事。利害損益，盡在其間。(《佛海瞎堂禪師廣錄》卷三 X69，p0584a05)

語出《韓非子·十過》："故曹，小國也，而迫於晉楚之間，其君之危猶累卵也。"如壘起的蛋一樣危險，比喻處境極其危險。《梁書·侯景傳》："竊以分財養幼，事歸令終，舍宅存孤，誰云隙末。復言僕眾不足以自強，危如累卵。"唐胡曾《八公山》詩："苻堅舉國出西秦，東晉危如累卵晨。"

（十八）遠水不救近火

把纜放船膠柱調弦，<u>遠水不救近火</u>，短綆那汲深泉。天平老大匆草，爲兩錯悔行腳。大地茫茫愁殺人，眼裏無筋一世貧。(《圓悟佛果禪師語錄》卷十九 T47，p0803c02)

又道渠無面目，甚處逢渠，<u>遠水不救近火</u>，離此二途，如何是本來人？(《古尊宿語錄》卷二十七《舒州龍門佛眼和尚語錄》X68，p0179a09)

語出《韓非子·說林上》："魯穆公使眾公子或宦於晉，或宦於荊。犁鉏曰：'假人於越而救溺子，越人雖善游，子必不生矣。失火而取水於海，海水雖多火必不滅矣，遠水不救近火也。今晉與荊雖強，而齊近，魯患其不救乎？'"比喻不切實際的方法無法解決問題。《北史·赫連達傳》："諸將或欲面追賀拔勝，或云東告朝廷。達又曰：'此皆遠水不救近火，何足道哉。'"禪宗喻指澄明本心之外的佛經、禪師都無法從根本上幫助僧徒掃除心中的妄情俗念，唯有清淨本心，才能解脫煩惱獲得開悟。

（十九）苦口是良藥，逆耳是忠言

　　　林泉道："苦口是良藥，逆耳是忠言。端的了達唯識唯心之旨。"（《虛堂集》卷六【一百】"三界唯心" X67，p0374c08）

語本《韓非子·外儲說左上》："夫良藥苦於口，而智者勸而飲之，知其入而已已疾也；忠言拂於耳，而明主聽之，知其可以致功也。"良藥入口味道苦澀，但有利於治病；忠誠的勸告聽來刺耳，但有利於行。漢劉向《說苑·正諫》："孔子曰：'良藥苦於口利於病，忠言逆於耳利於行。'"漢司馬遷《史記·留侯世家》："今始入秦，即安其樂，此所謂助桀爲虐，且'忠言逆耳利於行，毒藥苦口利於病'。"俗語在禪籍中表示的意義與原義相同。禪籍中又作"苦口是良""良藥苦口，而利於病；忠言逆耳，而利於行"。《佛海瞎堂禪師廣錄》卷三："僧禮拜。師云：'苦口是良藥。'"《宗鏡錄》卷四十二：如"孔子家語云：'孔子曰："良藥苦口，而利於病。忠言逆耳，而利於行。"'湯武以諤諤而昌，桀紂以唯唯而亡。君無諍臣，父無諍子。兄無諍弟，士無諍友。無其過者，未之有也。"

（二十）守株待兔

　　　示眾云："摩竭正令，譬若披沙揀金。毗耶杜辭，頗類守株待兔。設使頓開千眼未辯機關，點著不來白雲萬里。"（《明覺禪師語錄》卷二 T47，p0684a29）

　　　師曰："汝若特來我須吐露。"僧云："便請。"師乃打之。其僧無語。師曰："守株待兔，枉用心神。"（《景德傳燈錄》卷十七《澧州欽山文邃禪師》T51，p0340c09）

典出《韓非子·五蠹》："宋人有耕田者，田中有株，兔走，觸柱折頸而死，因釋其耒而守株，冀復得兔，兔不可復得，而身爲宋國笑。今欲以先王之政，治當世之民，皆守株之類也。"比喻死守狹隘經驗，不知靈活變通。《祖庭事苑》卷一"待兔"："韓子曰：'宋人有耕者，田中有株，兔走抵株，折頸而死。因釋耕而守株，冀複得兔，爲宋國笑。'"禪宗借用此語譏諷那些執迷不開悟的人。禪籍中又作"待兔守株"。《絕岸可湘禪師語録》："結夏小參：'萬法是心光，和泥脫墼。諸緣惟性曉，認奴作郎。本無迷悟人，只要今日了。迷悟本無，了個什麽。蟻人爲驗，分明待兔守株。鐵彈稱功，仿佛隔靴抓癢。'"

（二十一）一手不獨拍

> 上堂："竿木隨身，逢場作戲。然雖如是，<u>一手不獨拍</u>，眾中莫有作家禪客，本分衲僧，出來共相唱和。有麽?"（《五燈會元》卷十二《雲峰文悅禪師》P.744）

語本《韓非子·功名》："人主之患在莫之應。故曰：一手獨拍，雖疾無聲。"《降魔變文》："須達啓言丈人：'一手可能獨拍？兩手相擊始鳴。'"一隻手拍不響，兩隻手才能拍出聲音。比喻事情的發生往往並非單方面造成。還可以用來指請別人一同議論、辯說。禪籍中常用此語請僧徒參與對機論辯。禪籍中又作"一手不獨拍，兩手鳴摑摑"。《古尊宿語録》卷二十九《舒州龍門（清遠）佛眼和尚語録》："又呵呵大笑云：'一手不獨拍，兩手鳴摑摑。舉意超情念，相看同路陌。'"宋代南戲《張協狀元》第五十二出："（末出白）一手不能拍，兩手鳴獲獲。"

（二十二）勞而無功

> 僧曰："第二義門請師舉唱。"師云："千家簾幕春光在，幾處園林日色明。"僧曰："學人未曉。"師云："<u>勞而無功</u>。"僧曰："爭奈分付了也。"云："一人傳虛，萬人傳實。"（《建中靖國續燈録》卷二十四《洪州龍安山兜率惠照禪師》X78，p0788b06）

> 師云："宗師爲人，如倚天長劍，孰敢當鋒。者僧既是不甘，北禪還同莽鹵。雪竇雖則入泥入水，未免<u>勞而無功</u>。"（《古林清茂禪師語録》卷三 X71，p0234a07）

語出《管子·形勢》："毋與不可，毋強不能，毋告不知。與不可，強不能，告不知，謂之勞而無功。"《莊子·天運》："今蘄行周於魯，是猶推舟於陸也！勞而無功，身必有殃。"徒勞而沒有功效。禪籍中多作批評語，參禪悟道的方法不對，徒勞用力。

（二十三）捕風系影

示眾云："法無定相，理絕去來。道無古今，體離生滅。若離生滅去來，趣向法道。何異緣木求魚，捕風系影。"（《聯燈會要》卷十八《江州東林道顏禪師》X79，p0154a01）

語本《管子・兵法》："善者指兵也，使敵若據虛，若搏景。"據虛搏景，即撲空捉影子。《漢書・郊祀志下》："聽其言，洋洋滿耳，若將可遇，求之，盪盪如繫風捕景，終不可得。"晉釋道恒《弘明集》卷六《釋駁論》："繫影捕風，莫知端緒。"成語比喻虛幻不實的事物或現象。禪宗喻指求法者所做徒勞無益、不切實際的修禪行爲。禪籍中又作"捕風捉影"。《林間錄後集》："破頭峰下，龍象雜遝。衣付小兒，道傳懶衲。乃爾相違，求人爲法。天書至門，堅臥不答。念諸眾生，捕風捉影。"

（二十四）如影隨形

此是人天小果，如影隨形。（《續古尊宿語要》集六 X68，p0511b13）

語本《管子・任法》："然故下之事上也，如響之應聲也；臣之事主也，如影之從形也。"如同影子依附於身體一般，比喻關係緊密，難以分離。漢劉向《說苑・君道》："故天之應人，如影之隨形，響之効聲者也。"

（二十五）感天動地

僧問："諸佛出世說法度人感天動地，和尚出世有何祥瑞？"師曰："人天大眾前攘，語作麼？"（《景德傳燈錄》卷二十六《廬山歸宗寺義柔禪師》T51，p0420b14）

語本《列子・黃帝篇》："夫至信之人，可以感物也。動天地，感鬼神，橫六合，而無逆者，豈但履危險，入水火而已哉？"唐黃滔《黃御史集・五・大唐福州報恩定光多寶塔碑記》："夫如是大雄之力，出死入生，至誠之神，感天動地。"由於人的至誠感動了天地。禪宗喻指佛法力量廣大，可以影響天地萬物。

（二十六）萬變千化

凡所作爲不立方所寂湛凝然，惟萬變千化初不動搖。（《佛果克勤禪師心要》卷下 X69，p0464b16）

語出《列子・湯問》："千變萬化，惟意所適。"極言變化無窮。漢賈誼

《鵩鳥賦》："合散消息兮，安有常則；千變萬化兮，未始有極。"禪籍中又作"千化萬變"。《運庵普岩禪師語録》："拈衣，個樣皮毛千化萬變，黃梅鷲頭謾自流傳，後代兒孫可貴可賤。"

（二十七）人不覺，鬼不知

> 師有一日深睡次，忽然便覺，欲得喫湯。然侍者亦是睡，喚不得，非久之間，有人敲門喚侍者，云："和尚要喫湯。"侍者便起煎湯，來和尚處。和尚便驚問："阿誰教你與摩煎湯來？"侍者具陳前事。師便彈指云："老僧終不解修行。若是解修行人，人不覺，鬼不知。今日之下，被土地覷見我心識，造與摩次第。"（《祖堂集》卷十四《百丈和尚》P.639）

語本《墨子·耕柱》："巫馬子謂子墨子：'子之爲義也，人不見而耶，鬼而不見而富，而子爲之。有狂疾！'"禪籍改作俗語"人不覺，鬼不知"，極言形跡隱秘，人、鬼皆不覺察。字面中的人、鬼即指世俗凡人和可以通天絕地的鬼怪妖魔。傳世典籍又演化爲"神不知，鬼不覺"。元鄭廷玉《崔府君斷冤家債主》第二折："這煩惱神不知鬼不覺，天來高地來厚。"《歧路燈》第五一回："況才做官回來，宦囊殷富，一發更有體面，管情弄的一點針腳兒也不露。神不知，鬼不覺，這一夜就弄成了，管保咱的官司不吃虧。"

（二十八）刻舟求劍

> 示眾云："心不是佛，智不是道。且道，是甚麼？刻舟求劍，膠柱調弦。"（《聯燈會要》卷十三《舒州法華全舉禪師》X79，p0112c17）

> 水中捉月，鏡裏尋頭，刻舟求劍，騎牛覓牛，空花陽燄，夢幻浮漚。（《禪宗頌古聯珠通集》卷五 X65，p0488a05）

典出《呂氏春秋·慎大覽》："楚人有涉江者，其劍自舟中墜於水，遽契其舟曰：'是吾劍之所從墜。'舟止，從其所契者入水求之。舟已行矣，而劍不行，求劍若此，不亦惑乎？"比喻拘泥刻板，不知道靈活變通。禪宗喻指頭腦遲鈍不靈活，爲禪師批評僧徒語。禪籍中又作"刻舟尋劍"。

（二十九）掩耳偷鈴

> 初升座，維那白槌云："法筵龍象眾，當觀第一義。"師云："第一義中明會，猶是掩耳偷鈴，不動位中紹得。"（《天聖廣燈録》卷十

八《湖州景清禪院居素禪師》X78，p0511a08）

　　師云："德山持聾作啞，雖然，暗得便宜，廓公掩耳偷鈴，爭奈
傍觀者醜。"（《黃龍慧南禪師語録》：《黃龍慧南禪師語録》T47，
p0638b21）

　　上堂："叮嚀損君德，無言真有功。任從滄海變，終不爲君通。
古人怎麼道，大似掩耳偷鈴。黃龍不惜眉毛，重爲諸人下個注腳。"
便下座。（《無門慧開和尚語録》卷上 X69，p0356a20）

典出《呂氏春秋·不苟論》："范氏之亡也，百姓有得鐘者，欲負而走。則
鐘大不可負，以椎毀之，鐘怳然有音。恐人聞之而奪己也，遽揜其耳。"
摀住自己的耳朵偷鈴。比喻自己欺騙自己。

（三十）臨渴掘井

　　萬般事須是閒時辦得下，忙時得用，多少省力。休待臨渴掘井，
做手腳不辦。（《黃檗斷際禪師宛陵録》T48，p0387a19）

　　逗到時節到來，臨渴掘井豈做得辦也。（《佛果克勤禪師心要》卷
下 X69，p0478b20）

語本《黃帝內經素問·四氣調神大論》："夫病已成而後藥之，亂已成而後
治之，譬猶渴而穿井，鬥而鑄錐，不亦晚乎！"又作"噎而掘井"，《晏子
春秋·內篇雜上》："溺而後問墜，迷而後問路，譬之猶臨難而遽鑄兵，噎
而遽掘井，雖速亦無及已。"直到口渴時方才掘井，比喻行動過遲，爲時
已晚。禪籍中爲批評僧徒語，比喻不早作準備，面對禪悟之機，爲時
已晚。

（三十一）重賞之下必有勇夫

　　師云："諸方老宿總道鼓山失却一隻眼，殊不知重賞之下必有勇
夫。然雖如此，若仔細點撿來，未免一時埋却。"（《明覺禪師語録》
卷三 T47，p0688c19）

《後漢書·耿純傳》："重賞甘餌，可以聚人者也。"李賢注引《黃石公記》：
"芳餌之下，必有懸魚；重賞之下，必有死夫。"元王實甫《西廂記》二本
一折："〔夫人云〕計將安在？〔末云〕重賞之下，必有勇夫；賞罰若明，
其計必成。"豐厚的獎賞可以鼓勵人們做勇武之事。禪宗喻指爲了獲得開
悟，參禪學佛在形式上勇猛精進。

（三十二）路不拾遺

水月無心，風雲自異。正恁麼時如何？<u>路不拾遺</u>真古道，民皆樂業見豐年。（《無準師範禪師語錄》卷二 X70，p0250a11）

問："如何是義臺境？"師云："<u>路不拾遺</u>。"（《建中靖國續燈錄》卷三《蘄州義檯子祥禪師》X78，p0655a12）

語出漢賈誼《新書·先醒》："百姓富，民恒一，路不拾遺，國無獄訟。"東西掉在路上，人們不會撿起據爲己有。形容社會風尚好。禪宗喻指人人自有佛性，不要將他人的禪悟體驗作爲自己效法學習的對象，他人禪悟體驗是無法據爲己有的。

（三十三）風不鳴條，雨不破塊

師乃云："<u>風不鳴條</u>，<u>雨不破塊</u>。此是俗漢時節，作麼生是衲僧應時應節底句？"遂拍禪床一下云："直待彌勒下生時。"（《楊岐方會和尚後錄》T47，p0647b09）

上堂云："<u>風不鳴條</u>，<u>雨不破塊</u>。也知春水如藍，贏得春山若黛，物芸芸兮。誰生誰榮，道綿綿兮。"（《宏智禪師廣錄》卷一 T48，p0009c16）

語出漢桓寬《鹽鐵論·水旱》："當此之時，雨不破塊，風不鳴條。旬而一雨，雨必以夜，無丘陵高下皆熟。"宋趙令時《侯鯖錄》卷第一："董仲舒曰：太平之世，則風不鳴條，開甲散萌而已；雨不破塊，濡葉津根而已；雷不驚人，號令啓發而已；電不眩目，宣示光耀而已；霧不塞望，浸淫被泊而已；雪不封陵，弭害消毒而已。"鳴條，風吹樹枝發出聲響。破塊，暴雨沖毀農田。諺語形容太平之象，無大風大雨。禪宗謂自然萬物中蘊含有佛法禪旨。

（三十四）龍生龍子，鳳生鳳子

師放曠情懷，濤違順境，樂乎雲水，去住逍遙。至洛京，參忠國師。初見侍者，便問："和尚還在也無？"曰："在。只是不看客。"師曰："大深遠生！"侍者曰："佛眼覷不見。"師曰："<u>龍生龍子</u>，<u>鳳生鳳子</u>。"（《祖堂集》卷四《丹霞和尚》P.211）

師一日謁忠國師，先問侍者："國師在否？"曰："在即在不見客。"師曰："太深遠生。"曰："佛眼亦覷不見。"師曰："<u>龍生龍子</u>，

鳳生鳳兒。"(《景德傳燈錄》卷十四《鄧州丹霞天然禪師》T51，p0310c18)

語本漢王充《論衡·講瑞》："鳳凰、麒麟生有種類，若龜、龍有種類矣；龜故生龜，龍故生龍。"龍生下的是龍，鳳生下的是鳳。比喻有什麽樣的父母就生什麽樣的子女。禪家用以比喻師承關係，有什麽樣的師傅就會培養出什麽樣的徒弟。禪籍中又作"龍生龍子，鳳生鳳兒""龍生龍子，鳳生鳳""龍生龍子，鳳產鳳兒""龍生龍子，鳳生鳳子""龍生龍分鳳生鳳"。《祖堂集》卷四《丹霞和尚》："至洛京，參忠國師。初見侍者便問：'和尚還在也無？'對曰：'在，只是不看客。'師曰：'大深遠生！'侍者曰：'佛眼覷不見。'師曰：'龍生龍子，鳳生鳳子。'"《石溪心月禪師語錄》卷中："慧日侍者德禪人，游金陵，訪石溪於清溪蘭若。東語西話，一切皆見成三昧。從作家爐韝中來，真所謂龍生龍子，鳳產鳳兒也。"《禪宗頌古聯珠通集》卷七："非風幡動唯心動，龍生龍分鳳生鳳。老盧直下示全機，底事今人見如夢。"同義諺語有"鷹生鷹子，鵲生鵲兒""龍生龍，鳳生鳳，老鼠養兒沿屋棟""真龍生龍子，鳳長鳳雛"。

（三十五）一人傳虛，萬人傳實

師有時上堂，驀地起來，伸手云："乞取些子，乞取些子。"又云："一人傳虛，萬人傳實。"（《祖堂集》卷十一《齊雲和尚》P.521）

把三祖面門印破，自後一人傳虛，萬人傳實。（《大慧普覺禪師語錄》十五 T47，p0876c04）

語出漢王充《潛夫論·賢難》："一犬吠形，百犬吠聲：一人傳虛，萬人傳實。"虛假的事情，一個人傳言可能沒有人相信，但如果眾人傳言就會被認為是真的，以訛傳訛，便會信虛為實。禪家以此諺告誡僧徒不要滯礙於語言文字，參禪悟道要擺脫語言文字的束縛，體現了禪宗不立文字的語言觀。

（三十六）一葉落知天下秋

問："大庾嶺頭提不起，如今何得在師邊。"師舉拂子，進云："拈來當宇宙，錦上更鋪華。"師云："一葉落知天下秋。"（《圓悟佛果禪師語錄》卷一 T47，p0715a12）

問：“豎起杖子意旨如何？”師曰：“<u>一葉落知天下秋</u>。”（《景德傳燈錄》卷二十二《隋州雙泉山師寬明教大師》T51，p0386c28）

語本西漢劉安《淮南子·說山訓》：“以下明大，見一葉落而知歲之將暮，睹瓶中之冰，而知天下之寒，以近論遠。”看見一片葉落，知道秋天來臨。比喻從個別細微的現象推斷預見事物的發展趨向和結果。唐李子卿《聽秋蟲賦》：“時不與兮歲不留，一葉落兮天地秋。”《歲時廣記》卷三《一葉落》：“《淮南子》一葉落而天下知秋。韓文公詩云：‘淮南悲葉落，今我亦傷秋。’唐人有詩云：‘山僧不解數甲子，一葉落知天下秋。’韋蘇州詩云：‘新秋一葉飛。’”禪籍中謂抓住參禪悟道的核心，就可以一悟一切悟，透得一機，千機萬機就能一時透得。禪籍中又作“一葉落知天下秋”“一葉落，天下秋”“一葉落時天下秋”“庭前一葉落，天下盡知秋”“葉落始知秋”“葉落便合知秋”。《密庵和尚語錄》：“上堂：‘一葉落天下秋，風高雲淡，水碧空浮，達磨不會接手句。’”《續古尊宿語要》集四：“一花開，天下春。乃拈起拄杖云：‘這拄杖子，抽枝引蔓。汝等諸人，藉其覆蔭，爲日久矣。一葉落，天下秋。’”《圓悟佛果禪師語錄》卷三：“一塵飛而翳天，一芥墮而覆地。一華開而見佛，一葉落而知秋。”《月江正印禪師語錄》卷上：“一句子石上栽花，雞寒上樹，鴨寒下水。一塵飛而翳天，一芥墮而覆地，一葉落而知秋。”《續古尊宿語要》集五：“一葉落便知秋，顢頇佛性。一塵起大地收，儱侗真如。若是衲僧門下客，不用更躊躇。曾向華山圖上看，又添潘閬倒騎驢。”《宏智禪師廣錄》卷八：“一葉落時天下秋，不風流處却風流。”《月江正印禪師語錄》卷上：“師云：‘兔馬有角，牛羊無角。’進云：‘恁麼則庭前一葉落，天下盡知秋。’師云：‘知時別宜，堪作闍黎。’僧禮拜。”

（三十七）春生夏長，秋收冬藏

上堂云：“乾坤肅靜，海晏河清。風不鳴條，雨不破塊。<u>春生夏長，秋收冬藏</u>。遮個是世間法，作麼生是佛法？”良久，云：“欲得不招無間業，莫謗如來正法輪。珍重。”（《建中靖國續燈錄》卷十五《壽州資壽院圓澄岩禪師》X78，p0736c18）

僧問：“如何是奪人不奪境？”師云：“<u>春生夏長，秋收冬藏</u>。”（《古尊宿語錄》卷二十六《舒州法華山舉和尚語要》X68，p0169b23）

語出《淮南子・本經訓》："四時者，春生夏長，秋收冬藏，取予有節，出入有時，開闔張歙，不失其敘，喜怒剛柔，不離其理。"春天萌生，夏天生長，秋天收穫，冬天貯藏。描寫不同季節人們對農作物的處置安排，反映農業社會作物的生長規律和人們的勞作習慣。禪家喻指萬事萬物都有各自的屬性，應遵循事物發展的規律。同義諺語有"春耕夏種，秋收冬藏"。

（三十八）神出鬼沒

又龐居士問馬大師："不與萬法爲侶是什麼人？"大師云："待爾一口吸盡西江水即向爾道。"師云："爲復是同是別，同則神出鬼沒。別則醉後添杯，畢竟如何？待爾念得熟向爾道。"（《法演禪師語錄》卷中 T47，p0657a27）

教忠光云："雲門跛腳阿師，泥水不辨，菽麥不分。懸羊頭，賣狗肉。神出鬼沒，爭奈伊何。"（《聯燈會要》卷二十三《越州乾峰和尚》X79，p0197b05）

語本《淮南子・兵略訓》："善者之動也，神出而鬼行……發如秋風，疾如駭龍。"比喻變化多端，難以捉摸。禪宗喻指禪機迅捷神奇，難以領悟。

（三十九）因風吹火

因中山主爲師煎茶，師問僧："爾隨例吃茶，將何報答？"僧云："因風吹火。"師不肯。（《明覺禪師語錄》卷二 T47，p0681b14）

上堂，舉大隨劫火洞然話："遂曰：'六合傾翻劈面來，暫披麻縷混塵埃。因風吹火渾閒事，引得遊人不肯回。'"（《嘉泰普燈錄》卷十《潭州法輪應端禪師》X79，p0352c12）

語出漢焦延壽《易林・十二・臨》："順風吹火，牽騎驥尾。易爲功力，因權受福。"順著風吹火，不用多費力氣。比喻順應某種形式去做事，趁便行事，可以節省很多力氣。禪籍中另有諺語"因風吹火，用力不多"。

（四十）有是父必有是子，有是子必有是父

與拂拽請佛海云："有是父必有是子，有是子必有是父。父才挂定，豈知身在毛群。"（《拈八方珠玉集》卷上 X67，p0635b24）

語本漢孔鮒《孔叢子》卷上《居衛》："有此父斯有此子，道之常也。"有什麼樣的父親就有什麼樣的兒子，形容父親對子女的影響巨大。禪籍喻指事物交融，相互影響，不分彼此。

（四十一）禍不單行

僧問："如何是紫桐境?"師曰："阿爾眼裏著沙得麼?"曰："大好紫桐境也不識。"師曰："老僧不諱此事。"其僧出去。師下禪床擒住云:"今日好個公案,老僧未得分文入手。"曰："賴遇某甲是僧。"師曰："<u>禍不單行</u>。"（《景德傳燈錄》卷十一《紫桐和尚》T51,p0288a10）

環曰："幾年學佛法,俗氣猶未除。"公曰："<u>禍不單行</u>。"環作噓噓聲。（《嘉泰普燈錄》卷二十三《文公楊億居士》X79,p0427）

語本漢劉向《說苑·權謀篇》："秦拔宜陽,明年大旱民飢,不以此時恤民之急也,而顧反益奢,此所謂福不<u>重</u>至,禍必<u>重</u>來者也。"不幸的事件常會接二連三地發生。俗語字面反映了禍福時運的民間俗信。元高明《蔡伯喈琵琶記》第二十出："福無雙至猶難信,禍不單行却是真。"元蕭德祥《小孫屠》第十四出："常言道:福無雙至,禍不單行。我家怎地吃官司封了門?不免去隔壁鄰舍王婆叫一聲。"《西遊記》第九七回："唬得個唐僧在馬上亂戰,沙僧與八戒心慌,對行者道:'怎的了,怎的了!苦奈得半夜雨天,又早遇強徒斷路,誠所謂禍不單行也!'"禪宗比喻沒有擺脫世俗之心,徒勞無功的修行狀態。爲禪宗批評僧徒語。

（四十二）耳聞不如眼見,眼辨不如手親

上堂云:"<u>耳聞不如眼見,眼辨不如手親</u>。"（《圓悟佛果禪師語錄》卷七 T47,p0743a22）

語本漢劉向《說苑·政理》："夫耳聞之,不如目見之;目見之,不如足踐之。"俗語強調實際經驗的重要性。《舊唐書·辛替否傳》："（辛替否）時爲左補闕,又上疏陳時政,曰:'臣嘗以爲古之用度不時,爵賞不當,破家亡國者,口說不如身逢,耳聞不如眼見。'"

（四十三）認弓作蛇

復曰:"拈華已錯,微笑乖差。四七虛傳,聲流谷響。二三妄指,月散溪光。五派狂分,千枝橫出。指鹿爲馬,<u>認弓作蛇</u>。"（《嘉泰普燈錄》卷五《西京招提廣燈惟湛禪師》X79,p0320b05）

典出漢應劭《風俗通義·怪神·世間多有見怪驚怖以自傷者》："主簿杜宣因賜酒時北壁上有懸赤弩照於杯形如蛇。"錯將墻壁上弓箭的倒影當作是

蛇。比喻認虛爲實，以假爲真。禪宗喻指錯將各種方便施設、權宜之策當
作是真如佛法。

（四十四）兩兩三三

問："釋迦掩室於摩竭，淨名杜口於毗耶。此意如何?" 師曰：
"東廊下兩兩三三。"（《景德傳燈錄》卷十八《杭州龍華寺真覺大師》
T51，p0352b23）

僧問："大眾雲集合談何事?"宗云："兩兩三三。"僧云："不
會。"宗云："三三兩兩。"（《雲門錄》卷下 T47，p0574）

晉陶潛《搜神後記》卷六："諸鬼兩兩三三相抱持在祠邊草中伺望。"形容
數量少。唐蘇鶚《蘇氏演義》卷下："其民兩兩三三頭帶角而相觝即角觝
之戲。"唐吳融《唐英歌詩》卷中《水鳥》詩："煙爲行止水爲家，兩兩三
三睡暖沙。"禪籍中又作"三三兩兩"。《禪宗雜毒海》卷五《金山》："波
中卓出始昂頭，裂破長江兩道流。隔岸紅塵飛不到，三三兩兩渡人舟。"
《禪關策進·仰山古梅友禪師示眾》："轉身下地，三三兩兩。交頭接耳，
大語細話。"

（四十五）耳聞目睹

上堂："才方八月中秋，又是九月十五。"拈起拄杖卓一下云：
"唯有這個不遷。"擲下云："一眾耳聞目睹。"（《大慧普覺禪師語錄》
卷六 T47，p0834c15）

使心法雙亡，兩頭截斷。亦是按牛頭吃草，爭似耳聞目睹，口說
心思，千山萬水目前分，南北東西路頭在。（《建中靖國續燈錄》卷二
十四《明州育王山廣利寺寶鑒禪師》X78，p0785c14）

語本北齊顏之推《顏氏家訓·歸心》："夫信謗之徵，有如影響，耳聞目
見，其事已多。"親耳所聞，親眼所見。禪宗形容禪悟體驗要親力親爲。

（四十六）管中窺豹──但見一斑

上堂曰："不是心，不是佛，不是物。古人怎麼道?譬如管中窺
豹，但見一斑。"（《嘉泰普燈錄》卷六《潭州道吾仲圓禪師》X79，
p0327b12）

語出南朝宋劉義慶《世說新語·方正》："王子敬數歲時，嘗看諸門生摴
蒲，見有勝負，因曰：'南風不競。'門生輩輕其小兒，迺曰：'此郎亦管

中窺豹，時見一斑。'"謂從管中看豹，只看到豹身上的一塊斑紋。比喻只見到事物的一小部分，不能全面地認識事物。唐歸仁《悼羅隱》詩："管中窺豹我猶在，海上釣鼇君也沈。"禪宗喻指只看到禪法的一個側面，不能全面認識禪法。禪籍中又作"管中窺豹"。《大慧普覺禪師語錄》卷二十二："快然居士羅宗約，紹興丁丑暮春。得得來鄮山見妙喜，欲究竟此段大事因緣。屢隨眾到室中，呈伎倆逞解會，都與列下。忽一日喜見眉宇知渠，管中窺豹，轉身動腦，袖間已有頌子。"

（四十七）口似懸河

> 如斯之輩，河沙相似。說則過頭千尺，行則全無分寸。<u>口似懸河</u>，是非長短。達磨門人豈可皮下無血，不是提綱出手。（《天聖廣燈錄》卷十九《隨州雙泉山郁禪師》X78，p0516a18）

> 保福與甘長老相訪，遂問："承聞十三娘，參見大溈，是否？"十三娘云："是。"福云："大溈遷化，向甚麼處去？"十三娘下繩床而立。甘長老云："恁時說禪，<u>口似懸河</u>。"（《聯燈會要》卷十《福州南台鄭十三娘子》X79，p0092a03）

語本南朝宋劉義慶《世說新語·賞譽》："王太尉云：'郭子玄語議如懸河瀉水，注而不竭。'"比喻極富口才，說話像河水下瀉，滔滔不絕，形容能言善辯。韓愈《石鼓歌》詩："方今太平日無事，柄任儒術崇丘軻。安能以此上論列，願借辨口如懸河。"《北史·裴蘊傳》："蘊亦機辯，所論法理，言若懸河，或重或輕，皆由其口，剖析明敏，時人不能致詰。"唐代又用作"心如懸河"，《漢將王陵變》："張良曰：'其人問一答十，問十答百，問百答千，心如懸河，問無不答。'"禪籍中有同義成語"辯似懸河"。

（四十八）望梅止渴

> 靈山密付，黃葉止啼，少室親傳，<u>望梅止渴</u>。（《無門開和尚語錄》卷下 X69，p0361c16）

> 冬夜小參，過去諸佛，關空鎖夢，見在諸佛，寄帽投河。未來諸佛，<u>望梅止渴</u>。（《無準師範禪師語錄》卷二 X70，p0247c01）

典出南朝宋劉義慶《世說新語·假譎》："魏武行役失汲道，軍皆渴，乃令曰：'前有大梅林，饒子，甘酸可以解渴。'士卒聞之，口皆出水，乘此得及前源。"禪宗喻指錯將言辭知解、方便施設當作真如佛法。

（四十九）寒來暑往

問："寒來暑往，日居月諸。心地未明，乞師指示。"曰："臂長衫袖短，腳瘦草鞋寬。"（《嘉泰普燈錄》卷三《福州大中海印德隆禪師》X79，p0309b08）

僧曰："如何是法？"師云："寒來暑往。"（《建中靖國續燈錄》卷三《郢州興陽山遜禪師》X78，p0656a02）

立秋日云："寒來暑往古今同，萬別千差不礙空。昨夜鐵牛頭角露，滿庭松柏撼秋風。"（《續古尊宿語要》集一 X68，p0365a23）

梁周興嗣《千字文》："寒來暑往，秋收冬藏。閏餘成歲，律呂調陽。"冬夏交替，冷暖循環往復。禪宗喻指佛法禪旨就蘊含在自然萬物質樸的規律之中。

（五十）好事不出門，惡事行千里

問："如何是西來意？"師曰："好事不出門，惡事行千里。"（《景德傳燈錄》卷十二《壽州紹宗禪師》T51，p0296b20）

語出唐孫光憲《北夢瑣言》卷八："晉相和凝，少時好爲曲子詞，佈於汴洛。洎入相，專托人收拾焚毀不暇。然相國厚重有德，終爲艷詞玷之。契丹入夷門，號爲曲子相公。諺所謂好事不出門，惡事行千里。士君子得不戒之乎？"形容醜事很容易傳開，但好事却不爲人所知。禪宗用來指人們熟知的未必是佛之真理，而真正的高妙佛法却不爲人知。禪籍中又作"好事不出門""好事從來不出門"。《建中靖國續燈錄》卷十《靈峰崇化珣禪師》："問：'驗人端的處，下口便知音。學人上來，請師不吝。'師云：'好事不出門。'"《續古尊宿語要》集六《別峯雲和尚語》："'他後魔魅人家男女，未有了日，只得飲氣吞聲。'支提拄杖子，聞而呵呵大笑曰：'好事從來不出門。'"

（五十一）家常茶飯

乃拈主丈云："舉一事則迷理，措一機則失用。衲僧家，智遊象外，妙入環中，猶是家常茶飯，無端被釋迦老子以無絲線系却腳跟，直得東西南北，去路無從。"（《虛堂和尚語錄》卷二 T47，p0997c16）

謝典座上堂："坐斷老盧頂顊，拈起無柄木杓。忽然舀出銅汁鐵丸，忽然舀出醍醐酥酪。佛祖大機難測度，猶是家常茶飯。且道，塞

斷咽喉一句，又作麼生？爛煮虛空無面餺飥。"（《如淨和尚語錄》
T48，p0125a11）

語本唐宋若華、宋若昭《女論語・事夫章》（陳紅謀輯《五種遺規・教女
遺規》）："莫教寒冷，凍損夫身；家常茶飯，供侍殷勤。"家中日常普通的
飯食。後世沿用，比喻普通平常的事情，明劉元卿《賢弈編》卷三："余
嘗觀楞嚴經中曉曉然於不可加知處，欲使人知，蓋猶寠人丐子，偶見富貴
家服飾華靡，便爲張惶誇詡。若孔孟便只以爲家常茶飯，第令人朝夕饗飧
耳。"禪宗喻指質樸自然的生活中蘊含著高妙佛法。

（五十二）忍俊不禁

上堂："劄，久雨不晴，直得五老峰頭黑雲靉靆，洞庭湖裏白浪
滔天。雲門大師忍俊不禁，向佛殿裏燒香，三門頭合掌。"（《嘉泰普
燈錄》卷七《隆興府溈潭湛堂文准禪師》X79，p0331b06）

語本唐趙璘《因話錄》卷五《徵部》："櫃初成，州戎時爲吏部郎中，大書
其上，戲作考詞狀：'當有千有萬，忍俊不禁考上下。'"本指熱衷於某事
物而不能克制。進入禪籍，形容忍住不笑。《正法眼藏》卷三上："問：
'飲光正見，爲甚麼拈花却笑？'曰：'忍俊不禁。'"禪籍中又作"忍俊不
住"。《石溪心月禪師雜錄》："舉手搖拽云：'葉落歸根，來時無口。引得
南山無極老人，忍俊不住。'"後世沿用此義，清梁紹壬《兩般秋雨盦隨
筆・迦陵填詞圖》："讀之忍俊不禁，不意此老亦風趣乃爾。"《孽海花》第
六回："雖然神出鬼沒的搬演，把個達小姐看得忍俊不禁，竟濃裝豔服的
現了莊嚴寶相。"

（五十三）一箭雙雕

萬派橫流總向東，超然八面自玲瓏。萬人膽破沙場上，一箭雙雕
落碧空。（《五燈會元》卷十八《東京慧海儀禪師》P.1201）

鐘聲披起郁多羅，碧眼胡兒不奈何。一箭雙雕隨手落，拈來元是
柵中鵝。（《古尊宿語錄》卷四十七《東林和尚雲門庵主頌古》X68，
p0326c20）

語出唐崔致遠《桂苑筆耕錄》卷十七《射雕》："能將一箭落雙雕，萬里胡
塵當日銷。"一隻箭射中兩隻雕，形容箭術高超。禪宗喻指一句機語勘明
兩個人的禪悟深淺。後引申指技藝過人，也比喻一舉兩得。

（五十四）一箭兩垛

（1）或云："善來文殊，還知敗闕麼。"代云："<u>一箭兩垛</u>。"（《明覺禪師語録》卷四 T47，p0692c26）

（2）上堂拈起拄杖云："看看，三千大千世界一時搖動。"便下座。代云："拽。"一日云："作麼生是雙明一句?"代云："<u>一箭兩垛</u>。"（《雲門録》卷中 T47，p0558c06）

語本唐張鷟《遊仙窟》："張郎太貪生，一箭射兩垛。"一隻箭同時射中兩個草垛，比喻希望一舉兩得。（1）禪宗喻指禪師道法高明，一句機語即可堪明兩位禪僧的悟性高低。《雲門録》卷中："師因齋次，拈起匙筯云：'我不供養南僧，只供養北僧。'時有僧問：'爲什麼不供養南僧?'師云：'我要鈍置伊。'僧云：'爲什麼只供養北僧?'師云：'一箭兩垛。'"（2）比喻一句機語蘊含雙重禪機。《雲門録》卷中："上堂拈起拄杖云：'看看，三千大千世界一時搖動。'便下座。代云：'拽。'一日云：'作麼生是雙明一句?'代云：'一箭兩垛。'"

（五十五）拔却眼中釘

僧問巖頭："塵中如何辨主?"巖云："銅砂羅裏滿盛油，塵中辨主最難明。千萬人中少一惺，銅砂羅油今古淨，與君<u>拔却眼中釘</u>。"（《汾陽無德禪師語録》卷中 T47，p0611b21）

問："世尊拈華迦葉微笑，世尊道：'吾有正法眼藏涅槃妙心，付囑摩訶大迦葉。'如何是正法眼藏?"師云："<u>拔却眼中釘</u>。"（《大慧普覺禪師語録》卷五 T47，p0829b24）

語本唐馮贄《雲仙雜記·拔丁錢》："趙在禮在宋州，所爲不法，百姓苦之。一日制下，移鎮永興，百姓相賀曰：'眼中拔却釘矣，可不快哉!'"拔掉眼中的釘子，比喻剷除心中痛恨的人或事。世俗文獻中又作"拔眼中釘"，宋周煇《清波别志》卷中："寇丁立朝本末，世有一定論，初，丁逐，京師爲之語曰：'欲得天下寧，當拔眼中釘；欲得天下好，莫如招寇老。'"禪宗喻指拔除心中的妄情俗念，明見清淨本心。

（五十六）一不做，二不休

謝莊主上堂云："一不做，<u>二不休</u>。不風流處也風流，若要公私濟辦，好看露地白牛。"（《法演禪師語録》卷上 T47，p0652b14）

升座乃云："蝸牛角上三千界，雲月溪山共一家。既爾業緣無避處，不如隨分納些些，<u>一不做，二不休</u>，還有共相建立底麼？"(《圓悟佛果禪師語錄》卷一 T47，p0714b28)

語出唐趙元一《奉天錄》四載：唐張光晟從朱泚反，泚敗，光晟殺泚降，而終被斬，"光晟臨死而言曰：'傳語後人：第一莫作，第二莫休。'"此後以"一不做，二不休"表示意志堅定，要麼不做，要做就要堅持到底。宋林之奇《拙齋文集》卷二："有弗學，學之弗能弗措也。有弗問，問之弗知弗措也。一不做，二不休之謂也。"《京本通俗小說·錯斬崔寧》："那人便道：'一不做，二不休。却是你來趕我，不是我來尋你索命。'"元石君寶《秋胡戲妻》第三折："我如今一不做，二不休，拼的打死你也。"元劉唐卿《白兔記》第十出【前腔】："休書被妹子扯碎了，一不做二不休。"禪宗指問道學佛要勇猛精進，堅持不懈。

(五十七) 張公吃酒李公醉

師或時以拄杖打露柱一下云："三乘十二分教說得著麼。"自云："說不著。"復云："咄者野狐精。"僧問："只如師意作麼生？"師云："<u>張公吃酒李公醉</u>。"(《雲門錄》卷中 T47，p0558c10)

僧云："年年是好年，日日是好日。爲什麼却無？"教云："<u>張公吃酒李公醉</u>。"(《圓悟佛果禪師語錄》卷十九 T47，p0801b12)

唐時慣用語。唐張鷟《朝野僉載》卷一："天后時，謠言曰：'張公吃酒李公醉。'張公者，斥易之兄弟也；李公者，言李氏大盛也。"宋程大昌《繁衍錄續集》卷二："則天時讖謠曰：'張公吃酒李公醉。'張公，易之兄弟也；李公，言李氏不盛也。"兩書分別作"李氏大盛"和"李氏不盛"，從文義上看，當爲"不盛"。張公指張易之兄弟，李公指唐中宗。諷刺唐宗室之間亦步亦趨的行爲。後比喻由於誤會而代人受過。宋時諺語變爲"張公帽兒李公戴"(《戲瑕》)，後來又演變爲"張三帽子戴在李四頭上"(《留青日劄》)。由唐時的俗語演變爲成語"張冠李戴"。禪家比喻萬物一體，圓融無別的禪悟境界。《大慧普覺禪師語錄》卷六："渠儂却善分妍醜。李公爛醉絕倒時，元是張公吃村酒。報諸人急回首，切忌癡狂外邊走。"禪籍中又作"李公爛醉絕倒時，元是張公吃村酒""張公吃酒李公醉，李公吃酒張公醉""張翁吃酒李翁醉""李公吃酒醉張老"。《大慧普覺禪師語録》卷七："示衆：'夜來兔子趕大蟲，天明走入無何有。月下珊瑚長數枝，萬象森羅齊稽首。'驀拈拄杖云：'拄杖子不唧嚼，渠儂却善分妍醜。李公爛醉絶倒時，元是張公吃村酒。報諸人急回首，切忌癡狂外邊走。'"《横川行珙禪師語録》卷下："舉：'僧問大隋："如何是學人自己。"隋云："是我自己。"僧云："爲什麼却是和尚自己？"隋云："是汝自己。"'師云：'張公吃酒李公醉，李公吃酒張公醉。'"《圓悟佛果禪師語録》卷十七："舉：'僧問鏡清："新年頭還有佛法也無？"清云："有。"僧云："如何是新年頭佛法？"清云："元正啓祚。"僧云："謝師答話。"清云："鏡清今日失利。"又僧問明教："新年頭還有佛法也無？"教云："無。"僧云："年年是好年，爲什麼却無？"教云："張翁吃酒李翁醉。"'"《南石文琇禪師語録》卷三："阿呵呵好不好，李公吃酒醉張老。泥牛踔跳舞三台，夜半金烏光杲杲。"

（五十八）打草驚蛇

"話是仰山話，舉是雪峯舉。爲什摩雪峯招摑？"龍云："養子代老。"慈云："打草驚虵。"（《祖堂集》卷七《雪峯和尚》P.356）

語本唐段成式《酉陽雜俎》："汝雖打草，吾已驚蛇。"打草的目的是爲了告誡草中的蛇。比喻懲彼誡此。禪籍中本作成語"打草驚虵"，又作"打草蛇驚"。亦擴展爲諺語"打草要蛇驚""不圖打草且要蛇驚"。《汾陽無德禪師語録》卷上："師座定拈拄杖，打繩床一下云：'會麼？打草要蛇驚。'"《大慧普覺禪師語録》卷二："上堂：'雲門道："既知來處，且道甚麼劫中無祖師？"自代云："某甲今日不著便。"'師云：'雲門也是作賊人心虚。徑山即不然，既知來處，且道甚麼劫中無祖師？不圖打草且要蛇驚。'"

（五十九）禍不入慎家之門

師云："少當努力，老合歇心。這一夏總不虚過，爲什麼仰山道了吐舌？若點撿得出，禍不入慎家之門。"（《宏智禪師廣録》卷三 T48, p0029b16）

上堂曰："古人道：'眼色耳聲，萬法成辦。你諸人爲甚麼從朝至暮，諸法不相到？'"遂喝曰："牽牛入你鼻孔，禍不入慎家之門。"（《嘉泰普燈録》卷十三《隆興府黄龍道觀禪師》X79, p0372b03）

民間諺語。言語行事謹慎小心，不會招致過錯或災禍。唐王勃《平臺秘略論》："杜漸防微，投跡於知幾之地，昔之善滿者，用此者也。諺曰：禍不入慎家之門。"世俗文獻中又作"禍不入六慎門"，《宋書‧竟陵王誕傳》："'大禍將至，何不立六慎門？'誕曰：'六慎門雲何？'答曰：'古時有言，禍不入六慎門。'"禪宗比喻自心向佛，澄明本心可以不爲俗情妄念所縛。禪籍中又作"禍不入謹家之門"，《石溪心月禪師語錄》卷上："者老漢，今日被我點撿了也。還有不甘底麼？禍不入謹家之門。"

（六十）一網打就

名異而體同，但此心與義相遇，則世出世間。<u>一網打就</u>，無少無剩矣。（《大慧普覺禪師語錄》卷四 T47，p0912c26）

上堂，拈拄杖示眾云："靈山布一個漫天網子，道得道不得，總在這裏。只如羅籠不住，呼喚不回底，又作麼生？"卓一下云："<u>一網打就</u>。"（《石溪心月禪師語錄》卷上 X71，p0041a22）

本指捕魚或捕獸。比喻全部獲取，無一餘漏。宋魏泰《東軒筆錄》卷四："劉侍制元瑜既彈蘇舜欽，而連坐者甚眾，同時俊彥，爲之一空，劉見宰相曰：'聊爲相公一網打盡。'"《朱子語類》卷一二九："於是韓魏公言於上曰：'陛下即位以來，未嘗爲此等事。一旦遽如此，驚駭物聽。'仁宗怒少解，而館閣之士罷逐一空，故時有'一網打盡'之語。"

（六十一）雞寒上樹，鴨寒下水

上堂："諸佛知處，諸人不知，不知最親。諸人會處，諸佛不會，不會尤切。且道因甚如此？<u>雞寒上樹</u>，<u>鴨寒下水</u>。"（《無準師範禪師語錄》卷一 X70，p0222b08）

一句子石上栽花，<u>雞寒上樹</u>，<u>鴨寒下水</u>，一塵飛而翳天，一芥墮而覆地，一葉落而知秋。（《月江正印禪師語錄》卷上 X71，p0115b02）

宋陸游《老學庵筆記》卷二："淮南諺曰：'雞寒上樹，鴨寒下水。'驗之皆不然。有一媼曰：'雞寒上距，鴨寒下嘴耳。'上距謂縮一足，下嘴謂藏其喙於翼間。""距"，雄雞、雉等的腿的後面突出像腳趾的部分。諺語意謂寒冷的時候，雞就會把一隻腳縮到羽毛下，鴨就會吧嘴藏到翅膀下面。禪宗以此諺喻指：（1）"平常心是道"，高妙的禪法就存在於日常生活中。《五燈會元》卷十五《隨州雙泉山師寬明教禪師》："問：'北斗裏藏身，意旨如何?' 師曰：'雞寒上樹，鴨寒下水。'"《人天眼目》卷二："雞寒上樹，鴨寒下水。時節不相饒，古今常顯理。"《古尊宿語錄》卷十《汾陽昭禪師語錄》："問：'十二時中如何用心?' 師云：'雞寒上樹，鴨寒下水。'"（2）暗示事物有別，各有特性。《景德傳燈錄》卷二十二《岳州巴陵新開顯鑒大師》："後僧問：'祖意教意是同是別?' 師曰：'雞寒上樹，鴨寒入水。'"禪籍中又作"雞上樹鴨下水""雞寒上樹"。

（六十二）見怪不怪，其怪自壞

一日，舉："世尊生下，一手指天，一手指地，云：'天上天下，唯我獨尊。'"師乃曰："見怪不怪，其怪自壞。"（《五燈會元》卷二十《竹原宗元庵主》P. 1347）

南宋洪邁《夷堅志·夷堅三志己》卷二中有"姜七家豬"，說有個養母豬的人，叫姜七，一次他請客，忽然母豬說了人話，姜七知道後"怫然曰：'畜生之言何足爲信，我已數月來知之矣。見怪不怪，其怪自壞。'"俗語謂開始還當作怪異的事情看待，但經常接觸，便會逐漸習以爲常，不足爲奇。此語在禪籍中指通過修習領悟，消除心中對佛法的不解和疑惑。語義與世俗相同。後世沿用該語，又作"見怪不怪，其怪自敗"。《紅樓夢》第九十四回："賈政道：'見怪不怪，其怪自敗。'不用砍他，隨他去就是了。"亦省作"見怪不怪"，清文康《兒女英雄傳》第三十三回："好在我説書的是閑口弄閑舌，你聽書的也是夢中聽夢話，見怪不怪，且自解悶消閑!"

（六十三）作死馬醫

上堂云："不得已且作死馬醫。"（《雲門錄》卷上 T47，p0552c13）

香象渡河截流而過得麼？如金翅擘海直取龍吞得麼？既不許恁麼？如今不免且作死馬醫。（《大慧普覺禪師語錄》卷八 T47，p0842a04）

宋朱翌《猗覺寮襍記》卷下："'死馬醫'自唐已有此語，《傳燈錄》雲門舉揚亦用此語。其初出《郭璞傳》有主人良馬死者，璞教令一人東行過林木，以杖擊之，得一物如猿，持歸見死馬，即吹其鼻，少頃活。故養馬家多畜猿，爲無馬疫。世俗無可奈何，尚欲救之者，謂之死馬醫。"宋何薳《春渚紀聞》卷四《雜記·死馬醫》："有名士爲泗倅者，臥病既久。其子不慧。郡有大醫生楊介，名醫也。適自都下還，衆令其子謁之，且約介就居第診視。介亦謙退，謂之曰：'聞尊君服藥，且更數醫矣。豈小人能盡其藝耶？'其子曰：'大人疾勢雖淹久，幸左右一顧，且作死馬醫也。'聞者無不絕倒。"謂盡力而爲，試圖挽救。比喻在絕望中儘可能尋找解決的辦法。禪籍中比喻禪師嘗試用各種方法開悟學人。禪籍中又作"作死馬醫治""死馬醫"。《建中靖國續燈錄》卷二十二《南嶽山福嚴文演禪師》："上堂云：'眼裏也滿，耳裏也滿。唐土不收，五天不管。前佛後佛，猶尚難措一詞。若賢若聖，安能是非長短。今朝更作死馬醫治，免便長夜不安。看看，北斗西移，南斗東轉。'"《雲門錄》卷上："與我拈針鋒許說底道理將來看，與麼道早是死馬醫。雖然如此，且有幾個到此境界。"《宏智禪師廣錄》卷二："入手還將死馬醫，反魂香欲起君危。一期拶出通身汗，方信儂家不惜眉。"

四、來源於詩文

（一）尺短寸長

問："如何是異類？"師云："尺短寸長，寸長尺短。"（《祖堂集》卷十七《岑和尚》P. 768）

當晚小參，無入作處。輕帆得便風，幾路才通。乞兒見小利，便與麼寸長尺短，不與麼尺短寸長。（《物初大觀禪師語錄》X69，p0689a22）

語出《楚辭·卜居》："夫尺有所短，寸有所長。"謂尺比寸長，但用於更長的地方，仍顯其短；寸比尺短，如用於更短的地方，則顯其長。後比喻人各有其長處也有短處。《史記·白起王翦列傳》："太史公曰：鄙語云：'尺有所短，寸有所長。'白起料敵合變，出奇無窮，聲震天下，然不能救患於應侯。"簡省作成語"尺短寸長"。宋蘇軾《定州到任謝執政啓》："燕南趙北，昔稱謀帥之難；尺短寸長，今以乏人而授。"禪宗喻指消除事物的分別對立，取消長短的區別概念。

（二）方鑿圓枘

代人答話，對客敲床。方鑿圓枘，那得相當。（《南石文琇禪師語錄》卷三 X71，p0719a24）

語本《楚辭·九辯》："圓枘而方鑿兮，吾固知其鉏鋙而難入。"枘、鑿爲榫頭與卯眼。枘圓鑿方或枘方鑿圓，彼此不配，難相容合。《史記·孟子荀卿列傳》："持方枘欲入圓鑿，其能入乎？"形容彼此不相投合，格格不

入。禪宗喻指不按佛法本質修行，難以契悟其中真意。禪籍中又作慣用語
"方木逗圓孔"。

（三）曲高和寡/唱彌高，和彌寡

　　　知性火真空，了性空真火。遍周法界，普應河沙。欲使一切眾生
了了，明明頭頭不昧，其奈<u>曲高和寡</u>。（《空谷集》卷二【二五】"丹
霞燒佛" X67，p0282c23）

　　　舉："靈雲頌云：'三十年來尋劍客，幾回葉落又抽枝。自從一見
桃華後，直至如今更不疑。'玄沙云：'諦當甚諦當，敢保老未徹
在。'"師拈云："<u>唱彌高</u>，<u>和彌寡</u>，雪曲陽春。殺人刀，活人劍，利
物之要。"（《圓悟佛果禪師語錄》卷十八 T47，p0797a14）

語出戰國楚宋玉《對楚王問》："客有歌於郢中者，其始曰《下里》《巴
人》，國中屬而和者數千人。其爲《陽阿》《薤露》，國中屬而和者數百人。
其爲《陽春》《白雪》，國中屬而和者不過數十人。引商刻羽，雜以流徵，
國中屬而和者不過數人而已。是其曲彌高，其和彌寡。"意謂曲調越高雅，
能跟著唱和的人就越少。引申指知音難得。禪宗喻指禪法義深玄妙，少有
契悟者。

（四）根深葉茂

　　　僧問："既是一真法界，爲甚麼卻有千差萬別？"曰："<u>根深葉
茂</u>。"云："未審還出得這個也無？"曰："弄巧成拙。"（《嘉泰普燈錄》
卷三《隆興府大寧道寬禪師》X79，p0304a19）

　　　問："既是一真法界，爲甚麼卻有千差萬別？"師云："<u>根深葉
茂</u>。"云："未審還出得這個也無？"師云："弄巧成拙。"（《聯燈會要》
卷十四《洪州翠巖可真禪師》X79，p0120c20）

語出漢劉安《屏風賦》（《藝文類聚》六九）："惟斯屏風出自幽谷，根深枝
茂號曰喬木。"樹根紮得深，葉子就長得茂盛。後比喻事物根基紮實雄厚，
就可以興旺發達。宋歐陽修《會聖宮頌》："故其兢兢勤勤，不忘前人，是
以根深而葉茂。"禪宗喻指修行愈加深入，禪法愈加高妙。

（五）驚天動地

　　　看溈山下這一著，不妨<u>驚天動地</u>，惜乎土曠人稀。（《應庵曇華禪
師語錄》卷六 X69，p0531b15）

> 未出頭時，籠天蓋地。才垂手處，<u>驚天動地</u>，家風不尋。(《普覺宗杲禪師語録》卷下 X69，p0636a01)

語本漢司馬相如《上林賦》："車騎靁起，殷天動地。"形容發生的事情極不尋常。

（六）望風披靡

> 天回地轉，七縱八橫。幾於截斷眾流，四海學徒莫不<u>望風披靡</u>。(《臨濟慧照玄公大宗師語録序》T47，p0495b15)

語本漢司馬相如《上林賦》："應風披靡，吐芳揚烈。"形容草木隨風倒伏。比喻被強大的勢力所壓倒。

（七）畫地爲牢

> 問："靈山一會，分付飲光。今日法筵，當爲何事？"師云："<u>畫地爲牢</u>。"(《建中靖國續燈録》卷十五《衢州靈耀寺佛慈禪》X78，p0735a19)

> 是甚掇洗腳水漢，又何必分期立限。<u>畫地爲牢</u>，無繩自縛。(《元叟行端禪師語録》卷一 X71，p0517a15)

語本漢司馬遷《報任安書》(《漢書·司馬遷傳》)："故士有畫地爲牢勢不入，削木爲吏議不對，定計於鮮也。"在地上畫了個圈將自己圍在其中，形容自我束縛。後世沿用，元無名氏《十探子大鬧延安府》第二折："常言道：畫地爲牢，誓不可入。獄中苦楚，與死爲鄰。"禪宗喻指自心被各種妄情俗念、煩惱業障束縛，難以解脫。禪籍中又作"劃地爲牢"。《希叟紹曇禪師語録》："百丈和尚忌拈香，骨瘦如柴，機深似井，劃地爲牢，酷行商令。兒孫無地雪深冤，燒炷兜婁苦告天。"《投子義青禪師語録》卷上："因請典座上堂：'即心是道，劃地爲牢，向外馳求，轉沈魔界。'"

（八）少不努力，老矣惆悵

> 虛名虛相，谷音鑒像。棄而不修，豈明幻妄。<u>少不努力</u>，<u>老矣惆悵</u>。靜以思之，隨緣稱量。(《續古尊宿語要》集三 X68，p0417a18)

語出漢樂府《長歌行》："少壯不努力，老大徒傷悲。"年少時不努力，老來因少時的虛度荒廢而失意傷感。宋許綸《涉齋集》卷三《胡伯暉有詩訓豚犬輩次韻以廣其意》詩："少不努力進厥修，老將噬臍孰怨尤。"禪籍化用前代詩句，略作改動。禪師以此鼓勵僧徒學法要抓住當前，努力不懈。

（九）狹路相逢

　　師於嘉定十一年五月初九日入院，指三門云："父子不傳，百無一有。狹路相逢，推門落臼。"（《無門慧開禪師語錄》卷上 X69，p0354b13）

　　拈云："戲拍板，無孔笛。狹路相逢，五音六律。流落蓁林知幾年，至今誰敢通消息。"（《石田法薰禪師語錄》卷二 X70，p0334c06）

語出古樂府《相逢行》："相逢狹路間，道隘不容車。"比喻難以避讓。禪宗喻指機鋒相對之時。

（十）疋上不足，比下有餘

　　師云："……豈不是疋上不足，比下有餘？若撥無因果，便同謗於般若，出佛身血一般。"（《祖堂集》卷十二《禾山和尚》P.556）

　　"古人道：巧拙具生殺。作么生是生殺？"代云："疋上不足，疋下有餘。"（《云门录》卷中 T47，p0566c29）

語本晉張華《鷦鷯賦》："蟭螟巢於蚊睫，大鵬彌乎天隅，將以上方不足，而下比有餘，普天壤以遐觀，吾又安知大小之所如。"比上不行，比下還有富餘。《晉書·王湛傳》："時人謂上方山濤不足，下比魏舒有餘。"指比好的比不了，比差的要好一點。禪籍中又作"疋上不足，疋下有餘""疋上不足""匹上不足，匹下有餘""將上不足，匹下有餘""於上不足，疋下有餘"。《祖堂集》卷十三《招慶和尚》："問：'四方歸崇，憑何道理，消得人天應供？'師云：'若有一物所憑，一滴水也難消。'進曰：'直得一物不留，還消得也無？'師云："於上不足，疋下有餘。"《雲門錄》卷中："一日云：'一句道將來。'代云：'疋上不足。'"《續古尊宿語要》集三："乾坤之內，宇宙之間，中有一寶，秘在形山，且道是什麼寶。非青黃赤白，男女等相，是何言歟。雖然如是，匹上不足，匹下有餘。"《請益錄》卷下【五四】"盤山心佛"："天童拈云：'有錢不解使，濁富多憂。解使却無錢。清貧常樂。且道作麼生得十成去？將上不足，匹下有餘。娶他年少婦。"

（十一）有錢使得鬼走

　　僧云："老觀逢僧引面時如何？"師云："有錢使得鬼走。"（《虛堂

和尚語録》卷二 T47，p0995b07)

語本晉魯褒《錢神論》："諺曰：'錢無耳，可暗使。'又曰：'有錢可使鬼'，而況於人乎？"有錢可以驅使鬼，形容錢的特殊功能和對人具有強大的誘惑力，有錢什麼事情都能辦成。現代漢語還有俗語"有錢能使鬼推磨"。

（十二）冰消瓦解

問："疑則途中作，不疑則坐家兒。離此二途，乞師方便。"師云："未曾將曲與，汝離什麽？"進曰："與摩則冰消瓦解。"師云："動亦你置，静亦你置。"(《祖堂集》卷十三《招慶和尚》P.585)

問："觀身無己，觀外亦然時如何？"師云："熱發作麼？"進云："與麼則冰消瓦解去也。"(《雲門録》卷上 T47，p0550a19)

語出晉成公綏《雲賦》："於是玄風仰散，歸雲四旋，冰消瓦解，奕奕翩翩。"形容事物消失或徹底崩潰，引申比喻人死亡。唐拾得詩："未逾七十秋，冰消瓦解去。"世俗沿用，《舊唐書·回紇列傳》："及勢利日隆，盛衰時變，冰消瓦解，如存若亡，竟爲手足之疴焉。"禪宗形容各種外在形式徹底消除，進入空無的境界。又作"冰銷瓦解""瓦解冰消""瓦解冰銷"。《大慧普覺禪師語録》卷十："生從何來，滅從何去。若也見得徹去，山河大地，萬象森羅，四聖六凡，情與無情，不消一捏，便見冰銷瓦解。"《建中靖國續燈録》卷十一《彭州慧日堯禪師》："問：'古者道：我有一句，待無舌人來。即向汝道，未審意旨如何？'師云：'無影樹下好商量。'僧禮拜。師云：'瓦解冰消。'"《法昌倚遇禪師語録》："諸方將謂瓦解冰銷，殊不知，天欲明而必暗，人欲旺而必衰。"

（十三）亙古亙今

問如："如何是和尚家風？"師曰："亙古亙今。"(《景德傳燈録》卷二十五《杭州靈隱山清聳禪師》T51，p0413a29)

亙古亙今，都來是一法。前佛後佛，爲什麼用不盡？代云便棒。(《汾陽無德禪師語録》卷中 T47，p0615a26)

語本南朝宋鮑照《河清頌》："亙古通今，明鮮晦多。"亙，橫貫。從古到今，形容時間久遠。禪籍中又作"亙今亙古"。

（十四）飲氣吞聲

三世諸佛六代祖師乃至天下老和尚，只得飲氣吞聲，目瞪口呿。（《圓悟佛果禪師語錄》卷十二 T47，p0767a04）

秉惡毒鉗錘，碎情塵窠臼，佛祖飲氣吞聲。（《無門慧開禪師語錄》卷下 X69，p0367b20）

語本《藝文類聚》卷五十八引南朝梁任孝恭《爲汝南王檄魏文》：“關東英俊，河北雄才，痛桑梓淪蕪，室家顛殞，飲氣吞聲，志申讎怨。”形容竭力忍著內心的痛苦，心中有怨恨但不敢說出來。《敦煌變文集‧維摩詰經菩薩品變文》：“宣令者各抱慚惶，怕羞者盡懷憂懼，會中悄悄，飲氣吞聲。”又作“吞聲飲氣”，《隋書‧儒林傳‧王孝籍》：“懷抱之內，冰火鑠脂膏……安可齰舌緘唇，吞聲飲氣？”五代王定保《唐摭言‧公薦》：“仄陋之下，吞聲飲氣，何足算哉！”《北史‧王孝籍傳》：“況懷抱之內，冰火鑠脂膏；腠理之間，風霜侵骨髓。安可齰舌緘唇，吞聲飲氣，惡呻吟之響，忍酸辛之酷哉。”後又作“忍氣吞聲”，元關漢卿《包待制智斬魯齋郎》楔子：“你不如休和他爭，忍氣吞聲罷；別尋個家中寶、省力的渾家。”《紅樓夢》第十回：“於是金榮忍氣吞聲，不多一時他自去睡了。”又第二〇回：“襲人一面哭，一面拉著寶玉道：‘爲我得罪了一個老奶奶，你這會子又爲我得罪這些人，這還不夠我受的，還只是拉別人。’寶玉見他這般病勢，又添了這些煩惱，連忙忍氣吞聲，安慰他仍舊睡下出汗。”禪籍中又作“吞聲飲氣”“忍氣吞聲”。《圓悟佛果禪師語錄》卷十三：“須知當人分上，各有水灑不著，風吹不入。清寥寥白滴滴。祖佛不能到，魔外不能入。坐斷要津，不通凡聖。設使盡大地草木叢林盡化爲衲僧，各各置百千問難，不消一剗，盡教吞聲飲氣，目瞪口呿。”《古林清茂禪師語錄》卷三：“師云：‘趙州忍氣吞聲，雪竇以強凌弱。山僧平展商量，敢謂婆子趙州，二俱不了。’”

（十五）萬象森羅

萬象森羅極細微，素話當人却道非。（《雲門錄》卷上 T47，p0553c05）

四方八面應機緣，萬象森羅任寬廓。（《汾陽無德禪師語錄》卷下 T47，p0619c16）

語出南朝梁陶弘景《茅山長沙館碑》："夫萬象森羅，不離兩儀所育。"紛然羅列各種各樣的事物和現象。唐呂岩《浪淘沙》詞："萬象森羅爲斗拱，瓦蓋青天。"禪籍中又作"萬像森羅""森羅萬象""森羅萬像"。《祖堂集》卷十四《江西馬祖》："不取善，不舍惡，淨穢兩邊，俱不依怙。達罪性空，念念不可得，無自性故，三界唯心，森羅萬像，一法之所印。"《宏智禪師廣錄》卷九："萬像森羅互爲用，不許蠅泥粘鼻孔。"《景德傳燈錄》卷六《江西道一禪師》："淨穢兩邊俱不依怙，達罪性空念念不可得。無自性故，故三界唯心。森羅萬象，一法之所印。"《嘉泰普燈錄》卷三《隨州大洪第一世報恩禪師》："曰：'森羅萬像，總在其中。具眼禪人，請試甄別。'"

（十六）飲水不迷源

問："如何是本？"師曰："飲水不迷源。"（《景德傳燈錄》卷十五《澧州夾山善會禪師》T51，p0324a28）

語本北周庾信《徵調曲》："落其實者思其樹，飲其流者懷其源。"比喻人不忘本。喝水不忘源頭。禪宗喻指不爲外物所迷，能夠識得自己的清淨本心。

（十七）惡虎不食子

問："未剖以前請師斷。"師曰："落在什麼處？"曰："恁麼即失口也。"師曰："寒山送潙山。"又曰："住住闍梨失口山僧失口。"曰："惡虎不食子。"（《景德傳燈錄》卷十八《杭州龍華寺真覺大師》T51，p0352c01）

語本唐孟郊《吊比干墓》詩："餓虎不食子，人無骨肉恩。"再兇殘的老虎也不會吃自己的孩子。比喻人人都有善心，再凶惡的人也會心存善念。宋王安石《聖俞爲狄梁公孫作詩要予同作》："虎豹不食子，鴟梟不乘雄。"禪師以此諺鼓勵僧徒精進學佛，即便不能領悟禪旨也不作批評。禪籍中又作"猛虎不食其子"。《明覺禪師語錄》卷三："舉：'耽源辭國師，歸省覲馬祖，於地上作一圓相，展坐具禮拜。祖云："子欲作佛去？"源云："某甲不解捏目。"祖云："吾不如汝。"'師云：'然猛虎不食其子，爭奈來言不豐。諸人，要識耽源麼？只是個藏身露影漢。'"

（十八）海納百川流

問：“如何是實際理地不受一塵，佛事門中不捨一法？”師曰：“真常塵不染，海納百川流。”（《五燈會元》卷六《鄧州中度禪師》P. 344）

語出唐李白《金門答蘇秀才》詩：“巨海納百川，麟閣多才賢。獻書入金闕，酌醴奉瓊筵。”宋晁迥《道院集要》卷一《無我》：“同歸一真之體，聊可喻之，如室排千燭，寧分千燭之光？海納百川，豈辨百川之味？”大海可以容納百川，禪宗比喻佛門寬廣無邊，無所不容。

（十九）海枯終見底，人死不知心

問：“拈槌舉拂即不問，瞬目揚眉事若何？”師云：“海枯終見底，人死不知心。”（《建中靖國續燈錄》卷七《滁州琅琊山開化院繼詮海月禪師》X78，p0685c10）

愚云：“玄沙道：‘諦當甚諦當，敢保老兄未徹在。’又作麼生？”師云：“海枯終見底，人死不知心。”（《聯燈會要》卷十三《舒州法華全舉禪師》X79，p0113a05）

語出唐時杜荀鶴《感寓》詩：“大海波濤淺，小人方寸深。海枯終見底，人死不知心。”大海雖深，枯時還可以見到底；人至死卻仍不能看透他的心。形容人心難測。宋陸游《老學庵筆記》卷四：“今世所道俗語，多唐以來人詩……‘海枯終見底，人死不知心。’杜荀鶴詩也。”禪宗用以形容禪法高妙，難以言說。

（二十）魯般門下弄大斧

問僧：“甚處來？”僧云：“郴州。”師云：“你爲甚麼失脚？”代云：“魯般門下弄大斧。”（《古尊宿語錄》卷十八《雲門（文偃）匡真禪師廣錄下》X68，p0116c05）

魯般，一作“魯班”。《孟子·離婁上》：“孟子曰：‘離婁之明，公輸子之巧，不以規矩不能成方員。’”漢趙岐注：“公輸子魯班，魯之巧人也。”魯般即公輸般，魯國人，因之又稱爲“魯班”。爲中國古代的巧匠，被視爲中國古代木匠祖師。語出唐柳宗元《王氏伯仲唱和詩序》：“操斧於班郢之門，斯強顏耳。”宋童宗説注：“潘云：‘班與般同，即公輸子。’又《莊子》云：‘郢人，善塗堅者。’”《莊子·徐無鬼》：“郢人堊漫其鼻端，若蠅翼，使匠石斲之。匠石運斤成風，聽而斲之，盡堊而鼻不傷，郢人立不失容。"柳文中"班"即魯班，"郢"指善於涂壁者。後有慣用語"魯班門下弄大斧"，在魯班的門前，搬弄大斧，任何巧妙都無法超越他。比喻在行家面前賣弄本領，不自量力。又有成語"班門弄斧"。《降魔變文》："舍利弗小智拙謀，魯斑（班）前頭出巧。"成語"班門弄斧"結構上成語整齊、凝固，不能隨意變動詞序或替換其中的成分，而俗語"魯班門下弄大斧"的結構鬆散靈活，還可以變換句式或添加成分。禪籍中另有同義俗語"魯般門下，徒施巧妙""魯班門下"。從構成成分上看，成語中用雅言成分，俗語的組成要素以白話爲主，成語用單音節詞"斧"，俗語用雙音節詞"大斧"，口語性更強。雖然"班門弄斧"和"魯班門下弄大斧"意義相同，二者雅俗判然。俗語在禪門中謂言行修佛要老老實實，不要玩弄機巧，否則都是徒勞無意。

（二十一）虛生浪死

> 上堂："汝等諸人與麼上來，大似抛卻甜桃樹，尋山摘醋梨。大凡行腳人，十二時中也須管帶些子始得。豈可只與麼隨行逐隊，<u>虛生浪死</u>！看他先聖百般不奈何了，向人道：'我今爲汝保任此事，終不虛也。'你等諸人還信麼？直饒向這裏信得及，也是聽事不真，喚鐘作甕。"以拂子擊禪床，下座。"（《古尊宿語錄》卷四十《云峰（文）悅禪師初住翠巖語錄》X68，p0263b23）

語出唐段義宗《失調名》聽歌妓洞雲歌："劉伯倫，劉伯倫，虛生浪死過青春。一飲一碩獨自醉，無人爲爾下梁塵。"虛生，虛度生命。浪死，徒然死去，白白送死。比喻浪費生命，虛度光陰。前蜀貫休《行路難》詩："九有茫茫共堯日，浪死虛生亦非一。"《舊唐書·越王貞傳》："諸王必須以匡救爲急，不可虛生浪死，取笑於後代。"宋黃庭堅《山谷集別集》卷六《墨說遺張雅》："余聞雅亦參禪問道，欲入九流。然但禮拜無眼阿師，隨杜撰道人談金丹，恐只虛生浪死耳。"禪宗以此語批評心不開悟，虛度生命的迷失者。

（二十二）花須連夜發，莫待曉風吹

> 獨坐許誰知，青山對落暉。<u>華須連夜發，莫待曉風吹</u>。（《大慧普覺禪師語錄》卷十 T47，p0855a23）

上堂："佛之一字，吾不喜聞。俗人沽酒三升，寧可洋銅灌口，不受信心人食。此地無金二兩，會得兩不成雙。不然，<u>花須連夜發，莫待曉風吹</u>。"（《虛堂和尚語錄》卷八 T47，p1041c02）

語出唐武則天《臘日宣詔幸上苑》詩："明朝游上苑，火急報春知。花須連夜發，莫待曉風吹。"比喻參禪悟道要靠自心領會，依傍外在的力量終究無法獲得真正的開悟。

（二十三）寧可清貧長樂，不作濁富多憂

問："諸緣則不問，如何是和尚家風？"師云："<u>寧可清貧長樂，不作濁富多憂</u>。"（《祖堂集》卷十三《招慶和尚》P.586）

問："如何是招慶家風？"師云："<u>清貧長樂，濁富多憂</u>。"（《聯燈會要》卷二十六《泉州招慶道匡禪師》X79，p0229c03）

語本唐姚元崇《冰壺誡》詩："與其濁富，寧比清貧。"寧可過清寒貧苦的生活，但能自得其樂，也不願過表面榮華富貴但內心卻擔驚受怕的日子。禪宗改造，作"寧可清貧長樂，不作濁富多憂"，又作"清貧長樂，濁富多憂"。體現了禪宗隨緣任運，無所執著的本心觀。

（二十四）射人先射馬，擒賊先擒王

卍庵頌：瞿曇徹底老婆心，見明色發理難任。入鄉隨俗那伽定，佛魔到此盡平沈。師頌云："挽弓須挽強，用槍須用長。<u>射人先射馬，擒賊先擒王</u>。"（《北磵居簡禪師語錄》X69，p0676c20）

挽弓須挽強，用鏃須用長。<u>射人先射馬，擒賊先擒王</u>。（《禪宗頌古聯珠通集》卷四 X65，p0498a15）

語出唐杜甫《前出塞》："挽弓當挽強，用箭當用強。射人先射馬，擒賊先擒王。"射人先射他所騎的馬，擒賊先擒賊群中的王。比喻做事要抓主要矛盾。

（二十五）家肥生孝子，國霸有謀臣

師云："仰山恁麼祇對，不妨數目分明，只是插得鍬子太深。溈山也只是要兩個五百是一貫，且不是得個驢兒便歡喜。何謂如此？<u>家肥生孝子，國霸有謀臣</u>。"（《白雲守端禪師廣錄》卷二 X69，p0316a16）

老師情量未脫，被二十四氣使得，七顛八倒，山僧只得休去。何故？<u>家肥生孝子，國霸有謀臣</u>。（《虛堂和尚語錄》卷三 T47， p1011a23)

語出唐黄損《讀史》：“逐鹿走紅塵，炎炎火德新。家肥生孝子，國霸有餘臣。”家庭富裕多生孝子，國家強大多出謀臣。俗語強調環境的重要性，良好的環境可以培養出優秀的人或催生出好的事物。禪宗喻指跟從名師大德修習禪法更容易獲得開悟。禪籍中又縮減作“家肥生孝子”。《癡絕道沖禪師語錄》卷上：“師云：‘憐兒不覺醜。’興化云：‘草賊大敗。’師云：‘家肥生孝子。’濟便打。”

（二十六）世亂奴欺主，年衰鬼弄人

師云：“世亂奴欺主，年衰鬼弄人，放汝三十棒。”（《古尊宿語錄》卷四十六《滁州琅玡山覺和尚語錄》X68，p0314a07）

宋陸游《老學庵筆記》卷四：“今世所道俗語，多唐以來人詩……‘世亂奴欺主，年衰鬼弄人’，杜荀鶴詩也。”世道亂了，奴僕反過來欺負主人，年老體衰了鬼就會來捉弄人。比喻強者在能力、權勢衰敗時，弱者會反過來欺辱強者。俗語形象地反應出人情冷暖。禪家喻指不管是佛還是神，與普通人一樣，都會遭遇禍福之事。禪籍中又作“勢去奴欺主，年衰鬼弄人”“世亂奴欺主，時衰鬼弄人”。《正法眼藏》卷三上：“趙州和尚到茱萸，將拄杖於法堂上從東過西從西過東。茱萸問：‘作甚麼？’州云：‘探水。’曰：‘我遮裏一滴，無。探個甚麼。’州靠卻拄杖便出去。琅邪覺云：‘勢去奴欺主，年衰鬼弄人。’”《聯燈會要》卷六《趙州觀音從諗禪師》：“琅琊覺云：‘世亂奴欺主，時衰鬼弄人。’”

（二十七）一歲一枯榮

問：“葉落歸根時如何？”師曰：“一歲一枯榮。”（《天聖廣燈錄》卷二十一《蘄州四祖山諲禪師》X78，p0528a22）

語出唐白居易《賦得古原草送別》詩：“離離原上草，一歲一枯榮。”植物一年要經歷一次從生長到繁榮再到枯萎的過程。形容事物周而復始的自然規律。禪師以此語引導僧徒從自然規律中體會禪旨佛理。

（二十八）八面玲瓏

入院詣方丈坐云：“摩竭陀國三七日內口呀呀，毗耶城中八萬人眾眼睆睆。雖然一期拈掇，未免犯手傷鋒。爭似這個八面玲瓏，四方洞達。”（《圓悟佛果禪師語錄》卷五 T47，p0733b14）

上堂云："影轉體前，白雲就青山之父。光分頂後，溫風成枯木之春。直得<u>八面玲瓏</u>，十方通暢。"(《宏智禪師廣錄》卷一 T48，p0009c09)

上堂："向上一竅，<u>八面玲瓏</u>。覿面一機，全身擔荷。"(《嘉泰普燈錄》卷十八《江州東林卍庵道顏禪師》X79，p0403b17)

"玲瓏"，明徹貌。唐時有"八窗玲瓏"，形容四壁窗戶軒敞，室內通徹明亮。唐盧綸《賦得彭祖樓送楊德宗歸徐州幕》詩："四戶八窗明，玲瓏逼上清。"唐黃滔《黃御史集·五·大唐福州報恩定光多寶塔碑記》："七層八面玲瓏。"禪宗比喻明心徹悟，當下頓悟，通徹明瞭。又作"玲瓏八面"。《嘉泰普燈錄》卷二十九《護國此庵元禪師二首·答虎丘隆禪師》："玲瓏八面生清風，皎潔一輪霜夜月。"

（二十九）白雲萬里

上堂："說佛說法，拈槌豎拂，白雲萬里。德山入門便棒，臨濟入門便喝。<u>白雲萬里</u>。然後恁麼也不得，不恁麼也不得，恁麼不恁麼，總不得，也則白雲萬里。"(《五燈會元》卷十九《蘄州五祖法演禪師》P.1244)

語出唐王勃《王子安集》卷七《秋晚入洛於畢公宅別道王宴序》："柴車之有日，青溪數曲，幽人長往，白雲萬里，帝鄉難見。"形容天空高遠，比喻距離遙不可及。禪宗喻指思想與禪法相隔極遠，根本不合禪法之意。係禪家常用批評語。

（三十）半合半開

上堂云："大無外小無內，<u>半合半開</u>，成團成塊。老胡既隔絕，衲子多違背。從他千古萬古長漫漫，填溝塞壑沒人會。"(《明覺禪師語錄》卷一 T47，p0679c17)

唐裴廷裕《偶題》："微雨微風寒食節，半開半合木蘭花。"半閉半開，沒有完全打開，指沒有綻放。禪門意指圓融中通，不著一邊。禪籍中又作"半開半合"。《圓悟佛果禪師語錄》卷九："冬夜小參：'有作思惟從有心起，一輪生滅行無間道，修無漏業萬古超然。拈一放一半開半合，未免在窠窟裏。'"

（三十一）春去秋來

學云："春去秋來事宛然也。"師云："才方搓彈子，便要捏金剛。"（《法演禪師語録》卷上 T47，p0650a22）

唐岑參《敷水歌送竇漸入京》："春去秋來不相待，水中月色長不改。"又唐汪遵《燕臺》："如今寂寞無人上，春去秋來草自生。"春天過去了秋天將要來臨，形容時間流逝，歷經一年又一年。

（三十二）炊沙作飯

上堂："棒頭挑日月，木馬夜嘶鳴。"拈拄杖曰："雲門大師來也。"卓一下，曰："炊沙作飯，看井作褌。參。"（《五燈會元》卷十五《瑞州洞山永孚禪師》P. 1011）

洎乎問著佛法，恰似炒沙作飯相似。無可施爲，無可下口。（《古尊宿語録》卷十三《趙州真際禪師語録並行狀卷上》X68，p0078b10）

語出唐顧況《行路難》詩："君不見擔雪塞井徒用力，炊沙作飯豈堪吃。"烹製沙土來做飯，比喻荒唐可笑的行爲，徒勞用功，枉費力氣。清徐錫齡、錢泳《熙朝新語》卷三："如是而欲其激濁揚清、興利袪弊也，是何異適越而北其轅、炊沙而望成飯耶？"禪宗形容荒唐的修行方式。禪籍中同義俗語有"蒸沙作飯"。

（三十三）擔雪填井

上堂："說到行不到，好肉剜瘡。行到說不到，扶籬摸壁。行說俱到，石筍抽條。行說俱不到，擔雪填井。離四句絕百非即不問，諸人且道文殊問不二法門，維摩因什麼默然？"喝一喝云："貪他一粒粟，失卻半年糧。"（《密庵禪師語録》T47，p0973a05）

示眾云："三世諸佛在這裏，爲汝諸人無孔竅，遂走向山僧拄杖裏去，強生節目。"師云："汾陽與麼示徒，大似擔雪填井。"（《聯燈會要》卷十六《東京淨因繼成禪師》X79，p0142a23）

語出唐顧況《行路難》詩之二："君不見擔雪塞井徒用力，炊沙作飯豈堪吃。"擔雪來填充井，比喻徒勞用功，毫無意義。後世沿用，《水滸傳》第八三回："催趲各處徑調軍馬前去策應，正如擔雪填井一般。"《二刻拍案驚奇》卷八："只是心心念念記掛此事，一似擔雪填井，再沒個滿的日子。"禪宗喻指採取不正確的修行方式，都是徒勞費力，爲禪宗批評僧徒語。禪籍中又作"搬雪填井"，另有慣用語"擔雪共填井"，《大慧普覺禪師語錄》卷六："示眾舉：'招慶問羅山：有人問岩頭："塵中如何？辯主。"頭云："銅沙鑼裏滿盛油。意作麼生？"山召大師。慶應諾。山云："獼猴入道場。"山卻問明招："或有人問爾作麼生？"招云："箭穿紅日影。"師云："或有人問爾作麼生？"招云："箭穿紅日影。"'師云：'還會麼？獼猴入道場，箭穿紅日影。兩個老古錐，擔雪共填井。'喝一喝。"

（三十四）斗轉星移

> 冬節，晝明夜暗，日往月來。一氣不然而然，萬化無作而作，便怎麼去，平地上死人無數。衲僧用處，自有條章。斗轉星移，東湧西沒。（《石田法薰禪師語錄》卷三 X70，p0340c16）

> 上堂："悟心容易息心難，息得心源到處閑。斗轉星移天欲曉，白雲依舊覆青山。"（《嘉泰普燈錄》卷十《慶元府雪竇持禪師》X79，p0350a20）

唐和凝《江城子》："斗轉星移玉漏頻，已三更，對西鶯。歷歷花間，似有馬蹄聲。"斗，北斗；星，三星。北斗和三星一夜之間會有明顯的方位變化，通過北斗和三星的位置變化可以推斷時間。形容時間推移，黎明將至。

（三十五）功成行滿

> 乃云："釋迦老子，雪山六年，功成行滿。到臘月八夜，討得一條路子，與後人行。若謂他見明星悟去，已是謗焰未息。"（《虛堂和尚語錄》卷二 T47，p1000c20）

唐呂岩《江城子》詞："他年功成行滿。駕祥雲、直至瑤池仙闕。"形容獲得開悟，修成正果。元馬致遠《黃粱夢》第一折："漢鍾離點化玄機，度呂岩省悟心回，待此人功成行滿，同共赴閬苑瑤池。"

（三十六）花紅柳綠

> 問："如何是一味法界？"師云："花紅柳綠。"進云："如何是定山路？"師云："峭。"進云："履踐者如何？"師云："險。"（《天聖廣燈錄》卷三十《杭州南山興教寺惟一禪師》X78，p0571b18）

唐薛稷《餞唐永昌》："更思明年桃李月，花紅柳綠宴浮橋。"唐魏承班《生查子》："花紅柳綠間晴空，蝶舞雙雙影。"形容花木繁盛，令人賞心悅目的景色。元高明《蔡伯喈琵琶記》第三出："前日豔陽天氣，花紅柳綠，貓兒狗兒也動心，你也不動一動；如今暮春時候，鳥啼花落，誰不傷情？"禪宗比喻領悟禪法後的愉悅心境。禪籍中又作"柳綠花紅"。《五燈會元》卷七《酒仙遇賢禪師》："秋至山寒水冷，春來柳綠花紅。一點動隨萬變，江村煙雨濛濛。"

（三十七）黃河九曲

上堂舉："僧問趙州：'萬法歸一，一歸何處。'州云：'我在青州，作一領布衫重七斤。'又僧問文殊：'萬法歸一，一歸何處？'殊云：'黃河九曲。'"師云："黃河九曲，七斤布衫。胡馬嘶北，越鳥巢南。衲僧恰到真常處，語不欺人面不慚。"（《宏智禪師廣錄》卷四 T48，p0040b08）

問："如何是南源境？"師云："黃河九曲，水出昆侖。"（《天聖廣燈錄》卷十八 X78，p050）

黃河河道蜿蜒曲折。唐盧綸《送郭判官赴振武》詩："黃河九曲流，繚繞古邊州。鳴雁飛初夜，羌胡正晚秋。"唐黃滔《融結爲河嶽賦》："三門九曲，競呈升沒之源；太華維嵩，交辟奔沖之路。"唐齊己《瀟湘二十韻》："對茲傷九曲，含濁出昆侖。"元王實甫《西廂記》第一折："九曲風濤何處顯？則除是此地偏。"清孔尚任《桃花扇·劫寶》："九曲天險，只用蓮舟蕩漾。"比喻事情曲折複雜。禪師以此暗示僧徒參悟佛法如同在黃河河道中行進，需要幾經周折。

（三十八）平步青雲

上堂："良工未出，玉石不分。巧冶無人，金沙混雜。縱使無師自悟，向天童門下，何啻朝打三千，暮打八百。'驀拈拄杖云："喚作拄杖，玉石不分不喚作拄杖。金沙混雜，其間一個半個。善別端由，管取平步青雲，苟或未然。"（《應庵曇華禪師語錄》卷六 X69，p0529a09）

語本唐曹鄴《杏園宴呈同年》詩："一旦公道開，青雲在平地。"比喻無阻順暢地到達很高的地位。元無名氏《張協狀元》第三十一出："張協感皇恩，折桂枝平步青雲。望斷鄉關家山遠，修書情取，專人預先，通報雙親。"《醒世姻緣傳》第三八回："一夥報喜的京花子，約有二三十人，一齊趕將來家，嚷作一塊，說：'狄爺是平步青雲，天來大的喜事，快每人且先掛一匹大紅雲綎，再賞喜錢！"禪籍中又作"平步青霄"。《應庵曇華禪師語錄》卷九："看佗下個注腳。迥然超絕。一錘下便要平步青霄。雖然直饒恁麼也是依草附木。"

（三十九）青天白日

問："如何是古佛家風？"師云："青天白日。"（《明覺禪師語錄》卷一 T47，p0675b16）

師子奮迅兮搖乾蕩坤，象王迴旋兮不資餘力，孰勝孰負誰出誰入。雨散雲收，青天白日。（《圓悟佛果禪師語錄》卷十八 T47，p0798c15）

青天和白日，形容天氣晴朗。語本唐韓愈《同水部張員外曲江春遊寄白二十二舍人》詩："漠漠輕陰晚自開，青天白日映樓臺。"禪宗喻指禪法清楚分明。

（四十）山高海闊

問："如何是祖師西來意？"師云："山高海闊。"（《明覺禪師語錄》卷一 T47，p0669c12）

山也高，海也寬，形容壯美的自然景觀。唐張籍《各東西》詩："道路悠悠不知處，山高海闊誰辛苦。"禪宗喻指佛法即在自然質樸之中。

（四十一）水落石出

稅駕於佛祖之域，塵銷覺圓，水落石出。凡所過處，無問道俗。（《偃溪廣聞禪師語錄》卷下 X69，p0744c14）

空如來藏，立大圓鏡。水落石出，月明雲淨。瞻之仰之，群機普應。（《大川普濟禪師語錄》X69，p0768a）

唐杜甫《奉贈李八丈曛判官》："秋枯洞庭石，風颯長沙柳。"仇兆鰲引宋趙彥材注："水落石出，所以爲枯。"本指水落下去，石頭就露出來。形容水枯季節的自然景色。宋歐陽修《醉翁亭記》："野芳發而幽香，佳木秀而繁陰，風霜高潔，水落而石出者，山間之四時也。"禪宗形容清淨無染之貌。

（四十二）隨風逐浪

二時粗糖隨緣過，一身遮莫布毛裘。隨風逐浪往東西，豈愁地迮與天低。（《祖堂集》卷四《丹霞和尚》P.213）

一泛輕舟數十年，隨風逐浪任因緣。（《祖堂集》卷五《華亭和

尚》P. 260)

根據風向追逐波浪，比喻奔波顛沛，居無定所。唐吳融《商人》："隨風逐浪年年別，卻笑如期八月槎。"唐司空圖《戊午三月晦二首》其一："隨風逐浪劇蓬萍，圓首何曾解最靈。"禪宗喻指隨緣任運，不刻意而爲。

（四十三）隨群逐隊

上堂："百不知，百不會。似兀如癡，<u>隨群逐隊</u>，誰云趙璧無瑕纇。"（《破庵祖先禪師語録》X70，p0213a19）

二十四氣，一時發現。<u>隨群逐隊</u>，也道撥草瞻風。見善知識，輕輕撥著，便見魂飛膽喪。（《密庵和尚語録》T47，p0981a19）

唐元稹《望雲騅馬歌》："功成事遂身退天之道，何必隨群逐隊到死蹋紅塵。"跟著別人前行。禪宗喻指學習效法他人，不識自家佛性。是禪宗反對的修行方式。

（四十四）剜肉作瘡

到鳳林，林問："有事相借問，得麽?"師云："何得<u>剜肉作瘡</u>?"（《臨濟録》T47，p0506b14）

上堂云："舉一則語，教汝直下承當，早是撒屎著爾頭上也。直饒拈一毛頭，盡大地一時明得，也是<u>剜肉作瘡</u>。"（《雲門録》卷上T47，p0546c01）

語本唐聶夷中《詠田家》詩："二月賣新絲，五月糶新穀。醫得眼前瘡，剜卻心頭肉。我願君王心，化作光明燭。不照綺羅筵，只照逃亡屋。"剜去好肉來彌補創傷，本是形容農民生活在艱難困苦之中，顧東難顧西。"剜肉補瘡"由詩句演化而來，意義發生變化，本來無瘡，特地剜去好肉做成瘡。比喻追求某種目的，不顧效果和目的的好壞，而採取錯誤的手段和方法。意義與"拆東牆補西牆"相同。語義帶有貶義色彩。世俗又作"剜肉做成瘡"，清李綠園《歧路燈》第二十八回："正是：世間真樂只尋常，真樂原來在一堂；舍此偏尋分外樂，定然剜肉做成瘡。"禪宗謂採用不當的修行方式參禪悟道，反到迷失了自家佛性，比喻錯誤的修行方式。禪籍中作"剜肉成瘡""剜肉爲瘡"。《天聖廣燈録》卷二十一《唐州天睦山契滿禪師》："上堂，示衆：'迦葉親傳，如來密印。達磨西來，多虛少實。若論此事，且權認奴作郎。說佛說祖，剜肉成瘡。直下單明，未是衲僧活計。作麼生是衲僧活計？何不對眾證據看。'"《永明智覺禪師唯心訣》："或起殊勝知解，而剜肉爲瘡。"另有慣用語"剜肉做成瘡"。

（四十五）揚眉動目

石頭曰："除卻揚眉動目將心來。"師曰："無心可將來。"（《景德傳燈錄》卷十四《潮州大顛和尚》T51，p0312c29）

僧問："未審托情勢指境勢語默勢乃至揚眉動目等勢，如何得通會於一念間？"師曰："無有性外事，用妙者動寂俱妙。心真者語默總真，會道者行住坐臥是道，爲迷自性萬惑茲生。"（《景德傳燈錄》卷二十八《越州大珠慧海和尚》T51，p0443b02）

唐李瑞《胡騰兒》詩："揚眉動目踏花氈，紅汗交流珠帽偏。"揚起眉毛，轉動眼睛，形容面部表情豐富。禪籍中謂禪家示機應機時的動作，泛指禪機作略。與"揚眉瞬目"同義。

（四十六）客來須看，賊來須打

蕭蕭灑灑有取有舍，矗矗苴苴無真無假。客來須看，賊來須打。一條竹篦天上天下，背觸當鋒任人酬價。咄哉村僧少說大話，魘年收取掛高堂，從他讚歎從他罵。（《大慧普覺禪師語錄》卷十二《舟峰長老求贊》T47，p0861b13）

唐時已有此諺，見於新郎迎娶新娘時男女儐相所唱歌詞。婚禮之日婿夫黃昏迎親，新郎在儐相的陪同下到女家時遭"攔門"，女方家屬調笑戲弄乃至撲打新郎，稱"下婿"，敦煌遺書有《下女夫詞》，女夫即女婿，下女夫是使女夫下，是由男儐相和女儐相演唱的對歌詞。北京大學圖書館學系所藏《下女夫詞一本》有這樣一句："賊來須打，客來須看，報導姑嫂，出來相看。"（參楊寶玉《〈敦煌變文集〉未入校的兩個〈下女夫詞〉殘卷校錄》，《敦煌語言文學研究》，北京大學出版社，1988 年）禪宗比喻根據學人根機的不同採取相應的接化方式，或是在機鋒較量中，根據不同的對手採取不同的應對方式。禪籍中又作"賊來須打，客來須看""賊來須打，客來須待""賊來須打，客來須接""客來須看，賊來須捍"。《白雲守端禪師廣錄》卷二："師乃云：'古者道："賊來須打，客來須看。"禮之常道，賊來須打，且道作麼生打？人面似賊，賊面似人，半夜三更，有什麼辨處？然雖如是，也不得放過，以拄杖擊一下。'"《宏智禪師廣錄》卷三：

"舉：'僧問雲門："如何是清淨法身？"門云："花藥欄。"僧云："便恁麼去時如何？"門云："金毛師子。"雪竇著語云："大無端。"'師云：'賊來須打，客來須待。雲門雪竇，二俱作家。這裏莫有便恁麼去者麼？切忌撞頭磕額。'"《北礀居簡禪師語錄》："明慶和尚至，上堂：'賊來須打，客來須接。明慶長老來，打即是，接即是。若打來，不見贓物。若接來，未問蹤由。休休，不是冤家不聚頭。'"《月江正印禪師語錄》卷上："師乃云：'理法界，事法界。理事無礙法界，事事無礙法界。'舉拂子云：'者個是什麼法界？若也不會，更與汝指出。經歸藏禪歸海，是藏主法界。客來須看，賊來須捍。'"

（四十七）拆東補西

上堂："守洞山活業，須賣生薑。續佛日光明，豈無火種。佛壟雖則移梁作柱，拆東補西。"（《希叟紹曇禪師廣錄》卷一 X70，p0414b03）

唐寒山詩一七三："與道殊懸遠，拆東補西爾。"拆了東邊的墻去補西邊的漏洞，比喻臨時湊合應對，沒有徹底解決問題。禪籍中禪師利用俗成語的言外之意諷刺學人自作聰明，不明和尚拋來的機鋒，還假裝自如應對，反而漏洞百出。禪籍中另有慣用語形式"拆東籬，補西壁""拆去東籬，補起西壁""拆東籬，補西障"。

（四十八）改頭換面

一日須來三五度，有時歡喜有時嗔。改頭換面休疑著，元是尖篐帽下人。（《虛堂和尚語錄》卷五 T47，p1022b24）

唐寒山詩："可畏輪迴苦，往復似翻塵。蟻巡環未息，六道亂紛紛。改頭換面孔，不離舊時人。"指眾生在六道輪迴中只改變了外在容貌，但內在的精神意志沒有改變。又指改變容貌。《虛堂錄》卷六【八六】："門云：'陋巷不騎金色馬，回途卻著破襴衫。改頭換面人難識，只是東村李二郎。'"《朱子語類》卷五十八："不問小事大事，千變萬化，改頭換面出來，自家應副他，如利刀快劍相似，迎刃而解，件件剖作兩片去。"

（四十九）千山萬水

上堂："理因事有，心逐境生。事境俱，千山萬水。作麼生得恰好去？"良久曰："且莫剜肉成瘡。"（《五燈會元》卷十二《安吉州西餘山拱辰禪師》P.754）

偶爾靈光獨耀迥脫根塵，夜半日頭出，朝霞幾縷紅。還見麼，擬

涉思惟，<u>千山萬水</u>。(《空谷集》卷五【七七】"梁山道場" X67，p0308c1)

山水極多，形容路途艱險遙遠。唐宋之問《至端州驛見杜審言沈佺期題

壁慨然成詠》："豈意南中岐路多，千山萬水分鄉縣。"唐貫休《送夢上

人歸京》："伊餘龍鍾歸海涯，千山萬水情自怡。"禪宗喻指難以契悟禪

旨佛理。

（五十）秋去春來

上堂云："雲籠碧落，霧展長空。露滴成珠，霜飛葉墜。日月常

明，乾坤晃耀。人心不昧，物類不拘。<u>秋去春來</u>，暄和合序。"(《汾

陽無德禪師語錄》卷上 T47，p0600b24)

形容時間流轉。唐魚玄機《歸怨》："春來秋去相思在，秋去春來信息稀。"

宋邵雍《擊壤集》卷十三《梁燕吟》詩："物情誰道爾無知，秋去春來不

失期。"

（五十一）五湖四海

鼓山尋常道："有一人不跨石門，須有不跨石門句。作麼

生是不跨石門句？鼓山自住三十餘年，<u>五湖四海</u>來者，向高山頂上看山玩

水，未見一人快利通得，如今還有人通得也不昧兄弟珍重。"(《景德

傳燈錄》卷十八《福州鼓山興聖國師》T51，p0351c09)

四海，古以中國四境有海環繞，各按方位爲"東海""南海""西海"和

"北海"。泛指天下，全國各地。唐呂岩《絕句》："斗笠爲帆扇作舟，五湖

四海任遨遊。"

（五十二）有山有水

僧問："如何是林溪境？"師曰："<u>有山有水</u>。"(《五燈會元》卷九

《郢州芭蕉山繼徹禪師》P.555)

形容風光秀美。語出唐杜荀鶴《登石壁禪師水閣有作》詩："有山有水堪

吟處，無雨無風見景時。"

（五十三）依草附木

將識情而卜度聖意，用妄心而剖判諸方，盡是傍生異見。<u>依草附</u>

<u>木</u>，見處偏枯。(《天聖廣燈錄》卷十九《隨州雙泉山郁禪師》X78，

p0516a）

示眾云：“大凡參學之士，須參活句，莫參死句。活句下明得，可以權衡佛祖。顯正摧邪，覆育群生。賑濟孤露，若於死句下明得。<u>依草附木</u>，埋沒宗風。”（《聯燈會要》卷十七《潭州大溈善果禪師》X79，p0149b22）

語本五代王周《巫廟詩》：“日既持威福，歲久爲精靈，依草與附木，誣詭殊不經。”比喻妖魔鬼怪附於草木上，爲非作歹。禪宗喻指不能自識佛法，只能依賴他人的見解或依靠經文解說來修習佛法。禪籍中又作“依草附葉”。《聯燈會要》卷九《鎮州臨濟義玄禪》：“十年五載，並無一人，皆是依草附葉，竹木精靈。野狐精魅，向一切糞塊上亂咬。”

（五十四）大旱逢甘雨，他鄉遇故知

上堂：“（謝董居士相訪）秋陽肆酷，劃地奔雷。洗滌祥襟，喜而不寐。懿德山王，贈之以偈。<u>大旱逢甘雨</u>，<u>他鄉遇故知</u>。”（《希叟紹曇禪師廣錄》卷三 X70，p0432b16）

始見宋汪洙《神童詩》：“久旱逢甘雨，他鄉遇故知。洞房花燭夜，金榜掛名時。”後人不斷增補，使該詩最終長達一百七十六句。宋洪邁《容齋隨筆·四筆》卷八《得意失意詩》：“舊傳有詩四句誇世人得意者云：‘久旱逢甘雨，他鄉遇故知。洞房花燭夜，金榜掛名時。’好事者續之失意四句曰：‘寡婦攜兒泣，將軍被軍擒。失恩宮女面，下筆舉人心。’此二詩可喜可悲極矣。”[1] 民間俗諺在禪籍中被用來暗示“日常生活便是佛法”的禪門真理，六識所見的人境中蘊含了高妙佛法。禪籍中又作“久旱逢初雨，他鄉遇舊知”“久旱逢初雨，他鄉遇故知”。《楊岐方會和尚語錄》：“‘如何是人境俱不奪？’師云：‘久旱逢初雨，他鄉遇舊知。’”《古尊宿語錄》卷十九《潭州道吾真禪師語要》：“‘如何是人境俱不奪？’師云：‘久旱逢初雨，他鄉遇舊知。’”《人天眼目》卷一：“‘如何是人境俱不奪？’穴云：‘帝憶，江南三月裏，鷓鴣啼處百花香。’山云：‘問處分明答處親。’華云：‘清風伴明月，野老笑相親。’明云：‘明月清風任往來。’吾云：‘久旱逢初雨，他鄉遇故知。’”

---

① （宋）洪邁：《容齋隨筆》，上海古籍出版社，1978年，第701－702頁。

（五十五）雪上加霜

上堂云：“和尚子直饒爾道有什麼事，猶是頭上安頭，<u>雪上加霜</u>，棺木裡眨眼，炙盤上更著艾燋。這個是一場狼藉不少也。”（《雲門録》卷上 T47，p0552a05）

一日，普說眾集。潭曰：“諸人苦苦就准上座覓佛法。”遂拊膝曰：“會麼？<u>雪上加霜</u>。”（《嘉泰普燈録》卷十《隆興府雲巖典牛天游禪師》X79，p0356c04）

最初指在一種白色物質上再加一種白色物質。宋梅應發、劉錫同《寶慶四明續志》卷九《歲宴無聊收下（缺）氏訊》詩：“縈成凋郡力難任，雪上加霜兩鬢侵。”引申比喻多此一舉，錯上加錯。禪籍中同義俗語有“土上加泥”“頭上安頭”“矢上加尖”。元代，“雪上加霜”的意義改變，形容難上加難。如武漢臣《玉壺春》第二折〔牧羊關〕：“多管是人遭遇，料應來無對當，走將來凍剥剥雪上加霜。”《衣錦還鄉》第三折：“哎，又要你走將來，走將來便雪上加霜，忒頹荒。”宋代典籍中，“雪上加霜”又引申出“冷上加冷”和“本已不如意，又添上了不如意”的意思。如宋曹勛《有感》詩：“百拙無能性又昏，欲將昏拙去求真。新來又更添些懶，雪上加霜笑殺人。”現在“雪上加霜”一詞“苦上加苦”的意思，就是從“不如意”這個意義演化而來的。

（五十六）以訛傳訛

諸佛出世，<u>以訛傳訛</u>，祖師西來，將錯就錯。（《愚庵智及禪師語録》卷一 X71，p0664a10）

宋時新詞。宋曾豐《緣督集》卷十八《盤古山記》：“後人思盤古之功，因而以其名志之歟。雖涉傅致校之以訛傳訛。”又作“訛以傳訛”，宋薛季宣《浪雨集》卷三十《序贊·敘握奇經》：“雖存寫本，不無訛以傳訛。”把本來錯誤的內容又錯誤地傳播出去，越傳越錯。禪宗喻指用言辭傳播佛法教化僧徒，距離真如佛法愈加遙遠。後世沿用，清張德瀛《詞徵》卷一《婆羅門引》：“元段復之遯齋樂府，望月婆羅門引注云：‘以望月婆羅門引歌之，酒酣擊節，將有墮開元之淚者。’以訛傳訛，沿誤久矣。”《紅樓夢》第十七回：“寶玉道：‘大約騷人詠士，以此花之色紅暈若施脂，輕弱似扶病，大近乎閨閣風度，所以以‘女兒’命名。想因被世間俗惡聽了，他便以野史纂入爲證，以俗傳俗，以訛傳訛，都認真了。'"

（五十七）依樣畫葫蘆

> 玄沙呵呵大笑。師云："笑裏有刀。"山僧有時舉此話問學者："有來依樣畫葫蘆。也道某甲有口有耳有眼。和尚作麼生接？"（《大慧普覺禪師語錄》卷十四 T47，p0871c29）

> 三百六十日，迴圈不已，不與麼不與麼，七十二氣候去，復還來。抱橋柱澡洗底，到底不知，依樣畫胡蘆底，轉增妄想。（《虛堂和尚語錄》卷一 T47，p0989a21）

比喻單純模仿，沒有創新。語出宋魏泰《東軒筆記錄》卷一引陶穀詩："官職須由生處有，才能不管用時無，堪笑翰林陶學士，年年依樣畫葫蘆。"清杜文瀾《古謠諺》："太祖引俗語。《東軒筆錄》卷一陶穀文翰爲一時冠，後爲宰相者往往不由文翰，而聞望皆出穀下，穀不平，乃俾其黨因事薦穀，以爲穀久在詞禁，宣力實多。太祖笑曰：'顧聞翰林草制，皆檢前人舊本，改換詞語，乃俗所謂云云，爾何宣力之有。'穀聞之，乃作詩書於玉堂之壁云：'官職須從生處看，才能不管用時無。堪笑翰林陶學士，年年依樣畫葫蘆。'太祖益薄其怨望，決不用。"宋孔平仲《談苑》卷四亦記陶穀語。禪宗喻指不知自參自悟，只知模仿禪師修禪的樣子，結果毫無所獲。在禪籍中常作爲禪師批評僧徒語。禪籍中另有同意俗語"依樣畫貓兒"。

（五十八）莫把真金喚作鍮

> 僧曰："今日得聞於未聞。"師云："莫把真金喚作鍮。"（《建中靖國續燈錄》卷十九《臨江軍慧力院可昌禪師》X78，p0762b22）

鍮，黄銅礦或自然銅。《敦煌變文集·維摩詰經菩薩品變文甲》："以小計大，將鍮喻金。"不要把真金看作黄銅，比喻要明辨事物的高低優劣。禪宗喻指要明辨是非，不要把虛幻假象當作真如佛法。

（五十九）不通水泄

> 上堂曰："祖師正令，不通水泄。放一線開，露柱饒舌。"（《嘉泰普燈錄》卷十七《泰州如皋廣福微庵道勒禪師》X79，p0398a16）

> 上堂："楞伽峰頂，誰能措足？少室巖前，水泄不通。正當恁麼時，黄頭老子張得口，碧眼胡僧開得眼。"（《五燈會元》卷十六《投

子修顥禪師》P. 1062）

語本《敦煌變文集·伍子胥變文》："（楚王）勅既下，水楔不通，州縣相知，牓標道路。"形容十分擁擠或包圍得非常嚴密。後世沿用該成語，元無名氏《逞風流王煥百花亭》第二折："妾身要寄個信與王朗得知，爭奈門上把的水泄不通，連梅香也不放他出入，怎生得個人來可也好那。"明羅貫中《三國演義》第四十九回："甘寧、闞澤窩盤蔡和、蔡中在水寨中，每日飲酒，不放一卒登岸；周圍盡是東吳軍馬，把得水泄不通。"禪籍中一指機語嚴密，無懈可擊，對禪理佛法大徹大悟。《普庵印肅禪師語錄》卷二："萬年松徑雪深覆，水泄不通無入路。解脫門開一步周，喃喃寐語分緇素。"二指不立文字，扼斷語路，使無可用心，無路可循，是禪師接引僧徒的一種教化方式。《虛舟普度禪師語錄》："師拈云：'二大老，一人八字打開，一人水泄不通。中竺門下，一任南來北來，要且無棒到你吃在，何故？真金自有真金價，終不和砂賣與人。'"《建中靖國續燈錄》卷十一《杭州佛日淨惠戒弼禪師》："師云：'祖宗門下，水泄不通。放去收來，隨機應用。把定則綿綿不漏，放行則雨驟雲奔。若向本分事中，未曾動著絲毫。且問諸人，作麼生是本分事。'"《古林清茂禪師語錄》卷四："隔壁老宿聞云：'好一釜羹，被兩顆鼠糞汙卻。老宿牢關把斷，水泄不通。'"禪籍中又作"水泄難通"。《開福道寧禪師語錄》卷下："慈雲法嗣書到，拈起示眾曰：'白藕峰前纖塵不立，報慈門下水泄難通，既是纖塵不立水泄不通。'"

（六十）骨瘦如柴

百丈和尚忌拈香，骨瘦如柴，機深似井，劃地爲牢，酷行商令。兒孫無地雪深冤，燒炷兜妻苦告天。（《希叟紹曇禪師語錄》X70，p0405a22）

語本《敦煌變文集·維摩詰經講經文》："舊日神情威似虎，今來體骨瘦如柴。"形容瘦到了極點。元徐畛《殺狗記》第十六齣："見官人珠淚滿腮，骨瘦如柴，後全沒些光彩。"元無名氏《薩真人夜斷碧桃花》第四折："俺也只爲情重如山，恩深似海，險害的你骨瘦如柴。"

（六十一）官不容針

上堂舉："楊岐問慈明，幽鳥語喃喃。"辭云："入亂峰時如何？"

明云：“我行荒草裏，汝又入深村。”岐云：“官不容針。”（《虛堂和尚語錄》卷一 T47，p0986b08）

　　問慈明師翁道：“幽鳥語喃喃，辭雲入亂峰時如何？”答云：“我行荒草裏，汝又入深村。”進云：“官不容針。”（《白雲守端禪師語錄》卷上 X69，p0294c16）

語本《敦煌變文集·燕子賦》：“雀兒被禁數日，求守獄子脫枷，獄子再三不肯。雀兒美語咀嗷，‘官不容針，私［可］容車，叩頭與脫，到晚衙不相苦。’”官路不容一根針通行，却可以私下放行車馬。形容法律嚴密，不容絲毫含糊，但私下人情却可以通融。禪籍中形容可以在不得已時採取變通的教化方式。禪籍中又作“官不容針通一綫”簡省爲成語“官不容針”。

（六十二）經冬過夏

　　曰：“如何是學人自己？”師曰：“總是。”師又曰：“諸上座各在止觀經冬過夏，還有人悟自己也無？止觀與汝證明，令汝真見不被邪魔所惑。”（《景德傳燈錄》卷二十五《金陵報慈道場文遂導師》T51，p0412a11）

　　更有一輩，三三兩兩，聚頭商量，甚麼處無事好？經冬過夏，快說禪道。（《聯燈會要》卷二十《鼎州德山宣鑒禪師》X79，p0174a17）

《敦煌變文集·葉淨能詩》：“淨能奏曰：‘有録（籙）符之昇天地，除其精魅魍魎妖邪之病；合陳神丹，子（不）得阻隔。陛下若求志裏（治理）長生不死之法，亦將易矣。’”冬、夏指四季交替。經歷了一年的時光，形容時光流轉，經歷了較長時間。

（六十三）口是禍門

　　僧問圓悟和尚：“如何是佛？”悟云：“口是禍門。”頌云：“口是禍門，電激雷奔。娑竭出海，震動乾坤。”（《大慧普覺禪師語錄》卷十 T47，p0854c18）

　　十月旦上堂：“開寒冰地獄，口是禍門，發猛火鐵床。”（《如淨和尚語錄》卷上 T48，p0125a20）

《敦煌變文集·捉季布傳文》：“楚家敗將來投漢，漢王與賞盡垂恩。唯有季布鍾離末，始知口是禍之門。”比喻說話不慎，容易引來災禍。禪宗謂不可用言語解說佛法。禪籍中另有諺語“口是禍之門”。

（六十四）入鄉隨俗

上堂云："不曾迷，莫求悟。爲什麼從上來，却有師承祖嗣。若也會得，<u>入鄉隨俗</u>。若也不會，餓死首陽山。然雖如是，入水見長人。"（《白雲守端禪師廣録》卷一 X69，p0306a22）

佛法那時早是與麼了也，<u>入鄉隨俗</u>，又爭怪得今日。《偃溪廣聞禪師語録》卷上 X69，p0732c08）

語本《敦煌變文集·王昭君變文》："良日可惜，吉日難逢。遂拜昭君爲胭脂皇后。故入國隨國，入鄉隨鄉，到蕃裹還立蕃家之名。"到哪個地方就依從哪個地方的風俗。禪宗喻指修禪習佛要隨情形之不同而進行靈活變動。

（六十五）千辛萬苦

莫教一朝，如老鼠入牛角。路頭既極無所憑藉，則四大五蘊分離。<u>千辛萬苦</u>之狀，不言可知矣。（《虛堂和尚語録》卷四 T47，p1017a16）

役得你，<u>萬苦千辛</u>，豈可認以爲實。降此之外，畢竟阿那個是你自家主人翁？（《元叟行端禪師語録》卷二 X71，p0521c18）

《敦煌變文集·佛說觀彌勒菩薩上生兜率天經講經文》："千辛萬苦爲誰人，十短九長緣甚事？"《敦煌變文集·父母恩重經講經文》："十月懷胎諸弟子，萬苦千辛逐日是；起坐朝朝體似山，施爲日日心如醉。"極言艱辛不易。元關漢卿《哭存孝》第二折："俺破黃巢血戰到三千陣，經了些十生九死，萬苦千辛。"元高明《蔡伯喈琵琶記》第二四齣："萬苦千辛難擺撥，力盡心窮兩淚空流血。"

（六十六）抑良爲賤

問："環丹一顆，點鐵成金；妙理一言，點凡成聖。請師點。"師云："不點。"云："爲什麼不點？"師云："不欲得抑良爲賤。"（《祖堂集》卷十三《招慶和尚》P.583）

舊指強買貧民子女爲奴隸。敦煌變文《捉季布傳文》："朱解押良何所以，由如煙影嶺頭過雲。"《吐魯番出土文書》第七冊九一頁《唐垂拱元年康義施等請過所案卷》（三）："你那潘等辯：被問得上件人等辭，請將家口入京，其人等不是壓良。"《唐律疏議》卷十二《戶婚》："諸放部曲爲良，已給放書，而壓爲賤者，徒二年；若壓爲部曲及放奴婢爲良，而壓爲賤者，各減一等；即壓爲部曲及放爲部曲，而壓爲賤者，又各減一等。"引申謂强行變好爲壞。在禪籍中其義有三：（1）禪宗主張自證自悟，反對通過言辭向學人傳授解說佛法。俗語指言說不當，反而泯滅了學人的根性。《祖堂集》卷十三《招慶和尚》：問："環丹一顆，點鐵成金；妙理一言，點凡成聖。請師點。"師云："不點。"學云："爲什摩不點？"師云："不欲得抑良爲賤。"《薦福承古禪師語録》："上堂：'三世諸佛出現世間，讚歎諸人不及。山僧若更開示指南，大似壓良爲賤。'"（2）武斷地否定對方的機鋒施設。《古尊宿語録》卷六《睦州和尚語録》："覺云：'和尚不可壓良爲賤。'師云：'蘇嚕蘇嚕娑訶。'"（3）未明自身是佛，在與禪師或其他禪僧問答時，將自己與對方置於分别地位。《天聖廣燈録》卷二十四《鼎州梁山第三世善冀禪師》："問：'和尚幾時成佛？'師云：'且莫壓良爲賤。'"禪籍中又作"壓良爲賤"。《祖堂集》卷六《洞山和尚》："南泉踌跳下來，撫背云：'雖是後生，敢有雕啄之分。'師曰：'莫壓良爲賤。'"

禪籍中有許多俗語源自歷代文人詩賦，禪師靈活運用，或直引原句，或在詩文字句上略作修改，或剪取其義，改變其形，或保留其形，化作他義。文人詩賦的入文，并沒有破壞禪籍語言通俗淳樸的風格，反而更加易於在民衆中傳誦。一方面引用詩文可以增强禪語的節奏感和對稱性，便於人們記憶傳誦；另一方面因爲這些詩文多流傳於民間，爲普通百姓所熟識，引用詩文更易於人們接受。我國古代有"諺語出於詩"的說法，明朗瑛《七修類稿》卷二十一"諺語出詩"中說："世傳：'日出事還生；難將一人手，掩得天下目；但存方寸地，留得子孫耕。'往往行諸言語，莫知所來。殊不知第一句蓋武元衡被刺前夜之詩，以爲識也。其詩云：'坐久喧暄息，樓臺惟目明，無因住清景，日出事還生。'第二三句，是曹鄴詠李斯者也。時云：'一車致三戟，本圖行地速，不知駕御難，舉足成顛覆。欺暗尚不能，欺明當自戮。難將一人手，掩得天下目。不見三尺墳，雲陽草種綠。'第四、五句乃宋賀先翁詩也。時曰：'有客來相訪，如何是治生？但存方寸地，留與子孫耕。'又若：'晚飯少喫口，活到九十九；菖蒲花，難見面'，前二句亦是古樂府三叟之詩，後二句，施肩吾之詩也。"① 這段話說明，平日裏人們熟悉常用的俗語多出自文人詩句。這些詩句或蘊

---

① （明）郎瑛：《七修類稿》，中華書局，1959年，第310頁。

含生活哲理，或暗示處世之道，民眾口耳相傳，深入人心。禪籍引用詩句在不改變通俗語言風格的同時，更突顯了禪宗的本土文化色彩。

五、來源於佛經文獻

禪籍中還有許多俗語源自佛經文獻，包括譯經和中土僧侶所著的經論。

（一）對牛彈琴

問：“如何是衲僧孔竅？”師云：“放過一著。”進云：“請師道。”師云：“對牛彈琴。”（《雲門錄》卷上 T47，p0546b05）

問：“開口即失，閉口即喪。未審如何說？”師云：“舌頭無骨。”僧曰：“不會。”師云：“對牛彈琴。”（《建中靖國續燈錄》卷六《婺州承天惟簡禪師》X78，p0673c02）

典出漢牟融《理惑論》：“公明儀爲牛彈清角之操，伏食如故。非牛不聞，不合其耳矣。”比喻對不懂事理的人講道理或言事，常含有徒勞無功或諷刺對方愚蠢之意。《莊子・齊物論》：“彼非所明而明之，故以堅白之昧終。”晉郭象注：“是猶對牛鼓簧耳，彼竟不明，故己之道術終於昧然也。”《祖庭事苑》卷一“對牛彈琴”：“魯賢士公明儀對牛彈琴，弄清角之操，牛食如故。非牛不聞，不合耳也。轉爲蚊虻之聲，乳犢之鳴，乃掉尾躑蹄，奮耳而聽，合意故也。”

（二）心猿意馬

兄弟，只這虛空也難得，豈不見祖師傳法偈云：“心同虛空界，示等虛空法。證得虛空時，無是無非法。”又楞嚴云：“十方虛空生汝心內，猶若雲點太清裏。”諸兄弟，既是訪尋知識把生死爲念。歇卻心猿意馬，荷擔大機大用。（《圓悟佛果禪師語錄》卷十二 T47，p0768b07）

本自漢譯佛經，原作“心如猿猴”“心如野馬”“心如醉象”西晉竺法護譯《海龍王經》卷四：“觀慈志境界，心淨修精進，今察我莊嚴，恭敬慧法義，睹安住所行，以慧決狐疑，了心如野馬，所說審至誠。”宋法護等譯《大乘集菩薩學論》卷八：“若應聞說者，乃至知彼聲品，無高無下一語正念，學者共行，勿於餘處令他驚怖而生過失，自心悚敬，令他淨信，守護正念，心如醉象，以奢摩他常縻制之，是爲正念。”比喻人的心思流蕩散亂，如猿馬難以控制。《敦煌變文集・維摩詰經講經文》：“卓定深沉莫測量，心猿意馬罷顛狂。"宋彭耜《喜遷鶯》詞："銷卻心猿意馬，縛住金烏玉兔。今古事，似一江流水，此懷難訴。"元蘭楚芳《思情》散曲："透春情說幾句知心話，則被你迤逗殺我心猿意馬。"

（三）從古至今

曹山代曰："從古至今，無人弁得疏。'代云："龍有出水之機，人無弁得之能。"（《祖堂集》卷六《洞山和尚》P. 300）

上堂："雲日從東邊出，月向西邊沒，一出一沒。從古至今，汝等諸人，盡知盡見。毗盧遮那，無邊無際。"（《黃龍慧南禪師語錄》T47，p0632c01）

語出西晉竺法護譯《賢劫經·千佛發意品》："時天帝釋前白佛言，快哉法化其義至深妙哉難及，從古至今未曾見聞如是真義。"從古時候到現在，形容時間久遠。

（四）不覺不知

上堂曰："但以眾生日用而不知，譬如三千大千世界日月星辰江河淮濟一切含靈從一毛孔入一毛孔，毛孔不小世界不大。其中眾生不覺不知，若要易會上坐日用亦復不知。"（《景德傳燈錄》卷二十一《天台山雲峯光緒禪師》T51，p0373c02）

師云："雲門大師，今日入爾諸人髑髏裏，橫三豎四，見爾不覺不知。"乃云："土曠人稀，相逢者少。"（《虛堂和尚語錄》卷二 T47，p0994c15）

東晉瞿曇僧伽提婆譯《增一阿含經·四諦品》："若有四部之眾，不得此諦，不覺不知，便隨五道。"《大方廣佛華嚴經·十地品》："無作者、無受者、無知者，如草木、瓦石，又如影、響。凡夫可滑，不知不覺而受苦惱。"佛家比喻沒有開悟的混沌狀態。《敦煌變文集·溫室經講唱押座文》："生死海中久沉淪，不覺不知業力引，垢障消除今睹佛，光照三千世界中。"禪籍中又表示沒有察覺、不經意、無意間。《宗門武庫》："參禪只爲命根不斷。依語生解，如是之說，公已深悟。然至極微細處，使人不覺不知墮在區宇。"禪籍中又作"不知不覺"。《大慧普覺禪師語錄》卷四："若不力與之爭，日久月深，不知不覺，入得頭深。"《宗門武庫》："僧是僧俗是俗，大盡三十日，小盡二十九，並是依草附木，不知不覺一向迷將去。"

世俗沿用，《通典》卷一六三《刑法·刑制》：“科之爲制，每條有違科，不覺不知，從坐之免不復分別，而免坐繁多，宜總爲免例，以省科文，故更制定其由例，以爲免坐律。”《朱子語類》卷九《學三·論知行》：“若終始典於學，則其德不知不覺自進也。”

（五）飛蛾赴火

桂州永福毛氏子，示眾云：“談玄說妙，譬如畫餅充飢。入聖超凡，大似<u>飛蛾赴火</u>。一向無事，敗種焦芽。更若馳求，水中捉月。”（《聯燈會要》卷十六《廬州開先廣鑒英禪師》X79，p0135c06）

語本晉支曇諦《赴火蛾賦》：“悉達有言曰：‘愚人貪生，如蛾投火。’誠哉斯言，信而有徵也……燭曜庭宇，燈朗幽房紛紛羣飛，翩翩來翔赴飛焰而體焦，投煎膏而身亡。”禪籍中作“飛蛾赴火”。比喻自尋死路，自取滅亡。禪籍中還爲成語添加了一個注解語，變爲歇後語“飛蛾投火——自傷自壞”。《西遊記》第九七回：“這一去，卻似飛蛾投火，反受其殃。”《清平山堂話本》卷四：“當日下午收拾已了，小二先挑箱籠大娘家來。捱到黃昏，洪大工提個燈籠去接周氏。周氏取其鎖，鎖了大門，同小二回家。正是：飛蛾投火身須喪，蝙蝠投竿命必傾。”

（六）豁然大悟

簡蒙指教，<u>豁然大悟</u>，禮辭歸闕，表奏師語。（《壇經·護法品》T48，p0360a15）

因看祖師偈云：“心同虛空界，示等虛空法。證得虛空時，無是無非法，<u>豁然大悟</u>。”（《宗門武庫》T47，p0947a10）

語出東晉法顯譯《大般涅槃經》卷下：“於是世尊即便爲其分別廣說，須跋陀羅既聞佛說八聖道義，心意開朗，豁然大悟，于諸法中遠塵離垢得法眼淨。”突然一下省悟。禪宗形容頓悟。禪籍中又作“豁然省悟”。《嘉泰普燈録》卷十八《平江府資壽尼無著道人妙總》：“大慧升堂次，舉藥山初參石頭，後見馬祖因緣。總聞，豁然省悟。”《五燈會元》卷一《祖富那夜奢尊者》：“馬鳴卻問：‘木義者何？’祖曰：‘汝被我解，馬鳴豁然省悟，稽首皈依，遂求剃度。’”

（七）頑石點頭

若是翠巖，即不然。也不向己求，亦不從他覓，何故雙眉本來自橫，鼻孔本來自直，直饒說得天花亂墜，頑石點頭，算來多虛不如少實。(《聯燈會要》卷十五《金陵保寧璣禪師》T51，p0574a25)

出自佛教典故，晉《蓮社高賢傳·道生法師》："師被擯，南還，入虎丘山，聚石爲徒，講《涅槃經》，至闡提處，則説有佛性，且曰：'如我所説，契佛心否？'羣石皆爲點頭，旬日學衆雲集。"宋龔明之《中吳紀聞》卷第二《石點頭》："今虎丘千人座旁，有石點頭，《十道四蕃志》云：'生公，異僧竺道生也。講經於此，無信之者，乃聚石爲徒，與譚至理，石皆爲點頭。'"後用來比喻道理講得透徹，說服力強，使人信服。清李漁《閒情偶寄·演習部·琵琶記尋夫改本》："好，這叫做：孝心所感，鐵人流淚；高僧說法，頑石點頭。"也用來比喻難以出現的情形。清無名氏《比目魚》第七回："待我把這江邊的頑石，權當了他。指他一指，罵他一句，直罵到頑石點頭的時節，我方才住口！"禪宗喻指善於解說佛法。

（八）神通廣大

師云："神通廣大，變化無窮。"僧云："天人群生類，皆承此恩力。"(《佛海瞎堂禪師廣録》卷二 X69，p0570a10)

語出《大方廣佛華嚴經》卷二十六《十地品》："菩薩摩訶薩以如是無量智慧善觀佛道，欲求轉勝寂滅解脫，欲轉勝思惟如來智慧，欲入如來深密法藏，欲觀察不可思議大智慧，欲觀察諸陀羅尼三昧重令清淨，欲令神通廣大。"形容本領、手段極其高強。禪宗喻指道法高超，非同一般。《敦煌變文集新書·維摩詰所說經講經文》："名振於三千界外，智超於百憶（億）世中。惠海無涯，詞山過日，神通廣大，辯口難窮。"元鄭廷玉《忍字記》第一折："貧僧神通廣大，法力高強。"

（九）應病與藥

佛是無事底人，住世四十九年，隨衆生根性，應病與藥。(《大慧普覺禪師語録》卷十九 T47，p0893c19)

以無縛心應一切心，以無縛慧解一切縛，亦能應病與藥。(《景德傳燈録》卷六《洪州百丈山懷海禪師》T51，p0250b18)

語出姚秦鳩摩羅什譯《維摩詰經》卷上《佛國品》："爲大醫王，善療衆病，應病與藥，令得服行。"即對症下藥。(1) 禪宗喻指根據學人的根據不同採用相應的接化方法。《大慧普覺禪師語録》卷十九："先聖不奈何說個净極光通達寂照含虛空，譬如良醫應病與藥。"（2）禪宗用"藥"比喻各種權宜教化、方便法門，但這些方便的教化之法都不是引人開悟的根本法。《率庵梵琮禪師語錄》："佛祖老婆，應病與藥，而今正體全安，藥病一時掃却。"

（十）天花亂墜

若是翠巖，即不然，也不向己求，亦不從他覓。何故雙眉本來自橫，鼻孔本來自直。直饒說得天花亂墜，頑石點頭，算來多虛不如少實。（《聯燈會要》卷十五《金陵保寧璣禪師》X79，p0128a23）

病在語默，病在情識，病在義路，病在滲漏，病在知解，說得天花亂墜，無有是處。（《瞎堂惠遠禪師廣錄》卷二 X69，p0575a23）

源於佛教故事。姚秦鳩摩羅什譯《維摩詰所說經》卷中《觀眾生品》："時維摩詰室有一天女，見諸大人聞所說法，便現其身。即以天華散諸菩薩大弟子上，華至諸菩薩即皆墮落，至大弟子便著不墮。"唐般若《大乘本生心地觀經》卷一《序品》引用了此故事："六欲諸天來供養，天華（花）亂墜遍虛空。"後以"天花亂墜"形容說話極其動聽，誇張而不切實際。後也有作"天花亂落"。清王有光《吳下諺聯》卷三《坑缸前土地》："有等人在人前誇示，某日食山珍，某日食海錯，不拘魚肉三鮮，說得天花亂落。"禪籍中又作"天華亂墜"。《景德傳燈錄》卷二十一《金陵報恩院清護禪師》："開堂日僧問：'諸佛出世天華亂墜，未審和尚出世有何祥瑞？'師曰：'昨日新雷發，今朝細雨飛。'"

（十一）蛇入竹筒——曲性猶在

上堂。僧問："仰山謂香巖云：'如來禪許師兄會，祖師禪未夢見在。此意如何？'"師云："蛇入竹筒。"（《虛堂和尚語錄》卷二 T47，p0997b21）

語出姚秦鳩摩羅什譯《大智度論》："譬如蛇行，本性好曲，若入出筒中則直，出筒還曲。"比喻本性難改。宋代演化爲歇後語"蛇入竹筒——曲性猶在"。宋陳元靚《事林廣記·辛集》下卷："秦時有人家二兄弟，專好妄語……（弟）鑽入水中去，去勢稍猛，忽被頑石撞破著頭，忙出來，鮮血淋漓。兄問：'你頭如何破著？'答云：'龍王嫌我來得遲，將鼓槌打數十下，痛不可忍。'諺云：'蛇入竹筒，曲性猶在。'其此之謂欤！"明蘭陵笑笑生《金瓶梅詞話》第八十回："正是：蛇入筒中曲性在，鳥出籠輕便飛騰。"禪籍省略佛經中的語句，只說出引語，省略注解語讓僧徒去領悟。

（十二）龍象蹴踏，非驢所堪

> 我向伊道，<u>龍象蹴踏</u>，<u>非驢所堪</u>。爾諸處只指胸點肋，道我解禪解道，三個兩個到這裏不奈何。（《臨濟録》T47，p0503a01）

語出姚秦鳩摩羅什譯《維摩詰經》卷中《不思議品》："譬如龍象蹴踏，非驢所堪。"龍象，佛教謂水行龍力最大，陸行象力最大，比喻勇猛強大殊勝者，佛家比喻菩薩威猛之力。蹴踏，踩；踏。諺語比喻勇猛殊勝者施爲，氣力弱小者無法承受，禪宗喻指禪師的道法高妙，世俗凡徒無法領悟。禪籍中又作"龍象蹴踏，非驢騾所堪""龍象蹴踏，非驢宜""龍象蹴蹋，非驢所作"。《建中靖國續燈録》卷四《舒州浮山圓鑒禪師》："師云：'若是論宗舉要，須是本色衲僧始得。其或皮肉之流，心眉之侶。身遭影射，病在藥端。跡浪分岐，難諧湊泊。何謂也？龍象蹴蹋，非驢騾所堪。然雖如是，大樹大皮裏，小樹小皮纏。'"《續古尊宿語要》集五："自慚有辱連枝，雖龍象蹴踏，非驢所宜。其奈若教嫫姆臨明鏡，也道不勞紅粉施。喝一聲。"《大慧普覺禪師語録》卷五："上堂云：'已著槽廠將錯就錯，騎卻聖僧不妨快樂。龍象蹴蹋，非驢所作。堪笑諸方妄生穿鑿，休穿鑿，祥麟只有一隻角。'"《雲臥紀譚》卷上："次日升堂，示衆曰：'已著槽廠，將錯就錯。騎卻聖僧，不妨快樂。龍象蹴蹋，非驢所作。堪笑諸方，妄生穿鑿，休穿鑿。'"

（十三）不可思議

> 稽首<u>不可思議</u>事，喻若衆星拱明月，故今宣暢妙伽陀，第一義中真實說。（《大慧普覺禪師語録》卷八 T47，p0836a23）

> 陸又謂師曰："和尚大<u>不可思議</u>，到處世界皆成就。"（《景德傳燈録》卷八《池州南泉普願禪師》T51，p0258b10）

語本《維摩詰經》卷中《不思議品》："諸佛菩薩有解脫名不可思議。"慧遠義記："不思據心，不議就口，解脫真德，妙在情妄心言不及，是故名爲不可思議。"成語謂思維和語言所不能表達的微妙境界。

（十四）敲骨取髓，刺血畫像，布髮掩泥，投崖飼虎

> 大師自到東京，有一僧名神光，昔在洛中，久傳《莊》《老》，年

逾四十，得遇大師，禮事爲師，從至少林寺。每問於師，師並不言說。又自歎曰："古人求法，<u>敲骨取髓</u>，<u>刺血畫像</u>，<u>布髮掩泥</u>，<u>投崖飼虎</u>。古尚如此，我何惜焉？"（《祖堂集》卷二《菩提達摩和尚》P.97）

此爲二祖惠可斷臂求法時的一段自白，連用四個佛教典故："敲骨取髓"又作"敲骨打髓"，指願爲法恩碎其身，粉其骨。成語源自常啼菩薩於香城學般若之典。丁福保《佛學大辭典》"粉骨碎身"條引《大品般若菩薩·陀波侖品》曰："常啼既得法已，自恨無供世尊者，忽遇城中豪富長者不安，欲人骨髓合藥，即時敲骨出髓，賣與長者，以所得金，買種種花香供養於佛。"比喻願爲法恩碎其身，粉其骨。禪籍中又作"敲骨打髓""敲骨出髓"。《聯燈會要》卷二十二《洪州雲居道膺禪師》："一言若差，鄉關萬里。敲骨打髓，須有來由。"《碧巖錄》卷十【九六】："光自忖曰：'昔人求道，敲骨出髓，刺血濟飢，布髮掩泥，投崖飼虎。古尚若此，我又何如。'"

"刺血畫像"，指爲求法而刺血畫像。唐不空譯《金剛手光明灌頂經最勝立印聖無動尊大威怒王念誦儀軌法品》："復次畫像法，取死人衣服，畫聖無動尊，相貌如前說。刺取自身血，畫無動像眼，安像面於西，真言行菩薩。面東對像坐，三時皆澡浴，著所浴濕衣，斷語作持誦。……其死即動搖，明者不應怖，屍口出妙蓮，便即須割取。執之便騰空，成就持明仙，身狀如梵天，得爲仙中王。"又作"刺血濟飢"。佛教有薩陀王子捨身飼虎的傳說。宋《菩薩本生鬘論》卷一："乃往過去無量世時，有一國王名曰大車，王有三子：摩訶波羅，摩訶提婆，摩訶薩埵。是時大王縱賞山谷，三子皆從，至大竹林於中憩息。次復前行見有一虎，產生七子已經七日。第一王子作如是言：'七子圍繞無暇尋食，飢渴所逼必啖其子。'第二王子聞是說已：'哀哉此虎將死不久，我有何能而濟彼命？'第三王子作是思念：'我今此身於百千生虛棄敗壞曾無少益，云何今日而不能捨？'……爾時王子摩訶薩埵，遽入竹林，至其虎所，脫去衣服，置竹枝上，於彼虎前，委身而臥；菩薩慈忍，虎無能爲。即上高山，投身於地，虎今羸弱，不能食我，即以乾竹，刺頸出血。於時大地六種震動，如風激水，湧沒不安，日無精明，如羅睺障，天雨眾華及妙香末，繽紛亂墜遍滿林中，虛空諸天咸共稱讚。是時餓虎即舐頸血啖肉皆盡，唯留餘骨。"《景德傳燈錄》

卷三《第二十八祖菩提達磨》：“昔人求道敲骨取髓，刺血濟飢，布髮掩泥，投崖飼虎。古尚若此，我又何人？”《聯燈會要》卷二《二十八祖菩提達磨》：“有僧神光者，來參禮，莫聞誨勵，光自惟曰：‘古人求道：敲骨取髓，刺血濟飢，布髮掩泥，投崖飼虎。古尚如此，我又何人？’”

“布髮掩泥”，指善菩薩用自己的頭髮鋪泥路，護佛行走。吳支謙譯《佛說太子瑞應本起經》卷上：“（善慧）稽首佛足，見地濯濕，即解皮衣，欲以覆之，不足掩泥，乃解髮布地，令佛踏而過。佛又稱曰：‘汝精進勇猛，後得佛時，當於五濁之世，度諸天人，不以爲難，必如我也。’”宋求那跋陀羅譯《過去現在因果經》卷第一：“是時普光如來，即記之曰：‘汝等皆當得生其國。’爾時如來，既授記已，猶見善慧，作仙人髻，披鹿皮衣，如來欲令捨此服儀，即便化地，以爲淤泥。善慧見佛應從此行而地濁濕，心自念言：‘云何乃令千輻輪足蹈此而過？’即脫皮衣，以用布地。不足掩泥，仍又解髮，亦以覆之。如來即便踐之而度。因記之曰：‘汝後得佛，當於五濁惡世，度諸天人，不以爲難，必如我也。’”指善菩薩用自己的頭髮鋪泥路，護佛行走。形容修佛誠心實意，不惜損傷自己的身體。

“投崖飼虎”即薩埵王子捨身飼餓虎。北涼法盛譯《佛說菩薩投身飴餓虎起塔因緣經》：“太子亦時時下來問訊父母，仍復還山修道，其山下有絕崖深谷，底有一虎母新產七子。時天降大雪，虎母抱子已經多日不得求食，懼子凍死，守餓護子。雪落不息，母子飢困，喪命不久。虎母既爲飢火所逼，還欲噉子。時山上諸仙道士，見是事已，更相勸曰：‘誰能捨身救濟眾生？今正是時。’太子聞已，唱曰：‘善哉！吾願果矣。’往到崖頭向下望視，見虎母抱子爲雪所覆，生大悲心。……太子即解鹿皮之衣，以纏雙目，合手投身虎前。於是虎母得食菩薩肉，母子俱活。”禪宗喻指爲獲禪法，不惜犧牲生命。

（十五）父少子老

問：“如何是<u>父少</u>？”師曰：“闍梨春秋多少？”“如何是<u>子老</u>？”師曰：“某甲尋常向人道玄去。”（《祖堂集》卷六《洞山和尚》P.309）

俗成語。語出姚秦鳩摩羅什譯《妙法蓮華經》卷五《從地踊出品》：“譬如有人，色美髮黑，年二十五，指百歲人，言：‘是我子。’其百歲人，亦指年少，言：‘是我父，生育我等。’”彌勒菩薩說偈言：“是等我所生，子亦說是父。父少而子老，舉世所不信。"禪籍創造的奇特語，父親比兒子年輕或兒子比父親年老。佛教常以"父少子老"比喻因學佛而出現的奇特事。

（十六）索鹽奉馬

"僧問趙州：'王索仙陀婆時如何州曲躬叉手？'"師云："索鹽奉馬。"（《明覺禪師語録》卷三 T47，p0688c12）

需要的是鹽，奉上的是馬。比喻誤辨來機，應機錯誤。源自佛經典故。國王使用"先陀婆"密語，有智之臣善解此密語，能準確提供國王所需之物。北涼曇無讖譯《大般涅槃經》卷九《如來性品》："善男子，如來密語甚深難解，譬如大王告諸群臣先陀婆來，先陀婆者一名四實：一者鹽，二者器，三者水，四者馬，如是四法皆同此名。有智之臣善知此名，若王洗時索先陀婆即便奉水，若王食時索先陀婆即便奉鹽，若王食已將欲飲漿索先陀婆即便奉器，若王欲游索先陀婆即便奉馬。"

（十七）功德天，黑暗女

上堂："有一人朝看華嚴，暮觀般若，晝夜精勤，無有暫瑕。有一人不參禪，不論議，拖個破席日裏睡。於此二人同到黃龍，一人有爲，一人無爲，安下那一個即是？"良久，曰："功德天，黑暗女。有智主人，二俱不受。"（《嘉泰普燈録》卷三《隆興府黃龍普覺慧南禪師》X79，p0302c04）

功德天、黑暗女是佛經神話中的兩位姐妹。功德天爲姐姐，能使人富裕，黑暗女是妹妹，能使人貧窮。姐妹永不分離。《大般涅槃經》卷十二《聖行品》："主人問言：'何故名我癡無智慧？'女人答言：'汝舍中者即是我姊。我常與姊進止共俱居，汝若驅我亦當驅彼。'主人還入問功德天：'外有一女云是汝妹，實爲是不？'功德天言：'實是我妹。我與此妹行住共俱居未曾相離。隨所住處我常作好彼常作惡。'我常作利益彼常作衰作衰耗，若愛我者亦應愛彼，若見恭敬亦應敬彼。"俗語比喻相反相對的事物彼此依存。

（十八）醍醐灌頂

伏以法眼髻珠，微妙乃明於佛日；心燈祖印，傳來別在於人間。得之者瓦礫成金，悟之者醍醐灌頂。（《祖堂集》卷十二《後疎山和

尚》P.552）

伶利漢，聞恁麼舉，<u>豈止醍醐灌頂</u>。苟或未然，參須實參，悟須
實悟。閻羅大王，不怕多語。（《應庵曇華禪師語錄》卷六 X69，
p0531c18）

"醍醐"原指純酥油，從牛奶中提煉出來的精華，被佛教用以比喻最高妙
的佛法。《大般涅槃經》卷十四《聖行品》："從乳出酪，從酪出生穌，從
生穌出熟穌，從熟穌出醍醐，醍醐最上，若有服者眾病皆除，所有諸藥，
悉入其中。善男子！佛亦如是，從佛出生十二部經，從十二部經出修多
羅，從修多羅出方等經，從方等經出般若波羅蜜，從般若波羅蜜出大涅
槃，猶如醍醐。""灌頂"爲佛教的授徒儀式，《大毘盧遮那成佛經疏》卷
十五："爲令佛種不斷故，以甘露法水而灌佛子之頂。"成語本自佛教，形
容向人傳授最高佛法，使人獲得開悟。後世俗文獻沿用，唐白居易《嗟落
髮》詩："有如醍醐灌，坐受清涼樂。因悟自在僧，亦資於剃削。"《敦煌
變文集·維摩詰講經文》："又所蒙處分，令問維摩，聞名之如露入心，共
語似醍醐灌頂。心同日月，辯似江河。"比喻將智慧、佛法灌注人心，使
其斷除煩惱，獲得清涼心地。《西遊記》第三一回："噫！那沙僧一聞'孫
悟空'的三個字，好便似醍醐灌頂，甘露滋心。一面天生喜，滿腔都是
春，也不似聞得個人來，就如拾著一方金玉一般。"

（十九）放下屠刀便成佛

涅槃會上廣額屠兒，<u>放下屠刀便成佛</u>。（《大慧普覺禪師語錄》卷
二十六 T47，p0922a20）

俗語源自佛經典故。《大般涅槃經》卷十九《梵行品》："波羅榇國有屠兒，
名曰廣額，於日日中，殺無量羊。見舍利弗，即受八戒經一日一夜，以是
因緣，命終得爲北方天王毗沙門之子。"佛，修行圓滿之人。放下手中的
屠刀便能馬上成佛，佛教以此語勸人改惡從善。禪籍中又作"放下屠刀，
立地成佛""颺下屠刀，立地成佛"。《橫川行珙禪師語錄》卷上："你一
眾，個個是大丈夫漢，十二時中，無絲毫滲漏。紅塵堆裏，波波挈挈。青
山影中，飄飄颻颻。便是屠兒放下屠刀，立地成佛底時節。"《嘉泰普燈
錄》卷十四《紹興府東山覺禪師》："又曰：'廣額正是個殺人不眨眼底漢，
颺下屠刀，立地成佛，且喜沒交涉。'"《續傳燈錄》卷二十八《紹興府東

山覺禪師》："廣額正是箇殺人不眨眼底漢，颺下屠刀，立地成佛。"清獨
逸窩退士《笑笑録·悔殺》用了這個典故："王韶在熙河多殺伐，晚年知
洪州，頗悔之，棲心元寂，冀以洗滌。嘗請佛印元公升座。元知其意，炷
香曰：'此香奉殺人不眨眼大將軍，立地成佛大居士。'"後世沿用該語，
比喻壞人棄惡從善也能成爲好人。《初刻拍案驚奇》卷三十七："後來仲任
得善果而終，所謂'放下屠刀立地成佛'者也。"《鏡花緣》第十回："唐
敖道："此非'放下屠刀，立刻成佛'麼！可見上天原許眾生回心向
善的。"

（二十）黄葉爲金，權止小兒啼

> 被因果管束，去住無自由分。所以菩提等法，本不是有，如來所
> 說，皆是化人，猶如黄葉爲金，權止小兒啼，故實無有法名阿耨菩
> 提。（《黄檗斷際禪師宛陵録》T48，p0386c17）

典故本自《大般涅槃經》卷二十《嬰兒行品》："又嬰兒行者，如彼嬰兒啼
哭之時，父母即以楊樹黄葉而語之言。莫啼莫啼我與汝金，嬰兒見已生真
金想便止不啼，然此楊葉實非金也。"《祖庭事苑》卷一："譬如嬰兒啼哭
之時，父母即以楊樹黄葉而語之言：'莫啼，莫啼，我與汝金。'嬰兒見
已，生真金想，便止不啼。然此楊葉實非金也。"黄葉，枯黄的楊樹葉。
楊樹黄葉似金錢，小兒誤以爲是黄金而停止啼哭。比喻做出假象使人相
信。佛典以"黄葉止啼"比喻佛用天上極樂之說勸引眾生，以阻止眾生作
惡。禪門比喻接機時用的各種方便都只是權宜的教化，但不是根本之法。
禪籍中又作"黄葉止啼錢""黄葉止啼""黄葉止啼哭""黄葉爲金，止小
兒啼""黄葉爲金錢，權止小兒啼""黄葉止兒啼""黄葉止孩啼""拈黄葉
而止孩啼""黄葉止嬰兒"。《祖堂集》卷十七《公畿和尚》："有人問：'如
何是禪？如何是道？'師云：'有名非大道，是非俱不禪。欲知此中意，黄
葉止啼錢。'"《祖堂集》卷十六《南泉和尚》："江西和尚說'即心即佛'，
且是一時間語，是止向外馳求病，空拳黄葉止啼之詞。"《景德傳燈録》卷
十一《袁州仰山慧寂禪師》："師上堂示眾云：'汝等諸人各自回光返顧莫
記吾言，汝無始劫來背明投暗，妄想根深卒難頓拔，所以假設方便奪汝粗
識。如將黄葉止啼，有什麼是處？'"《景德傳燈録》卷三十《一鉢歌》：
"若覓修八萬浮圖何處求，只知黄葉止啼哭，不覺黑雲遮日頭。"《古尊宿

語録》卷二《筠州黃檗斷際禪師》："故云：'如來所說，皆爲化人。如將
黃葉爲金，止小兒啼，決定不實。'"《普庵印肅禪師語録》卷一："上堂
云：'三界唯心唯佛解，萬法唯識更誰知，迷悟本無權立化，恰如黃葉止
兒啼，涅槃生死猶如夢。"《普庵印肅禪師語録》卷二："僧家起大屋，枉
費佗金穀。不是明眼人，真如大地獄。黃葉止孩啼，只要免啼哭。不犯一
滴酒，不動一片肉。"《普庵印肅禪師語録》卷三："慮恐後來迷，黃葉止
孩啼。依前不是息，閑且伸眉□。"《普庵印肅禪師語録》卷二："夢見眾
生背覺，不免敗缺一場，拈黃葉而止孩啼。"《天聖廣燈録》卷二十二《韶
州大曆山志聰禪師》："問：'如何是一代時教？'師云：'黃葉止嬰兒。'"

（二十一）刀不自割，水不自洗

> 上堂："刀不自割，水不自洗。"拈拄杖云："山僧拄杖化爲龍，
> 吞卻乾坤大地。汝等諸人，向甚處出氣？"卓一下云："各依舊位。"
> （《石田法薰禪師語録》卷二 X70，p0329c12）

語本《大般涅槃經》卷二十七："如眼不自見，指不自觸，刀不自割，受
不自受。"《宗鏡録》卷七十三："心無二相，如刀不自割，如指不自觸，
如心不自見，其事亦如是。若如夢中所見諸事是實有者，即有能見所見二
相，而其夢中，實無二法，三界諸心，皆如此夢。離心之外，無可分別。
故言一切分別，即分別自心。而就自心不能自見，如刀指等。"禪宗強調
内心要純一清澈，不可有分別心，如同刀不能自割，水不能自洗。禪師以
此諫告誡僧徒要消除心中的分別念。禪籍中同義俗語還有"眼不自見，刀
不自割""刀不自割，指不自觸"。

（二十二）先以定動，後以智拔

> 升座祝聖罷，就座，遂舉："韓文公問大顛：'弟子公務事繁，佛
> 法省要處，乞師一言。'大顛良久云：'會麼？'公云：'不會。'三平
> 侍者云：'相公，先以定動，後以智拔。'"（《希叟紹曇禪師語録》卷
> 一 X70，p0403c11）

語本《大般涅槃經》卷三十一《師子吼菩薩品》："菩薩定慧亦復如是。先
以定動，後以智拔。"佛教"三學"中包括戒、定、慧。其中，定學即是
禪定，指心專注於一境而不散亂的精神狀態。慧，即智慧，謂能通達事
理，決斷疑念，觀達真理，斷除妄惑，從而根絕無明煩惱，獲得解脱。智

慧是在禪定的基礎上生成的，所以謂"先以定動，然後智拔"。禪籍中又作"先以定動，然後智拔"。《祖堂集》卷五《大顛和尚》："自後侍郎特到山，復禮乃問：'弟子軍州事多，佛法中省要處，乞師指示。'師良久，侍郎罔措，登時三平造侍者在背後敲禪床，師乃迴視云：'作摩？'對曰：'先以定動，然後智拔。'"

（二十三）眾盲摸象——各說異端

師住後有僧問："眾盲摸象，各說異端。忽遇明眼人又作麼生？"師曰："汝但舉似諸方。"（《景德傳燈錄》卷二十四《襄州清溪山洪進禪師》T51，p0400a24）

源自佛經故事。《大般涅槃經》卷三十二《師子吼菩薩品》："爾時大王，即喚眾盲各各問言：'汝見象耶？'眾盲各言：'我已得見。'王言：'象爲何類？'其觸牙者即言象形如蘆菔根，其觸耳者言象如箕，其觸頭者言象如石，其觸鼻者言象如杵，其觸腳者言象如木臼，其觸脊者言象如牀，其觸腹者言象如甕，其觸尾者言象如繩。"盲人摸象，只能用手感知他摸到的部位，對大象沒有整體認識，各自以自己摸到的部分爲是，因而說出的結論各不相同。比喻對事物沒有整體認識，以偏概全。後有成語"盲人摸象"。宋了悟編《常州褒忠顯報華藏禪寺語錄》："迦葉盡其神力，槌不能舉。後來尊宿拈云：'好一槌又卻放過，甘作小乘人。'師云：'宿與麼，也是盲人摸象。'"宋葛勝仲《丹陽集》卷九《一尊者乘六牙象沙彌一人摯手爐其前》："盲人摸象，臆說據指。堂堂應儀，示汝全體。"禪籍中又作"摸象眾盲——異端競起/如盲摸象——各說異端"。《古林清茂禪師語錄》卷三："摸象眾盲，異端競起。如今若要易見，但向五祖百味具足處。"《五燈會元》卷十一《汝州葉縣廣教院歸省禪師》："上堂，良久曰：'夫行腳禪流，直須著忖。參學須具參學眼，見地須得見地句。方有相親分，始得不被諸境惑，亦不落於惡道，畢竟如何委悉？有時句到意不到，妄緣前塵，分別影事。有時意到句不到，如盲摸象，各說異端。'"

（二十四）香象所負擔，驢不能勝

斯乃無盡妙旨，非淺智所知。性起法門，何劣解能覽。燕雀焉測鴻鵠之志，井蛙寧識滄海之淵。如師子大哮吼，狸不能爲，如香象所負擔，驢不能勝。（《宗鏡錄》卷一《標宗章第一》T48，p0420b11）

語出《大般涅槃經》卷三十三《迦葉菩薩品》：“有智之人當知香象所負，非驢所勝，一切眾生所行無量。是故如來種種爲說無量之法。”香象是佛經中諸像之一，其身青色，體有香氣。《雜寶藏經》卷二《迦尸國王白香象養盲父母並和二國緣》：“比提醯王有大香象，以香象力，摧伏迦尸王軍。”（T04，p0456a）南朝陳徐陵《丹陽上庸路碑》：“香象之力，特所未勝。”香象力大，能夠背負沉重的負擔，其重量是驢子所遠不能及的。比喻勢力懸殊，高下有別。禪籍中又作“香象所負，非驢能堪”。《五燈會元》卷二《南陽慧忠國師》：“上堂：‘禪宗學者，應遵佛語。一乘了義，契自心源。不了義者，互不相許。如師子身中蟲。夫爲人師，若涉名利，別開異端，則自他何益？如世大匠，斤斧不傷其手。香象所負，非驢能堪。’”

（二十五）兔角龜毛

克勤上人録其語要，俾之讚揚。兔角龜毛敢言有實，狐裘羔袖終愧非宜。（《法演禪師語録》卷下《序文》T47，p0668c27）

語本《大般涅槃經》卷三十五：“是故父母非眾生因，復作是念一切世間有四種無：一者未生名無，如泥團時未有瓶用；二者滅已名無，如瓶壞已是名爲無；三者各異互無，如牛中無馬馬中無牛。四者畢竟名無，如兔角龜毛。”《翻譯名義集》卷五《增數譬喻篇》：“太虛水月，並喻體空。兔角龜毛，皆況名假。”兔子本沒有角，烏龜沒有毛。比喻只有其名，本無其實之物，禪宗喻指虛假不實之物。《祖堂集》卷三《牛頭和尚》：“進曰：‘若無異，聖人名因何立？’師曰：‘凡之與聖，二俱是假名。假名之中無二，則無有異。如說龜毛兔角也。’進曰：‘聖人若同龜毛兔角，則應是無。令人學何物？’師曰：‘我說龜毛，不說無龜。汝何意作此難！’進曰：‘龜喻何物？毛喻何物？’師曰：‘龜喻於道，毛喻於我。故聖人無我而有道，凡夫無道而有我。執我者猶如龜毛兔角也。’”《景德傳燈録》卷十四《漳州三平義忠禪師》：“僧曰：‘龜毛兔角豈是有耶？’師曰：‘肉重千斤智無銖兩。’”

（二十六）長生不死

始見春花歸閬苑，又逢秋葉墮宮牆。思量世事如翻掌，誰得長生不死方。（《虛堂和尚語録》卷五 T47，p1022a02）

李翁李翁，慧性自通。知身幻妄，處世皆空。尊卑貴賤，暫且相

逢。共若朝露，總如春紅。倏忽變滅，誰是我儂。唯心即佛，靈妙難

窮。<u>長生不死</u>，人性皆同。（《古尊宿語錄》卷四十四《寶峰雲庵真淨

禪師住金陵報寧語錄》X68，p0301c17）

本自佛經故事，《百喻經》卷二《治禿喻》："世間之人亦復如是，爲生老
病死之所侵惱，欲求長生不死之處。"長久生存，永不死亡。世俗沿用，
北魏賈思勰《齊民要術》卷十《五穀、果蓏、菜茹非中國物產者·桃》：
"《神農經》曰：'玉桃，服之長生不死。若不得早服之，臨死日服之，其
屍畢天地不朽。'"唐韓愈《殿中侍御史李君墓誌銘》："其一人嘗爲鄭之滎
澤尉，信道士長生不死之説。"

（二十七）騎驢覓驢

志公笑云："不解即心即佛，真似<u>騎驢覓驢</u>者。"（《祖堂集》卷二
十《五冠山瑞雲寺和尚》）

問："如何是正真道？"師曰："<u>騎驢覓驢</u>。"（《景德傳燈錄》卷二
十一《福州升山白龍院道希禪師》T51，p0373a28）

語出梁寶志和尚《大乘贊》："……不解即心即佛，真似騎驢覓驢。"比喻
要尋找的東西已經在自己手中，卻還四處找尋。禪宗喻指人自性清淨，卻
不識家珍，四處向外尋求。與"騎牛覓牛"同義。禪籍中另有慣用語"騎
驢更覓驢"。

（二十八）九年空面壁，懍儸又西歸

僧問："如何是祖師西來意？"師曰："<u>九年空面壁，懍儸又西
歸</u>。"曰："爲甚麼如此？"師曰："美食不中飽人餐。"（《五燈會元》
卷十六《顯明善孜禪師》P. 1048）

懍儸，羞愧貌，也指精神不振，或人煙稀少，景象荒蕪。《龍龕手鑒》卷
一："懍儸，面慙也。"《廣韻·果韻》："懍，懍儸，人慙。"《駢雅》卷二：
"懍儸，慙悚也。"還作四音節疊音詞"懍懍儸儸"。俗語來自佛教傳說故
事。南朝梁普通年間，天竺僧人菩提達摩乘船東渡來到中國，後渡江北
上，在嵩山少林寺修行，九年面壁，終成正果，成爲中國佛教禪宗初祖。
事載晉法顯《神僧傳》。達摩祖師來而又走，將佛法帶到中國又帶回西土，
比喻佛法非傳可得。禪師以此打破僧徒執著於西來意的念頭。

（二十九）真友不待請，如母赴嬰孩

問："真友不待請，如母赴嬰孩時如何？"師云："天滋雨露，地長靈苗。""恁麽則一點貫於大千也。'"（《汾陽無德禪師語錄》卷上 T47，p0607b13）

語出隋吉藏《法華義疏》卷三《方便品》第二之一："無有人請而佛自說者有二義：一者示如來大悲純至機動則說，不待他請。肇公云：真友不待請，如慈母之赴嬰兒。二者欲顯理深玄無人能問，故自說也。"真正的朋友不必邀請就會前來看望，就如母親惦記自己的孩子一般。形容真情無需任何客套的外在行爲。

（三十）步步踏蓮花

座主曰："步步踏蓮花，猶是今時，升降螺髻向上事，乞師一言。"師云："鐵牛無聲，不用聞之。"（《祖堂集》卷七《夾山和尚》P.328）

語本隋闍那崛多譯《佛本行集經》卷八《樹下誕生品》："菩薩生已，無人扶持，即行四方面各七步，步步舉足出大蓮華。"佛出世時，足下生花，形容非同尋常。《雜寶藏經》卷一《蓮華夫人》："既能行來，腳蹈地處，皆蓮華出。"

（三十一）灰飛煙滅

以火炬指龕云："這個是已滅底法燈。"復舉起火炬云："這個是無漏底智火，無漏智火然法燈，然也滅也無不可燈。監寺還知麼？灰飛煙滅後，優曇華一朵。"（《大慧普覺禪師語錄》卷十二 T47，p0862c22）

諸仁者，只如三洞靈文，還能證此火光三昧也無？若也於斯會得，家有北斗經，枉教人口不安寧。其或未然，從此灰飛煙滅後，任伊到處覓天尊。（《佛祖歷代通載》卷二十二 T49，p0719c19）

語出唐《大方廣圓覺修多羅了義經》卷上："譬如鑽火兩木相因，火出木盡灰飛煙滅。"比喻人和事物全都消亡。禪宗喻指進入空無一物，萬物皆空的澄明境界。世俗沿用，比喻萬物消亡。宋蘇軾《念奴嬌·赤壁懷古》："遙想公瑾當年，小喬初嫁了，雄姿英發。羽扇綸巾，談笑間、檣櫓灰飛煙滅。"元關漢卿《關大王獨赴單刀會》第四折："水湧山疊，年少周郎何處也？不覺的灰飛煙滅，可憐黃蓋轉傷嗟。"明洪楩《清平山堂話本·合

同文字記》：“灰飛煙滅，傾危事始於桓靈；地覆天翻，叛逆禍生於操卓。”

（三十二）鏡裏尋頭

水中捉月，<u>鏡裏尋頭</u>。刻舟求劍，騎牛覓牛。空花陽燄，夢幻浮漚。”（《禪宗頌古聯珠通集》卷五 X65，p0503b11）

典出唐般剌蜜帝譯《楞嚴經》卷四：“室羅城中演若達多，忽於晨朝以鏡照面，愛鏡中頭眉目可見，瞋責己頭不見面目，以爲魑魅無狀狂走。”與“迷頭認影”同義。在鏡子裏找頭，鏡子照鑒的都是虛幻假象，而非實際。禪宗比喻認假爲真，認虛爲實。

（三十三）迷頭認影

道由心悟，不在言傳。近年以來學此道者，多棄本逐末，背正投邪，不肯向根腳下推窮，一味在宗師說處著到。縱說得盛水不漏，於本分事上了沒交涉。古人不得已，見學者<u>迷頭認影</u>，故設方便誘引之。（《大慧普覺禪師語錄》卷二十三 T47，p0910a27）

上堂：“若向這裏說即心即佛，大似頭上安頭，若說非心非佛，何異<u>迷頭認影</u>。”（《嘉泰普燈錄》卷三《隨州大洪第一世報恩禪師》X79，p0310b01）

典出《楞嚴經》卷四：“室羅城中演若達多，忽於晨朝以鏡照面，愛鏡中頭眉目可見，瞋責己頭不見面目，以爲魑魅無狀狂走。”禪宗比喻學禪者迷失了自己的澄明本心，將虛幻之影當作實相，認虛爲實。禪籍中又作“認影迷頭”“認影爲頭”。《嘉泰普燈錄》卷五《東京淨因自覺禪師》：“殊不知從門入者，不見家珍，認影迷頭，豈非大錯。”《天聖廣燈錄》卷十七《筠州興教院守芝禪師》：“師打禪床一下，云：‘多年忘卻也？’師云：‘住，且住，若向言中取則，句裏明機，也似迷頭認影。”

（三十四）演若迷頭心自狂

問：“人盡言請益，未審師將何拯濟？”師云：“汝道巨岳還曾乏寸土也無？”僧云：“與摩則四海參尋當爲何事？”師云：“<u>演若迷頭心自狂</u>。”僧云：“還有不狂者也無？”師曰：“有。”曰：“如何是不狂者？”師云：“突曉途中眼不開。”（《祖堂集》卷九《九峰和尚》P.437）

典出《楞嚴經》卷四：“室羅城中演若達多，忽於晨朝以鏡照面。愛鏡中頭眉目可見，瞋責己頭不見面目，以爲魑魅無狀狂走。"演若，即演若達多。佛經中以鏡中面目比喻虛妄不實之相，一切真性不會有實相。俗語比喻認妄像爲真，不識自己的真如佛性，本來面目。

（三十五）認賊爲子

凡看經教及古德入道因緣，心未明瞭。覺得迷悶沒滋味，如咬鐵橛相似。時正好著力，第一不得放舍，乃是意識不行。思想不到，絕分別滅理路處。尋常可以說得道理，分別得行處，盡是情識邊事，往往多**認賊爲子**，不可不知也。（《大慧普覺禪師語錄》卷十九 T47，p0891a26）

佛即是法，一念離真皆爲妄想。不可以心更求於心，不可以佛更求於佛，不可以法更求於法，故修道人直下無心默契，擬心即差。以心傳心此爲正見，慎勿向外逐境爲心，是**認賊爲子**。（《景德傳燈錄》卷九《黃檗希運禪師傳心法要》T51，p0272a06）

佛教俗成語。《楞嚴經》卷九："魔境現前，汝不能識。洗心非正，落於邪見。或汝陰魔，或復天魔，或著鬼神，或遭魑魅。心中不明，認賊爲子。"比喻被俗情雜念所迷惑，失去了獲得正覺圓滿的澄明本心，如同錯將賊人當成自己的孩子，反而失了自家財物。《圓覺經》卷下："譬如有人，認賊爲子，其家財寶終不成就。"玄覺禪師《證道歌》："學人不了用修行，真成認賊爲將子。"禪宗沿用，喻指錯將言語知解、情識作略當作佛法真如，迷失了自己的澄明本心。世俗比喻錯認事理。明王守仁《傳習錄》卷上："才有一毫非禮萌動，便如刀割，如針刺。忍耐不過。必須去了刀，拔了針。這才是有爲己之心，力能克己。汝今正是認賊作子。緣何卻說有爲己之心，不能克己。"又卷中："思索亦是良知發用，其與私意安排者何所取別？恐認賊作子，惑而不知也。"

（三十六）三頭六臂

"如何是主中主？"師云："**三頭六臂**擎天地，忿怒那吒撲帝鐘。"（《汾陽無德禪師語錄》卷上 T47，p0598a20）

若教據令而行，盡蘇台一境人，個個**三頭六臂**。（《明覺禪師語錄》卷一 T47，p0674c12）

神道之形。《法苑珠林》卷九："〔修羅道者〕體貌粗鄙，每懷瞋毒，稜層

可畏，擁聳驚人，並出三頭，重安八臂，跨山蹋海，把日擎雲。"形容神
通廣大，能力超凡。

（三十七）渴鹿趁陽燄

師又有《驪龍珠吟》："……莫求覓，損功夫，轉求轉覓轉元無。
恰如渴鹿趁陽燄，又似狂人在道途。"（《祖堂集》卷四《丹霞和尚》
P.217）

陽燄，水面上的霧氣。明楊慎《丹鉛續録》卷六《雜識‧陽燄》："《素問》
云：'澤中有陽燄，陽燄如火烟騰騰而起於水面者是也。'蓋澤有陽燄，乃
山氣通澤，山有陰靄，乃澤氣通山。"又作"陽焰"。"陽焰"是大乘佛教
經典中十喻之一，如《莊子‧逍遙遊》中的"野馬塵埃"。"渴鹿趁陽焰"
源自唐玄奘譯《說無垢稱經》卷一："是身如陽焰，從諸煩惱渴愛所生。"
《楞伽經》卷二上："譬如群鹿爲渴所逼，見春時焰而作水想，迷亂馳趣，
不知非水。如是愚夫，無始虛偽妄想所熏習，三毒燒心，樂色境界。見生
住滅，取内外性。……如揵闥婆城，凡愚无智，而起城想。"實叉難陀奉
譯《大方廣佛華嚴經》卷第三十七："如幻如夢如光影，亦如愚夫逐陽焰。
如是觀察入於空，知緣性離得無相。"唐提雲般若譯《大方廣佛華嚴經不
思議佛境界》："一切諸法，如露如翳，如幻如陽焰如鏡像。如是諸佛，猶
如虛空。"《維摩經‧方便品》："是身如焰，從渴愛生。"同注曰："見陽
焰，惑以爲水。"佛家謂春初原野上陽光照映，浮沉四散，乾渴之鹿誤以
爲水，狂奔而去，卻無論如何都無法追尋到遠方的水。佛教用此寓言象徵
人内心迷惘，被幻象所惑，以假爲真，在求法時虛實不辨，如同飢渴之鹿
不顧一切去追逐虛幻的陽焰，結果毫無所獲。

這些俗語大多來自佛經或世俗故事，禪師們從這些故事中剪取片段，
高度概括爲精練簡短的語句，這些語句在禪林和民間被反復引用、廣泛傳
播，久而久之成爲普通民眾熟知習用的俗語。

這一節我們著重分析考察了禪籍俗語的歷史來源，發現其來源廣泛，
既有來自經學典籍中富有深意的妙言警句，亦有來自史傳文學中的生動表
述，還有來自文人詩賦的雅詞麗句。這些語句在民間廣泛流傳，成爲民眾
話語的慣用表達，禪宗便將其借來爲己所用，點化僧徒，說明禪旨。禪籍
中還有部分俗語來源於佛經文獻，許多佛教典故在禪籍中被轉化成了俗

語，既折射出禪宗源自印度佛教，其中有印度佛教的烙印，又反映出禪宗是經過中國本土化改造了的宗教，在語言表達上體現著漢語的特點。

第二節　禪籍新創俗語的生成方式

禪宗典籍一方面廣泛引用前代已有俗語，同時還創造出大量通俗簡練、寓意深刻、說理形象、淳樸生動的語句。隨著禪宗在中國社會影響力的擴大，禪籍中的一些用語廣泛傳播，爲民眾日常表達所習用，逐漸固定成了俗語。本節所說的禪籍新創俗語，指在前代典籍文獻中找不到用例，雖然可能早在民間流傳，但已無源可考，首次見於禪宗語錄和燈錄中的俗語。古代學者早已注意到禪語對民間俗語的影響，錢大昕在《恒言錄》卷六"俗語"中說："俗語多出於釋氏語錄。如'弄巧成拙'，龐居士語也；'竿木隨身，逢場作戲'，鄧隱峰語也；'拋磚引玉'，趙州禪師語也；'千年田，八百主'，如敏禪師語也……"① 這類俗語在禪籍中數量很大，有些一直沿用至今，部分禪籍俗語形式不變，但意義已經世俗化，完全看不出禪門宗教的意味，有些不但意義變動，形式也有所改動。禪籍新創俗語一部分完全爲禪林自創，多是禪師上堂說法、應機接人、著書立說、吟詩作偈時隨口道來之語，禪林、民眾在使用時不加任何改造，直接引用流傳；還有一些俗語來自禪宗典故，人們在使用時撮要概括、精選提煉。還有一些語句，本源都是教外文獻，但在禪籍中被概括提煉，并以俗語的形式流傳到後世。這樣的俗語因生成於禪籍，所以也將其看作是禪籍新創俗語。這些俗語或意義深刻，或言辭生動，在禪林和民間廣泛使用，久而久之成爲民眾熟悉、廣泛傳播的俗語。

一、禪林自創俗語

禪宗有"不立文字，教外別傳"的語言觀，禪師在接引教化僧徒時力圖使用淺顯易懂，甚至粗俗鄙陋的言辭。同時禪宗主張在農耕勞動中參禪悟道，禪門師徒在勞動的同時交流禪悟，許多妙言警句就生成於此。這些話語首見於禪籍，并被廣泛傳播或世代相傳，成爲來自禪門的新創俗語。從創造方式上看，具體包括兩種：一是將禪籍語言慣用表達演變爲俗語；

---

① （清）錢大昕：《恒言錄》，商務印書館，1958年，第105頁。

二是凝煉禪宗典故而生成俗語。

（一）將禪籍慣用表達演變爲俗語

1. 葉落歸根

　　門人問師："師歸新州，早晚卻迴？"師云："葉落歸根，來時無口。"（《祖堂集》卷二《惠能和尚》P. 130）

語出《壇經·付囑品》："大師，七月八日，忽謂門人曰：'吾欲歸新州，汝等速理舟楫。'大眾哀留甚堅。師曰：'諸佛出現，猶示涅槃。有來必去，理亦常然。吾此形骸，歸必有所。'眾曰：'師從此去，早晚可回？'師曰：'葉落歸根，來時無口。'"比喻事物最終都要返回其始。

2. 嗔拳不打笑面

　　又時見僧云："還知禾山惡發摩？"僧便問："和尚無端惡發作什摩？"師云："嗔拳不打笑面。"（《祖堂集》卷十二《禾山和尚》P. 554）

禪師常用此語鼓勵學人大膽提問，參禪習佛就要勇猛精進，即便言說有誤，禪師也不會責備。此語逐漸演變爲諺語，進入世俗文獻，明蘭陵笑笑生《金瓶梅詞話》第七十二回："這伯爵便向李銘道：'如何？剛才不是我這般說著，他甚是惱你，他有錢的性兒，隨他說幾句罷了，常言"嗔拳不打笑面"。如今時年尚個奉承的，拿著大本錢做買賣，還帶三分和氣。'"

3. 一人傳虛，萬人傳實

　　上堂良久，忽舒手顧眾曰："乞取些子，乞取些子。"又曰："一人傳虛，萬人傳實。"（《五燈會元》卷七《龍華靈照禪師》P. 411）

此語源自《祖堂集》卷十一《齊云和尚》："師有時上堂，驀地起來，伸手云：'乞取些子，乞取些子。'又云：'一人傳虛，万人傳實。'"謂虛假的事情，一個人傳言可能沒有人相信，但如果眾人傳言，假的也會被認爲是真的，比喻本無其事，但因傳說者多，大家就信以爲真。後人沿用該語。明方以智《物理小識》卷十二："一人傳虛，眾人傳實。"

4. 不上天堂，則入地獄

　　問："從上諸聖，向甚麼處去？"師曰："不上天堂，則入地獄。"（《五燈會元》卷十一《南院慧顒禪師》P. 665）

"天堂"指天上宮殿。"地獄"是佛教"六道"中的惡道之一，是懲罰眾生罪孽之所。唐義淨譯《根本說一切有部毗奈耶》卷第九："我遇世尊善知識故，於地獄傍生餓鬼趣中拔濟令出，安置人天勝妙之處，當盡生死得涅槃路。"唐拾得有詩《我見》云："我見出家人，總愛吃酒肉。此合上天堂，卻沉歸地獄。""不上天堂，則入地獄"語出《五燈會元》，《古尊宿語錄》中又作"不上天堂，即入地獄"，卷七《汝州南院（慧顒）禪師語要》："問：'從上請諸向什麼處去也？'師云：'不上天堂，即入地獄。'"禪宗謂至高聖人往往將自己置於非死即生的絕境，爲了眾生之活可以犧牲自我，顯現出佛之偉大。俗語"不上天堂，則入地獄"爲後人所習用，形容身處非死即生、好壞對比鮮明的兩種處境。

5. 一度著蛇咬，怕見斷井索

> 問："狗子還有佛性也無？趙州道無，意旨如何？"師曰："一度著蛇咬，怕見斷井索。"（《五燈會元》卷二十《龍翔士珪禪師》P. 1310）

佛家有"繩蛇"之喻。如宋子睿《起信論疏筆削記》卷十九："知法如幻，故無所怯。繩蛇非毒，杌鬼無心，何所怯耶！"[1] 認繩爲蛇，在佛教看來是不辨真假，誤以虛爲實，落入妄想虛幻的境界。禪宗以此批評以假爲真，認虛爲實的荒唐行爲。禪籍中又作"一度被蛇傷，怕見斷井索"。

6. 貪多嚼不細

> 僧云："大力量人因甚招腳不起？"師云："獅子咬人，韓獹逐塊。"僧云："開口因甚不在舌頭上？"師云："抱贓叫屈。"僧云："明眼衲僧因甚腳根下紅絲線不斷？"師云："貪多嚼不細。"（《虛堂和尚語錄》卷二 T47，p0998a16）

此爲宋時禪門諺語。貪戀多吃因而不能細嚼慢咽。比喻學佛求法時貪求過多，難以深入地理解領會。後世沿用該俗語，近代作"貪多嚼不爛"，明凌濛初《二刻拍案驚奇》卷五："此人道：'他一身衣服多有寶珠鈕嵌，手足上各有釧鐲。就是四五歲一個小孩子好歹也值兩貫錢，怎捨得輕放了他？'眾賊道：'而今孩子何在？正是貪多嚼不爛了。'"《紅樓夢》第九回：

---

① 參中國佛教文化研究所編：《俗語佛源》，天津人民出版社，2008 年，第 4 頁。

"雖說是奮志要強，那工課寧可少些：一則貪多嚼不爛，二則身子也要保重。"

　　除此，禪籍新創的俗語還有很多，如"看他人食，終自不飽"（《祖堂集》卷三）、"飛針走綫"（《祖堂集》卷九）、"錦上更添花"（《祖堂集》卷九）、"好心無好報"（《祖堂集》卷十二）、"来則有去，去則有来"（《祖堂集》卷十八）、"六耳不同謀"（《五燈會元》卷三）、"好事不如無"（《五燈會元》卷四）、"炙瘡上更著艾燋"（《五燈會元》卷七）、"勾賊破家"（《五燈會元》卷十一）、"水漲船高，泥多佛大"（《五燈會元》卷九）、"女大十八變"（《五燈會元》卷十一）、"飢不擇食"（《五燈會元》卷十一）、"半斤對八兩"（《五燈會元》卷十五）、"多虛不如少實"（《五燈會元》卷十七）、"路見不平，拔刀相助"（《五燈會元》卷十八）、"禍不入慎家之門"（《五燈會元》卷十八）、"临嫁医瘦，卒著手脚不辦"（《五燈會元》卷十九）、"来說是非者，便是是非人"（《五燈會元》卷十九）、"人逢喜事精神爽"（《五燈會元》卷十九）、"好手不張名"（《古尊宿語録》卷八）、"君子不奪人所好"（《古尊宿語録》卷十三）、"河裏失錢河裏摝"（《古尊宿語録》卷十五）、"口是禍門"（《古尊宿語録》卷二十一）、"一子出家，九族生天"（《古尊宿語録》卷二十三）、"度脚買靴"（《古尊宿語録》二十五）、"君子愛財，取之有道"（《林間録》卷下）、"風動塵起，鳥飛落毛"（《明覺禪師語録》卷一）、"路途雖好，不如在家"（《虛堂和尚語録》卷一）等。這些俗語本是禪師接引教化僧徒語，蘊含著禪義，在禪林流傳甚廣。同時，隨著禪宗在民間影響力的增大，禪門語也逐漸滲透到民眾話語表達中。這些來自禪門的俗語生命力很強，它們大多一直延續至今。

（二）凝煉禪宗典故而生成俗語

1. 日日是好日

　　舉："雲門垂語云：'十五日以前不問汝，十五日以後道將一句來。'自代云：'日日是好日。'"（《碧巖録》卷一【六】T48，p0146b01）

"日日是好日"，是雲門文偃禪師的法語，指消除時間分別，沒有苦樂煩惱的對立糾葛，一切都平和安詳，圓融互攝。反映了禪師曠達、安詳的心靈世界。《黃龍慧南禪師語録》："又僧問明教：'新年頭還有佛法也無？'教云：'無。'僧云：'年年是好年，日日是好日，爲什麼卻無？'教云：'張公吃酒李公醉。'僧云:'老老大大,龍頭蛇尾。'"

2. 一日不作,一日不食

師曰:"吾無德,爭合勞於人?"既遍求作具不獲,而亦忘餐。故有"一日不作,一日不食"之語流播寰宇矣。(《五燈會元》卷三《百丈懷海禪師》P.136)

俗語指勞動方可得食。禪林有農禪傳統,在修行的同時參加農耕勞動,滿足生活所需。正式提出農禪制度的是唐代百丈山懷海禪師。懷海出家後師從馬祖道一,在江西弘揚禪宗二十餘年。他制定了禪寺中的集體勞動制度,稱爲"普請"。懷海本人積極參加生產勞動,一日弟子藏了他的勞動工具,請他休息。懷海誓言"一日不作,一日不食",告誡學人勞動方可得食。宋王楙《野客叢書》卷二十九《俗語有所自》亦收此語。元趙孟頫《題耕織圖二十四首奉懿旨撰·十二月》詩:"一日不力作,一日食不足。惨澹歲云暮,風雪入破屋。"清范寅《越諺》卷中記作"做日吃日"。

3. 前三三,後三三

文殊問無著:"南方如何住持?"著云:"末法比丘,少奉戒律。"云:"多少眾?"著云:"或三百或五百。"無著卻問:"此間如何住持?"殊云:"凡聖同居,龍蛇混雜。"云:"多少眾?"殊云:"前三三後三三。"(《汾陽無德禪師語錄》卷中 T47,p0609c22)

俗語出自禪宗公案。《五燈會元》卷九《無著文喜禪師》:"師直往五臺山華嚴寺,至金剛窟禮謁,遇一老翁牽牛而行,邀師入寺。翁呼均提,有童子應聲出迎。翁縱牛,引師升堂。堂宇皆耀金色,翁踞床指繡墩命坐。翁曰:'近自何來?'師曰:'南方。'翁曰:'南方佛法如何住持?'師曰:'末法比丘,少奉戒律。'翁曰:'多少眾?'師曰:'或三百,或五百。'師卻問:'此間佛法如何住持?'翁曰:'龍蛇混雜,凡聖同居。'師曰:'多少眾?'翁曰:'前三三,後三三。'翁呼童子致茶,並進酥酪。師納其味,心意豁然。翁拈起玻璃盞,問曰:'南方還有這箇否?'師曰:'無。'翁曰:'尋常將甚麼吃茶?'師無對。師睹日色稍晚,遂問翁:'擬投一宿得否?'翁曰:'汝有執心在,不得宿。'師曰:'某甲無執心。'翁曰:'汝曾受戒否?'師曰:'受戒久矣。'翁曰:'汝若無執心,何用受戒?'師辭退。翁令童子相送,師問童子:'前三三,後三三,是多少?'童召:'大德!'

師應諾。童曰：'是多少？'師復問曰：'此爲何處？'童曰：'此金剛窟般若寺也。'師淒然，悟彼翁者即文殊也。"此爲禪宗奇特句，通過數詞的重疊表達對數量概念的超越，消除僧徒對數字的執著心、分別念，數字之別本是人爲劃分，在禪宗看來全都圓融同一，沒有分別。俗語謂遠離今生的虛無世界。

這些俗語多源自禪門公案。"公案"一詞本爲法律用語，指官府的案牘，禪宗借用指判別教理。語録和燈録中記載了大量公案，其中一些公案所記禪師的答話由於富有深刻的禪理而被衆僧引用，成爲僧徒接機作答、禪師勘驗禪悟的話頭。這些語句甚至成爲百姓日用的慣常說法，并表示特定意義，發展成爲俗語。

二、源自教外文獻，經禪家改造生成的俗語

禪籍中有許多俗語通過改用前代文獻語句、引徵教外典故或概述前代之事而生成，這些俗語在禪籍中首次出現，它們是在禪籍中被創造形成的，我們將這一類俗語也看作禪籍新創俗語。

（一）改用前代語句

這一類俗語與第一節中談到的"沿用已有俗語"不同。上文所說的俗語産生于前代其他文獻，禪籍只是將其借來說明事理、描摹狀態。禪籍新創俗語與之不同，雖然這些俗語的材料來源於其他文獻，但禪籍創造了俗語的形式，這些俗語首次出現在禪籍中，所以我們把這一類俗語看作禪籍新創俗語。

1. 方木逗圓孔

問："如何是學人相契處？"師曰："方木逗圓孔。"（《五燈會元》卷十四《廣德義禪師》P. 857）

《文子·上義》："今爲學者，循先襲業，握篇籍，守文法，欲以爲治，非此不治，猶持方柄而内圓鑿也，欲得宜適，亦難矣。"《楚辭·九辯》："圜鑿而方柄兮，吾固知其鉏鋙而難入。"謂方形榫頭要插入圓形榫眼，比喻彼此不相投合，事不能成。《祖堂集》化用前代文獻語句形成俗語"方木逗於圓孔"，《祖堂集》卷十三《報慈和尚》："師云：'賓主二家，阿那個眼目最長？'對云：'請師鑒。'師云：'方木逗於圓孔。'"謂不按照佛法的本質修行，胡亂用力，終究難以契悟其中真意。又作歇後語"將方木逗圓

孔——多少差訛”,《景德傳燈録》卷第十七《洪州雲居道膺禪師》:"師謂眾曰:'若將有限心識,作無限中用。如將方木逗圓孔,多少差訛。'"

2. 成山假就於始簣,修途托至於初步

> 上堂:"成山假就於始簣,<u>修途托至於初步</u>。上座適來從地爐邊來,還與初步同別?若言同,即不會不遷。若言別,亦不會不遷。上座作麼生會?"(《五燈會元》卷十五《藍田縣真禪師》P.983)

《論語·子罕》:"子曰:'譬如爲山,未成一簣,止,吾止也。'"《荀子·勸學》:"故不積跬步,無以至千里。"禪籍將兩句儒家經文糅合在一起構成一條諺語,用以勸誡學人只有精進努力、堅持不懈方能修得正果。

3. 欲行千里,一步爲初

> 問:"如何是道?"師曰:"甚麼道!"曰:"大道。"師曰:"<u>欲行千里,一步爲初</u>。"(《五燈會元》卷十五《靈隱雲知禪師》P.1008)

想要走到千里之外,總要從第一步開始。比喻任何事情都有開端。語義源自《尚書·太甲下》:"若升高,必自下;若陟遐,必自邇。"《老子》第六十四章:"九層之臺,起於累土;千里之行,始於足下。"《禮記·中庸》:"君子之道,辟如行遠必自邇,辟如登高必自卑。"禪師表面句句都在言說人行之道,似乎與佛道、禪道毫無關係,但俗語的内裏卻是句句言佛,字字話禪。俗語字面的人行之"道"與禪宗的佛法之"道"暗中相合,想要修持正果,必須由始做起,一步一個腳印,正如行走,要到千里之外,必須從第一步開始。

4. 捕得老鼠,打破油甕

> 住後,上堂,舉:"教中道:若以色見我,以音聲求我,是人行邪道,不能見如來。雖然恁麼,正是<u>捕得老鼠,打破油甕</u>。"(《五燈會元》卷十八《徑山智策禪師》P.1222)

漢班固《漢書·賈誼傳》:"里諺曰'欲投鼠而忌器',此善喻也。鼠近於器,尚憚不投,恐傷其器,況於貴臣之近主乎!"後來演變为成語"投鼠忌器",意謂有得也有失,但得不償失。禪宗將"投鼠忌器"口語化,轉變成諺語。比喻學習佛法時沒有掌握正確的修持方法,雖然有所收穫,但卻忽視了根本,沒能抓住要害。除此,禪籍中還有其他多種表達方式:

"趁得老鼠，打破油甕""趁得老鼠，爭奈打破油餅""趁得老鼠，一棒打破油甕"。

5. 狹路相逢

> 問曰："狹路相逢時如何？"明曰："你且躲避，我要去那裏去。"（《五燈會元》卷十九《楊歧方會禪師》P. 1229）

古樂府《平調曲》："相逢狹路間，道隘不容車。"窄路相逢，無可退讓。禪宗又構造成語"窄路相逢"，形容互不相讓、彼此矛盾的情形。元施惠《幽閨記》第二十出："〔生〕：'呀，原來是興福兄弟。'相逢窄路難迴避，這言語古來提。"

6. 敕點飛龍馬，跛鱉出頭來

> 廓侍者問德山："從上諸聖向甚處去？"山云："作麼作麼？"廓云："官家敕點飛龍馬，跛鱉出頭來作麼？"山休去。明日浴，次山將木杓打廓一下云："昨日公案作麼生？"廓云："這老漢今日方始瞥地。"（《汾陽無德禪師語録》卷中 T47，p0611c15）

語本唐白居易《爲段相謝借飛龍馬狀》："伏以出從内厩，行及中塗，假飛龍之駿駒代跛鼈之蹇步。執鞭拜命，借馬喻身，取其戀主之心，以表爲臣之節，恩深易感，情懇難陳。"至宋代禪宗語録將白氏詩句演化爲對偶的諺語"敕点飞龙马，跛鳖出头来"，意謂取消分別心，將千里之駒與殘足烏龜等同看待。

（二）引徵世俗典故

禪宗文獻是世俗化的宗教文獻，通過剪取前人記述，凝練概括見諸古籍的故事，並加以融化，選取其中最有寓意的部分創造俗語。所選典故，或來自聖人聖跡，或來自歷史事件，或來自寓言故事。

1. 郢人無汙，徒勞運斤

> 僧問："心法雙亡，指歸何所？"師曰："郢人無汙，徒勞運斤。"（《景德傳燈録》卷七《京兆府章敬寺懷惲禪師》T51，p0252c01）

典出《莊子・徐無鬼》："郢人堊慢其鼻端若蠅翼，使匠石斲之。匠石運斤成風，聽而斲之，盡堊而鼻不傷，郢人立不失容。"禪宗由漢典出發，反其道而行，創造俗語"郢人無汙，徒勞運斤"，郢人的鼻子沒有被污染，揮舞斧頭不過是徒勞費力。俗語旨在告誡學人要根據具體情況採取行動，不要盲目行事，勞而無功。

2. 懸羊頭，賣狗肉

> 上堂："此劍刃上事，須劍刃上漢始得。有般名利之徒，爲人天師，懸羊頭賣狗肉，壞後進初機，滅先聖洪範。"（《五燈會元》卷十六《元豐清滿禪師》P.1073）

事見《晏子春秋·內篇雜下》："晏子見，公問曰：'寡人使吏禁女子而男子飾，裂斷其衣帶，相望而不止者何也？'晏子對曰：'君使服之於內，而禁之於外，猶懸牛首於門，而賣馬肉於內也。公何以不使內勿服，則外莫敢爲也。'公曰：'善！'使內勿服，踰月而國莫之服。"原本比喻內外標準不統一。禪籍中將"牛首""馬肉"改作"羊頭""狗肉"，形成俗語"懸羊頭，賣狗肉"。比喻修佛不精，卻要以次充好，以假亂真。

3. 不到烏江未肯休

> 問："弓箭在手，智刃當鋒，龍虎陣圓，請師相見。"師曰："敗將不斬。"曰："恁麼，則銅柱近標修水側，鐵關高鎖鳳凰峰。"師曰："不到烏江未肯休。"（《五燈會元》卷十七《黃龍悟新禪師》P.1132）

故事見《史記·項羽本紀》。禪籍將項羽烏江自刎一事，用俗語概括爲"不到烏江未肯休"，謂不到臨死之時不肯罷休，比喻強硬堅持，絕不輕易放棄。

4. 羿始調弓，九烏失色

> 問："如何是汾陽箭？"師云："羿始調弓，九烏失色。""須知好手。"師云："石虎既遭傷，金鏃須沒羽。"（《汾陽無德禪師語錄》卷上 T47，p0605c29）

《淮南子·俶真》"雖有羿之知，而無所用之"漢高誘注："是堯時羿也，能射十日。"傳說堯帝時有神射手后羿，因天上太陽太多，便在一日之內射掉九個太陽。又《淮南子·本經》："逮至堯之時，十日並出，焦禾稼，殺草木而民無所食。猰貐鑿齒，九嬰大風，封豨修蛇皆爲民害。堯乃使羿誅鑿齒於疇華之野，殺九嬰於凶水之上，繳大風於青丘之澤。上射十日而下殺猰貐。"禪宗因此寓言創造俗語"羿始调弓，九乌失色"，字面謂後羿剛開始調整弓箭，天上的九個太陽便驚慌失措，變了臉色。形容有威懾力。此處禪師以此語盛讚汾陽禪師道法高妙，機鋒峻烈。

"對牛彈琴""掛羊頭，賣狗肉""不到黄河心不死"……這些禪籍新創的俗語早已深入人心，融入了人們的日常表達，成爲衆所周知的俗語。有些俗語的字面影響力已經超越了典故本身，許多人認識并能運用這些俗語，但卻不知道俗語中隱含的典故，不知道它們都來源於禪宗以外的世俗文獻。禪宗憑借他巨大的宗教影響力和廣博的文化包容性改造世俗語言，并創造出内涵豐富、意趣深遠的禪宗俗語。

（三）概述前代之事

1. 晉帝斬嵇康

> 問："'向上一路，千聖不傳。'未審是什摩人則能傳得？"師云："千聖也疑我。"僧云："莫便是傳底人無？"師云："晉帝斬嵇康。"（《祖堂集》卷十一《齊云和尚》P.522）

《晉書·嵇康傳》載晉帝因聽信鍾會之言，認爲嵇康"害時亂政"，決意斬殺嵇康。臨刑前，嵇康奏《廣陵散》，此曲世上没有第二人會演奏，嵇康一死，意味著《廣陵散》也將隨他而消亡。其文曰："康將刑東市，太學生三千人請以爲師，弗許。康顧視日影，索琴彈之，曰：'昔袁孝尼嘗從吾學《廣陵散》，吾每靳固之，《廣陵散》於今絶矣！'[1] 俗語"晉帝斬嵇康"其中暗含了《廣陵散》絶世不傳一事，禪宗暗示"向上一路"的佛法無人可傳，禪師通過此語打破僧徒對佛祖的迷信執著。

2. 趙璧本無瑕，相如誑秦主

> 問："摩尼珠不隨衆色，未審作何色？"師曰："白色。"曰："恁麼則隨衆色也。"師曰："趙璧本無瑕，相如誑秦主。"（《五燈會元》卷四《靈雲志勤禪師》P.240）

以藺相如智騙秦王，奪回和氏璧一事爲典，典出《史記·廉頗藺相如列傳》。其文曰："秦王坐章臺見相如，相如奉璧奏秦王，秦王大喜，傳以示美人及左右，左右皆呼萬歲。相如視秦王無意償趙城，乃前曰：'璧有瑕，請指示王。'王授璧，相如因持璧却立倚柱，怒髮上衝冠，謂秦王曰：'大

---

① （唐）房玄齡：《晉書》，中華書局，1974 年，第五册，第 1374 頁。

王欲得璧，使人發書至趙王。'……相如度秦王雖齋，決負約不償城，乃使其從者衣褐，懷其璧，從徑道亡，歸璧于趙。"禪籍依此事創俗語"趙璧本無瑕，相如誑秦主"，比喻爲了達到某種目的故意說假話。此處僧徒反復追問摩尼珠的顏色，禪師有意將其說成是白色，轉而又告訴學人前面有意說假話誆騙他，目的是讓學人自心體會其中的禪義。

3. 射虎不真，徒勞沒羽

> 時有一僧便出禮拜。師曰："比來拋磚引玉，卻引得箇墼子。"保壽云："射虎不真，徒勞沒羽。"（《五燈會元》卷四《趙州從諗禪師》P.200）

借李廣藍田射虎之事比喻沒有認清對象的本質，徒勞用功。事見漢司馬遷《史記·李將軍列傳》："廣出獵，見草中石，以爲虎而射之。中石沒鏃，視之石也。因復更射之，終不能復入石矣。"

4. 巢父飲牛，許由洗耳

> 僧問："如何是賓中賓？"師曰："巢父飲牛。"曰："如何是賓中主？"師曰："許由洗耳。"（《五燈會元》卷十七《龜山曉津禪師》P.1136）

"巢父""許由"相傳爲堯帝時代人。《孟子·盡心上》"古之賢士，何獨不然"漢趙岐注："樂道守志，若許由洗耳，可謂忘人之勢矣。"晉皇甫謐《高士傳》卷上："巢父者，堯時隱人也。山居不營世利，年老，以樹爲巢，而寢其上，故時人號曰'巢父'。堯之讓許由也，由以告巢父，巢父曰：'汝何不隱汝形，藏汝光？若非吾友也！'擊其膺而下之。由悵然不自得，乃過清冷之水，洗其耳，拭其目，曰：'向聞貪言，負吾之友矣。'遂去，終身不相見。"禪籍俗語"巢父飲牛，許由洗耳"源自古代傳說，借巢父、許由之事讚美不慕功名的高潔品質。禪宗用來表示緘口不語，不可言說之意。禪籍中又有"巢父不牽牛，許由不洗耳"，如《五燈會元》卷十三《西川存禪師》："僧問：'學人解問諸訛句，請師舉起訝人機。'師曰：'巢父不牽牛，許由不洗耳。'"

5. 辨才遇蕭翼

> 寒山云："你去遊臺作什麽？"干云："禮拜文殊。"山云："你不

是我同流。"師云："豐干大似辨才遇蕭翼。"［《古尊宿語録》卷二十五《筠州大愚（守）芝和尚語録》X68，p0167b11］

事見宋施宿等撰《會稽志》卷十六《翰墨》："貞觀中，太宗鋭意學二王，書帖摹揭殆盡，惟未得《蘭亭》。凡三召辨才詰之，固稱荐經，喪亂亡失，不知所在。後遣監察御史蕭翼，微服爲書生，以詭辨才始得之。"東晉書法家王羲之作《蘭亭序》，計 28 行，324 字，世稱蘭亭帖。王羲之死後，《蘭亭序》由其子孫收藏，後傳至其七世孫僧智永，智永圓寂後，又傳弟子辨才和尚。唐太宗喜愛書法，三次召見辨才索要此帖，但辨才卻說此帖在戰亂中丢失。唐太宗請監察御史蕭翼爲其索取。蕭翼設計從辨才手中獲得了王羲之《蘭亭序》真跡。"辨才遇蕭翼"將此故事濃縮爲一句諺語，意謂強中自有強中手。此處守芝和尚讚歎在寒山、豐干的對機中，寒山更勝一籌。

6. 只有受璧之心，且無割城之意

　　舉："僧問睦州：'高揖釋迦不拜彌勒時如何？'州云：'昨日有人問，趕出去了也。'僧云：'和尚恐某甲不實。'州云：'拄杖不在，莆帝柄聊與三十。'"師云："睦州只有受璧之心，且無割城之意。"（《明覺禪師語録》卷三 T47，p0686a24）

出自《史記·廉頗藺相如列傳》秦昭王欲騙取趙國和氏璧之典。秦昭王想要得到趙國的和氏璧，便假裝答應用十五座城池作爲交換條件。禪籍據此典故創造俗語"只有受璧之心，且无割城之意"，比喻言不由衷，心口不一。禪宗喻指禪師教化學人言在此而意在彼，不要簡單地從言語字面或行爲表面曲解師父的意圖。

禪籍將發生於前代的故事概況提煉，創造出新的俗語，字面涉及故事的人物、片段、場景、器物等。俗語所敘前代之事皆爲民衆熟知，它們或來自史傳文學，或來自神鬼志怪，或來自民間口傳。禪籍借用這些故事創造俗語，旨在由故事中的人事傳達某種寓意。

本節舉例論述了禪籍中出現的新創俗語，這些俗語無論是禪門自創的妙言警句，還是從世俗文獻中選取材料發揮創造的新語句，它們都首次出現在禪籍中，都屬於禪籍新創俗語。新創俗語在所有禪籍俗語中所占比重較大，而且大部分都進入了普通民衆的話語表達中，并流傳至今，顯現出

禪籍語言對世俗通用語的巨大影響力。

第三節　唐宋禪籍俗語歷史來源的構成分析

我們對 119 部唐宋禪籍共計 878 卷中的俗語進行了搜集，得到 2435 條俗語。下面是來源於不同類別文獻的唐宋禪籍俗語的構成數據統計表（表 3－1、表 3－2）。

表 3－1　來源於不同類別文獻的唐宋禪籍俗語的構成數據統計表（一）

俗語來源	數據統計		
	詞　量	佔禪籍俗語總詞量的百分比	佔禪籍沿用已有俗語詞量的百分比
儒家經典	47	1.9%	18.0%
史傳文學	40	1.6%	15.3%
諸子雜著	83	3.4%	31.8%
詩詞歌賦	52	2.1%	19.9%
佛教典籍	39	1.6%	14.9%
合　計	261	10.7%	100%

表 3－2　來源於不同類別文獻的唐宋禪籍俗語的構成數據統計表（二）

俗語來源	數據統計		
	詞　量	佔禪籍俗語總詞量的百分比	佔禪籍沿用已有俗語詞量的百分比
世俗文獻	222	9.1%	85.1%
佛教典籍	39	1.6%	14.9%

從詞量及所佔禪籍俗語總詞量的百分比來看：在唐宋禪籍俗語中，沿用已有俗語的數量佔總俗語數量的 10.7%，其餘近 90% 的俗語爲禪門新創俗語，唐宋禪籍俗語在繼承歷史的同時以新創爲主。

從所佔禪籍沿用已有俗語詞量的百分比來看：五類俗語來源中，源自諸子雜著的俗語數量最多，達到了沿用已有俗語詞量的 31.8%；儒家經典和詩詞歌賦次之，都接近 20%；史傳文學和佛教典籍相近，但仍以源自佛教典籍的俗語爲最少，只佔約 15%。我們對上述五種俗語來源又作了重新分類，分爲世俗文獻和佛教典籍兩類，261 條俗語中有 222 條來自世俗文獻，佔比達 85％，而源自佛教典籍的俗語僅佔近 15％。從禪籍俗語來源的分佈可以明顯看出，禪宗是佛教中國化的產物，禪宗的語言更是充滿了中國本土化的特點。禪籍俗語與佛教在語言上的聯繫并不緊密，而更多受到漢語文獻的影響。禪籍俗語不只反映佛教文化，更多地反映了漢民族的歷史文化。世俗文獻來源廣泛，內容龐雜，禪籍俗語從中汲取了大量語言精華，并逐漸灌注了禪門宗教意義，凝固爲禪宗語言。

任何一種語言的共時系統中都可以看到歷時的沉澱，"一層疊一層的語言狀態可以透視語言發展的一些重要綫索"[1]。在漢語史詞彙研究中，這方面已經取得了一定的研究成果。不少學者對漢文佛經文獻中的中土詞語歷時來源進行了深入研究，如俞理明（2004）發現，在《破僧事》所反映的中土詞語的歷時來源的表現中，"各時代所產生新詞語在後代文獻中的保留，似乎與時間的推移有著更多的關係"[2]。

具體到唐宋禪籍俗語，我們劃分出以下歷史階段進行考察：沿用先秦時代的俗語、沿用兩漢時代的俗語、沿用魏晉南北朝時代的俗語、沿用隋唐時代的俗語、沿用宋代的俗語[3]（表 3－3）。

表 3－3　唐宋禪籍俗語的歷史來源數據統計表

俗語來源	數據統計		
	詞　量	佔禪籍俗語 總詞量的百分比	佔禪籍沿用已有 俗語詞量的百分比
源自先秦時代的俗語	87	3.6％	33.3％
源自兩漢時代的俗語	43	1.8％	16.5％
源自魏晉南北朝時代的俗語	46	1.9％	17.6％
源自隋唐時代的俗語	77	3.2％	29.5％
源自宋代的俗語	8	0.3％	3.1％
合　計	261	10.7％	100％

從表 3－3 的數據統計可以看出：

---

[1]　徐通鏘：《歷史語言學》，商務印書館，1991 年，第 42 頁。

[2]　俞理明：《共時材料中的歷時分析——從〈根本說一切有部毘奈耶破僧事〉看漢語詞彙的發展》，《四川大學學報（哲學社會科學版）》，2004 年第 5 期。

[3]　考察唐宋禪籍俗語的歷史來源時，我們將禪宗文獻排除在外，只統計各時代的世俗文獻和佛教非禪宗文獻。

先秦文獻中的俗語是唐宋禪籍俗語的重要歷史來源，俗語數量（即詞量）佔到了沿用已有俗語數量的三分之一（33.3％）；在禪籍俗語總量中的佔比也較其他歷史時期高，達到 3.6％。不僅僅是單音節、多音節詞語，先秦俗語在漢語語彙系統中也起著基礎性作用。流傳下來的先秦俗語不但在數量上佔優勢，生命力也強，從先秦一直沿用至唐宋，并由世俗文獻滲透到佛教禪宗典籍，部分俗語經過了禪宗的宗教化改造，被賦予了宗門意義。

隋唐時代文獻中的俗語也是唐宋禪籍俗語的重要歷史來源，佔俗語總詞量的 3.2％，佔沿用已有俗語詞量的 29.5％。從歷史時間的角度看，隋唐距離禪籍大量撰寫的時間較爲接近，其語言中的新質更容易被唐宋禪籍吸收和利用。而宋代與禪籍大量撰寫的時間基本重疊，世俗文獻及漢文佛典中的新質成分尚未滲透到禪宗語言中，所以源自宋代文獻的現成俗語在唐宋禪籍俗語中反而佔比最低。時間因素在一定程度上可以影響語言的滲透與繼承。

第四節　禪籍俗語的演變

俗語是流傳於民間的通俗習慣用語，在形式和意義上具有穩定性，一般不能隨意改變。但由於俗語多創造於口頭，流傳於民間，所以在形式和意義上又難免存在變異。我們從源流的探討中對禪籍俗語的演變進行歸納。所謂"演變"，是站在歷時的角度看問題，本節主要從時間縱向的角度來分析禪籍俗語的演變，包括形式的演變和意義的演變兩個方面。我們將來源相同、意義相同，但形式上發生了變異的俗語稱爲同源異形俗語，這一類屬於形式的演變；而將來源相同、形式相同，但意義發生了變異的俗語稱爲同源異義俗語，這一類屬於語義的演變。還有部分俗語由禪籍進入世俗文獻後，形式和意義都發生了變化。本節就從形式和語義兩個方面考察禪籍俗語的演變情況。

一、俗語形式的演變

所謂同源異形俗語是指來源相同、意義相同，但形式發生了變化的俗語。新俗語產生後會逐漸替代舊有的俗語，新舊俗語也可以同時共存。這種類型的俗語演變包括三種情況：一是俗語的個別詞語被替換、增減；二是俗語的結構形式發生了變化；三是俗語的語序被顛倒。

（一）替換、增減詞語

1. 好心無好報

> 師有時上堂，良久，云："須道我好心。"學人便問："如何是和尚好心？"師云："好心無好報。"（《祖堂集》卷十二《荷玉和尚》P.544）

禪林俗語。佛教宣揚善惡因果報應，行善事可以得到善報。"好心無好報"言善心沒有得到好的回報。又作"好心不得好報"，《碧巖錄》卷六："這漢識什麼好惡，所謂好心不得好報。"該俗語後世多作"好心沒好報""好心沒有好報"。老舍《四世同堂》九四："好吧，既然好心沒好報，乾脆就殺人放火去！"張愛玲《金鎖記》："季澤望了蘭仙一眼，微笑道：'二嫂，自古好心沒有好報，誰都不承認你的情！'""好心無好報"中"無"爲否定動詞，作"沒有"講。"沒"在唐代開始用作"有"的否定，仍爲動詞。唐白居易《浪淘沙》："誰道小郎抛小婦，船頭一去沒回期。"唐皮日休《奉和魯望看壓新醅》："酒德有神多客頌，醉鄉無貨沒人爭。"宋元"沒有"作爲一個偏正詞組連用，并逐漸凝合爲一個否定副詞。俗語演變中，晚起的否定動詞"沒"及偏正詞組"沒有"替換了產生於上古漢語時期的否定動詞"無"。漢語詞彙的發展演變直接反映在俗語的選詞用詞上。

2. 泥豬疥狗

> 曰："如何是村裏佛？"師曰："泥豬疥狗。"（《五燈會元》卷十二《大潙慕喆禪師》P.757）

禪籍成語。比喻粗俗低賤的事物或人。後世沿用該成語，元馬致遠《馬丹陽三度任風子》第二折〔煞尾〕："再誰想泥豬疥狗生涯苦，玉兔金烏死限拘。"又改作"泥豬瓦狗"，清文康《兒女英雄傳》第五回："見個敗類，縱然勢焰燻天，他看著也同泥豬瓦狗；遇見正人，任是貧寒求乞，他愛的也同威鳳祥麟。""泥豬癩狗"，《紅樓夢》第七回："（寶玉）癡了半日，自己心中又起了個呆想，乃自思道：'天下竟有這等的人物！如今看了，我竟成了泥豬癩狗了！'"

3. 人逢好事精神爽

上堂："無生國裏，未時安居。萬仞崖頭，豈容駐足？且望空撒手，直下翻身一句作麼生道？人逢好事精神爽，入火真金色轉鮮。"（《五燈會元》卷十九《天封覺禪師》P.1297）

禪籍俗語。本作"人逢好事精神爽"，謂人遇到喜慶高興的事情就會精神振奮、心情愉快。近代漢語中多將"好事"改爲"喜事"。《西遊記》第三十五回："獨自個坐在洞中，蹋伏在那石案之上，將寶劍斜倚案邊，把扇子插於肩後，昏昏默默睡著了。這正是'人逢喜事精神爽，悶上心來瞌睡多。'"明馮夢龍《醒世恒言》第八卷："劉璞見妻子美貌非常，甚是快樂。真個是人逢喜事精神爽，那病平去了幾分。"

4. 拋却甜桃樹，尋山摘醋梨

上堂："汝等諸人與麼上來，大似拋却甜桃樹，尋山摘醋梨。大凡行脚人，十二時中也須管帶些子始得。豈可只與麼隨行逐隊，虛生浪死！看他先聖百般不奈何了，向人道：'我今爲汝保任此事，終不虛也。'你等諸人還信麼？直饒向這裏信得及，也是聽事不真，喚鐘作甕。"以拂子擊禪床，下座。[《古尊宿語録》卷四十《云峰（文）悅禪師初住翠巖語録》P.755]

禪門俗語。自家有甜桃，卻向外摘取酸梨。禪宗暗喻不識自家佛心，卻要向外尋求，反而迷失本心。《金瓶梅詞話》第三十八回："（這婦人）一徑把那琵琶兒放得高高的，口中又唱道：'論殺人好恕，情理難饒，負心的天鑒表！心癢痛難搔，愁懷悶自焦。讓了甜桃，去尋酸棗。'"比喻不識自家珍寶，盲目向外尋求。俗語句式結構不變，改換其中成分。

5. 路遙知馬力，歲久見人心

上堂，舉興化問克賓維那："汝不久爲唱道之師？"克賓云："我不入這保社。"化云："你會了不入，不會了不入？"克賓云："我總不恁麼。"化便打。遂罰錢五貫，設餬飯了，趁出院。後來却法嗣興化。師云："還會麼？路遙知馬力，歲久見人心。"以拂子擊禪床，下座。（《古尊宿語録》卷四十《後住云峰語録》P.761）

民間諺語。路途遙遠才知道馬的強弱，相處的時間長久才知道人心的善

惡。形容時間可以考量人的能力和情感。禪籍中作"路遙知馬力，歲久見
人心"，後世作"路遙知馬力，日久見人心"，將"歲"替換成"日"。
"歲"和"日"都可以用來表示時間，屬於同類詞替換。如元無名氏《爭
報恩》一折："〔徐寧云〕便是印板兒也似印在我這心上，則願得姐姐長命
富貴。若有些兒好歹，我少不得報答姐姐之恩。可不道路遙知馬力，日久
見人心。"也作"路遙知馬力，義重識交情"，重新構造後半句。明袁于令
《西樓記》第三七齣："〔生作乘馬介〕請了。路遙知馬力。〔小生〕義重
識交情。"還有單作"日久見人心"，省去前半句。《西遊記》第二十六回：
"行者道：'日久見人心。前日老孫只偷了三個，那一個落下地來，土地說
這寶遇土而入，八戒只嚷我打了偏手，故走了風信，只纏到如今，才見
明白。'"

6. 快人一言，快馬一鞭

　　示眾云："快人一言，快馬一鞭。有事何不出頭來？無事各自珍
重。"（《聯燈會要》卷五《袁州南源道明禪師》X79，p0049a15）

　　上堂："快人一言，快馬一鞭。若更眼睛定動，未免紙裹麻纏。
腳下是地，頭上是天。不信但看八九月，紛紛黃葉滿山川。"（《嘉泰
普燈錄》卷五《建康府蔣山佛慧法泉禪師》X79，p0308c17）

禪門慣用語。語出宋釋道原《景德傳燈錄》卷六《袁州南源道明禪師》：
"快馬一鞭，快人一言。有事何不出頭來，無事各自珍重。"爽快的人一句
話就能說通，健壯的馬抽打一鞭就能飛奔。形容說話做事爽快，乾脆俐
落。後世沿用，將"快人"替換爲"君子"。《彭公案》第一八三回："我
帶你去見彭大人去。君子一言，快馬一鞭，如白染皂。"《三俠劍》第七
回："如果我勝不了大漢的雙錘，咱們是君子一言，快馬一鞭。"

7. 落華有意隨流水，流水無情戀落華

　　上堂："見見之時，見非是見。見猶離見，見不能及。落華有意
隨流水，流水無情戀落華。諸可還者，自然非汝，不汝還者，非汝而
誰。長恨春歸無覓處，不知轉入此中來。"（《嘉泰普燈錄》卷十六
《溫州龍翔竹庵士珪禪師》X79，p0390a18）

禪門慣用語。比喻一方有意，一方無情。世俗文獻作"落花有意隨流水，
流水無心戀落花"。元柯丹邱《荊釵記》第四十三齣《執柯》："（淨）性執

心迷見識差，（生）婚姻不就且回家。（淨）落花有意隨流水，（生）流水
無心戀落花。”元蕭德祥《小孫屠》第十齣：“（旦吊場白）落花有意隨流
水，流水無心戀落花。梅香，我當初指望共它同行同坐，一步不離。誰知
今日，隨風倒，飄然而去。空使鴛衾閑半壁，何日是歸期？”後又減省作
“落花有意，流水無情”。《醒世恒言》第三卷：“那朱十老家有個侍女，叫
做蘭花，年已二十之外，有心看上了朱小官人，幾遍的倒下鉤子去勾搭
他。誰知朱重是個老實人，又且蘭花齷齪醜陋，朱重也看不上眼，以此落
花有意，流水無情。”

8. 早知今日事，悔不慎当初

> 問：“盡力跳不出時如何？”師云：“愁人莫向愁人說。”僧曰：
> “早知今日事，悔不慎當初。”師云：“說向愁人愁殺人。”（《建中靖國
> 續燈錄》卷二十《湖州上方日益禪師》X78，p0769a21）

禪門慣用語。早知道是這樣的結果，當初就不應該那樣做。形容追悔莫
及。禪籍中有同義俗語“早知如是，悔不如是”。後世沿用，減省作“早
知今日悔當初”，元高明《琵琶記》第三二齣：“淚眼滴如珠，愁事縈如
織。早知今日悔當初，何似休明白。”又作“早知今日，悔不當初”，元柯
丹邱《荊釵記》第二四齣“大逼”：“孩兒，早知今日，悔不當初。早依我
說，不見如此。”還將否定詞“不”替換爲“莫”。《水滸傳》第四一回：
“你那賊驢，怕你不死！你這廝早知今日，悔莫當初。”又作“既有今日，
何必當初”，《紅樓夢》第二八回：“寶玉笑道：‘兩句話，說了你聽不聽？’
黛玉聽說，回頭就走。寶玉在身後面歎道：‘既有今日，何必當初！’”

9. 風不來，樹不動

> 師又云：“言無展事，語不投機，承言者喪，滯句者迷。不說不
> 默，又成惑亂。且作麼生辨得邪正去？若是同道，可希洞鑒。然雖如
> 是，風不來，樹不動。”（《天聖廣燈錄》卷十九《韶州長樂政禪師》
> X78，p0514b12）

禪門諺語。比喻某種現象的發生一定有其必然條件。後世沿用，將諺語的
內容作了擴展。《水滸全傳》第二〇回：“那張三見這婆惜有意以目送情，
等宋江起身淨手，倒把言語來嘲惹張三。常言道：‘風不來，樹不動；船
不搖，水不渾。’”比喻事出有因。

這一類俗語的演變，包括同、近義詞的替換，或同類詞的更替，還包括俗語句子的增減，要麼省去前後對偶句中的一句，要麼為滿足漢語對稱表達的習慣，在單句前、後增添與之對稱的一句。演變後的俗語更加符合使用者所處時代的語言習慣。

（二）變換結構

1. 驢唇馬嘴

上堂："⋯⋯驢唇馬嘴，誇我解問十轉五轉話。饒你從朝問到夜，論劫恁麼，還曾夢見麼?"（《五燈會元》卷十五《雲門文偃禪師》P.925）

禪門成語。把驢唇按到馬嘴上，比喻胡言亂語，瞎說八道。源自《景德傳燈錄》卷十九《韶州雲門山文偃禪師》："或時云：'見成公案自餘之輩合作麼生，若是一般掠虛漢，食人涎唾記得一堆。一擔骨董到處逞。驢唇馬嘴，誇我解問十轉五轉話。'"禪籍成語本為並列結構，後世增添語詞作慣用語"驢唇不對馬嘴"，構成主謂結構。清文康《兒女英雄傳》第二十五回："一段話，說了個亂糟糟，驢唇不對馬嘴，更來的不著要，把個褚大娘子急得搓手，忙攔他說：'你老人家不要著急，這可是急不來的事，事款則圓。'"又作"驢唇對不著馬嘴"，清西周生《醒世姻緣傳》第十八回："那楊古月再沒二話，按住那個'十全大補湯'的陳方，一帖藥吃將下去，不特驢唇對不著馬嘴，且是無益而反害之。""牛頭不對馬嘴"，明馮夢龍《警世通言》第十一卷："蘇雨道：'我是蘇爺的嫡親兄弟，特地從涿州家鄉而來。'皂隸兜臉打一啐，罵道：'見鬼，大爺自姓高，是江西人，牛頭不對馬嘴。'"又對部分構語成分進行了替換，作"驢頭不對馬嘴"，見清吳敬梓《儒林外史》五二回："陳正公聽了這些話，驢頭不對馬嘴，急了一身的臭汗。""驢唇不對馬口"，清石玉昆《七俠五義》九四回："稍一疏神，便說的驢唇不對馬口，哪還有什麼趣味呢? 編書的用心最苦，手裏寫著這邊，眼光卻注著下文。"

2. 不經一事，不長一智

公云："肇有四部還是否?"云："是。"公將茶盞，撲破云："者箇四還不還?"僧無語。代云："不經一事，不長一智。"（《虛堂和尚語錄》卷六 T47，p1026a26）

禪林諺語。禪宗以此強調實踐的重要性，在實踐中參禪悟道。俗語進入世俗作"經一事，長一智"，宋趙長卿《賀新郎》詞："不是我多疑你。被傍人，賺後失圓。經一事，長一智。""因一事，長一智"，宋張載《張載集·經學理窟·氣質》："大率因一事長一智，只爲持得術博，凡物常不能出博大之中。"俗語由最初的否定形式變爲了肯定形式。

3. 笑翁面裏常有刀

> 新命長老虛堂禪師，胸襟丘壑，足跡江湖。<u>笑翁面裏常有刀</u>，豈容藏峰斂鍔。(《虛堂和尚語錄》卷八 T47，p1041a11)

指有的人表面十分和善但内心卻陰險惡毒。唐舒元輿《坊州按獄》詩："氓苦稅外緡，吏憂笑中刀。"唐白居易《天可度》詩："君不見李義府之輩笑欣欣，笑中有刀潛殺人。"《舊唐書·李義府傳》："……故時人言義府笑中有刀。"唐時已有三字格的慣用語"笑中刀"和四字格成語"笑中有刀"，後世多改作"笑裏藏刀"，在禪籍中又被擴展爲成句的慣用語"笑翁面裏常有刀"。元吳弘道《梅花引》套曲："不做美相知每早使伎倆，左右攔障，笑裏藏刀，雪上加霜。"明萬民英《三命通會》卷三《論暗金的煞》："形容紅白，巧言令色，笑裏藏刀。"《水滸傳》第十九回："林沖道：'這是笑裏藏刀，言清行濁的人！我其實今日放他不過！'"

俗語形式的演變包括詞組與句子間的凝縮、擴展，單句與複句間的轉變，肯定句與否定句間的變換，不同俗語類型間的轉換等。

（三）顛倒語序

1. 快馬一鞭，快人一言

> 袁州南源道明禪師，上堂："<u>快馬一鞭</u>，<u>快人一言</u>。有事何不出頭來，無事各自珍重！"僧問："一言作麼生？"師乃吐舌云："待我有廣長舌相，即向汝道。"(《五燈會元》卷三《南源道明禪師》P.161)

語出宋釋道原《景德傳燈錄》卷六《袁州南源道明禪師》："上堂云：'快馬一鞭，快人一言。有事何不出頭來，無事各自珍重。'"謂爽快的人一句話就能說通，健壯的馬抽打一鞭就能飛奔。形容說話做事爽快，乾脆利落。到了明代演變爲"君子一言，快馬一鞭"。《金瓶梅詞話》第五十五回："伴當回話，苗員外才曉的，卻不道君子一言，快馬一鞭。不送去也黑，不和我合著氣，只後邊說不的話了。"清范寅《越諺》卷上記錄有

"君子一言，快马一鞭。"語序顛倒，將強調的主體"人"放到了前面，同時將"快人"替換成了"君子"，在形式和文化背景上更符合當時人們的表達習慣。也有用作"好漢一言，快馬一鞭""君子一言，馴馬難追""君子一言，快馬難追"等。

2. 差之毫釐，失之千里

> 師云："有甚了期？"復云："問話且止，言多道遠。然則通人分上，無可不可。……官也私也，僧也俗也，智也愚也，凡也聖也，天也地也，悟則事同一家，迷乃萬別千差。差之毫釐，失之千里。"（《古尊宿語錄》卷四十二《住洞山語錄》X68，p0276b02）

語本漢戴德《大戴禮記》卷三："《易》曰：'正其本，萬物理。失之毫釐，差之千里。'故君子慎始也。"禪籍中作"差之毫釐，失之千里"，俗語的語序被重新組合。

二、俗語語義的演變

俗語主要產生并流傳於民間，而禪宗又是中國本土化程度最深的教派，禪籍俗語和民間俗語之間關係密切，相互交流，許多來自民間的俗語進入禪籍後意義被禪化，同時，禪籍中創造的俗語進入民間，意義也被世俗化。於是在禪籍中出現了通用俗語的禪化，在禪籍之外出現了禪宗俗語的世俗化。

（一）禪籍俗語意義的世俗化演變

禪宗創造的禪語在進入世俗文獻後意義發生了變化，原有的宗教意義被淡化甚至被消除，取而代之的是充滿生活氣息、淳樸平易的通俗義，禪籍俗語語義表現出世俗化的傾向。

1. 迴光返照

> 言證理成佛者，知識言下迴光返照自己心原本無一物，便是成佛，不從萬行漸漸而證，故云證理成佛。（《祖堂集》卷二十《五冠山瑞雲寺和尚》P. 881）

禪門語。禪家比喻收回向外尋求的眼光，回歸清净本心。"光"指智光或心光，"返照"即反觀，自省。世俗沿用，比喻自我省察，自我反省。《朱子語類》卷一二一《朱子·訓門人》："夜來諸公聞話至二更，如何如此？

相聚不回光反照作自己工夫，却要閑説！"《張協狀元》第十二齣："（末白）回光返照歇子。（叫）娘子，這是甚人？"此處指讓小二自我反省一下，配不配娶貧女。

2. 殺人不眨眼

> 問："如何是大善知識？"師曰："殺人不眨眼。"曰："既是大善知識，爲甚麼殺人不眨眼？"師曰："塵埃影裏不拂袖，盡戟門前磨寸金。"（《五燈會元》卷十一《風穴延沼禪師》P. 676）

禪門慣用語。源自佛經，在禪籍中喻指禪師接引僧徒時機鋒峻烈，言語道斷，鐵石心腸，不放一綫，如悍匪殺人不眨眼睛。俗語進入世俗文獻，取字面義，謂殺人時連眼睛都不眨一下，形容殺人成性，凶殘狠毒。《水滸傳》第四十三回："李逵雖是個殺人不眨眼的魔君，聽的説了這話，自肚裏尋思道：'我特地歸家來取娘，倒殺了一個養娘的人，天地也不佑我。罷罷，我饒了你這廝性命！'"

3. 冤有頭，債有主

> 上堂眾集定，喝一喝曰："冤有頭，債有主。珍重！"（《五燈會元》卷十六《雙峰宗達禪師》P. 1081）

禪門慣用語。原本指找準目標對機勘驗。《五燈會元》卷二十《劍門安分庵主》："卓拄杖一下曰：'冤有頭，債有主。'遂左右顧視曰：'自出洞來無敵手，得饒人處且饒人。'"後世沿用該俗語，謂報仇、討債要找冤家、債主，不要累及他人。元施惠《幽閨記》第七齣："俺和你魚水無交。冤有頭，債有主，教你一個來時一個死，兩個來時兩個亡。"《西遊記》第五十六回："他姓孫，我姓陳，各居異姓。冤有頭，債有主，切莫告我取經僧人。"《金瓶梅詞話》第十七回："吳月娘見他每日在房中愁眉不展，面帶憂容，便説道：'他陳家那邊爲事，各人冤有頭，債有主，你平白焦愁此甚么？'"清范寅《越諺》卷上："冤有家，債有主。"

4. 灰頭土面

> 問："如何是塵中弟子？"師曰："灰頭土面。"（《五燈會元》卷十三《歸宗懷惲禪師》P. 825）

> 僧問："牛頭未見四祖時如何？"師曰："京三卞四。"曰："見後

如何？"師曰："<u>灰頭土面</u>。"(《五燈會元》卷十七《泐潭善清禪師》
P. 1134)

禪門俗成語。大乘佛教要求僧徒在修行有所成後，還要大發慈悲心，返
回塵世中去救度眾生。灰頭土面比喻菩薩爲化度眾生而隨機應現各種混
同凡俗的化身。後用來形容人面孔污濁。意義發生了變化，世俗取其字
面意義。宋葛長庚《菊花新》詞："灰頭土面、千河水。把我如何洗。
縱便有鉄衣，已失眉峰翠。"或引申指晦氣相。如《醒世姻緣傳》第十
四回："晁大舍送了珍哥到監，自己討了保，灰頭土臉，癩狼渴疾，走
到家中。"

5. 雪上加霜

一日，潭普說曰："諸人苦苦就準上座覓佛法。"遂拊膝曰："會
麼？<u>雪上加霜</u>。"(《五燈會元》卷十八《雲巖天遊禪師》P. 1102)

禪籍俗成語。比喻多此一舉。禪師用來批評僧徒習佛之法不得當，做了多
餘無用之功。類似的俗語還有"土上加泥""頭上安頭""矢上加尖"。宋
代典籍中，"雪上加霜"引申出"冷上加冷"和"本已不如意，又添上了
不如意"的意思。如宋曹勛《有感》詩："百拙無能性又昏，欲將昏拙去
求真。新來又更添些懶，雪上加霜笑殺人。"現在"雪上加霜"有"苦上
加苦"的意思，就是從"不如意"這個意思演化而來的。元代，"雪上加
霜"的意義改變，形容難上加難。如武漢臣《玉壺春》第二折〔牧羊關〕：
"多管是人遭遇，料應來無對當，走將來凍剝剝雪上加霜。"

6. 啞子得夢——與誰說

<u>啞子得夢與誰說</u>，起來相對眼麻迷。已向人前輪肺腑，從教他自
覺便宜。(《古尊宿語錄》卷四十七《東林和尚雲門庵主頌古》X68，
p0322b21)

本爲禪門歇後語。禪宗主張求道學法都要靠自心領悟，不能借助語言文字
來解說，"啞子得夢與誰說"形容自證自悟的禪悟境界無法用語言言說出
來。世俗借用，比喻內心明白，但無法表達出來的痛苦情形。宋蘇軾《雜
纂二續》有"啞子做夢——說不得"。元鄭廷玉《後庭花》第四折："真個
是啞子做夢說不的，落可便悶的人心碎。"

7. 頭頭是道

> 上堂云："一句全提千差並會。一華開現萬福來臻，往復無間而有源。動靜不移而常寂，處處是佛，頭頭是道。"（《圓悟佛果禪師語錄》卷五 T47，p0733c05）

禪門俗成語。佛教指到處都是道，道無處不在。"頭頭是道"形容一種開悟後的境界：心境融合，内外一如，乃至吃飯穿衣、擔柴挑水、一舉一動都與妙道契合。《續傳燈錄》卷二十六《慧力洞源禪師》："頭頭皆是道，法法本圓成。"詩家亦用此語形容詩歌通靈入妙的"化境"。宋嚴羽《滄浪詩話·詩法》指出，學詩有"三節"功夫，"及其透徹，則七縱八横，信手拈來，頭頭是道矣"。後來意義發生了變化，形容説話非常有邏輯，條理清楚，絲毫没有紊亂。明李漁《閒情偶寄·詞曲部·科諢》："如機鋒鋭利，一往而前，所謂信手拈業，頭頭是道，則從此折做起，不則姑缺首篇，以俟終場補入。"清沈復《浮生六記》卷一："其癖好與餘同，且能察眼意，懂眉語，一舉一動，示之以色，無不頭頭是道。"

8. 官不容針，私通車馬

> 曰："若無諸聖眼，爭鑒得個不恁麼？"師曰："官不容針，私通車馬。"（《五燈會元》卷十三《曹山本寂禪師》P.790）

禪門慣用語。禪宗喻指禪師在接引教化僧徒時可以在不得已時，採取變通的教化方式。禪籍中同義俗語有"官不容針通一綫"，簡省爲成語"官不容針"。世俗沿用，元無名氏《張協狀元》第三十五齣："（生出白）官不容針，私通車馬。教你莫去胡亂放人入來，又放婦女入廳堂。"《警世通言》卷三十六："問那假的趙知縣，一一對答，如趙再理所言，並無差誤。大尹一發決斷不下。那假的趙知縣歸家，把金珠送與推款司。自古'官不容針，私通車馬'。"形容法律嚴密，不容絲毫含糊，但私下人情卻可以通融。

9. 鬼趣裏作活計

> 當陽出身處何不發明取，便隨他向五蘊身田中鬼趣裏作活計。（《景德傳燈錄》卷十八《福州玄沙宗一大師》T51，p0345b12）

禪門慣用語。鬼趣，比喻邪門歪道，禪門喻指煩惱業障叢生的凡俗世界。

"鬼趣裏作活計"，禪家比喻落入情識意念，虛妄作爲之中。禪籍中又作
"鬼窟裏作活計""鬼窟作活計""山鬼窟裡作活計"。後世沿用，形容語言
出人意料，如鬼斧神工，不與眾同。《柳如是別傳》第四章："予嘗妄謂自
宋以來，學杜詩者，莫不善於黃魯直。評杜詩者，莫不善於劉辰翁。弘正
之學杜者，生吞活剥，以尋撦爲家當，此魯直之隔日瘧也。其黠者又反唇
於西江矣。近日之評杜者，鉤深抉異，以鬼窟爲活計，此辰翁之牙後
慧也。"

10. 張三李四

　　師有時上堂云："夫學道先須弁得自己宗旨，方可臨機免失。只
　如鋒芒未兆已前，都無是個非個。瞥爾暫起見聞，便有張三李四，胡
　來漢去，四姓雜居，各親其親，相參是非互起，致使玄關固閉，識鎖
　難開，疑網籠牢，智刀方剪。"（《祖堂集》卷九《落浦和尚》P. 411）

　　祖一日室中，舉："釋迦彌勒是他奴，他是阿誰。他下轉語道：
　'烏張三黑李四'。'五祖然之。"（《虛堂和尚語錄》卷四 T47，
　p1016c15）

禪門俗成語。喻指沒有開悟的俗家人。禪籍中又作慣用語"胡張三，黑李
四""黃張三，黑李四""烏張三，黑李四"。世俗文獻用來泛指某人或某
些人。《朱子語類》卷六六："那自是説這道理如此，又何曾有甚麼人對甚
麼人説，有甚張三李四？"元無名氏《神奴兒大鬧開封府》第二折："〔四
塊玉〕一壁廂説與廂長，一壁廂報與坊正，恨不的翻過那物穰人稠卧牛
城，（做叫云）街衢巷陌，張三李四，趙大王二。"《二刻拍案驚奇》卷三
十九："三字的賊人。却是沒個姓名，知是張三李四？拿著那個才肯
認帳？"

11. 如貧得寶，似暗得燈

　　偶至餘杭，得獲是本，如貧得寶，似暗得燈。（《臨濟錄·林泉老
　人序》T47，p0495a17）

禪門慣用語。在貧窮時獲得珍寶，在黑暗中得到燈火。禪宗喻指在蒙昧無
知時得到了禪師的接引點撥，對禪旨佛理有所領悟。後世俗文獻沿用，比
喻在困難之時獲得意外之物，使情況發生轉變。《警世通言》卷九："天子
一見李白，如貧得寶，如暗得燈，如飢得食，如旱得雲，開金口，動玉

音，道：'今有番國齎書，無人能曉，特宣卿至，爲朕分憂。'"

12. 殺人不用刀

> 問："如何是衲僧口？"師曰："殺人不用刀。"（《建中靖國許續燈
> 錄》卷十三《虔州廉泉禪院曇秀禪師》X78，p0724b14）

禪門慣用語。禪宗要斬斷僧徒的世俗妄想，斷除其情塵欲累，使得其獲
得開悟，並非要利用殺人之刀，通過各種教化方式也可以斬殺學人的凡
俗之念。俗語形容禪師教化學人手段高妙。世俗沿用該語，但意義發生
改變。《三俠劍》第六回："銀龍看此酒杯外面是錫的，比銀子還白，裏
面可是景泰藍的，此物乃北京所造，但是酒在裏面看不出清濁。銀龍心
中暗想：'景泰藍的酒杯裏，倘酒內若有毒物，殺人不用刀。'"此處只
用字面義。

13. 相識滿天下，知心能幾人

> 師巡堂後到廚下，雪峰曰："我尋常向師僧曰：'是什摩？'未有
> 人對。阿你作摩生？"師對曰："放某甲過，亦有商量。"峰云："放你
> 過，作摩商量？"對曰："某甲亦放和尚過。"雪峰曰："相識滿天下，
> 知心能歲（幾）人。"（《祖堂集》卷十《長生和尚》P. 463）

禪門慣用語。禪宗比喻修禪習佛的人很多，但真正領悟禪旨佛理者很少。
後世沿用，取俗語的字面義，認識的人很多，但是能成爲知心朋友的卻非
常少。元劉唐卿《白兔記》第二齣"訪友"："晚來風雪滿乾坤，四野人家
盡掩門，暗想劉兄在何處？許多心事向誰論？正是相識滿天下，知心能幾
人？"元無名氏《張協狀元》第五一齣："相識滿天下，知心能幾人。梓州
郡官員，我所重者，只譚使一人。"《歧路燈》第九九回："正合了'相識
滿天下，知心有幾人'，兩人係知心舊侶，那話自相投合。"

14. 眼不見爲淨

> 上堂，舉臨濟無位真人語，乃召大眾曰："……若據當時合著得甚
> 麼語，塞斷天下人舌頭，西臺祇恁麼休去，又乃眼不見爲淨。不免出
> 一隻手，狼藉去也。"（《五燈會元》卷十六《西臺其辯禪師》P. 1051）

禪門慣用語。比喻不受外物諸相的雜染，保持清淨本心。世俗取俗語字面
義，指食物不管干淨還是骯髒，只要沒有看到製作過程，就認爲是乾淨

的。宋趙希鵠《調燮類編》卷四"蟲魚"："凡販賣蝦米及甘蔗者，每用人
溺灑之，則鮮美可愛，所謂眼不見爲淨也。"後來引申比喻對待自己不喜
歡、不想見的事物就不去看、不去想，避而遠之，求得心理的清靜。《三
寶太監西洋記》第八回："眾妖精依舊是這等撚訣，依舊是這等弄耳。一
會兒沒有了這雙手。長老道：'好，沒有手省得搰。"一會兒沒有一雙眼。
長老道："好，眼不見爲淨。'"

15. 斬得釘，截得鐵

> 婺州智者法銓禪師，上堂："要扣玄關，須是有節操，極慷慨，
> 斬得釘，截得鐵，硬剝剝地漢始得。若是慳刀避箭，碌碌之徒看即有
> 分。"（《五燈會元》卷十六《智者法銓禪師》P. 1090）

禪籍慣用語。喻指斬斷煩惱，斷離俗念。與"拖泥帶水"相對。禪籍中多
作成語"斬釘截鐵""截鐵斬釘"。《祖堂集》卷十二《黃龍和尚》："師又
時云：'諸和尚子，君王之劍，烈士之刀。若是君王之劍，不傷萬類。烈
士之刀，斬釘截鐵，用則不無，不得佩著。爲什摩故？忠言不避截舌，利
刀則血濺梵天。'"世俗文獻形容說話行事乾脆利索，果斷堅決。《朱子語
類》卷五一《孟子一·梁惠王》："看來，惟是孟子說得斬釘截鐵。"部分
構語成分的語義發生了變化，"斬"和"截"由斬斷、斷除義，轉而表示
堅定、果斷。

16. 家醜不可外揚

> 雖然家醜不可外揚，也要諸方眼目定動。（《大慧普覺禪師語錄》
> 卷十二《雪峰空長老求贊》T47，p0862b08）

諺語。禪籍中"家醜"被隱喻表示不可言說的開悟境界，禪宗認爲佛法禪
悟具有"第一性"，而第一性正是無法用語言文字表述出來的，所以用
"家醜不可外揚"隱喻高妙的禪悟境界只能自心領悟，而無法用語言表達
出來。後世沿用，取俗語的字面義，指家中不光彩或隱私的事情不能對外
宣揚，反映了人們謙虛或避短的心理。元無名氏《爭報恩》第二折："你
的大夫人是你兒女夫妻，豈有此理？便好道家醜不外揚，相公自己斷了
罷。"《警世通言》卷六："欲要訟之於官，爭奈家醜不可外揚，故爾
中止。"

17. 家賊難防備

七處征心款便成，推窮尋逐按分明，都緣家賊難防備，撥亂乾坤
見太平。（《禪宗頌古聯珠通集》卷四 X65，p0497a23）

禪門諺語。佛教以色、聲、香等"六塵"爲"外六賊"，以眼、耳、鼻等
"六根"爲"内六賊"。家賊即指内六賊而言，謂六根的貪欲。六根以其内
在的貪欲，追逐聲色等塵染，劫掠人本性中的善法，故稱"家賊難防備"。
禪家喻指自心中產生邪僻不正的想法，擾亂心智，難以參禪習佛。世俗借
用，取俗語的字面意義，謂家中有人做賊，下手容易，防不勝防。清李漁
《凰求鳳·悟奸》："這等看起來，真個是家賊難防，連星相醫卜的話都是
他教導的了？"禪籍中有成語"家賊難防"。

18. 六耳不同謀

洪州泐潭法會禪師問馬祖："如何是西來祖師意？"祖曰："低聲
近前來。"師便近前。祖打一摑云："六耳不同謀。"（《景德傳燈録》
卷六《洪州泐潭法會禪師》T51，p0248a08）

禪門諺語。六耳，指三人。禪宗傳道強調以心傳心，兩人授法時不能當著
第三者的面。後世俗文獻中作"六耳不通謀"，謂不能當著第三個人的面
商議秘密的事情。元無名氏《謝金吾》楔子："〔王樞密云〕此事只好我和
你知，休要瀉漏者。〔謝金吾云〕我好不乖哩，要你分付。〔王樞密唱〕這
的是六耳不通謀。"又作"三人誤大事，六耳不通謀"，元關漢卿《蝴蝶
夢》第二折："百般的拷打難分訴，豈不聞'三人誤大事，六耳不通謀'！"

19. 路見不平，拔劍相爲

召大眾曰："著力。著力。"復曰："苦哉。苦哉。育王被人推倒
了也，還有路見不平，拔劍相爲底麼？若無，山僧不免自倒自起。"
（《五燈會元》卷十八《慶元府育王無示介諶禪師》P. 1213）

禪門諺語。禪宗喻指高僧大德引導僧徒開悟。後世沿用，作"路見不平，
拔刀相助"，取字面義比喻遇到不公平的事，挺身而出，見義勇爲。元馬
致遠《西華山陳摶高臥》第一折："每縱酒，路見不平，拔刀相助，頗生
事端。"《警世通言》卷二十一："專好結交天下豪傑，任俠任氣，路見不
平，拔刀相助，是個管閒事的祖宗，撞沒頭禍的太歲。"

20. 兔子不吃窠邊草

從上宗門事，直是少時輩。<u>兔子不吃窠邊草</u>，象王走入野狐隊。若是少林禪，達磨自不會。爲甚如此？苦瓠苦連根，甜菰甜徹蒂。（《續古尊宿語要》集六 X68，p0494a11）

禪門諺語。禪宗喻指不能識得自家佛性，盲目向外尋求真如佛法。後世沿用，比喻不在自家門口或當地干壞事。《粉紅樓》三七回：“洪大哥，我不是來追趕你的。自古道：‘兔兒不吃窩邊草。’”

21. 白玉無瑕

問：“不曾博覽空王教，略借玄機試道看。”師曰：“<u>白玉無瑕</u>，卞和刖足。”（《景德傳燈錄》卷十三《汝州風穴延沼禪師》T51，p0303b06）

禪門俗成語。瑕，玉石上的斑點。純白的玉石上沒有任何瑕疵斑點，潔白無瑕。禪宗以“白玉”比喻人人皆有的澄明本心。俗語謂人人皆有佛性，只要澄明本心皆可成佛。後世沿用，比喻人或事物完美無缺。元張可久《冬景》散曲：“青山失翠微，白玉無瑕玷。梨花和雨舞，柳絮帶風摟。”《兒女英雄傳》第二二回：“且莫管他日後怎樣的富貴，怎樣的功名，但是我這作女孩兒的，一條身子，便是黃金無價，一點心，便是白玉無瑕。”

22. 背明投暗

每日上堂，謂眾云：“汝等諸人，各自迴光返顧，莫記吾語。吾湣汝無始曠劫來，<u>背明投暗</u>，逐妄根深，卒難頓拔，所以假設方便，奪汝諸人塵劫來粗識，如將黃葉止啼。”（《祖堂集》卷十八《仰山和尚》P. 803）

禪門俗成語。背棄光明投奔黑暗，禪宗比喻不依循正確的悟禪之途，採用錯誤的修行方式。與“背正投邪”同義。世俗沿用，後比喻背離正道，投奔邪途。《三國演義》第三六回：“徐母厲聲曰：‘汝何虛誑之甚也！吾久聞玄德乃中山靖王之後，孝景皇帝閣下玄孫，屈身下士，恭己待人，仁聲素著，世之黃童、白叟、牧子、樵夫皆知其名：真當世之英雄也。吾兒輔之，得其主矣。汝雖託名漢相，實爲漢賊。乃反以玄德爲逆臣，欲使吾幾背明投暗，豈不自恥乎！’”世俗後又有反義成語“背暗投明”，比喻背離昏主，投向明君。元尚仲賢《單鞭奪槊》楔子：“豈不聞高鳥相良木而棲，賢臣擇明主而仕，背暗投明，古之常理也。”元尚仲賢《三奪槊》第二折：“陛下想當日背暗投明歸大唐，卻須是真棟樑。”

23. 本地風光

　　若向這裏明得，各人本地風光，本來面目，方知一大藏教五千四十八卷句句不說別事，無常迅速莫作等閒。（《大慧普覺禪師語録》卷十七 T47，p0884b1）

禪門俗成語。禪宗喻指人的本心本性，即眾生本來具備的佛性，猶“本來面目”。修禪習佛的關鍵就是要找到自己的清淨本心。後在清代小說中比喻身邊、近處有價值的人或物。《紅樓夢》第四九回：“可知我井底之蛙，成日家自說現在的這幾個人是有一無二的，誰知不必遠尋，就是本地風光，一個賽似一個，如今我又長了一層學問了。”《七俠五義》第九一回：“咱們原是魚行生理，乃是本地風光。大家以三日爲期，全要辛苦辛苦，奮勇捕了魚來，俱各交在我這裡出脫。該留下咱們吃的留下吃，該賣的賣了錢，買調和沽酒，全有我呢。”又比喻契合實際，自然質樸的文詞、思想。《詞概》：“詞貴得本地風光，張子野遊垂虹亭，作《定風波》有云：‘見說賢人聚吳分。試問。也應傍有老人星。’是時子野年八十五，而坐客皆一時名人，意確切而語自然，洵非易到。”

24. 本來面目

　　亭育問：“和尚禪決中云：‘還我本來面目。’莫是此三昧以不？”仰山云：“若是汝面目，更教我說。如石上栽花，亦如夜中樹影。”（《祖堂集》卷十八《仰山和尚》P.822）

禪門俗成語。禪宗喻指人的本心本性，即佛性。禪家強調識得本心本性即可成佛。世俗沿用，取字面義，表示人的原本面貌或事物的原本樣子。宋蘇軾《老人行》：“一任秋霜換鬢毛，本來面目常如故。”明李贄《與周友山書》《紅樓夢》第七六回：“黛玉從沒見妙玉作過詩，今見他高興如此，忙說：‘果然如此，我們的雖不好，亦可以帶好了。’妙玉道：‘如今收結，到底還該歸到本來面目上去。若只管丢了真情真事且去搜奇撿怪，一則失了咱們的閨閣面目，二則也與題目無涉了。’”

25. 鼻孔遼天

示眾云："白雲消散，紅日東升。仰面看天，低頭覷地。東西南北，一任觀光。達磨眼睛，斗量不盡。演若何曾認影，善財不往南方。衲僧鼻孔遼天，到此一時穿卻。"（《聯燈會要》十四《潭州雲蓋守智禪師》X79，p0126a19）

禪門俗成語。《祖庭事苑》卷一"鼻孔遼天"："遼。當作撩。撩取也。昂視之貌。遼。遠也。非義。"仰起頭來鼻孔朝天，比喻徹悟佛法，超然脫俗。宋祝穆《古今事文類聚後集》卷十九："佛有觀想法，鼻端觀白謂之'鼻觀'。詩句：'且令鼻觀先參'，'從他鼻孔遼天'。"亦形容高傲自大，目中無人。《大慧普覺禪師語錄》卷二十四《示遵璞禪人》："昔嘗侍圜悟老師於蔣山，與祥雲曇懿長老爲道伴。二人俱在老師處，得少爲足，點胸自許，鼻孔遼天，以謂世莫有過之者。"《緇門警訓》卷八《瀆禪師誡洗面文》："龍象高僧意不群，撩天鼻孔氣凌雲。尚嫌禪悅珍羞味，爭肯饞噇愛麵筋。"《大詞典》釋該成語引宋陸游《入蜀記》、《五燈會元》及明李贄《征途與共後語》例，其中的"鼻孔遼天"都是用來形容禪僧超然脫俗，沒有高傲自大義。現代有"鼻孔朝天"之說，形容人高傲自大。錢鍾書《圍城》一："孫太太鼻孔朝天，出冷氣道：'方先生！他下船的時候也打過牌。現在他忙著追求鮑小姐，當然分不出工夫來。'"

26. 隔靴搔癢

問："圓明湛寂非師旨，學人因底卻不明?"師曰："辨得未?"僧曰："怎麼即識性無根去也?"師曰："隔靴搔癢。"（《景德傳燈錄》卷二十二《福州康山契穩法寶大師》T51，p0384a13）

禪宗俗成語。隔著靴子撓癢，比喻對佛法禪旨的領悟不透徹，沒能領會禪機。世俗沿用，比喻說話、寫文章不貼切，沒有抓住問題的要害。宋嚴羽《滄浪詩話·詩法·九》："意貴透徹，不可隔靴搔癢；語貴脫灑，不可拖泥帶水。"《朱子語類》卷五："聖人只是識得性。百家紛紛，只是不識'性'字。揚子鶻鶻突突，荀子又所謂隔靴爬癢。"《孽海花》第三二回："議論他的，不說他文吏不知軍機，便說他鹵莽漫無佈置，實際都是隔靴搔癢的話。"禪籍中又作"隔靴抓癢""隔靴爬癢"。

27. 胡言亂語

又聞，再索掛子，今寫二落三，<u>胡言亂語</u>，楊州夜市裏，也要知用不著。(《普庵印肅禪師語録》卷二 X69，p0399a10)

禪宗喻指用語言胡亂解說佛法。後世沿用該成語，形容瞎說，胡謅。元康進之《梁山泊李逵負荊》第二折：“這廝好無禮也。與學究哥哥施禮，不與我施禮。這廝胡言亂語的，有什麼說話？”元李行甫《包待制智賺灰欄記》第四折：“可知道爲兄妹之情，兩次三番，在公廳上胡言亂語的；若不是呵，就把銅鍘來切了這個驢頭。”元陶宗儀《南村輟耕録》卷二十八：“張明善作北樂府《水仙子》譏時云：‘鋪眉苫眼早三公，裸袖揎拳享萬鍾。胡言亂語成時用，大綱來，都是烘（上聲）。說英雄誰是英雄，五眼雞岐山鳴鳳，兩頭蛇南陽臥龍，三腳貓渭水飛熊。’”

28. 火燒眉毛

問：“如何是佛？”師云：“眉目分明。”問：“如何是急切一句？”師云：“<u>火燒眉毛</u>。”(《建中靖國續燈録》卷十一《蔣山佛慧禪師》X78，p0706b15)

禪門俗成語。火燒到眉毛，比喻情勢緊急。禪宗喻指當下頓悟，容不得思考，容不得擬議，如同火燒眉毛一般緊急。後世沿用，引申比喻只顧眼前。常作歇後語。清李漁《奈何天·妒遣》：“俗語講得好：火燒眉毛，且顧眼前。”《鏡花緣》第三五回：“小弟此番揭榜雖覺孟浪，但因要救舅兄，不得已做了一個‘火燒眉毛，且顧眼前’之計，實是無可奈何。”

29. 飢餐渴飲

熱則乘涼，寒則向火。至於<u>飢餐渴飲</u>，復有何事。(《破庵祖先禪師語録》X70，p0218a09)

禪林俗成語。餓了就吃，渴了就喝，體現了禪宗提倡隨緣任運，回歸平常心的參禪法門。後進入世俗文獻，形容長途跋涉，艱辛不易。《初刻拍案驚奇》卷二一：“飢餐渴飲，夜住曉行，無路登舟。不只一日至蔡州，到個去處，天色已晚。”《喻世明言·陳從善梅嶺失渾家》：“陳巡檢騎著馬，如春乘著轎，王吉、羅童挑著書箱行李，在路少不得飢餐渴飲，夜住曉行。”

30. 看風使帆

　　上堂云："看風使帆，諸人盡知。斬釘截鐵，要在當機。且道不傷
物義一句作麼生道？"良久，云："舉頭天外看，誰是個中人。參。"
（《建中靖國續燈錄》卷十四《東京大相國寺智海禪院真如禪師》X78，
p0726c08）

禪門俗成語。比喻根據情況採取行動，隨機應變。後世沿用，語義帶有貶
義，形容缺乏主見，相機行事。清《綠野仙蹤》卷上："又有幾個罵胡監
生道：'我們鄉黨中，刻薄寡恩，再沒有出胡監生之右者。但他善會看風
使船，覺得勢頭有些不順，他便學母雞下蛋去了。'"清夏敬渠《野叟曝
言》第五十九回："水夫人慨然歎息道：'這卻虧他，煞也難得！休說奴隸
之輩，得勢則聚若蠅蚊，失勢則散若鳥獸，甚至賣主求榮者頗多！即衣冠
名教中，講說道學、誇談經濟者，少什麼看風使舵，臨危下石之人？'"又
第六十七回："店主見風使帆，看是星士行頭還說先生時運到了，此卻不
能批駁、無可懷疑。"

31. 來來往往

　　徑山從來無記憶，口吻遲鈍，無可施設，唯是瓦礫場中有一枚鐵
釘，諸人朝朝暮暮，來來往往。（《無準師範禪師語錄》卷二 X70，
p0241c23）

禪籍中為禪師批評僧徒語，形容眾人忙忙碌碌，徒勞用力。後世沿用，形
容來回奔走，禪籍中的貶義色彩被取消。《三國演義》第六三回："見軍士
盡皆披掛，分列隊伍，伏在城中，只是不出；又見民夫來來往往，搬磚運
石，相助守城。"

32. 磨磚作鏡

　　馬和尚在一處坐，讓和尚將磚去面前石上磨。馬師問："作什
麼？"師曰："磨磚作鏡。"馬師曰："磨磚豈得成鏡？"師曰："磨磚尚
不成鏡，坐禪豈得成佛也？"（《祖堂集》卷三《懷讓和尚》P.191）

禪門俗成語，源自唐代懷讓禪師接引馬祖道一，事見《景德傳燈錄》卷五
《慧能大師》："開元中，有沙門道一住傳法院，常日坐禪，師知是法器，
往問曰：'大德坐禪圖什麼？'一曰：'圖作佛。'師乃取一塼於彼庵前石上

磨。一曰：‘師作什麼？’師曰：‘磨作鏡。’一曰：‘磨塼豈得成鏡邪？’師曰：‘坐禪豈得作佛邪？’”禪宗比喻錯誤的修禪行爲。鏡，在佛教象徵澄明本心，可以照鑒萬物。磨鏡是爲了去除妄想污垢，恢復自性的光明。但修禪習佛如同磨鏡，要講求方式方法。禪宗反對拘束身心，通過苦修苦參來獲得開悟。提倡自心是佛，澄明心境，自然圓覺，頓悟成佛才是參禪修佛的宗旨。後世沿用該成語，比喻方法不對，徒勞費力，難以成功。宋陸游《仰首座求鈍庵》詩：“掘井及泉那用巧，磨磚作鏡未爲愚。”《西遊記》第八回：“試問禪關，參求無數，往往到頭虛老。磨磚作鏡，積雪爲糧，迷了幾多年少？”

33. 水中捉月

談玄說妙，譬如畫餅充飢。入聖超凡，大似飛蛾赴火。一向無事，敗種焦芽。更若馳求，<u>水中捉月</u>。(《聯燈會要》卷十六《廬州開先廣鑒英禪師》X79，p0135c07)

在水底捉月亮，禪宗喻指不識佛之本性，認虛爲實，是一種錯誤的修禪行爲。世俗沿用，比喻徒勞用力，毫無收穫。宋黃庭堅《沁園春》：“鏡裡拈花，水中捉月，覷著無由得近伊。”宋夏元鼎《沁園春·和張虛靖》：“火裡栽蓮，水中捉月，兩個人人暗去來。”元楊暹《劉行首》第三折：“恰便似沙裏淘金，石中取火，水中撈月。”“水底撈月”明王守仁《傳習錄》卷下：“若要去葭灰黍粒中求元聲，卻如水底撈月。”

34. 一了百當

令歸悟體，即一切佛一佛，一身多身，一相無相，方可<u>一了百當</u>。(《普庵印肅禪師語錄》卷二 X69，p0422b19)

禪門俗成語。知曉明了一個方面便能推知其他所有。《證道歌注》：“頓覺者非次第方便而證也，乃上根利智，一聞千悟，一了百當之人也。”世俗文獻沿用，比喻所有事物都齊備妥當。《醒世姻緣傳》第五回：“蘇劉二人走到自己監獄，脫了衣服，換上小帽兩截子，看著人掃廳房，掛畫掛燈，鋪氈結彩，遮幃屏，搭布棚，抬銅鑼鼓架子，擺桌調椅，拴桌幃，鋪坐褥：真個是‘一了百當’。”《醒世恆言·陸五漢硬留合色鞋》：“那婆子笑道：‘不是老身誇口，憑你天大樣疑難事體，經著老身，一了百當。大爺有甚事，只管分付來，包在我身上，與你完成。’”禪籍中“一了”和“百當"構成遞進關係。進入世俗文獻，成語結構變成了並列關係，"一了"和"百當"聯合表示料理完畢，處置妥當。

35. 雁過留聲

僧辭趙州。州云："有佛處不得住。"師云："換卻爾心肝五臟。""無佛處急走過。"師云："雁過留聲，三千里外逢人不得錯舉。"（《法演禪師語錄》卷中 T47，p0659a27）

禪門俗成語。比喻事物只要行動就會留下痕跡。後世沿用，比喻人走或死後留下好名聲。成語由中性語義色彩變爲褒義。元馬致遠《漢宮秋》第四折："又不是心中愛聽，大古似林風瑟瑟，岩溜泠泠。我只見山長水遠天如鏡，又生怕誤了你途程。見被你冷落了瀟湘暮景，更打動我邊塞離情，還說甚雁過留聲。"《兒女英雄傳》第三二回："我也鬧了一輩子，人過留名，雁過留聲，算是這麼件事。"

36. 勾賊破家

仰山云："和尚作麼生？"溈山云："子方知父慈。"仰山云："不然。"溈山云："子又作麼生？"仰山云："大似勾賊破家。"（《臨濟錄》T47，p0503a28）

禪門成語。禪家比喻用語言知解去解說佛法，結果污染了澄明本心，無法識得自家佛性。世俗比喻明知有害，還要堅持，產生對己不益的後果。《日知錄》卷七《茶》："宋黃庭堅《茶賦》亦曰：'寒中瘠氣，莫甚於茶。或濟之鹽，勾賊破家。'今南人往往有茶癖，而不知其害，此亦攝生者之所宜戒也。"

37. 錦上添花

示衆云："月生一，一言勘破維摩詰。月生二，百草頭邊恣遊戲。月生三，白牯狸奴解放憨。放行則錦上添花，把住則真金失色。"（《聯燈會要》卷十七《福州龜山彌光禪師》X79，p0151c12）

禪門俗成語。在華美的錦緞上再織花朵，禪宗比喻多此一舉，錯上加錯。禪宗主張頓悟，反對藉助各種外在施爲，在語言文字上反復推究。此爲禪宗否定的修行方式。與"頭上安頭"意義相同。成語進入世俗文獻，比喻美上加美，好上加好，語義由貶義變爲褒義。宋黃庭堅《了了庵頌》："又要涪翁作頌，且圖錦上添花。"元柯丹邱《荊釵記》第四十八齣"團圓"："年兄，如今的人只有錦上添花，那肯雪中送炭？"《西遊記》第五十一回："這太子道：'孫大聖還是個好漢！這一路拳，走得似錦上添花。使分身法，正是人前顯貴。'"

38. 大徹大悟

如裴相國楊大年之傷，投誠放下，就宗師決擇，去浮塵知見，<u>大徹大悟</u>。（《圓悟佛果禪師語錄》卷十五 T47，p0783b19）

俗成語。禪宗形容獲得了徹底的開悟，滌除了所有的俗情妄想、情識知解。《獨庵獨語序》："所貴於禪宗者，貴大徹大悟也。所謂悟者不由他悟，自知自得耳。猶吃飯自飽，飲水解渴。未自吃自飲，則假令說搏食大於須彌，說甘冷過於大海，無益於飢渴，徒益於戲論而已。"後世沿用，形容獲得徹底的省悟，對人生、事理都有了徹底的領悟。元鄭光祖《立成湯伊尹耕莘・楔子》："蓋凡升天之時，先參貧道，授與仙訣。大徹大悟後，方得升九天朝真而觀元始。"俗語由對佛法的徹悟轉變爲對人生、事理的徹悟。

39. 東奔西走

欲恣游方，遠投帝里。值會昌四年沙汰僧流，毀坼佛宇。<u>東奔西走</u>，竄身無所。（《祖堂集》卷十七《通曉大師》P.757）

禪宗喻指忙忙碌碌參禪悟佛，但沒有採取正確的修行方式，徒勞費力。後世沿用，形容四處奔波。明馮夢龍《古今小說・沈小官一鳥害七命》："二人計較已定，卻去東奔西走，賒得兩瓶酒來，父子三人吃得大醉。"

40. 逢場作戲

問："如何是隨色摩尼珠？"師云："<u>逢場作戲</u>。"（《建中靖國續燈錄》卷四《汝州寶應禪院法昭演教禪師》X78，p0663a17）

俗語出自宋道原《景德傳燈錄》卷六《江西道一禪師》："竿木隨身，逢場作戲。"成語字面義謂賣藝人遇到合適的地方，就開場表演。禪宗比喻禪師接化僧徒或是僧人間對機應答時隨機應付，自由無礙；或喻指不拘時地，隨心悟道。世俗沿用比喻偶爾隨俗應酬，湊湊熱鬧。宋洪適《滿庭芳・酬葉憲》詞："殢酒銷愁，逢場作戲，何曾擇地伸眉。詩筒來往，如

我與君稀。"宋蘇軾《六觀堂老人草書詩》："逢場作戲三昧俱，化身爲醫
忘其軀。"

41. 糞掃堆上拾得一顆明珠

洞山問："無量劫來，餘業未盡時如何?"師云："汝只今還作
不?"對曰："更有勝妙亦不作。"師云："汝還歡喜不?"對云："歡喜
即不敢，如糞掃堆上拾得一顆明珠。"(《祖堂集》卷五《雲岩和尚》
P.255)

禪門慣用語。在垃圾堆上拾得明珠，禪宗比喻拾得珍寶，求得高妙之法。
俗語進入世俗文獻後，形式和意義都發生了變化。俗語原先的個別成分被
替換，語義引申，比喻在鄙陋惡劣的環境中也能造就出傑出的人才。元關
漢卿《陳母教子》第二折："第二年二哥也做了官，又罵的娘不好。擺著
頭答，街上人道：'這個是誰?''是陳媽媽第二個孩兒。''嗨！嗨！嗨！
糞堆上長出靈芝草。'"元楊文奎《兒女團圓》第四折："我覷了這女艷姿。
如此般蠢坌身子，粗壯腰肢，卻生的這般俊秀的孩兒。敢則是鴉窩裏出鳳
凰，糞堆上產靈芝。"

42. 佛頭上放糞

相公入寺，見鳥雀於佛頭上放糞，乃問師曰："鳥雀還有佛性也
無?"師云："有。"崔云："爲什麼向佛頭上放糞?"師云："是伊爲什
麼不向鷂子頭上放?"(《景德傳燈錄》卷七《湖南東寺如會禪師者》
T51，p0255c01)

禪門慣用語。在佛的頭頂上拉屎，禪宗喻指佛性人人皆有，無處不在。世
俗沿用，減省作成語"佛頭著糞"，形容對美好的事物進行褻瀆。《二十年
目睹之怪現狀》第四十四回："我道：'香奩體我作不來；並且有他的珠玉
在前，我何敢去佛頭著糞!'"俗語的語義色彩發生了變化。

43. 伸手不見五指

師乃云："光飛玉宇，影落秋江。是時人知有，因什麼寒山子，
伸手不見掌。會得，正當三五夜，何處不嬋娟。"(《虛堂和尚語錄》
卷八 T47，p1042c04)

禪宗認爲悟道的人見一切事物，都不會加入主觀的虛妄分別與愛憎之情，

在他們看來一切事物在本質上都是平等不二的，正如在黑夜中萬物混沌如一，不區分自己與外物。俗語"伸手不見掌"用來形容打成一片，萬法一如的禪悟境界。後世取其字面意義，形容在沒有星星和月亮漆黑一片的夜色中，任何事物都分辨不清。明李綠園《歧路燈》第七十回："登時天昏地暗，伸手不見掌，一些樹影兒更望不見，只聽得蘆荻蕭蕭，好不怕人。"又作"伸手不見五指"，錢鍾書《圍城》五："夜黑得太周密了，真是伸手不見五指！"

44. 燒錢引鬼神

> 木食草衣隨分過，此身贏得樂天真。忽諮教外別傳句，未免燒錢引鬼神。（《禪宗頌古聯珠通集》卷三十五 X65，p0697b02）

禪門慣用語。燒錢，燒紙。舊時迷信，認爲燒紙錢以祭享鬼神。俗語謂燒錢本想祭祀鬼神，結果引來了鬼怪。禪宗喻指本想參禪習佛，獲得開悟，結果反被教外別傳的語言文字所障蔽，心中愈發難以開悟。後世沿用該語，改作"燒紙引了鬼來"，比喻本想做好事，結果惹來了麻煩。《濟公全傳》第二回："好個和尚，你真懂交情！我和你萍水之交，送你幾兩銀子，我反燒紙引了鬼來。"

45. 前言不搆，後語難追

> 又上堂有僧擬問。師乃指其僧曰："住住。"其僧進步問："從上宗乘請師舉唱。"師曰："前言不搆，後語難追。"（《景德傳燈錄》卷二十五《江州廬山棲賢寺慧圓禪師》T51，p0417b05）

禪門慣用語。指參問話頭要看時機，一旦前邊的話沒搭上腔，錯過了時機，後面的話想彌補就困難了。禪宗形容僧徒反應遲鈍，沒能快速領悟禪師的機語，結果錯過了頓悟之機。後世沿用，指前後言語錯亂，連貫不起來。《官場現形記》第六回："這位撫院性情雖是謙和，無奈他見了這位王協台一臉煙氣，問他營裡的事情，多是前言不對後語，因此心上就十二分的不舒服他。"《紅樓夢》第五十四回："賈母笑道：'……再者，既說是世宦書香大家小姐都知禮讀書，連夫人都知書識禮，便是告老還家，自然這樣大家人口不少，奶母丫鬟伏侍小姐的人也不少，怎麼這些書上，凡有這樣的事，就只小姐和緊跟的一個丫鬟？你們白想想，那些人都是管什麼的，可是前言不答後語？'"《警世通言》卷二十："慶奴見問，只不肯說。

娘見那女孩兒前言不應後語，失張失志，道三不著兩，面上忽青忽紅。"

46. 人貧智短，馬瘦毛長

上堂，僧問："祖意教意是同是別？"師云："<u>人貧智短，馬瘦毛長</u>。"（《法演禪師語録》卷上 T47，p0651c05）

禪門慣用語。爲禪師批評僧徒語，責備其愚鈍不開悟。宋代以後的《名賢集》以"人貧志短，馬瘦毛長"作爲格言短語收入集中，將"智"改爲"志"，語義也發生了變化，謂人身處困厄之時，志向、志氣也就沒有了。清李寶嘉《二十年目睹之怪現狀》第四一回："當我落拓的時候，也不知受盡多少人欺侮；我擺了那個攤，有些居然自命是讀書人的，也三三兩兩常來戲辱。所謂人窮志短，我那裏敢和他較量，只索避了。"

47. 雷聲大，雨點小

經句，因記海印信禪師拈曰："雷聲浩大，雨點全無。"（《五燈會元》卷二十《教忠彌光禪師》P.1329）

本爲禪林師父批評僧徒之語。僧徒提出一個大而空洞的問題，來勢很大，但完全沒有"見性"，禪師便諷刺其爲"雷聲浩大，雨點全無"。禪籍中又作"雷聲甚大，雨點全無"，《祖堂集》卷十二《荷玉和尚》："問：'大藏教中還有宗門中事也無？'師云：'是什麽？'進云：'如何是宗門事？'師云：'雷聲甚大，雨點全無。'"後世沿用，形容虛張聲勢，但實際行動成效甚少。形式多作"<u>雷聲大，雨點小</u>"，《金瓶梅詞話》第二十回："金蓮聽了，便向玉樓說道：'賊沒廉恥的貨，頭裡那等雷聲大雨點小，打哩亂哩，及到其間，也不怎麽的。'"

　　由於禪宗在民衆中影響力不斷增強，禪籍俗語逐漸滲透到人們的日常用語中，禪語由行業語變爲了通用語。但禪門俗語進入世俗，俗語中原有的禪義逐漸淡化甚至消失，人們在禪籍俗語中注入了尋常生活的思想。許多禪籍俗語進入通用語後，隨著語義的演變，人們已經看不出它們的宗教來源。

（二）教外俗語意義的禪化演變

　　許多來自禪宗教門之外的俗語進入禪籍後，意義也發生了變化，帶有了禪的意蘊，反映禪的思想，出現了世俗語的禪化現象。

1. 千年田八百主

問："如何是和尚家風?"師云："千年田八百主。"僧云："如何
是千年田八百主?"師云："郎當屋舍沒人修。"(《景德傳燈錄》卷十
一《韶州靈樹如敏禪師》T51，p0286b23)

民間俗語。土地年代長久，更換過許多主人。形容土地轉賣頻繁。宋辛棄
疾《最高樓》詞："閑飲酒，醉吟詩。千年田換八百主，一人口插幾張
匙?"禪籍中俗語的意義發生了變化，比喻佛法一如，而人的認識各不
相同。

2. 好事不出門，惡事行千里

問："如何是西來意?"師曰："好事不出門，惡事行千里。"(《景
德傳燈錄》卷十二《壽州紹宗禪師》T51，p0296b20)

民間俗諺。形容醜事很容易傳開，但好事卻不爲人所知。禪宗用來表示人
們熟知的未必是佛之真理，而真正的佛法卻不爲人知。《五燈會元》卷十
四《石門元易禪師》："僧問：'古鏡未磨時如何?'師曰：'精靈皺眉。'
曰：'磨後如何?'師曰：'波斯彈指。'曰：'爲甚麼如此?'師曰：'好事
不出門。'"

3. 求生不得，求死不得

茶裏飯裏靜處鬧處，念念孜孜常似欠卻人。萬百貫錢債無所從
出，心胸煩悶回避無門。求生不得，求死不得。(《大慧普覺禪師語
錄》卷二十一 T47，p0901c25)

俗語本形容人走投無路，陷入困境。《敦煌變文集·廬山遠公話》："求生
不得，求死不得。世間妙術，只治有命之人，畢(必)死如何救得。"進
入禪籍後，喻指流轉於生死俗念之中，沒有超脫世俗妄想，難以獲得
徹悟。

4. 巢知風，穴知雨

巢知風，穴知雨。甜者甜兮苦者苦。不須計較作思量，五五從來
二十五。萬般施設到平常，此是叢林飽參句。(《五燈會元》卷十四
《杭州淨慈自得慧暉禪師》P.914)

自然諺。本指巢居的動物知道什麼時候起風，穴居的動物則對下雨很敏

感，能夠預測到雨水將至，比喻經常處於某種環境中可以預知將要發生的
事情。禪師用此古諺說明平常心是道的禪理，一切玄妙的佛法大意都蘊含
在自然事物之中。平常質樸的自然諺在禪籍中被賦予了禪義。

5. **春不耕，秋無望**

> 問：“如何是道？”曰：“良田萬頃。”僧云：“不會。”師曰：“春
> 不耕，秋無望。”（《嘉泰普燈錄》卷六《廬山開先廣鑒行英禪師》
> X79，p0327c19）

唐宋時農諺。春天不耕種，秋天就沒有收成。比喻不付出就不會有收穫。
禪籍中師父以此告誡學人只有勤奮修行，方能悟得佛法。

6. **半明半暗**

> 信能超出眾魔路，示現無上解脫道。如上所說教有明文，佛豈欺
> 人耶？若半明半暗，半信半不信，則觸境遇緣，心生疑惑，乃是於境
> 界心有所著。（《大慧普覺禪師語錄》卷二十 T47，p0894a20）

光綫不明不暗，朦朦朧朧。唐韓偓《夢中作》：“訪戴船回郊外泊，故鄉何
處望天涯。半明半暗山村日，自落自開江廟花。”成語進入禪籍，喻指對
佛法義理沒能全面準確地認識，心中模糊混沌。具體可見的光綫明暗在禪
籍中被用來喻指抽象的心理認知狀態。

7. **根深葉茂**

> 問：“既是一真法界，爲甚麼卻有千差萬別？”師云：“根深葉
> 茂。”（《聯燈會要》卷十四《洪州翠岩可真禪師》X79，p0120c20）

俗語本指樹根扎得深，葉子就長得茂盛。後引申比喻事物如果根基扎實雄
厚，就可以興旺發達。宋歐陽修《會聖宮頌》：“故其兢兢勤勤，不忘前
人，是以根深而葉茂。”俗語進入禪籍，比喻修行愈加深入，禪法愈加
高妙。

　　本節討論了禪籍俗語的演變。一方面，俗語本是流傳於民間的通俗習
慣用語，在結構和意義上都具有相對的固定性，許多俗語從古至今都沿用
傳統的形式和意義。另一方面，也有大量俗語隨著時代的變遷，形式和意
義都發生了變化。通過對禪籍俗語來源和演變情況的考察，可以看出禪籍
俗語既有穩定性、傳承性的一面，同時也有靈活性、變異性的特點。

第五節　禪籍俗語語義世俗化演變的規律及方式

禪籍中有大量表示禪門行業義的俗語，隨著使用範圍的擴大，其語義出現了世俗化演變的傾向，即其中的禪佛成分被去除，由世俗語義替代。我們將禪籍俗語語義的世俗化演變看作一種語義轉移。但語義轉移僅僅是意義演變的表層現象，禪籍俗語語義的世俗化演變是否存在某種普遍規律，演變的方式有哪些，演變中哪些義素傾向於被保留和繼承，我們有必要對這些問題作進一步討論，從而揭示禪籍俗語語義演變的規律及其對漢語詞彙系統的作用方式。本節討論了禪籍俗語語義在世俗化演變過程中表現出的普遍規律以及演變的具體方式。

研究者早已注意到了漢語語義演變的規律性和系統性，如孫雍長"詞義滲透"（1985）①、許嘉璐"同步引申"（1987）②、江藍生"詞義的類同引申"（1993、2000）③、董秀芳"詞義的單向性演變"（2005）④，都是對漢語語義演變規律的探討。俗語是流行於群眾中的通俗習慣用語，精練簡短的話語中蘊含了深刻抽象的意義。温端政（2006）將俗語的語義分爲本義、引申義和比喻義，本義即俗語的字面義，引申義是在本義的基礎上派生出來的，比喻義是本義的轉移⑤。俗語的語義同時包括了表層字面義和深層實際語義（引申義或比喻義）。有時字面義與實際語義重合，字面義就是俗語的實際意義，但多數時候字面義只是俗語的潛在意義，字面之外的深層語義才是俗語的實際意義。如"巧婦難爲無米之炊"，字面說的是沒有糧，再能幹的主婦也會束手無策，在實際應用中，俗語的字面不一定直接表意，更加抽象的深層語義"沒有必要的條件，才能無法展現出來"發揮表意功能。俗語語義層次的複雜性使其在演變中會同時涉及字面義和深層義的變化或相互作用。

---

① 孫雍長：《古漢語的詞義滲透》，《中國語文》1985 年第 3 期。

② 許嘉璐：《論同步引申》，《中國語文》1987 年第 1 期。

③ 江藍生：《相關語詞的類同引申》，英文原稿載游順劍主編的《語彙叢刊·漢語十論》，巴黎，1993 年。漢語稿收《近代漢語探源》，商務印書館，2000 年。

④ 董秀芳：《語義演變的規律性及語義演變中保留義素的選擇》，《漢語史學報（第五輯）》，上海教育出版社，2005 年，第 287—293 頁。

⑤ 温端政：《漢語語彙學教程》，商務印書館，2006 年，第 122 頁。

禪籍記錄了大量俗語，其中有大批俗語爲禪宗自創。俗語在禪籍中意義由於受到禪文化的影響，帶有了禪義。部分禪籍俗語進入世俗文獻後，語義出現了世俗化演變的傾向，即原有的禪義消失，俗語不再表示與禪佛相關的概念，轉而表示一般事物現象、行爲動作或樣貌特徵。

一、禪籍俗語語義演變的客觀化與字面化傾向

（一）禪籍俗語語義演變的客觀化

俗語語義一般遵循由顯到隱，由客觀具體現象到主觀抽象認識的演變路徑。如"翻來覆去"原本形容身體來回翻轉，引申提煉出反復多次的抽象意義。又如"陳陳相因"本指糧食逐年遞減，引申比喻因襲守舊，缺乏創新。"從具體認知域到抽象認知域"是"一種自然的隱喻性認知過程"①但是禪宗自創俗語的語義演變常常反向而行，最初傳達的是宗教抽象概念，進入世俗文獻後，轉向表示客觀具體的事物樣貌或動作行爲。我們把這樣的演變看作語義的客觀化。

"七顛八倒"在禪籍中形容人的思維錯亂。《雲門録》卷上："問：'如何是道？'師云：'七顛八倒。'"《祖堂集》卷十《玄沙和尚》："三棒愚癡不思議，浩浩溶溶自打之。行來目前明明道，七顛八倒是汝機。"《南石文琇禪師語録》卷一："學道人有二種病：一起凡情，被五蘊十八界使得七顛八倒。"《僧寶正續傳》卷六《福嚴演禪師》："心不可思，思之則七顛八倒。道不可學，學之則千差萬別。"同時代的世俗文獻亦有用例，《朱子語類》卷十六："若不真知得到，都恁地鶻鶻突突，雖十目視，十手指，眾所共知之處，亦自七顛八倒了，更如何地慎獨！"又卷一二六："它只是守得這些子光明，全不識道理，所以用處七顛八倒。"在後出的世俗文獻中，俗語語義轉向形容人站立不穩，東倒西歪。元高明《琵琶記》第十七齣："把媒婆放在中間，旋得七顛八倒。走得鞋穿襪綻，說得唇乾口燥。"又引申形容人口無遮攔，胡亂言說或行爲錯亂。《醋葫蘆》第六回："連忙整備酒食，與王婆自篩自飲，吃得個酩酩酊酊，腳下寫出'之'字，口中七顛八倒出門。"《二刻拍案驚奇》第二十五卷："比至新人出轎，行起禮來，徐達沒眼看得，一心只在新娘子身上，口裡哩釘囉釘，把禮數多七顛八倒

---

① 施春宏：《詞義結構的認知基礎及釋義原則》，《中國語文》，2012 年第 2 期，第 114－127 頁。

起來。"又由人的行爲引申形容場景或局面的混亂。《水滸傳》第二四回："說不得！小人先妻是微末出身，卻倒百伶百俐，是件都替的小人。如今不幸，他歿了已得三年，家裡的事，都七顛八倒。"《醒世恒言》第六卷："看官們不知，只爲在下今日要說個少年，也因彈了個異類上起，不能如彈雀的恁般悔悟，乾把個老大家事，弄得七顛八倒，做了一場話柄，故把衎環之事，做個得勝頭回。"俗語語義由形容人的内在思想意識逐漸轉向形容人的外在動作行爲或場景、局面。

"七手八腳"，語出《建中靖國續燈録》卷三二："七手八腳，三頭兩面，耳聽不聞，眼覷不見。"禪宗喻指心中存有的各種俗情妄想，具有俗情妄想的人被稱爲"七手八腳底人"，掩蓋不及"七手八腳"便會暴露。進入世俗文獻，俗語被用來形容手多腳多。元無名氏《十探子大鬧延安府》第一折："（劉彦芳云）大人可憐見，三牛車的文書，與小人三日假限便要完，便有那七手八腳，也攢造不來。（龐衙内云）劉彦芳，你罵誰哩？我姓龐，你說道七手八腳，你比並我是螃蟹？"又形容人動作忙亂或眾人一起動手。元無名氏《劉千病打獨角牛》第三折："休題那螃蟹，俺孩兒動起手來，打的他七手八腳，一迷哩橫行，則怕打破你那蓋。"《醒世姻緣傳》第九回："大舍慌了手腳，連忙叫起家人們來，叫把計氏解下，送到後邊停放。七手八腳，正待亂解，倒是家人李成名說道：'不要解！快請計老爺父子來看過，才好卸屍，不過是吊死。'"《醒世恒言》卷十八"施潤澤灘闕遇友"："眾匠人聞言，七手八腳，一會兒便安下柱子，抬梁上去。"《紅樓夢》第二六回："眾小廝七手八腳，擺了半天，方才停當歸坐。"俗語在禪籍中比喻隱而不見的、抽象的主觀意識，進入世俗文獻後形容直觀可見的事物樣貌和動作行爲。

"头头是道"，禪門俗成語。道，指玄妙高深的禪旨佛理。成語在禪籍中形容到處都是高妙佛法，佛法無處不在。《建中靖國續燈録》卷十七《東京法雲禪寺惟白佛國禪師》："座曰：'若然者，頭頭是道，句句明心。'師云：'現成法爾，普請承當。'"進入世俗文獻語義發生了變化，形容人說話、辦事條理清楚，有條不紊。宋嚴羽《滄浪詩話·詩法》："及其透徹，則七縱八橫，信手拈來，頭頭是道矣。"成語的語義由表示抽象的禪佛之道演變爲形容人的言行有條理，俗語語義由傳達抽象概念向表現客觀具體的事物樣貌或動作行爲演變。

　　成語"寸絲不掛""不掛寸絲"，在禪籍中喻指蕩盡妄情俗念，心無掛礙，不爲塵世所牽累，是一種極高的修持境界。《祖堂集》卷十八《趙州和尚》"問：'寸絲不掛時如何？'師云：'不掛什摩？'僧云：'不掛寸絲。'師云：'大好不掛！'"《景德傳燈錄》卷八《澧州大同廣澄禪師》："師便問大夫：'十二時中作麼生？'陸云：'寸絲不掛。'師云：'猶是階下漢。'"《大慧普覺禪師語錄》卷九："更說甚麼香象渡河徹底截流而過，更說甚麼全明全暗雙放雙收，須知恁麼來者寸絲不掛。"成語進入世俗文獻，形容赤身裸體。元高明《琵琶記》第二十出："衣盡典，寸絲不掛體。幾番要賣了奴身己，爭奈沒主公婆教誰看取？"明李贄《答陸思山》："熱甚，寸絲不掛，故不敢出門。"《歧路燈》第五十八回："只因賭棍們花費產業，到那寸絲不掛之時，那武藝兒一發到精妙極處。"《三寶太監西洋記》第八九回："第十二宗是十三個番官，渾身上下，寸絲不掛，連身上的肉都是一條一條兒牽扯著。"禪義的核心義素爲〔＋思想＋無牽掛〕，世俗語義變成了〔＋身體＋無遮掩〕，前者是抽象精神、思想上的無牽掛，後者是具體身體的無遮蔽，俗語形容的對象由抽象變成了具體。

　　語義的客觀化是禪籍俗語語義演變的一種普遍現象。宗教概念内隱、玄虛、不易理解，而客觀事物的樣貌、行爲動作則是外在、凸顯、可見的，表示客觀事物樣貌或行爲的語義更容易被人們認知和理解。將表示抽象宗教概念的禪義轉變成表示客觀具體事物或行爲的世俗語義，成爲禪籍俗語語義演變的一種趨勢。

（二）禪籍俗語語義演變的字面化

　　禪宗新創俗語在使用之初大多通過隱喻或轉喻的方式由潛在的字面義衍生出禪義，字面義在禪籍中不發揮表意功能。但進入世俗文獻後，深層禪義被取消，原本潛在的字面義開始發揮表意功能，成爲俗語的實際意義，我們把這樣的演變稱爲語義的字面化。

　　成語"本來面目"本自禪宗公案，爲六祖慧能在大庾嶺頭啓發蒙山道明時的機語。《六祖壇經·行由品》："不思善，不思惡，正與麼時，那個是明上座本來面目？"喻指人的本心本性，即佛性。禪家強調識得本心本性即可成佛。後來世俗沿用該成語，表示人原本的容貌。宋樓鑰《攻媿集》卷十《謝舒景叔寫照見贈》："誰寫衰容入畫圖，本來面目舊形模。幾年老瘦鬢如雪，不道今吾非故吾。"《南村輟耕錄》卷十二《連枝秀》："淨洗胭脂，見全真本來面目。"《三俠劍》第三回："嘍卒頭目將少爺的判官筆仍然插在背後，打開足下綁繩，又給少爺將身上灰塵撣淨，露出了本來面目：五色綫網子繃頭，面似桃花，荷花色短靠，玫瑰紫的絨繩十字絆，荷花色的褲子，福字履緞鑲緞鞋，一看好似女相，年在十四五歲。"禪門成語進入世俗文獻後，語義由深層禪義轉爲表層字面義。

大乘佛教在修行圓滿後，還要發慈悲心，返回塵世中救度眾生。禪家用成語"灰頭土面"形容菩薩爲化度眾生而投入凡俗，現出各種混同凡俗的化身。《景德傳燈録》卷二十《廬山歸宗寺懷惲禪師》："問：'如何是塵中子？'師曰：'灰頭土面。'"《聯燈會要》卷十二《潭州神鼎鴻諲禪師》："問：'如何是清淨法身？'師云：'灰頭土面。'"世俗文獻取成語的字面義，形容人不事修飾，面孔污濁。宋葛長庚《水調歌頭·詠茶》詞："灰頭土面，千河水，把我如何洗？"後成語又由人污濁的面容，引申形容人沮喪、消沉的神態。《醒世姻緣傳》第十四回："晁大舍送了珍哥到監，自己討了保，灰頭土臉，癩狼渴疾，走到家中。"成語語義由禪至俗，從深層禪義轉向淺層字面義，又在字面義的基礎上派生出新的深層義。

"殺人不用刀"爲禪門慣用語，比喻高明的禪師在不露痕跡中斬斷了學人的世俗妄想、情塵欲累。《建中靖國續燈録》卷十三《潭州大潙山穎詮禪師》："問：'如何是衲僧口？'師云：'殺人不用刀。'"《續古尊宿語要》第六集："上堂眾集定，云：'吃茶。'便下座。有時云：'歇。'便下座。有時云：'珍重。'便下座。平生多用此時節因緣，眾人不曉其意。這老漢，殺人不用刀，只緣他有實證處。""殺人"在禪籍中比喻剿絕僧徒情識知解，"刀"比喻各種具體的教化方式。俗語的字面義在禪籍中不起表意作用，深層禪義是俗語的主要義項。世俗沿用該俗語，禪義被取消，字面義發揮表意功能。《三俠劍》第六回："銀龍看此酒杯外面是錫的，比銀子還白，裡面可是景泰藍的，此物乃北京所造，但是酒在裡面看不出清濁。銀龍心中暗想：'景泰藍的酒杯裡，倘酒內若有毒物，殺人不用刀。'"清李世忠《梨園集成·百尺圖》："腹內暗藏三尺劍，舌尖殺人不用刀。"清鄭官應《羅浮偫鶴山人詩草》卷二《寓意吟下·庸醫》："偏補或偏涼，藥常不對證。殺人不用刀，酖毒甚梟獍。"

俗語語義的演變路徑多是由字面義派生出深層語義，是由表及裡的演變過程。但禪籍俗語的語義則是由內而外，由深返淺的演變。這些俗語創制於禪林，在使用之初以深層禪義表意。當俗語"由禪入俗"時，由於使用者對來自禪籍的俗語熟悉度低，更傾向於對俗語的語義進行重新解讀。俗語的字面義一般是由構成成分的常用義按照最簡單的組合方式凝聚而成，可識度高，容易理解和接受。當禪籍俗語進入世俗文獻，直接用字面義表意符合語言經濟原則中的擇近準則和從眾原則，禪籍俗語的語義演變便出現了字面化傾向。

二、禪籍俗語語義演變的方式

在隱喻、結構重新分析及個別構成成分語義演變的作用下，禪籍俗語的語義向著客觀化和字面化的方向演變。

（一）由隱喻造成的語義演變

隱喻是基於相似性的從一個認知域到另一個認知域的投射，源域和目標域之間存在某種相似性。當同一個源域具有多個不同特徵，也就能夠與不同的目標域構成投射關係。對應相同源域的不同目標域之間實際有"同源"關係。禪籍中部分新創俗語通過隱喻的方式由字面義衍生出禪義。俗語進入世俗文獻後，重新在字面義的基礎上通過隱喻衍生出新的深層語義。禪義與後出的世俗義對應的源域相同，只是選取了源域的不同特徵進行隱喻。禪籍俗語的字面義成爲禪義世俗化演變的媒介。

成語"鐵壁銀山""銀山鐵壁"在禪籍中比喻禪機堅固嚴密，難以徹悟。《大慧普覺禪師語錄》卷四："上堂，僧問：'參禪要透塵勞網，學道還期出死生。鐵壁銀山無向背，金圈栗棘不多爭。這個是學人尋常用底，未審和尚見處作麼生？'師云：'春日晴黃鶯鳴。'"《密庵和尚語錄·臨濟三頓棒》："一頓渾家盡滅門，更加兩頓累兒孫。銀山鐵壁俱穿透，萬里無雲宇宙分。"成語進入世俗文獻後比喻屏障堅不可摧。《朱子語類》卷一三〇："元城在南都，似個銀山鐵壁，地又當往來之沖。"元關漢卿《尉遲恭單鞭奪槊》第一折："縱使有鐵壁銀山也撞開！哎，你個英也波才，休浪猜，你既肯面縛歸降，我也須降階接待。"禪宗用鐵壁、銀山的密不透風，隱喻禪法的嚴密；世俗用鐵壁、銀山的堅硬，隱喻屏障的牢固、不可摧毀。成語由禪籍進入世俗文獻，隱喻的源域沒有改變，只是選取了源域的不同特徵投射到其他認知域中，形成世俗語義。

成語"鐵樹開花"在禪籍中比喻超凡入聖的奇特境界。《虛堂集》卷六【九十】"梁山空劫"："冰河發焰，鐵樹開花。非從造化之機，豈在陰陽之轂。向混沌未分之際試定省看。"《禪宗頌古聯珠通集》卷二十："趙州吃茶逆拔毒蛇，虛空落地鐵樹開花。"進入世俗文獻後，比喻罕見的事物、現象或難以辦成之事。《七修類稿》卷四《天地類·鐵樹開花》："予友烏鎮王天雨濟，爲橫州州判，嘗云：橫之馴象衛指揮股貫家，有盆樹一株，高可三四尺，幹葉皆紫黑色，葉小類石楠，質理細厚。問于主人，曰：'此鐵樹也，每遇丁卯年則花開，四瓣，紫白色，如瑞香，較少圓耳，一開累月不凋，嗅之有草氣。吾父生時花，今復二次矣。'予以諺謂事難成者，則曰'須鐵樹開花'，然則果有此樹耶？"明來集之《鐵氏女》："頓開鸚鵡籠，扭上鴛鴦配。定教那鐵樹開花還結子。"《醒世通言》卷二十八《白娘子永鎮雷峰塔》："祖師度我出紅塵，鐵樹開花始見春。"禪宗用鐵樹花不常開隱喻玄妙奇特，世俗隱喻罕見。禪義和世俗義選取了源域的不同特徵，生成了不同的隱喻義。

部分禪籍俗語將潛在的字面義作爲源域，從中選擇某一特徵通過隱喻生成禪義，表示抽象的宗教概念。當禪籍俗語進入世俗文獻後，具有專門性和行業性的禪義不易被理解和接受，潛在的字面義就由隱變顯，甚至再次被當作源域，源域的其他特徵被語言使用者認知而作出新的加工，通過隱喻拓展到其他認知域，並產生新的義項。禪義和世俗義本自相同的源域，只是選取了源域的不同特徵投射到不同的認知域，這些特徵大多相近或相關，這保證了禪義與世俗義之間的關聯性。

（二）由結構重新分析造成的語義演變

結構重新分析是指改變一個句法結構的内在關係。結構重新分析，有可能導致語義的演變。俗語由詞或短語組合而成，各成分間具有一定的語法關係，因此俗語的句法結構或構成成分存在被重新分析的可能。部分禪籍俗語在進入世俗文獻後，結構被重新分析，語義也隨之發生變化。

成語"指柳罵桑"在禪籍中又作"指桑罵柳""指槐罵柳""指桑罵榆""指柳罵楊"，比喻錯認事理，混淆是非。禪師常以此語批評僧徒頭腦愚鈍，是非不分。《北澗居簡禪師語録》："拙庵以拙爲人，人所共用。唯北澗向巧拙不及處，指柳罵桑，喚龜作鱉。"《石田法熏禪師語録》卷四："全無孔竅，指桑罵柳。瞎衲僧正眼，破東山暗號，三點前三點後，起模畫樣已無端，一任傍人論好醜。"《無準師範禪師語録》卷五："這瞎賊，無羈勒，指槐罵柳，將南作北，橫也湊他不得，豎也湊佗不得。"《請益錄》卷下【九七】"睦州毛端"："你不領話，我不領話。雖如倚勢欺人，爭奈理無曲斷，天童拈處，指桑罵楡。""指柳"和"罵桑"在禪籍中構成的是轉折關係。成語進入世俗文獻，雖然個別構成成分被替換，作"指桑說槐""指桑罵槐"，但可以肯定的是成語本自禪籍。《紅樓夢》第十六回："錯一點兒他們就笑話打趣，偏一點兒他們就指桑說槐的報怨。"又第五九回："一面又抓起柳條子來，直送到他臉上，問道：'這叫作什麼？這編的是你娘的屄！'鶯兒忙道：'那是我們編的，你老別指桑罵槐。'"《兒女英雄傳》第二七回："他不是左丟一鼻子，便是右扯一眼，甚至指桑罵槐，尋端覓釁。"成語在世俗文獻中比喻表面指著甲，但實際目的是爲了罵乙，結構被重新分析，"指桑"和"說槐/罵槐"由轉折變成了目的關係。這種結構的重新分析雖然沒有直觀呈現出來，但成語的深層語義已經發生了明顯變化。禪籍中"指柳罵桑"是一種由無知而導致的錯誤，行爲者並不希望這種錯誤發生。但在世俗文獻中，"指桑罵槐"具有了明顯的目的性，行爲者故意爲之，甚至希望被其他人知曉。通過結構的重新分析，成語的語義發生了變化。

俗語結構的重新分析最初是内隱的，不會在表層結構上直接呈現出來。但從形式下隱含的深層語義看，俗語的禪義與世俗義在構成成分和結構關係上不再一一對應，禪義在結構的重新分析中被取消。

（三）由構成成分語義變化造成的俗語語義演變

禪籍俗語中個別構成成分語義的變化，有時會導致整條俗語被重新解讀，從而使俗語獲得新義。

成語"語不投機"在禪籍中形容言語無法與禪機、機語、機緣契合，體現了禪宗不立文字的語言觀。禪師常以此語告誡僧徒不要通過語言文字來參悟佛法。《古尊宿語録》卷四十《雲峰悅禪師初住翠巖語録》："復云：'語不投機，承言者喪。直饒你說得天雨四花，地搖六震，衲僧門下總是吃棒數。'"《圓悟佛果禪師語録》卷六："金毛師子若是鐵眼銅睛，當陽覷透便可以把斷要津。不通凡聖，終不向他語言裡作。窠窟機境上受羅籠，所以道，言無展事，語不投機，承言者喪，滯句者迷。不落語言，不立機關。""機"在禪籍中指機緣、禪機。常作"投機""當機""應機""對機"等。《汾陽無德禪師語録》卷上："上堂云：'夫說法者，須及時節，觀根投機，應病用藥。'"《汾陽無德禪師語録》卷中："九年面壁待當機。"《密庵和尚語録》："師應機接物，威儀峻整。"《宏智禪師廣録》卷六："通一線有應世對機底眼，的的不墮，萬緣埋沒不得。"元代世俗文獻中"機"表心意，元王實甫《西廂記》第一本第一折："才高難入俗人機，時乖不遂男兒願。"王季思校注："難入俗人機，謂難投俗人之意也。"成語"語不投機"的語義隨之受到影響，形容話說不到一起，或他人的話不和自己的心意，成語中原有的禪佛意義消失。形式上元代多作"話不投機"，元高明《琵琶記》第三十齣："酒逢知己千鍾少，話不投機半句多。我爹好不顧仁義，到說道奴家把言語衝撞他。"元柯丹邱《荊釵記》第十齣"逼嫁"："順父母顏情，人之大禮。話不投機，教人怎隨？"成語在後出的世俗文獻中皆用元代的語義，《古今小說》第四十卷："李萬聽得話不投機，心下早有二分慌了。"《東周列國志》第九七回："這邊范雎猶恐初見之時，萬一語不投機，便絕了後來進言之路，況且左右竊聽者多，恐其傳說，禍且不測，故且將外邊事情，略說一番，以爲引火之煤。"

隱喻導致的語義演變依賴於俗語語義本身的隱射關係，不涉及構成成分的語義和語法關係；結構重新分析則是通過構成成分間結構關係的重新調整而帶動語義的演變；俗語中個別構成成分意義的變化導致的俗語語義演變，體現了俗語構成成分與整體之間的關聯性。

三、禪籍俗語語義世俗化演變中義素的保留與創新

禪籍俗語不管是通過隱喻、結構重新分析還是個別成分語義的改變，俗語原先的禪義和演變後的世俗義之間一定存在某種程度的聯繫。禪義中的某些成分被世俗語義繼承，這種繼承保證了禪義和世俗語義之間的聯繫，世俗語義也會對原來禪義中的某些成分進行改造，這是語義創新的必然。禪籍俗語語義的世俗化演變，從禪義到世俗語義，哪些成分傾向於被改變，哪些成分傾向於被保留，也不是任意隨便的，其中應該存在某種規律。

董秀芳認爲："在認知中具有凸顯性的語義要素容易被新義繼承。語義要素的凸顯度的大小的確定有一些公認的原則，比如，看得見的比看不見的凸顯，恒定特徵比非恒定特徵凸顯等。"[①] 除此，禪籍俗語語義的演

---

① 董秀芳：《語義演變的規律性及語義演變中保留義素的選擇》，《漢語史學報（第五輯）》，上海教育出版社，2005 年，第 287—293 頁。

變還與語義要素使用範圍的廣度有關。適用範圍廣泛、表示普遍特徵的語義要比適用範圍有限、表示特定、專門的語義更容易被新義保留和繼承。

禪門成語"迴光返照"，本自唐慧然輯《臨濟録》："你言下便自迴光返照，更不別求。知身心與祖佛不别，當下無事。"比喻收回向外尋求的眼光，返觀自己的本心。禪宗認爲言教只是方便施設，最終還要學人返身向內，識心達本。俗語進入世俗文獻後，原先禪義中特定、專門的禪佛義素［＋本心］被去除，具有更大適用範圍的表示動作行爲的義素［＋返身向內］被保留，在世俗文獻中形容自我省察、自我反省。《朱子語類》卷一二一："夜來諸公閒話至二更，如何如此？相聚不回光反照作自己工夫，卻要閒說！"［＋返身向內］描述的是普遍、一般的行爲動作，非禪門特有，在語義演變中更容易被保留。

禪門成語"磨磚成鏡"源自禪宗公案，在禪籍中比喻錯誤的修禪行爲。鏡在佛教象徵澄明本心，可以照鑒萬物。磨鏡是爲了去除妄想污垢，恢復自性的光明。但修禪習佛如同磨鏡，要講求方式方法，錯誤習禪之法根本無法獲得澄明本心，只是徒勞費力，一無所獲。《祖堂集》卷三《懷讓和尚》："馬和尚在一處坐，讓和尚將磚去面前石上磨。馬師問：'作什摩？'師曰：'磨磚作鏡。'馬師曰：'磨磚豈得成鏡？'師曰：'磨磚尚不成鏡，坐禪豈得成佛也？'"後世沿用該成語，比喻方法不對，徒勞費力，難以成功。宋陳淵《默堂集》卷十五《答廖用中》："入海算沙，磨磚作鏡，徒勤無益耳。"元彭致中《鳴鶴餘音》卷三《沁園春・呂洞賓》其三："愚癡輩磨磚作鏡，怎睹光明。"語義演變中表示普遍特徵的義素［＋錯誤的方法或行爲］、［＋徒勞用力］被新義繼承，而表示專門、行業概念的義素［＋澄明本心］、［＋去除妄想］被去除。

漢語詞彙語義演變，目前已有諸多學者作過討論，或進行分散的語詞演變個案調查，或進行系統歸納，總結漢語詞彙語義演變的規律及作用方式，但是對漢語俗語的語義演變較少涉及。俗語是漢語語彙系統中的一部分，禪籍俗語又是俗語系統中特殊的一類，其語義演變方式及規律有別於一般詞語。爲了全面認識漢語語彙系統，有必要對禪籍俗語的語義演變進行單獨考察。

第四章　禪籍俗語的修辭

禪宗典籍爲方便接引學人，傳播教理，常常使用俗語增強語言的表現力。而大量的俗語又積極運用多種修辭手段對語言進行調配，突破語法規範和事理邏輯，形成一種超越常規的創造性語言，進一步增強了語言的張力，使禪籍語言在通俗易懂的基礎上更加富於情趣，同時體現出禪籍語言神奇惝恍、撲朔迷離、酌之無窮、豐贍玄遠的特點。經整理發現，禪籍俗語常用修辭格多達 22 種，本章從表達效果的角度將其分爲六類，舉例歸納禪籍俗語的修辭方式。許多俗語所用修辭格并不只一種，還出現了一條俗語兼用兩種甚至兩種以上修辭的情況，表現出俗語的生動性和情趣性。諺語本是人們經驗和認識的總結，具有經驗性和知識性的特點，但禪悟追尋的是反邏輯、非理性的個人直覺體驗，禪師們便利用非理修辭，有意顛倒是非、構造離奇、樹立矛盾，重新創造出符合禪悟世界的諺語。於是，在禪籍中出現了大量字面内容不合常規，違反邏輯，與現實矛盾對立的諺語，但禪師卻用它們傳遞著深刻的佛法禪旨，這些諺語超乎常理，卻合於大道。

第一節　禪籍俗語修辭的表達效果和分類

一、表達傳神生動

禪籍俗語一部分來自民間，生活日用、農耕勞作進入俗語中，保留了濃郁的鄉土平民色彩。禪師在傳法說教，接引學人時，常常借用手邊之物、身邊之景方便說教，隨口創造的俗語又具有隨意自然的特點。禪籍俗語常常通過運用譬喻、比擬、借代、列錦、白描等修辭方式，使表達產生傳神生動的美學效果。

（一）譬喻

譬喻，就是根據人的心理聯想，抓住不同事物的相似點，用另一個事物來描繪想要表現的對象。譬喻往往通過形象具體的事物來表現抽象陌生的概念，兩者之間通過特定的語言形式建立起聯繫，使人們通過形象的事物認識抽象的道理。

譬喻是禪籍俗語運用最多的一種修辭方式。佛教經典中運用了大量譬喻，著名的如《法華》"七喻"、《金剛》"六喻"、《維摩》"十喻"等。《妙法蓮華經文句》卷五上《釋譬喻品》論述了譬喻在佛經中的作用，其云："譬者，比況也；喻者，曉訓也。托此比彼，寄淺訓深。……更動樹訓風，舉扇喻月，使其悟解，故言譬喻。"（T34，p0063b）禪理深奧玄妙，通過比喻的方式，把抽象的禪理與人們熟悉的日常生活、農耕勞作結合起來，便於學人接受。禪籍俗語運用了明喻、暗喻、借喻和引喻等譬喻類型。

譬喻是中國古已有之的一種修辭方式，在古代經典中隨處可見。如揚雄《解嘲》："今子乃以鴟梟而笑鳳皇，執蟁蜻而嘲龜龍，不亦病乎？"[①]鴟梟、蟁蜻比喻卑鄙的人，鳳皇、龜龍比喻高尚的人。先秦諸子還從理論的角度對譬喻作了解釋。《莊子·天地》："合譬飾辭聚眾也……愚之至也。"[②] 莊子認爲湊合譬喻，修飾言辭在當時已成爲一種風氣，但運用不當，成爲"愚之至"。墨子最早給譬喻下定義，《墨子·小取》："辟也者，舉他物而以明之也。"[③] 認爲譬喻的作用是用他物來說明此物。禪籍俗語大量運用譬喻，包括明喻、暗喻和借喻。

1. 明喻

明喻，是本體、喻體和喻詞同時出現，本體和喻體之間具有明顯的相似關係。

（1）有時云："我若放你過，縱汝百般東道西道，口似懸河則得；我若不放你過，汝擬道箇什摩？"對云："乞和尚放某甲過，亦有道

---

①　（南朝梁）蕭統編，（唐）李善注：《文選》，中華書局，1977 年，第 632 頁。

②　（清）郭慶藩：《莊子集釋》，王孝魚整理，中華書局，1961 年，第二冊，第 477 頁。

③　（清）孫詒讓：《墨子閑詁》，孫以楷點校，中華書局，1989 年，第 379 頁。

處。"（《祖堂集》卷十《長慶和尚》P.495）

用喻詞"似"連接本體和喻體，用瀑布傾瀉而下、氣勢洶湧的狀態來比喻人說話滔滔不絕，文辭流暢。

> （2）爾若只守箇昭昭靈靈，下咄下喝，揚眉瞬目。不知這箇更是大病。所以云此事隱在四大六根裏，六根四大只是箇閑傢具。故云生如著衫，死如脫袴。六根四大只是箇衫袴。（《圓悟佛果禪師語錄》卷十三 T47，p0772b15）

用喻詞"如"分別將"生"和"著衫"，"死"和"脫袴"聯繫起來。生死大事，是每個參禪者都致力參證的。生死問題抽象玄妙，禪宗卻用穿衣脫袴這樣淺近平常的日用生活將抽象的問題具體化，"著衫""脫袴"，一有一無，一得一失，人之生死即是如此。

2. **暗喻**

暗喻，又稱作"隱喻"，只出現本體和喻體，或用"爲""是"等詞作喻詞。

> （3）上堂，僧問："如何是佛？"師云："口是禍門。"〔《古尊宿語錄》卷二十一《舒州白云山海會（法）演和尚語錄》X68，p0141a19〕

用喻詞"是"將本體"口"和喻體"禍門"聯繫起來，口一開一合，好似大門，說話沒有遮攔，胡言亂語便是招致災禍的源頭。比喻形象貼切。

3. **借喻**

借喻，是本體和喻詞都不出現，直接把喻體當作本體來說。借喻在禪籍俗語中使用最多最普遍。從形式上看，借喻省去了本體和喻詞，使得語句簡短凝練，而這一特點恰恰迎合了俗語表述簡潔的需要，所以在俗語修辭方式中占絕對優勢。

> （4）上堂："汝等諸人與麼上來，大似拋卻甜桃樹，尋山摘醋梨。大凡行腳人，十二時中也須管帶些子始得。"〔《古尊宿語錄》卷四十《雲峰（文）悅禪師初住翠巖語錄》X68，p0261a18〕

比喻有福不享，自討苦吃。隱含的禪義指背離圓滿自足的本心，迷己逐物，向外馳求，終究得不到真法。該喻通過甜桃和醋梨傳遞的味覺感受，將抽象的禪義形象化。

（5）若望涯而退，不是大丈夫漢。須是不顧死生，從他手中奪去始得。所以道<u>不入虎穴不得虎子</u>。（《圓悟佛果禪師語錄》卷十三 T47，p0771c29）

用虎穴比喻極端危險的處境，以虎子比喻收穫之物，俗語謂不冒風險，不可能有所收穫。"入虎穴""奪虎子"可以讓人直接構想出一個動態的畫面，將所要傳達的喻義形象地表現出來。

4. 引喻

除了以上三種譬喻外，禪籍俗語還用到引喻。引喻又稱"對喻"，有本體和喻體，省略喻詞。在語序上，本體和喻體的位置可以互換。一般本體多是抽象的概念，喻體為具體形象的事物。引喻就是通過形象的事物來說明深刻的道理。

（6）問："祖意教意，是同是別？"師曰："<u>人貧智短，馬瘦毛長</u>。"（《五燈會元》卷十九《五祖法演禪師》P. 1241）

本體是"人貧智短"，喻體是"馬瘦毛長"，人和馬本沒有相似性，但在特定條件下，分屬不同類別的人和馬還具有了相通之處。人要是窮了，就顯得缺乏智慧；馬瘦弱了，就顯得毛髮增長。比喻事物會因環境的改變而將其短處顯露出來。禪師用俗語回答了學人關於祖義與教義同別的問題，通過人、馬的聯繫暗示了祖義和教義在一定條件下具有相似性。

（7）上堂："……著問和尚：此間佛法如何住持？僧曰：<u>凡聖同居，龍蛇混雜</u>。"［《古尊宿語錄》卷二十七《舒州龍門（清遠）佛眼和尚語錄》X68，p0179a15］

"凡聖同居"是本體，"龍蛇混雜"是喻體，省略了喻詞。凡聖同居，就好比是龍蛇混雜於一處。禪宗用此比喻世事沒有高下貴賤之分，萬物平等相處，剷絕分別，凡聖一體。

禪籍俗語的素材來源廣泛，涉及自然、社會各個方面，包括氣象，如"春風如刀，春雨如膏""月似弯弓，少雨多风"；商業，如"见钱买卖不曾賒""買賣不當價，徒勞更商量"；軍事，如"將頭不猛，帶累三軍"；狩獵，如"千鈞之弩，不爲鼷鼠而發機"；交通，如"家家門前通長安"

"急水行舟";醫藥,如"苦口是良藥""良医之門,病者愈甚";牲畜,如"良馬不窺鞭,側耳知人意"等。説明禪宗在運用比喻構造俗語時取材於民間,創造於生活,以擔柴運水的日用生活爲喻體,比喻禪門獨特的宗教思想。

（二）比擬

比擬,包括擬人和擬物,就是通過人的心理聯想機制,抓住事物的相關性,把物當作人,或把人當作物來描寫。禪籍俗語中用到了擬人修辭,爲動植物和無生命的事物賦予了人的聲情笑貌、姿態動作,使得描寫傳神生動。

（1）上堂云:"……莫一似落湯螃蟹,手腳忙亂。無你掠虛説大話處,莫將等閒空過時光。"［《古尊宿語録》卷十五《雲門（文偃）匡真禪師廣録上》X68,p0093c08］

歇後語"落湯螃蟹,手腳忙亂"中後面的"注"是對"引"的生動描寫。蟹有二螯八足,"手腳"的説法將蟹人格化。通過運用擬人修辭,把螃蟹和人聯繫起來,螃蟹的狀態可以折射人的處境和行爲。既寫蟹又映射到人。

（2）僧曰:"僧瑤得什摩人證旨,卻許志公?"師云:"烏龜稽首須彌柱。"（《祖堂集》卷九《九峰和尚》P.438）

（3）師遂行數步,以拄杖打松樹一下,云:"嘎嘎,會麼?"僧云:"不會。"師云:"你與麼驢年會麼?"代前語云:"多華樹嘲無半子。"［《古尊宿語録》卷十八《雲門（文偃）匡真禪師廣録下》X68,p0117b10］

"烏龜"和"多華樹"都被人格化,具有了人的動作行爲、思想情感。

（三）借代

借代,就是借彼代此,不用事物的本來名稱,而用與他相關的人或事物代替。

（1）吾便問:"離卻這箇殼漏子後,與師兄什摩處得相見?"嵒曰:"不生不滅處相見。"吾曰:"莫道草裏無人,自有鑒人。"嵒曰:"作摩?是你幞頭痕子尚猶在,有這箇身心!"（《祖堂集》卷四《藥山

和尚》P.230）

（2）上堂舉："馬祖因僧問如何是祖師西來意，祖云：'近前來向汝道。'僧近前，祖攔腮一掌云：'六耳不同謀。'"師云："古人尚乃不同謀，如今無端聚集一百五六十人，欲漏洩其大事。"（《黃龍慧南禪師語録續補》T47，p0638b05）

例（1）中"襆頭"是一種在家人佩戴的包頭軟巾，"襆頭痕子"是戴襆巾後留下的印跡。句中用"襆頭痕子"來指代出家人留在心中的俗念。雲巖雖在批評道吾心中尚有俗念，但用"襆頭痕子"來代指，使話語表達顯得委婉含蓄。例（2）中"六耳"代指三人，一人有兩耳，三人就是六耳。神宗傳道強調以心傳心，兩人授法時不能當著第三人的面。俗語選取器官代人，既爲語義的理解增設了障礙，又使語言表達更加富有情趣。

（四）列錦

列錦，是一種"以名詞或以名詞爲中心的定名詞組，組合成一種多列項的特殊的非主謂句，用來寫景抒情，敘事述懷"[①] 的修辭方式。

（1）有俗官問黃蘗供養主："黃蘗和尚驢馬相似，上座作供養主，作什摩？"僧無對。卻歸，舉似黃蘗。黃蘗云："道薄人微，甚是難消。"有人舉似南泉。南泉云："池州麻黄，蜀地當歸。"有人舉似師。師云："泉州葛布好造汗衫。"（《祖堂集》卷十一《睡龍和尚》P.533）

（2）問："如何是超佛越祖之談？"師云："蒲州麻黄，益州附子。"〔《古尊宿語録》卷十五《雲門（文偃）匡真禪師廣録上》P.269〕

（3）上堂，舉："……雖然如是，謾白雲不過。何故？只是語音各別。畢竟如何？蘇州菱，邵伯藕。"〔《古尊宿語録》卷二十一《舒州白雲山海會（法）演和尚語録》P.400〕

（4）問："向上一路，請師道？"師曰："一口針，三尺線。"曰："如何領會？"師曰："益州布，揚州絹。"（《五燈會元》卷四《長沙景岑禪師》P.210）

上述四例都是由地名和物產名組合構成的雙列項，從形式上看，前後兩項

---

① 陳望道：《修辭學發凡》，上海教育出版社，1997年，第126頁。

是並列關係，但從語義上，二者構成對比關係，地域不同則物產不同。禪師通過列錦的方式，形象地傳達出差異的概念。

（五）白描

白描，又名摹狀，對事物的情狀進行細緻地描寫，包括聲音、形態、動作等方面。

（1）洞山不禮拜，便問："還有與師同時慕道者不？"潙山云："此去醴陵縣側石室相隣有雲巖道人，若能撥草瞻風，必爲子之所重也。"（《祖堂集》卷五《雲巖和尚》P.250）

（2）僧云："某甲過在什麼處？"師云："擔枷過狀漢。"［《古尊宿語錄》卷六《睦州（道蹤）和尚語錄》P.99］

（3）藥病相治學路醫，扶籬摸壁小兒戲。（《雲門匡真禪師廣錄》卷上 T47，p0553b22）

例（1）用動詞"撥"和"瞻"形象地描繪出僧人如何拋卻愚癡，虔心向佛。白描中還運用了借喻的手法，將人之愚癡比作"草"，將佛祖玄妙比作"風"，撥開愚癡荒草，瞻望佛祖玄風，用兩個相承的行爲動作暗指學人悉心求佛。例（2）"擔枷過狀"是一條歇後語，省去了後面的注解語"自求解脫"，用肩負刑具自赴官衙的形象描寫，比喻求佛之人須自求解脫，澄明本心。例（3）用站立行走須憑藉籬壁之人暗指不能自求解脫，必須依靠師父求法的鈍根學人。通過運用白描，禪籍俗語變得活靈活現，趣味橫生。

二、表現語言均衡美

均衡，是美學的基本原則之一，語言同樣可以通過形式上的整齊佈局營造美的效果。禪籍俗語在表達禪思，闡發義理時通過建構對偶、頂真、回環、互文、排比、疊詞等修辭方式，增強語言的審美效果。

（一）對偶

對偶，就是結構相同或基本相同，字數相等，意義上有密切聯繫的一對句子。從內容上看包括正對、反對和串對；從形式上看，包括寬對和工對。由於對偶在形式上整齊勻稱，往往還注意到語音的和諧押韻，既符合汉民族的審美習慣，又給語句帶來強烈的視聽美感。對偶在禪籍俗語中大量運用，結構的對稱，語音的和諧正好迎合了俗語便於記憶、誦讀的語用要求，讀來朗朗上口，易於傳誦。同時，使得禪籍俗語俗中帶雅，耐人回味。

1. 正對

對偶的前後兩個句子意義相同或相關。

（1）上堂，僧問："如何是佛？"師曰："許多時向什麼處去來？"乃曰："達磨未來時，冬寒夏熱。達磨來後，夜暗晝明。諸人若下得一轉平實語，吃鹽聞鹹，吃醋聞酸。若道不得，迦葉門前底。"（《法演禪師語錄》卷中《舒州白雲山海會演和尚語錄》T47，p0662a07）

（2）上堂，僧問："如何是觸目菩提？"師云："風動塵起，鳥飛毛落。"進云："乞師再垂方便。"師云："泊被打破蔡州。"（《明覺禪師語錄》卷一 T47，p0676a16）

（3）上堂："見聞覺知無障礙，聲香味觸常三昧。衲僧道，會也，山是山，水是水，飢來吃飯，困來打睡。"（《五燈會元》卷十二《雲峰文悅禪師》P.745）

正對中前後兩聯出現的詞語，詞性相同，意義相關，在表義上還可以相互補充。例（1）中吃鹽吃醋每個人的感受各不同，學佛學法正是如此，必須親力親爲，自心體悟。禪師以吃鹽吃醋之說暗喻參禪習佛的個體體驗性。例（2）由"風動"而"塵起"，"鳥飛"而"毛落"前後對偶，說明事物間有因果聯繫。佛法講求因緣的道理，任何事物的出現都有一定的原因。"風動""鳥飛"之例形象有力地闡明了禪宗的因緣說。例（3）飢餐困眠都是生活之道，前後對偶。南宗禪爲了掃除學人向外求道的妄想，主張修行與生活一體化，提出了"平常心是道"的南宗禪精神。三條俗語皆是前後對偶，言說同類事物，在内容上相互補充、豐富，表達相同禪理。

2. 反對

對偶的前後兩個句子意義相反相對。

（4）上堂："……爭如隨分，到尺八五分钁頭邊，討一箇半箇。雖然如是，保寧半箇也不要。何故？富嫌千口少，貧恨一身多。"（《五燈會元》卷十九《華藏安民禪師》P.1290）

（5）上堂，因城中失火，僧問："養兵千日，用在一朝。正當立國安邦，爲什麼各生退志？"師云："千兵易得，一將難求。"（《古尊

宿語録》卷四十二《寶峰云庵真淨禪師住筠州聖壽語録一》P. 789)

反對是將相反相對的兩組事物並列舉出，形成强烈的對比。例（4）指有錢時人口再多也嫌少，貧窮時只身一人也覺多餘。禪門用來喻指主觀思想隨環境條件的改變而改變，在不同條件下，根據具體情况應採取相應措施解決問題。例（5）謂作戰的士兵容易得到，但善於指揮軍隊的良將卻難以求得。比喻有才華的人很難尋求到，禪宗謂道法高超，善於接引學人的禪師難以尋得。例句中的俗語前後兩部分意義相對，但從整條俗語看，語義重心在後半句，前面部分起襯托對比的作用。

3. 串對

對偶的兩個句子有意義上的承接關係。

（6）僧問："如何是道?"師曰："良田萬頃。"曰："學人不會。"師曰："春不耕，秋無望。"（《五燈會元》卷十七《開先行瑛禪師》P. 1140)

（7）舉："僧問長沙：'作麽生轉得山河大地歸自己去?'沙云：'作麽生轉得自己歸山河大地去?'"師拈云："得人一牛，還人一馬。"（《圓悟佛果禪師語録》卷十七 T47，p0794b09)

對偶的上下兩聯之間有順承連續關係。既有時間上的先後承接，如例（6）春秋相承；也有動作行爲上和事理上的前後連續，如例（7），得牛與還馬前後相承。

4. 寬對

寬對只要求前後兩句字數相等，可以有相同的詞重複使用。

（8）袁州南源道明禪師，上堂："快馬一鞭，快人一言。有事何不出頭來，無事各自珍重!"（《五燈會元》卷三《南源道明禪師》P. 161)

（9）曰："如何是向上事?"師曰："雲從龍，風從虎。"曰："恁麽則龍得水時添意氣，虎逢山則長威獰。"（《五燈會元》卷十六《棲賢智遷禪師》P. 1042)

（10）擲下拄杖喝一喝云："紅粉易成端正女，無錢難作好兒郎。"（《大慧普覺禪師語録》卷二 T47，p0816b06)

5. 工對

工對，不但要求前後對偶的兩句字數相等，而且詞義、詞性和平仄都要相對。

（11）師問南泉："古人道：'道非物外，物外非道。'如何是物外非道？"泉便棒。師云："莫錯打！"南泉云："龍蛇易弁，納子難謾。"（《祖堂集》卷十八《趙州和尚》P.794）

"龍蛇"與"納子"相對，"易"與"難"相對，"弁"與"謾"相對。"謾"《廣韻》中有四個反切，平、去兩讀。《桓韻》："謾，欺也，慢也。"音隨義轉，俗語中的"謾"屬平聲。俗語平仄爲"平平仄仄，仄仄平平"。

（12）夫如是則向萬仞懸崖垂手，敲唱俱行，百尺竿頭進步，主賓互換。正當恁麼時如何？龍吟長霧起，虎嘯乃風生。（《圓悟佛果禪師語録》卷七 T47，p0746a10）

"龍吟"與"虎嘯""霧"與"風""起"與"生"相對。平仄爲"平平平仄仄，仄仄仄平平"。

由於禪籍俗語大多來自民間，或由禪師接引學人隨機方便，口頭創造，往往沒有經過仔細地推敲，所以在語言形式上表現出結構鬆散、句式簡單、前後兩句使用同字等特點，如"不因一事，不長一智""大樹大皮裹，小樹小皮纏""打水用桶，舀粥用杓"。前後兩句雖有同字重複使用，不但沒有破壞語言的對稱美，反而使整條俗語更具整體性。工對俗語數量不多，這恰恰體現出禪籍語言的口語化特點。

（二）頂真

頂真，是臨近的句子首尾相連，前一句的結尾作下一句的開頭，上遞下接，前後相承。

（1）僧問："護生須是殺，殺盡始安居。未審殺箇什麼？"師云："大有人疑著。"（《圓悟佛果禪師語録》卷九 T47，p0752a27）

（2）然則事不孤起，起必有由。若一向作葛藤會又爭得！不見昔日子胡和尚有言：祖師西來也只箇冬寒夏熱，夜暗日明。"（《大慧普覺禪師語録》卷二十一 T47，p0902a22）

（3）師云："步平履穩底，嶮絕處疑著。行玄體妙底，平地上吃

交。魯祖尋常只解把定，及乎此時，卻幹得轉。<u>病深用藥，藥過用</u>
<u>醫</u>。"(《宏智禪師廣録》卷一 T48，p0007c03)

頂真，通過前一句的尾字和後一句的首字將前後兩句連接起來，在形式上
產生詞語蟬聯的表達效果，意義上又形成一種連鎖關係。可以是前後動作
行爲的相承，如例（1）；可以是前後條件與結果的相承，如例（2）；還可
以是程度由輕到重的加強，如例（3）。俗語句式簡單短小，通過運用頂真
修辭可以增強語言的整體感，使得結構嚴密，意義連貫，語氣連綿，音律
流暢。

（三）回環

回環，即把前一句的結尾作爲後一句的開頭，又把前一句的開頭作爲
後一句的結尾。整個句子回環往復。通過相同詞語迂曲縈回的反復出現，
表達兩個相反相成的意思，達到強調語義的目的。

（1）師又曰："還知道不償不受者摩？"對曰："與摩則<u>波不離水</u>，
<u>水不離波</u>去也。"(《祖堂集》卷五《道吾和尚》P. 266)

（2）問："如何是異類？"師云："<u>尺短寸長，寸長尺短</u>。"(《祖堂
集》卷十七《岑和尚》P. 768)

（3）問："今日設潙山齋，未審潙山還來也無？"師云："<u>來則有</u>
<u>去，去則有來</u>。"(《祖堂集》卷十八《仰山和尚》P. 809)

例（1）通過形式上的回環，表現出"波"和"水"彼此依存的關係。禪
宗用來喻指事物的圓融統一，互融互攝。例（2）在回環方式下體現出
"尺"與"寸"在矛盾中實現統一，尺比寸長，但用於更長的地方，仍顯
其短；寸比尺短，但用於更短的地方，則顯其長。比喻人或事物各有其長
處也有短處。禪師用此語啓發僧徒拋開異類分別之念，萬物各有所長亦有
所短，在本質上沒有區別。例（3）則體現出"來"和"去"的相互轉換，
來與去是一組相對概念，彼此不能孤立存在。這種修辭在語言形式上造成
一種回環往復的音樂美感，同時揭示出事物相互依存或對立統一的關係。
禪籍俗語通過使用回環，將彼此矛盾或有关联的事物聯繫在一起，表達圓
融統一的禪宗哲理。

（四）互文

互文，是指兩個詞組或句子，語義必須相互補充，雖然分列前後兩個

部分，但是語義上交叉互補，表達一個完整的意思。

> 問："南泉遷化，向什麼處去?"師云："東家作驢，西家作馬。"
> 僧云："學人不會。"師云："要騎則騎，要下則下。"(《祖堂集》卷十
> 七《岑和尚》P.769)

互文的俗語，形式上互省，意義上互補。俗語"東家作驢，西家作馬"指
任運而爲，隨緣遷化。禪宗認爲事物的發展變化，人的命運前途都由機緣
決定，所以不必執著強求，化作驢馬，任運自然。

（五）排比

排比，就是把三個或三個以上結構相同或相似，意義相關、語氣一致
的詞組或句子排列在一起，形成一個整體。

> （1）上堂："一葉落，天下秋；一塵起，大地收；一法透，萬法
> 周。且道透那一法?"(《五燈會元》卷十八《石佛益禪師》P.1196)

> （2）師云："今夜與你諸人說箇譬喻，恰似諸人有箇眼，能照見
> 一切長短方圓等象，爲什麼卻不自見，但識取長短方圓等象? 若要見
> 眼則不可，你心亦如是。其光照矚，通徹十方，包容萬有，爲什麼卻
> 不自知? 要會麼? 但識取照矚等事，若見心則不可也。古人道：刀不
> 自割，指不自觸，心不自知，眼不自見，則真實矣。久立。"[《古尊
> 宿語錄》卷三十二《舒州龍門（清遠）佛眼和尚普說語錄》P.601]

例（1）三項並列排比，"一葉""一塵""一法"都是指部分，而"天下"
"大地""萬法"代表與前三項對應的整體，三項排列，都在表達整體與部
分之間的辯證關係。禪宗通過同義俗語的排比連用，傳達一悟一切悟，透
得一機，千機萬機一時透得的禪義。例（2）是一個四項並列式排比。禪
宗用來比喻人人皆有佛性，但卻不自知。排列的四項，表達一個相同的
意思。

排比使語言形式連綿悠長，使語義完整通透。多項排列還造成了一種
強烈的言語氣勢。

（六）疊詞

疊詞，指將形、音、義完全相同的兩個詞緊密地連接在一起，表達與
單個詞相同的意義，語氣更加強烈。

（1）文殊問無著："南方如何住持？"著云："末法比丘，少奉戒律。"云："多少眾？"著云："或三百或五百。"無著卻問："此間如何住持？"殊云："凡聖同居，龍蛇混雜。"云："多少眾？"殊云："<u>前三三後三三</u>。"（《汾陽無德禪師語錄》卷中 T47，p0609c22）

（2）時有僧出擬伸問次，師云："<u>去去西天路，迢迢十萬餘</u>。"（《雲門匡真禪師廣錄》卷上 T47，p0546b14）

（3）時有僧出云："不敢妄生節目。"生云："也知闍黎不分外。"僧云："<u>低低處平之有餘，高高處觀之不足</u>。"（《明覺禪師語錄》卷三 T47，p0688b06）

例（1）中"三三"並不表示一個具體的數量，是禪宗超越數量概念的表現。人有前世、今生和未來三世，前世已經過去，未來還沒有到來，所以數詞"三"經過重疊，表示一個虛化的數字，與前世和未來結合，表達遠離今生的虛無世界。禪宗通過數詞的重疊表達對數量概念的超越，再結合時間概念表達一種對"無"的深層體驗。將"三"重疊後形成的俗語和沒有重疊的"前三後三"相比較，意義似乎并未短少，但"前三/後三"與"前/三三/後/三三"相比，後者無疑節奏更加明快，前世、今生與未來三世的語義也更加突出。例（2）和例（3）通過重疊單音動詞"去"和形容詞"低""高"，形成句式的前後對稱，在加強語氣的同時構成和諧一致的結構美。如果例（2）句沒有"去""迢"的重疊，作"去西天路，迢十萬餘"，則勻稱均衡的美感蕩然無存。

三、強化語意

表情達意不僅要清楚明白，還應考慮詳略得當，重點突出。禪師在接引學人，弘法傳教時常常使用俗語，這些俗語通過運用誇張、同語、層遞、時序等修辭方式，強化了語意，增強了表達效果，給人留下深刻印象。

（一）誇張

誇張，包括擴大誇張和縮小誇張。就是故意言過其實，將事物誇大或縮小的一種修辭方式，對事物的特徵給以程度上的渲染，引起人們豐富的想象，表現出鮮明的情感態度。

禪籍俗語口語色彩濃厚，誇張的使用更增強了語言的表現力。禪籍俗語往往借助具體的事物說明抽象的禪理：一方面，構造的俗語有意從不同類別中選擇具有鮮明反差的事物構成超常組合，通過事物間性質的鮮明對比構成誇張，如"藕絲系大象"；另一方面通過超常的動作行爲帶來誇張效果，如"一字入公門，九牛曳不出"；還可以通過數詞的誇張使用，營造特殊的表達效果，如"萬里望鄉關"。

（1）"如何是向上事？"師云："待价一口吸盡鏡湖水，我則向你道。"（《祖堂集》卷十《鏡清和尚》P.471）

（2）問："如何是和尚家風？"師曰："千年田，八百主。"（《五燈會元》卷四《靈樹如敏禪師》P.239）

（3）上堂："……差之毫釐，過犯山嶽。不見古人道，學處不玄，盡是流俗；閩合中物，捨不得俱爲滲漏。"（《五燈會元》卷十三《雲居道膺禪師》P.797）

（4）師拈棒，僧云："老和尚莫掣猱，奪棒打老和尚去在。"師云："今日被這漢鈍置煞我。"僧云："敗陣不禁苕帚掃。"〔《古尊宿語錄》卷七《汝州南院（慧顒）禪師語要》P.109〕

例（1）將行爲動作誇大，用口飲盡湖水本身就是一種超邏輯搭配，但正是這種反常規、反邏輯的組合將所要表達的意義誇張，凸顯出飲水的快、多、猛。該俗語在禪籍中被禪師用來教化學人參禪悟道要一氣呵成，瞬間頓悟，容不得在心中擬議。例（2）俗語本指土地千年不變，而主人不斷變換。禪宗謂佛法一如，而人的認識各不相同。一方千年不變，一方世代變換，在數詞的對比中強調語義。例（3）用毫釐之差與高大遙遠的"山嶽"進行對比，突出小誤差也會帶來大錯誤。例（4）中敗陣和苕帚兩個事物本來沒有任何關係，通過無理組合，將二者聯繫到一起，並進行了比較。苕帚是生活日用，人們可以馬上聯想到它柔軟的特性，敗陣潰亂無力的慘像在比較中被誇大。

禪籍俗語在運用誇張時，常常通過事物的超常搭配、反邏輯組合，將兩個無關的事物聯繫在一起，並形成一種比較關係，在比較中將某事物的性狀誇大或縮小。這種誇張方式生動形象，讓人在具體事物的比較中生發聯想，得出結論。

（二）同語

同語，也叫對稱式反復，在一個句子中，同一個詞或詞組先後充當不同的句子成分，同語是一種特殊的反復，同一個詞或詞組重複出現，增強了語意印象，前後對稱，又形成一種均衡諧調美。

（1）洞山問夾山："作摩生？"對云："只與。"洞山肯之。有人舉似師。師云："金打金，水洗水。"（《祖堂集》卷二十《灌溪和尚》P.894）

（2）問："數日不聞師誨語，今朝陞座意如何？"師云："一年春盡一年春。"〔《古尊宿語錄》卷二十六《舒州法華山（全）舉和尚語要》P.485〕

（3）良久曰："弄潮須是弄潮人。"（《五燈會元》卷十二《大寧道寬禪師》P.732）

（4）師云："看兩箇老和尚可煞漏逗，對面相謾。"瑯云："愁人莫向愁人說。"〔《古尊宿語錄》卷二十五《筠州大愚（守）芝和尚語錄》P.482〕

（5）上堂："……世尊有密語，冬到寒食一百五。迦葉不覆藏，水泄不通已露贓。靈利衲僧如會得，一重雪上一重霜。"（《五燈會元》卷十九《太平慧懃禪師》P.1259）

（6）皎皎清光，遍界莫藏。聲拋不出，色豈能彰。直下斬釘截鐵，鏟卻古今途轍。高處臨濟德山，三人證龜成鱉。別，別。一回吃水一回噎。（《圓悟佛果禪師語錄》卷十九 T47，p0801c08）

（7）問："古殿重興時如何？"師曰："一回春到一回新。"（《五燈會元》卷十五《西禪欽禪師》P.962）

例（1）和例（2）是主賓同語，即主語和賓語對稱反復。例（1）中的"金"和"水"，例（2）中的"一年春"在句子中既作主語又作賓語。例（3）是主語和賓語的修飾語同語，第一個"弄潮"作句子的謂詞性主語，第二個作賓語"人"的修飾語。例（4）是主語和介詞賓語同語，第一個"愁人"在句子中作主語，第二個作介詞"向"的賓語。例（5）到例（7）是修飾語對稱同語，"一重""一回"在句子中作不同中心語的修飾語，構成對稱重複。

禪籍俗語短小精練，使用同語修辭，使話語變得更加凝練。在精練的結構中還包含著不同邏輯語義關係。如"一回吃水一回噎"，通過詞語的對稱反復，反映出事物間相互聯繫的邏輯關係。如"一重雪上一重霜"，顯示出語義的遞進加深，既將雪和霜的關聯性體現出來，又隱射出雪上加霜，難上加難的意義。又如"一年春盡一年春"，利用主賓同語，構成形式和語義上的一體化，巧妙地將時間的周而復始、循環往復表達出來。

（三）層遞

層遞，就是將兩個或兩個以上的語言單位，按照某種意義或邏輯上的順序進行排列，表達事物間層層遞進的關係。

（1）因舉："雲居示徒云：'舉得一百箇話，不如揀得一箇話；揀得一百箇話，不如道取一箇話；道得一百箇話，不如行取一箇話。'"（《祖堂集》卷十一《保福和尚》P.506）

（2）師上堂云；"說取一丈，不如行取一尺；說取一尺，不如行取一寸。說取郍行處，行取那說處。"（《祖堂集》卷十七《大慈和尚》P.741）

禪籍俗語有時將層遞修辭和排比聯合使用，如例（1），在形式上三項依次整齊排列，前後句式相同，構成排比，在意義上三項又層層深入，逐次加碼，通過"舉話""揀話""道話"和"行話"的排列說明實踐的重要性，聽取他人之語不如自己言說，而空洞言說又不及親身體驗。層遞排列意義逐步加深。例（2）分號的前後兩項屬於並列關係，表達相同意義，但兩項中各自運用了層遞修辭，從數量"一丈"和"一尺"的比較表明"說"與"行"層次的不同。禪宗反對通過虛無的言說來領悟佛法，主張將修禪習佛落實到實實在在的行動中。

（四）時序

時序，即將同範圍、同性質的事象按照時間的先後順序逐一列出，前後部分有時間上的連續關係。

禪籍俗語中時序的運用體現在對季節的表達，如"春生夏長，秋收冬藏"，《五燈會元》卷十四《華藥智朋禪師》："成曰：'汝作麼生會？'師曰：'春生夏長，秋收冬藏。'"按照一年四季的先後順序敍述各季節不同的農耕勞動，前後四項一綫貫通。

誇張通過言說的誇大或縮小使俗語中描寫反映的物象有悖於事理常情，在語言與現實的對抗中表達使用者的意圖，引起接受者的注意。同語則通過相同語詞的反復使用加深接受者的印象。俗語結構一般短小，同語的使用更加強了俗語形式的凝練性，在簡短的語句中蘊含豐富的語義信息。層遞和時序兩種修辭強調事物間關係的連續性和遞進性，通過使用這兩種修辭，增強了俗語結構的整體性，在意義上顯示出事物間或事物內部的關聯性。誇張等修辭方式或通過語義的反常規、或通過形式的反復層遞引起人們的注意，強化人們的語義印象。

四、表達婉約蘊藉

禪籍俗語在表情達意時，常常借用雙關、歇後、反問和用典等修辭方式將不盡之意表於言外，營造婉約蘊藉的修辭效果。使用俗語其實是一種有話不直說，迂迴曲折的表達方式。禪宗有"不立文字"的語言原則，但又不能完全脫離文字，於是就在接引學人，傳教說法時"放一綫道"、開方便門，通過"繞路說禪"的方式委婉曲折地表達禪意。禪籍俗語中的雙關等修辭方式正是運用迂迴包抄、側面烘托的方法，將深奧的禪意間接表達出來。

（一）雙關

雙關，包括諧音雙關和語義雙關。就是利用語音的相同相近或詞語的多義性，有意讓同一個詞或詞組含有表裏兩層意思。

漢語具有同音、音近字多和一詞多義的特點，禪籍俗語在使用雙關修辭時正是利用了漢語這一特點，使俗語帶有了表裏兩層含義。表層義是俗語字面上顯現出來的意義，而俗語真正要表達的意義與字面義相偏離，接受者不能直接從俗語字面上領會禪意，而要對擺在面前的俗語進行二次處理，對其中的個別字進行同音替換，或是詞義替換。雙關使得字面義和深層義之間有了一定的"距離"，從而使表達產生迂迴婉轉，耐人尋味的效果。

（1）潭州道吾仲圓禪師，上堂："不是心，不是佛，不是物。古人恁麼道，譬如管中窺豹，但見一斑。設或入林不動草，入水不動波，亦如騎馬向冰凌上行。"（《五燈會元》卷十七《道吾仲圓禪師》P.1138）

（2）僧問：“趙州石橋，<u>度驢度馬</u>，三峽石橋，當度何人？”師
曰：“蝦蟆蚯蚓。”（《五燈會元》卷十《棲賢澄湜禪師》P.625）

例（1）使用了諧音雙關，“管中窺豹，但見一斑”，“斑”與“般”音同，
字面義指豹子身上的斑點，通過同音替換用“般”來表達俗語的深層含
義，比喻人視野狹窄，見識平庸，只見到事物的一小部分，不能全面地認
識事物。例（2）利用了語義雙關，“趙州石橋，度驢度馬”，字面的“度”
指空間上的經過，驢馬可以從趙州石橋上經過。而深層含義不在此，“度”
在佛教中有專門意義，指引導世俗人進入佛門，出離生死。“度驢度馬”
實際指普渡眾生。

（二）歇後

俗語中有歇後語一類，在形式上包括前後兩部分，前面部分是對一件
事、一個動作、一種狀態進行描寫，後面部分則是對前一部分的解釋說
明。禪宗有“不說破”的語言原則，禪理佛法不能直言道出，歇後語中歇
後的形式正好與禪宗這種語言原則相應合。禪師爲了讓學人自心領悟，有
意省去歇後語中後面的注解部分，只出現前面的描述。我們把這種俗語形
式看作一種修辭方式，將一條完整俗語中的重要部分隱藏起來，只留下前
面的描述部分。要實現語義的完整理解，必須對前面的形象描述進行抽象
概括，提煉出隱藏在形象描寫下的深層含義。

（1）鬼使云：“四十年來貪講經論，不得修行，如今更修行作什
摩？<u>臨渴掘井</u>，有什摩交涉？”（《祖堂集》卷十四《江西馬祖》
P.611）

（2）潙山舉問仰山：“此二尊宿意作麼生？”仰山云：“和尚作麼
生？”潙山云：“養子方知父慈。”仰山云：“不然。”潙山云：“子又作
麼生？”仰山云：“大似<u>勾賊破家</u>。”（《五燈會元》卷十一《臨濟義玄
禪師》P.644）

（3）體得底人，心如<u>臘月扇子</u>，直得口邊醭出，不是強爲，任運
如此。欲得恁麼事，須是恁麼人。既是恁麼人，不愁恁麼事，恁麼事
即難得。（《五燈會元》卷十三《雲居道膺禪師》P.797）

（4）問：“更深夜靜時如何？”師曰：“<u>老鼠入燈籠</u>。”（《五燈會
元》卷十五《開先善暹禪師》P.1001）

（5）上堂："老盧不識字，頓明佛意，佛意離文墨故。白兆不識書，圓悟宗乘，宗乘非言詮故。如此老婆心，分明入泥水。今時人猶尚抱橋柱澡洗，把纜放船。"（《五燈會元》卷十七《東林常總禪師》P.1112）

（6）師云："一喝喝滅。"僧禮拜云："莫瞞大衆。"師云："棺木裏瞠眼。"（《汾陽無德禪師語録》卷上 T47，p0600c22）

（7）上堂："景色乍晴，物情舒泰。舉步也千身彌勒，動用也隨處釋迦。文殊普賢總在者裏，衆中有不受人瞞底。便道：雲蓋和麩糶麵，然雖如是，布袋裏盛錐子。"（《楊岐方會禪師語録》T47，p0641c16）

以上七個例子的歇後語分別作"臨渴掘井——爲時已晚""勾賊破家——自犯說""臘月扇子——功勳絕""老鼠入燈籠——未知有向上一竅""抱橋柱澡洗，把纜放船——放手不得""棺木裏瞠眼——猶有氣息在""布袋裏盛錐子——不出頭是好手"，七條歇後語都省去了後面的注解部分，在理解時，需要調動聯想，將省去的注解補充完整。禪籍俗語運用歇後修辭，可以避免意義的直接表達，將注解語隱藏起來，讓學人自己領會字面以外的深層意義。

（三）反問

反問，又叫反詰，是一種無疑而問，答案就隱含在問句之中。雖然用疑問的形式，但表達的卻是肯定的態度，而且語氣更加強烈。

禪籍俗語大量使用反問修辭，在表達句型上還出現定型化的趨勢：

（1）僧云："未審當初靈山合談何法？"師云："不見道'世尊不說說，迦葉不聞聞'？"僧云："與摩則'不覩王居殿，焉知天子尊'？"師云："酌然，瞻敬則有分。"（《祖堂集》卷十一《齊云和尚》P.523）

（2）大潙哲云："雲居茱萸，爲人知爲己。爭奈趙州不入繾綣。然雖如是，不得雪霜力，焉知松柏操。"（《聯燈會要》卷六《觀音從諗禪師》X79，p0057b01）

（3）泉州東禪和尚，初開堂，僧問："人王迎請，法王出世，如何提唱宗乘，即得不謬于祖風？"師曰："還柰得麼？"曰："若不下水，焉知有魚？"（《五燈會元》卷七《泉州東禪和尚》P.428）

（4）卻曰："若不同床睡，焉知被底穿？"師不答。（《五燈會元》卷十七《寶峰克文禪師》P.1114）

（5）問："此日人天普集，太守臨筵。祖意西來，乞師端的。"師云："的。"進云："一句已蒙師指示，向上宗乘事若何？"師云："向下底。"進云："若不登樓望，焉知滄海深！"（《古尊宿語録》卷四十二《寶峰云庵真淨禪師住筠州聖壽語録一》P.784）

上述五例都用"（若）不……，焉知……"的句型。

（6）進云："學人未曉，乞師再指。"師云："未到長城不肯休。"進云："不入洪波裏，爭見弄潮人。"[《古尊宿語録》卷四十六《滁州琅琊山（慧）覺和尚語録》P.910]

（7）已後祖祖相傳，西天此土三是三人，有入虎穴底手腳。古人道："不入虎穴，爭得虎子。"雲門是這般人，善能同死同生。（《碧巖録》卷二【十五】T48，p0155c27）

（8）僧問："未離兜率，已降王宮。未出母胎，度人已畢。今日意作麼生？"師云："守株待兔，枉費精神。"云："不因入水，爭見長人？"師云："未問已前，猶較些子。"（《聯燈會要》卷十四《報本元禪師》X79，p0126b03）

（9）師云："這箇是瓦礫。"僧云："和尚莫別有麼？"師云："乾屎橛一任咬。"代云："若不言瑕爭得玉轉。"（《雲門匡真禪師廣録》卷下 T47，p0569a05）

上述幾例套用"不……，爭……"的句型。

此外，還有"……，誰教……"的句型，如"官家不許夜行人，誰教醉酒街頭睡"；有"……，何……之有"，如"見義不爲，何勇之有"。還用到"如何""豈""何"等疑問詞表反問，"良禾不立米，如何濟得萬人飢""種穀不生豆苗，蒸砂豈能成飯""兔子何曾離得窟"。反問修辭比直陳方式表達的語氣更加強烈，說話人的態度觀點直接隱含在句中。俗語使用反問修辭，形式上是疑問句，但表達的是肯定的意義，在語義理解時增加了一層阻隔，不至直接將意思擺出，顯得迂迴婉轉，與禪宗"不說破"的語言原則相應合。

（四）用典

用典，指在表達中運用古代歷史故事、神話傳說或有出處的語詞構造俗語。禪籍俗語有些也通過化用典故，將深層意義隱藏在語言文字之中。有些來自世俗史實，如"晉帝斬嵇康""巢父飲牛，許由洗耳"；有些來自佛教故事，如"蘆芽穿膝""石頭點頭"；有些來自神話傳說，如"羿始調弓，九烏失色"；有些來自古代寓言，如"郢人無汙，徒勞運斤"。

（1）師云："作家。"乃云："滿口道得底卻不知有，知有底又道不得。且道過在什麼處？將成九仞之山，莫惜一簣之土。"（《法演禪師語錄》卷上 T47，p0650c15）

（2）忽有衲僧出來道："不怎麼如龍得水，似虎靠山，通身是眼也看他不見，通身是舌也說他不及。且道，畢竟落在什麼處？""若不藍田射石虎，幾乎誤殺李將軍。"（《圓悟佛果禪師語錄》卷十三 T47，p0771c21）

例（1）典出《論語·子罕》："譬如爲山，未成一簣，止，吾止也。譬如平地，雖覆一簣，進，吾往也。"學法猶如堆土成山，縱然只差一簣之土，若不精進也難成正果，所以禪師化用孔子之語教導學人要"百尺竿頭更進一步"。例（2）中俗語化用了李廣射石虎的歷史故事。虎非真虎，李廣誤以石爲虎，兩次射箭都箭落草叢。禪籍中化用這則歷史故事，言外之意教導學人不要被虛妄所惑，要求得真法，必須清淨本心。

禪籍俗語化用典故，在字面意義和深層意義之間築起了一道籬笆，要參悟其中的含義首先必須理解典故。典故的使用使禪義的表達變得迂回含蓄。

雙關需要接受者對俗語中個別詞語進行同音或同義替換才能理解其義，歇後需要補充省去的注解部分，反問則要領會問句中說話者的態度，用典要求俗語的接受者深諳歷史、宗教故事。這些修辭方式都爲俗語的理解添加了阻隔，使說話人不必直言道破意圖，使表達變得迂迴婉曲。

五、突出對比反差

禪籍俗語中常常將兩個相反、相對或是性質上具有強烈反差的事物組合在一起，形成對比，在對比中突顯雙方的性質。這一類的修辭方式包括對照和映襯。

（一）對照

對照，就是把兩個相反、相對的事物或一個事物對立的兩個方面放在一起，加以比較，在比較中突出事物雙方或其中的一方。這種修辭與對偶中的反對相同，對偶強調的是語言形式的對稱均衡，對照突出的是語義的對比反差。禪籍中有些俗語同時使用反對和對照這兩種修辭方式。

（1）僧問："大眾雲集，請師說法。"師曰："<u>赤腳人趁兔，著靴人吃肉</u>。"（《五燈會元》卷十一《風穴延沼禪師》P.677）

（2）問："承古人有言，<u>大體寬無際，小心塵不容</u>。如何是大體寬無際？"［《古尊宿語錄》卷三十七《鼓山先興聖國師（神晏）和尚法堂玄要廣集》P.696］

（3）問："盡未來際遍法界中，盡此一句時如何？"師云："<u>有錢千里通，無錢隔壁聾</u>。"［《古尊宿語錄》卷三十八《襄州洞山第二代（守）初禪師語錄》P.718］

（4）壽州紹宗禪師，僧問："如何是西來意？"師曰："<u>好事不出門，惡事行千里</u>。"（《五燈會元》卷九《壽州紹宗禪師》P.547）

（5）上堂云："<u>千人排門，不如一人拔關</u>。"［《古尊宿語錄》卷三十九《智門（光）祚禪師語錄》P.735］

（6）上堂，因城中失火，僧問："養兵千日，用在一朝。正當立國安邦，爲什麼各生退志？"師云："<u>千兵易得，一將難求</u>。"（《古尊宿語錄》卷四十二《寶峰雲庵真淨禪師住筠州聖壽語錄一》P.789）

例（1）到例（3）前後兩項進行對照，同時突出對照雙方。例（1）比照兩個階層生活狀態的巨大差異。例（2）用誇張的方式比較廣博與狹隘兩種心胸。例（3）對比"有錢"和"無錢"兩種境況下人們獲取信息數量的差異。例（4）到例（6）前後兩個事物比較，但話語的重點偏向了後面一項，前面部分只起襯托作用。例（4）"好事""惡事"對照中突出的是"惡事"，做了惡事的影響力比好事要大得多。例（5）、例（6）都利用數詞"千"和"一"進行對比，數量上的反差更能突出拔關和將領的重要性。對照修辭利用反義詞進行比較，如例（2）、例（3）、例（4）的"大"和"小"，"有"和"無"，"好"和"惡"。還可以利用數詞進行對比，如例（5）、例（6）。除此，還可以通過事物間存在的差異作對比，如例（1）

中“赤腳人”和“著靴人”的對比。

（二）映襯

映襯，指將具有鮮明反差的兩個事物組合在一起，通過其中的一方從反面將另一方襯托出來。

> 洞山問：“無量劫來餘業未盡時如何？”師云：“汝只今還作不？”對曰：“更有勝妙亦不作。”師云：“汝還歡喜不？”對云：“歡喜即不敢，如糞掃堆上拾得一顆明珠。”（《祖堂集》卷五《雲岩和尚》P.255）

“明珠”在禪籍中常被作爲照映迷悟的喻象，澄明清淨，而“糞掃堆”即垃圾堆，代表污穢。“糞掃堆”爲“明珠”作背景，反襯出“明珠”的澄明透徹。俗語在禪籍中比喻拾得珍寶，求得高妙之法。映襯修辭的運用，使表達具有了形象性和鮮明性的特點，使要突出的事物特徵更顯鮮明。

六、體現新異趣味

禪籍中時常出現一些荒誕離奇、難以理解的俗語，如“半夜日頭明，日午打三更”“大開眼了作夢”“過海不打舡”“東望西耶尼，面南看北斗”“空手把鋤頭，步行騎水牛”。俗語中描寫的現象在現實生活中并不存在，看起來是一派胡言亂語。禪宗把這種語言稱爲“格外句”，或者叫“格外談”“出格詞”等，“格外”就是超出日常規格之義。從修辭學的角度看，這些俗語都將人們習以爲常的邏輯懸擱起來，有意違反生活的經驗，顛倒通常的事理，用超越邏輯的方式進行表達。禪師可以根據表達的需要任意展開聯想，構想出超越現實的物象。我們把這種修辭方式稱爲聯想。禪籍俗語中大量運用聯想修辭來表達禪義。如：

> （1）問：“如何是諸佛出身處？”師云：“蘆花沉海底，刮石過陽春。火焰長流水，佛從此出身。”（《祖堂集》卷九《烏巖和尚》P.477）

> （2）又曰：“空手把鋤頭，步行騎水牛。人從橋上過，橋流水不流。”（《五燈會元》卷二《雙林善慧大士》P.119）

> （3）問：“如何是生機一路？”師曰：“敲空有響，擊木無聲。”（《五燈會元》卷六《洛浦元安禪師》P.321）

> （4）問：“仁王登位，萬姓霑恩。和尚出世，有何祥瑞？”師曰：

"萬里長沙駕鐵船。"（《五燈會元》卷六《潭州文殊禪師》P.348）

（5）上堂："先德道，此事如爆龜文，爆即成兆，不爆成鈍。爆與不爆，直下便捏。上藍即不然，無固無必，<u>虛空走馬</u>，<u>旱地行船</u>，<u>南山起雲</u>，<u>北山下雨</u>。"（《五燈會元》卷十二《翠巖可真禪師》P.729）

（6）僧問："如何是和尚家風?"師曰："<u>無底籃子拾生菜</u>。"問："如何是青剉境?"師曰："<u>三冬華木秀</u>，<u>九夏雪霜飛</u>。"（《五燈會元》卷十三《青剉如觀禪師》P.845）

这些俗語都爲禪宗的格外句，禪師故意構造離奇反常的物象，引導學人衝破思維的束縛，打破邏輯的知見，引導人們跳出定式思維，認知非"常理"下的禪悟境界。

上述六例都是將世俗眼中對立、矛盾的意象組合在一起，形成了不可思議的禪悟世界。例（1）蘆花沉入海底，劫石經過陽春，是禪宗設想的奇異場景。禪師用離奇的想象婉轉回答了僧徒關於佛祖出身處的提問，暗指佛祖出身於超凡脫俗的境界。例（2）中的俗語對理性邏輯思維構成了強大挑戰，它要學人摒棄世俗經驗，將理性思維中矛盾對立的意象轉化爲圓融和諧的直覺感受。例（3）俗語體現出禪宗一切皆空的思想。空與實沒有區別，敲空也能出響，擊木可以無聲。例（4）中禪師用構想的俗語暗示不可能出現或見到的情形，以此要求學人求佛問道回歸平常本心。邏輯是理性思維的產物，禪宗看來只要有理性存在就會有分別念產生，而在禪的世界中，尋求的是萬事萬物的圓融統一。例（5）中俗語"南山起雲，北山下雨"實現了空間的圓融，南北互容互攝，沒有彼此。例（6）"三冬華木秀，九夏雪霜飛"揭示了時間的圓融統一，消除了四季的界定劃分。禪籍俗語運用聯想修辭，傳達的是一種徹悟後對世界對萬物新的觀察視角與方法。通過這種新的視角和方法，幫助學人跳出邏輯的藩籬，直接進入活脫脫的悟性思維空間，只有這樣才能真正領會和體悟佛性的終極意義。

綜上，修辭是提高表達效果、實現交際目標的重要手段。禪籍俗語靈活運用修辭，使得深奧的禪理通俗化，平凡的意義情趣化，單調的表述新鮮化。俗語運用不同修辭，既滿足了禪門師僧不同的表達需要。同時，修辭對俗語進行了超常規處理，將禪旨隱藏在神奇玄妙的語言文字之下，爲禪宗"繞路說禪"的言說方式另闢門徑。

七、禪籍俗語的修辭格兼用

禪籍俗語運用多種修辭方式，體現了禪籍語言追求均衡、和諧、含蓄、重視借助意象傳達義理的審美文化心理，以及崇尚簡潔匀稱、朗朗上口、便於傳唱、便於記憶的語用心理。一條禪籍俗語常常綜合運用多種修辭格。

> （1）僧問："一等明機雙扣，爲甚麼卻遭違貶？"師曰："打水魚頭痛，驚林鳥散忙。"（《五燈會元》卷七《鏡清道怤禪師》P. 416）
>
> （2）問："如何是本來心？"師曰："拆東籬，補西壁。"（《五燈會元》卷十六《棲賢智遷禪師》P. 1042）
>
> （3）上堂："今朝六月旦，萬物隨時變。地肥茄子多，雨足甜瓜賤。紅桃大似拳，綠李圓如彈。誰識歸宗大道心，拈來一一人難辨。"（《古尊宿語錄》卷四十三《住廬山歸宗語錄》P. 825）

例（1）借擊水而魚頭疼，驚林而鳥受驚，比喻事物間存在關聯。例（2）借拆籬補牆比喻臨時湊合應對，沒有徹底解決問題。例（3）借農耕之事比喻事物之間存在因果聯繫。三條俗語都運用了借喻，同時在形式上都爲對稱結構。字數相等，結構相同，意義相關，構成對偶。

> （4）僧問："如何是道？"師曰："山上有鯉魚，海底有蓬塵。"（《五燈會元》卷二《徑山道欽禪師》P. 69）
>
> （5）舉傅大士頌云："空手把鋤頭，步行騎水牛。"師云："是你從向北騎一頭水牯牛到這裏。"[《古尊宿語錄》卷十六《雲門（文偃）匡真禪師廣錄中》P. 283]

例（4）、例（5）爲禪宗通過聯想構造的奇特句，形式上對偶，意義上離奇中蘊含禪義，禪師旨在打破學人的慣常思維，通過構造這樣的格外句告訴學人跳出原有的理性思維，從新的視角重新審視世界和生命。

> （6）師拈云："唱弭高，和弭寡，雪曲陽春。殺人刀活人劍，利物之要。"（《圓悟佛果禪師語錄》卷十八 T47，p0797a14）

俗語形式上對稱，前一句中的"高"與後面的"寡"形成對照，形容知音難得。俗語同時運用了對偶和對照兩種修辭。

> （7）上堂："此劍刃上事，須劍刃上漢始得。有般名利之徒，爲

人天師，懸羊頭，賣狗肉，壞後進初機，滅先聖洪範。"（《五燈會元》卷十六《元豐清滿禪師》P.1073）

俗語形式上前後對偶，又運用典故。

（8）上堂，僧問："如何是正主。"師云："萬派皆歸海，千山必仰宗。"（《圓悟佛果禪師語錄》卷一 T47，p0717c24）

（9）問："如何是塵中獨露身？"師云："塞北千人帳，江南萬斛船。"［《古尊宿語錄》卷二十三《汝州葉縣廣教（歸）省禪師語錄》P.437］

（10）問："學人有一問，未審師還答也無？"師云："南地鵲，北地狐。"進云："意旨如何？"師云："三月裏看。"［《古尊宿語錄》卷三十九《智門（光）祚禪師語錄》P.736］

例（8）俗語同時運用對偶和誇張；例（9）、例（10）俗語同時運用了對偶和列錦。

（11）上堂："高不在絕頂，富不在福嚴。樂不在天堂，苦不在地獄。"良久曰："相識滿天下，知心能幾人？"（《五燈會元》卷十五《雲蓋繼鵬禪師》P.997）

俗語謂認識的人很多，但是能成爲知心朋友的卻非常少。前後分句意義上構成反語，同時運用對偶中的反對。強調知心朋友少。

（12）《東林頌》：種穀不生豆苗，蒸砂豈能成飯。大通智勝如來，一箇擔板底漢。（《古尊宿語錄》卷四十七《東林和尚雲門庵主頌古》P.967）

禪宗喻指依照事物的本來面目行事，不要作違背事物本質屬性的荒唐事，否則只是徒勞無益。俗語中用疑問副詞"豈"構成反問句，加強語氣。俗語同時運用借喻和反問兩種修辭方式。

此外，禪籍中還有同時運用三種修辭方式的俗語，如：

（13）師云："步平履穩底，嶮絕處疑著。行玄體妙底，平地上吃交。魯祖尋常只解把定，及乎此時，卻幹得轉。病深用藥，藥過用醫。"（《宏智禪師廣錄》卷一 T48，p0007c03）

字面意指病深用藥治，藥物醫治不了時需求助醫生。禪家指根據學人的根
性可以採取不同的接引方法，引導學人擺脫滯礙，明心見性。意義上有層
遞關係。形式上，俗語前後兩個分句對偶，前一句的尾字"藥"又作下一
分句的開頭，形成頂真。俗語同時運用了層遞、頂真、對偶修辭。

（14）經旬，因記海印信禪師拈曰："雷聲浩大，雨點全無。"
《五燈會元》卷二十《教忠彌光禪師》P.1329）

（15）上堂云："大人具大見，大智得大用。一飛六月息，一諾千
金重。"（《圓悟佛果禪師語錄》卷三 T47，p0727b13）

例（14）俗語同時用到對偶、映襯、借喻三種修辭。例（15）用到起興、
對偶和用典三種修辭。

禪籍俗語同時運用兩種或兩種以上修辭方式，構成修辭格的兼用，增
強了語言的表現力。其中以對偶、借喻兩種最爲常用。對偶滿足了漢語喜
對稱，重均衡的語言習慣，讀來朗朗上口，便於記憶和傳誦。借喻則一方
面適應了禪宗"不說破"的語言原則，禪師說法傳教時完全放棄了抽象枯
燥的經教祖師語，轉而選擇使用形象化的俗語來比喻說理。另一方面，抽
象的禪旨佛理被形象化的人事取代，既可以繞路說禪，又可以爲學人理解
佛法提供便利。

禪籍俗語積極創造性地運用各種修辭，使語言產生活潑、精妙、傳
神、生動的表達效果，體現出禪籍俗語生動性和情趣性的特點。

第二節　禪籍俗語的非理修辭

俗語是人們生產、生活經驗的總結，具有知識性和經驗性的特點。但
禪悟追尋的是反邏輯、非理性的個人直覺體驗。俗語的"知"與禪宗的
"悟"在禪籍中發生了衝突。於是禪師們利用非理修辭，有意顛倒是非、
構造離奇、樹立矛盾，重新創造出符合禪悟世界的話語形式。這些俗語以
荒謬違理之言斬斷葛藤，截斷學人的執心與情識攀援，内容和作用在禪籍
中都表現出獨特性。

禪的目的是追尋本體論上的悟，而非認識論上的知。俗語恰恰反映
的是人們對自然、社會的理性認知。俗語反映的是人民群眾生產、生活

的經驗，具有傳授經驗、勸誡教訓的功能。可以說，俗語都是人們經驗和認識的總結，具有經驗性和知識性的特點。當俗語的"知"與禪宗的"悟"發生衝突時，禪師們有意對俗語進行改造或重新組合，通過非理表達打破俗語的經驗性和知識性，使其變得不合常理，不符合人們的經驗常識。所謂非理修辭，是刻意製造違背常規邏輯思維的話語表達，以取得特定表達效果的修辭現象。非理修辭有意打破人們的常規思維與認知規律，將語言材料置於反邏輯、非理性的境地，使邏輯思維在面對非理修辭加工的語言時失去理解的效能。經過非理修辭加工的俗語，表面看似胡言亂語，矛盾百出，但內裡卻傳遞出參禪悟道的本質，即打破傳統、固有的思維限制，排除語言符號的邏輯制約，放棄對語言文字的信賴，主動剿絕凡俗的分別對立，直接進入活潑自在、圓融不二的禪悟空間。非理修辭作爲一種獨特的修辭方式，在禪籍中對人們熟悉的俗語進行了特殊改造。經過非理修辭加工的俗語成爲了禪師解說佛法，傳遞禪悟體驗的重要方式。

　　非理修辭作爲禪籍中一種獨特的修辭方式，主要體現在以下幾個方面。

一、顛倒是非，打破慣常

　　禪師有意將人們日常熟知、公認的事理推翻，在諺語中利用非理表達，重新描述與傳統認識相悖駁的事理情狀。這一類諺語中反映的事象都是人們日常生活所熟知的，只是事物間的慣常組合被打破。禪宗有意乖違現實生活的經驗，顛倒通常的事理，將人們的思維從傳統定式中解放出來，展示給人們一個觀察和認識世界的新視角。

　　（1）問："西祖傳來請師端的。"師曰："一犬吠虛，千猱唼實。"（《景德傳燈錄》卷十三《汝州風穴延沼禪師》）

俗語意思是一隻狗對著虛空叫，並非因爲看到陌生的人或物，而更多的狗一起叫則是因爲真的看到陌生的人或物。意義在邏輯上有悖常理。漢王符《潛夫論·賢難》中有："諺曰：'一犬吠形，百犬吠聲。'"在形式上與禪籍完全相反，意義也不同。謂一隻狗叫，是因爲它看到了陌生的人或物，而一群狗叫是因爲聽到那隻狗的叫聲而跟著亂吠，比喻不了解事情真相，隨聲附和。禪籍中俗語的"實"和"虛"位置顛倒，內容和意義就變得不符合實際生活，打破了人們認識世界的慣常思維。

> （2）問："不與萬法爲侶者是甚麼人？"師曰："<u>遠親不如近鄰</u>。"
> 曰："待汝一口吸盡西江水，即向汝道，又作麼生？"師曰："<u>近鄰不</u>
> <u>如遠親</u>。"（《五燈會元》卷十九《虎丘元淨禪師》P.1295）

《荀子·勸學》："故君子居必擇鄉，遊必就士，所以防邪僻而近中正也。"
宋應俊輯補《琴堂諭俗編》卷上《恤鄰里》："晏子曰：'君子居必擇鄰，
可以避患。'左氏曰：'棄信背鄰，患孰恤之？'故梁人宋季有百萬買宅，
千萬買鄰之語。誠以急難相恤，遠親不如近鄰之密也。"中國古人重視鄰
里關係的和睦，特別是在遇到困難時，遠方的親人無能爲力，身邊的近鄰
卻可以出手相助。禪師爲了消除僧徒心中對遠與近的分別念，以人們熟知
的諺語"遠親不如近鄰"爲原型，又創造出意義相反相對的"近鄰不如遠
親"，打破了僧徒觀念上固有的親疏之別、遠近之分。進而告誡學人凡俗
之心因爲有了分別念才產生出遠近親疏的概念，而禪宗就是要消除這種二
元對立、分別取捨，實現萬物圓融統一。

禪宗通過對諺語進行非理修辭、荒誕處理，顛覆、破壞了人們對日常
經驗的認識，迫使僧徒不再"尋言逐句"，而是擺脫慣常的思維模式，跳
出狹隘的語言藩籬，去追尋隱藏在文字背後的佛法真諦。

二、構造離奇，違反邏輯

禪籍中創造的俗語有時到了怪誕離奇、隨心所欲的地步，生活中決然
不存在的現象，卻頻頻出現在禪的語言世界裏。禪師借助非理修辭，構造
出離奇的諺語。諺語中描繪的現象，完全是禪師想像出來的奇特世界，純
屬子虛烏有。禪師正是要利用這種違反邏輯、不合常規的諺語來破壞人們
認識現象世界所得到的經驗和理性，從而體現出在超越此岸世界的經驗和
理性後獲得的絕對自由。在禪宗看來，合乎邏輯，傳授經驗的諺語都是此
岸世界的產物，所謂的邏輯、規則都是人們的強爲之分，往往會障蔽人的
澄明心性。禪師通過構造內容離奇的諺語，消除人們心中已有的邏輯知
見，幫助人們洞察神秘的人生與自然。

> （1）上堂："<u>一葉落</u>，<u>天下春</u>，無路尋思笑殺人。<u>下是天</u>，<u>上是</u>
> <u>地</u>，此言不入時流意。<u>南作北</u>，<u>東作西</u>。<u>動而止</u>，<u>喜而悲</u>。蛇頭蠍尾
> 一試之，猛虎口裏活雀兒。是何言？歸堂去。"（《五燈會元》卷十九

《龍門清遠禪師》P. 1262）

龍門清遠禪師有意顛倒春秋，翻轉天地，錯亂南北東西，混淆動靜悲喜，將人們心中原有的物象世界的邏輯規則徹底顛覆。故意在人們心中造成時間、空間界限的混亂，動靜、悲喜概念的衝突。在非理修辭的作用下，俗語的表層信息違背了邏輯規範，俗語中的各物象本不應出現在同一邏輯思維結構中，但是從整段話語可以看出，禪師正是要借非理修辭所產生的特殊修辭效果，打破人們邏輯思維中春與秋、天與地、南與北、東與西、動與靜、喜與悲的矛盾對立，體會禪悟世界中的圓融無二。

　　"邏輯"是人們理性思維的產物，但在禪宗看來，真正的覺悟卻要超越一切邏輯的藩籬，因爲禪悟在本質上與邏輯不相容。禪宗認爲，人的認識一旦落入理性、邏輯的層面就難以與佛法大意相契合。諺語在禪籍中經過非理修辭的加工，構造出離奇但富有超越性的禪悟世界，禪師借此引導僧徒實現對理性世界的重新認識。

三、樹立矛盾，否定經驗

　　如果從傳統經驗出發來理解禪籍俗語，往往無理路可尋。禪宗在運用俗語時常常借助非理修辭顛覆邏輯，樹立矛盾，否定世俗經驗，甚至打破道德規範。禪師運用這樣的俗語，並不是要人們從語言的外在表象中看出究竟，而是要爲人們指示出一條探尋禪悟的道路。禪宗通過非理修辭構造出新的俗語，但這些俗語與世俗相矛盾，與理性相對立。俗語傳授經驗、總結知識的社會功能在禪籍語境下依舊存在，但傳達的意義需要重新解讀，人們不能簡單直接地憑藉俗語的字面內容來獲得經驗、知識。禪籍人爲修辭化了的俗語迫使人們從新的視角來認識世界。

　　（1）昭覺勤云："驅耕夫之牛，奪飢人之食，是從上爪牙。這羅漢具許多神通妙用，到仰山面前，直得目瞪口呿。何故？鶴有九皋難翥翼，馬無千里謾追風。"（《袁州仰山慧寂禪師語録》T47，p0586b03）

"驅耕夫之牛，奪飢者之食"，在意義和道德標準上與現實完全相反。驅趕耕夫的牛，奪取飢餓者的飯食，意謂著剝奪了他們的生存依靠。如果用世俗的眼光來認識諺語，在道義上大概難以接受。倘若放到禪的語境中則不難理解師父的用意：牛和飯食都是外在之物，真正的悟道便是要擺脫一切外在的依憑，完完全全地回歸本我。禪師之語意謂著讓僧徒放下一切欲累，尋見自我本心。

> （2）趙州落後到投子，便問："死之得活時如何？"師云："<u>不許夜行，投明須到</u>。"趙州便下來，一直走。（《祖堂集》卷六《投子和尚》P. 283）

"不許夜行，投明須到"，如果從邏輯思維的角度來看，俗語矛盾百出，難以理解。不准夜間行走，如何能夠在天明之時到達目的地？禪師的答話與現實完全對立。禪師提出的要求在現實世界中決然無法實現。實則禪師正是借非理修辭來顛覆邏輯，樹立矛盾，用這個看似對立荒唐的答語教化學人，務必越過一切中間過程，當下開悟；取消"夜"與"明"的區別對立，夜即明，明即夜。

如果從傳統經驗出發來理解禪籍俗語，往往無理路可尋。禪宗在運用俗語時有意樹立矛盾，否定世俗意義，甚至打破道德規範。禪師運用這樣的俗語，並不是要人們從語言的外在表像中看出究竟，而是要爲人們指示出一條尋找禪悟的道路。暗示人們抛開經驗，否定矛盾，從新的視角認識禪悟世界。

四、取消對立，圓融統一

《華嚴經》的禪悟特質之一是大乘空觀，大乘空觀將事物看作沒有自性的諸法，由於沒有自性，諸法可以達到諧和統一。① 受《華嚴經》的影響，禪宗形成了互攝統一的圓融境。在禪的世界裡大小、南北、自他、體用、一多等概念都圓融互攝，沒有對立，當然這與世俗世界二元對立的邏輯認知相違背。禪師利用非理修辭構造奇特句，向學人傳遞圓融不二的禪悟體驗。

> （1）問："如何是自己？"師曰："<u>望南看北斗</u>。"（《五燈會元》卷九《芭蕉慧清禪師》P. 551）

原本應是向北看北斗，禪宗利用非理修辭，故意構造出"望南看北斗"的奇特句，打破了人們對此岸物象世界的經驗認識。"望南看北斗"並非無義句，其中蘊含了兩種禪悟境界：其一，暗示了禪宗的般若空觀。向南尋

---

① 吳言生：《禪宗思想淵源》，中華書局，2001年，第225頁。

找北斗星，自然無所收穫，但這正是禪宗所追尋的"空"的境界。其二，禪宗主張南北互攝，空間圓融統一，消除四方分別。所以在禪宗的認知世界裡沒有南北之分，望南亦可見北斗。禪師以此暗示學人東西南北、四方八面的概念生於理性世界的二元對立，是由人強爲設定的空間概念。要認識"如何是自己"，首先應當拋開分別，消除對立。

(2) 上堂，舉："僧問首山：'如何是佛？'山曰：'<u>新婦騎驢阿家牽</u>。'"（《五燈會元》卷十二《道吾悟真禪師》P.733）

新婦本指新娘子、新嫁娘，亦指媳婦，蓋新娘日久，稱呼不改，即爲媳婦之義。阿家，同"阿姑"，指婆母。"新婦"騎在驢上，但卻要"阿家"來牽引，這與世俗世界的倫理相違背，顛倒了長幼尊卑之間的傳統關係，令人難以接受。而禪門修行正是要求破除世俗的分別心，不執著於尊卑、長幼、上下之別。非理修辭從話語表達上將"新婦騎驢"與"阿家牽驢"置於違反倫理，偏離邏輯的境地，但在這種超常搭配的背後，禪宗將新婦與婆婆等同看待，在禪的世界裡沒有牽與被牽、驢上驢下、尊卑高低的分別觀念。非理修辭構造的俗語反映了人我界限的消除，掙脫了理智的羈鎖，體現出禪宗落落無礙、不假雕飾的本來面目。

(3) 問："如何是孤峰宿底人？"師曰："<u>半夜日頭明</u>，<u>日午打三更</u>。"（《五燈會元》卷十一《魯祖教禪師》P.670）

"半夜日頭明，日午打三更"，從字面看黑白顛倒，時間錯亂。但在禪家看來，時間沒有絕對性，夜晚可以日光朗照，白天也可以打金報時。俗語在禪籍中否定了時間的絕對性，體現了禪宗要求學禪悟道之人自覺超越時間概念，消除心中的對立分別，實現時間的圓融統一。

這些怪誕離奇的話語，並非嬰孩兒的呀呀囈語，也非禪門師徒的任運之爲、隨意作答，而是一種有意對語言邏輯或日常經驗的顛覆和破壞，具有人爲的修辭色彩。禪宗把諸如此類荒誕、矛盾的胡言亂語稱爲"格外句""格外談"。"格外"，即超出常規的意思。禪宗就是要引導人們跳出定式思維，認知非"常理"之下的禪悟境界。要實現思想的開悟，禪宗首先借助的是"反常"的話語表達，通過語言構造"超常"世界，進而引導僧徒形成一種徹悟後對世界、對萬物的新的觀察視角和方法。"禪是爲了洞見神秘的人生和玄奧的自然並能得到全新的觀點才摒棄一般的邏輯推理方法。

因爲一般的邏輯推理方法在最深層的精神面前毫無作爲。"① 禪宗探尋的正是超越邏輯和知見的深層精神境界，而對這種境界的認識非一般語言可以表達，只有通過顛倒是非、構造離奇、樹立矛盾等極端的方式，衝破世俗認識世界的傳統套路，開闢新的認知方式。周裕鍇亦言："真正的佛性是不可以語言跡象求的。要破除人們對語言邏輯的執著，只有用背離常規的言句來誇大語言的荒謬性和虛幻性，使人們從對語言的信賴中醒悟過來，意識到語言不過是一種人爲的東西，與真實的佛性本體毫無關係。"②

五、禪籍俗語非理修辭發生的基礎因素

（一）禪宗力圖超越邏輯，樹立不包含對立的宗教哲學觀，這是禪籍非理修辭發生的內在動因

禪宗追尋的是一種超越規律控制、自由無礙的精神境界。而邏輯的核心是"規律"和"秩序"，因此在禪的世界裡邏輯總是被超越被顛覆。日本禪學大師鈴木大拙曾明確地將禪與邏輯區別開來："禪與邏輯是不同的兩回事。當我不加以禪與邏輯的區分，而是尋求禪在邏輯上所給予的前後一致的和在理智上所給予的清清楚楚的解釋時，就徹底地誤解了禪的意義。""禪只涉及事實而不涉及一般的法則，這也是禪直接達到人類人格基礎的地方。"③ 在禪籍中，我們經常可以看到"東家點燈，西家覓油""半夜日頭明，日午打三更""懷州牛吃禾，益州馬腹脹"等怪異表述，似乎禪師們在不經意間將南作北，視晝爲夜，化有爲無。實則，禪師是要將一切二元重置，讓人們在扭曲的語言表述中放棄已有的邏輯概念，在百轉千回的痛苦思索後拋開原有的秩序和規則，從禪的角度重新認識世界。禪宗超越邏輯的哲學理念成爲了非理修辭發生的內在動因，反之非理修辭的運用又爲禪宗超越邏輯的宗教哲學的踐行提供了便利。非理修辭加工過的語言成爲了禪籍中最荒誕、最不合乎理性的部分，但他們並非只是亂七八糟的胡言亂語，而是"代表著一種特殊的存在方式而具有一個概念的形式、概念的結構，因而也必然具有一個可理解的意義"④，非理修辭構造的話

---

① （日）鈴木大拙：《禪者的思索》，未也譯，中國青年出版社，1989 年，第 31 頁。
② 周裕鍇：《禪宗語言》，浙江人民出版社，1999 年，第 279 頁。
③ ［日］鈴木大拙：《禪風禪骨》，張石譯，浙江大學出版社，2013 年，第 25—26 頁。
④ 周裕鍇：《禪宗語言》，浙江人民出版社，1999 年，第 4 頁。

語在禪的語境下獲得了獨特的存在意義。

（二）出於特別的言語交際意圖和語用心理而採用不同尋常、超越常態的非理修辭

首先禪宗世界裡言語交際的雙方具有特殊性，說話人和受話人都是脫離世俗世界，追求超脫和開悟的禪悟者或修行者。獨特的交際身份決定了他們特別的言語交際意圖，即傳達禪悟後的心靈感受。然而禪悟非通過分析、比較就可獲取的知識，禪悟是一種獨立、純粹的個人體驗，具有強烈的主觀性和不可替代性，再精妙的語言在傳達這種純粹個體的心靈感受時都會顯得軟弱無力。禪悟的無法言說和不可言明迫使禪師利用非理修辭對語言進行加工改造，以滿足其交際的需要。

禪宗獨特的語用心理也推動了非理修辭在禪籍中的使用。從語用學的角度看，交際是一個表達與理解不斷推進的雙向互動過程，說話人一方借助各種手段最大效能地向受話人傳遞信息，支配其行爲的語用心理是希望被理解和接受。禪師作爲交際中的說話人在表達禪悟體驗時，受到更爲複雜的語用心理的支配。他們既希望僧徒能夠從語言表達中獲得啓發和開悟，又不希望僧徒糾纏于語言文字，落入"第二性"的窠臼。矛盾的語用心理促使禪師在借助語言文字傳達禪旨的同時有意製造障礙，使僧徒識文而不解，聽聲而難明。禪師故意降低了話語的明示度，所謂明示度即"交際時，說話人用明白無誤的明說表達自己的意圖"①，將交際意圖內隱於反常的俗語中，通過非理修辭設置各種語言障礙，使僧徒難以從字面上直接獲取有效信息。

（三）出於對禪宗"不立文字"但又無法擺脫文字的矛盾現實的調整與中和

禪宗有"不立文字"的語言觀，六祖慧能在《壇經》中提出了"本性自有般若之智，自用智惠觀照，不假文字"②的宗教宣言，認爲每個人都自有般若智慧，都能用般若智慧來觀照外在世界和自己的生命本源，無需借助屬於第二性的語言文字。但在現實的宗教實踐中，禪宗並沒有也無法徹底拋棄語言，因爲更多的學禪者還需要先悟者的啓發和引導。儘管禪師

---

① 何自然：《語用學與英語學習》，上海外語教育出版社，1997年，第129頁。
② 郭朋：《壇經校釋》，中華書局，1983年，第54頁。

用靜默、棒打、喝罵等極端方式暗示學人"我法妙難思"的禪悟體驗，但終究還是要回歸到語言，借助語言來解說禪旨佛理。面對"不立文字"但又無法脱離文字的兩難選擇，非理修辭成爲了兩者之間的平衡點。經過非理修辭的加工改造，原本通俗易懂的俗語變得難於理解，熟悉的語言被人爲陌生化和神秘化。這樣的語言改造既避免了常態語言在解說佛法時的直白，又避免了禪師脱離文字接化學人時的無助。

（四）禪宗對語言材料的重新規約使得非理修辭的運用成爲了可能

在禪文化背景下，常規的語言材料常常被注入宗教思想，體現禪門意蘊，禪籍中語言材料的語義具有了行業性和專門性的特點。禪義的灌注使得人們對禪籍語言的理解不能再依循原有的理路，而要從禪的視角重新認識。禪籍語言材料語義的重新規約爲非理修辭的運用提供了可能。原本違反邏輯，不合常理的語言形式，在灌注禪義後被用來表示特殊的禪旨佛理。人們以俗語"路見不平拔刀相助"比喻遇到不公平的事，挺身而出，見義勇爲，禪籍中經非理修辭改造作"路見不平，所以按劍"。"見不平"與"按劍"的結合在俗語的表層信息上違背了常規邏輯的規範，見不平之事本應拔劍相助，按照人們的慣常邏輯，"見不平"和"按劍"不應出現在同一思維結構中。但是禪籍語境下，"劍"被賦予了特殊的禪義，指身懷本領，俗語表示身懷本領要藏而不露，契悟佛法要隱而不顯。禪義的灌注突破了語言形式的表層矛盾，使反常俗語的表層信息與深層語義在非理邏輯的作用下實現了統一。

六、禪籍俗語非理修辭的獨特性

經過非理修辭加工的俗語在禪籍中表現出獨特性。

第一，日常事象依舊在禪籍非理諺語中出現，與現實沒有分別，其中反映的事物都是人們日常熟知的。如"一犬吠聲，百犬吠形""近鄰不如遠親""面南看北斗""路見不平，所以按劍"，這些俗語中描述的犬吠、南山、北斗無一不是人們熟知的日常之物和現象。禪籍諺語在取材上並不脱離現實世界。

第二，非理修辭將平常事象進行了超常規組合，創造出荒誕離奇的禪籍俗語。禪師們有意顛倒或打亂事物間的慣常組合，破壞事物間的邏輯關係。

> 問："如何是和尚家風?"師曰："南山起雲北山下雨。"(《景德傳
> 燈録》卷二十二《緣密圓明大師》T51，p0385a09)

"南山起雲，北山下雨"，表面看似氣象諺，但實際是禪宗構想的非理修辭句。這樣的構想完全超越了物象世界的真實，顛覆了人們對理性世界的認識。如果從世俗人的角度來看，禪師的回答違反邏輯，荒謬可笑，他完全顛倒錯亂了南北的空間位置。但禪師正是要用這種荒誕反常的話語敍述來剿絕僧徒心中的分別念。禪宗強調萬物一體，南北圓融，這是一種不可思議的禪悟境界。在禪宗的意識中沒有南北四方的分別，天地各方融爲一體。

> 上堂："懷州牛吃禾，益州馬腹脹。天下覓醫人，灸豬左膊上。
> 杜順和尚，鶻臭布衫，終竟難脫。育王眉毛觸碎須彌，鼻孔飲乾大
> 海。更有一件長處，逢人只是不說。"(《虛堂和尚語録》卷八 T47，
> p1041c13)

懷州的牛吃禾，益州的馬腹卻吃脹了，從世俗的角度看，俗語描寫的內容邏輯混亂，但在禪的世界中，此諺體現了禪宗圓融統一的宗教觀，懷州與益州在空間上互攝，牛與馬在物象上交融。禪師以此語啓發僧徒放棄已有的邏輯概念，從禪的角度重新認識世界。非理修辭創造的俗語反映了人我界限的消除，掙脫了理智的羈鎖，體現出禪宗落落無礙、不假雕飾的本來面目。

人們平常熟識的事象在禪籍諺語中被重新組合，非理修辭顛倒了南北四方，錯亂了人倫長幼，打破了是非黑白，在禪悟世界裏沒有世俗強分的二元對立，禪宗斷除了譽、毀、榮、辱、利、衰、美、醜、苦、樂、興、廢等一切相對意識，通過對事物的反常規組合，有意識地將語言的荒謬性推向了頂點，讓學人在語言的石火電光中破除執迷。

第三，非理修辭重新確定了俗語的知識性。俗語的根本就在於傳授經驗、總結規律，具有知識性的特點。但禪宗創造的俗語內容離奇怪異，人們無法從傳統的認識角度去理解。同時，禪宗創造這樣的俗語，目的並不在於要求人們將俗語的外在描述看成究竟，而是希望人們從矛盾衝突的話語表述中重新認識事物。俗語的知識性在禪籍中被重新規約。

問："手指天地，唯我獨尊，爲甚麼卻被傍觀者責?"師曰："謂
言黥鬚赤。"曰："祇如旁觀者，有甚麼長處?"師曰："路見不平，所
以按劍。"（《五燈會元》卷八《羅山義聰禪師》P. 488）

世俗有"路見不平，拔刀相助"之說，比喻遇到不公平的事，挺身而出，
見義勇爲。禪籍中卻構造出反語形式"路見不平，所以按劍"。《說文·手
部》："按，下也。"段玉裁注："以手抑之使下也。"《詩·大雅·皇矣》：
"爰整其旅，以按徂旅。"毛傳："按，止也。"是"按"有"壓下、止住抑
制"之義，所以"按節"指停止揮鞭，"按轡"指扣緊馬繮使馬緩行或停
止。同義、近義連用，構成了"按捺、按抑"。"按甲休兵"指屯兵整修。
《漢書·韓信傳》："當今之計，不如按甲休兵，百里之內，牛酒日至，以
饗士大夫。""按兵不動"是讓軍隊駐扎下來暫不行動。《呂氏春秋·召
類》："趙簡子按兵而不動。"這裏的"按劍"即與"拔刀"相對，指壓住
劍柄，不抽劍而出。諺語的意義在禪籍中被解釋爲身懷本領卻藏而不露，
契悟佛法卻隱而不顯。禪師以此告誡學人強中自有強中手，參禪悟道必須
謙虛謹慎。諺語傳達的經驗在禪籍中被重新規約，非理修辭在打破慣常的
同時爲人們帶來了認識事物的新視角。

非理修辭將人們熟識的日常事象重新組合，打破了俗語原有的經驗性
和知識性。人們要理解禪諺的意義，必須把習以爲常的邏輯懸擱起來，從
新的角度來認識俗語。如果依舊用傳統的思維來理解，難免會陷入迷惘困
惑之中。"禪並非用分析或比較的方法可以獲得的知識，禪是一種真實的，
個人的體驗。"[1]

經過非理修辭加工過的俗語，表面看似不合常理，違背邏輯，黑即是
白，白即是黑，馬是馬，又不是馬，牛是牛，又不是牛，物質與物質之間
沒有本質的區別，物質與精神之間也沒有明確的界限，但在這些反常規的
話語表述中體現了參禪者對禪的經驗的獨特理解。在梵我合一的境界裏，
萬象混同，歸於本心。人們日常熟識的事象和經驗在禪籍俗語中被重新組
合、規約，俗語慣常的經驗性失去了效力，而成爲一種新的顯現人內心神
秘體驗的超常話語表述。

綜上，這一章我們總結討論了禪籍俗語的多種修辭方式，禪籍俗語積

---

[1] （日）鈴木大拙：《禪風禪骨》，狄仁秋譯，中國青年出版社，1989年，第26頁。

極并具有創造性地運用各種修辭，在增強語言表現力的同時，更體現出禪籍語言神奇惝恍、撲朔迷離、酌之無窮、豐贍玄遠的特點。禪籍中一些俗語經過非理修辭加工，在字面上不再具有知識性和經驗性的特點，但在深層意義上卻合於禪旨佛理，成爲了禪籍中“反常合道”的典型。經過這種人爲修辭加工的俗語，顯現出與一般俗語不同的特性。

第五章　禪籍俗語中的民俗文化內涵

　　索緒爾指出："一個民族的風俗習慣常會在它的語言中有所反映，另一方面，在很大程度上，構成民族的也正是語言。"① 俗語既是一种語言現象，同時也是一種文化現象。它是在一定的社會生活、歷史傳統和文化背景下產生的。人們常常用手邊之物、身邊之景來創造俗語，表達思想。俗語中透露出豐富多彩的生活風貌，顯現出深厚的民眾基礎。可以說，俗語反映著民俗文化，它既是歷史民俗的活化石，又是當下民俗文化的顯現。從俗語中我們可以透視一個社會、一個民族的民俗文化風貌。

第一節　禪籍俗語中蘊含的民俗文化

　　唐宋禪宗語錄歷來被看作同時代口語化程度最高的文獻之一，其中運用了大量俗語，既有流傳於街頭巷尾、鄉村市井的民間俗語，又有禪師應機接人、隨口方便創造的禪林俗語。其中一些俗語直接或間接地反映出當時社會的民俗文化風貌。本節我們就禪宗典籍中有關民俗的俗語進行分類考察，以窺禪籍俗語深厚的民間文化底蘊。

　　禪籍俗語中出現了大量民俗事象，涉及自然與社會的各個方面，包括飲食、服飾、農耕、商業、婚嫁、交友、宗教，等等，生動反映了當時社會的物質和社會生活狀況。禪籍俗語就是唐宋時代社會特色的一面鏡子。

一、禪籍俗語反映唐宋時代的物質生活

　　物質生活包括生產創造和日用消費兩個方面，一方面人們通過勞動改

---

　　① 　（瑞士）索緒爾：《普通語言學教程》，高明凱譯，商務印書館，1999 年，第 43 頁。

造自然、創造財富，另一方面人們通過吃、穿、住、用、行等方式享用勞動成果。禪籍中有許多俗語反映了人們生產創造和日用消費的物質生活。我們將其分爲服飾習俗、飲食習俗、居住習俗、行旅習俗、生產勞動習俗、商業習俗、地方物產七個方面。

（一）服飾習俗

（1）吾便問："離卻這箇殼漏子後，與師兄什摩處得相見？"嵒曰："不生不滅處相見。"吾曰："莫道草裹無人，自有鑒人。"嵒曰："作摩？是你襆頭痕子尚猶在，有這箇身心？"（《祖堂集》卷四《藥山和尚》P.230）

襆頭，頭巾的一種，亦稱折上巾，是在東漢幅巾的基礎上演變而來，定制於北周。唐杜佑《通典》卷五十七《禮》："後漢末，王公名士，以幅巾爲雅。"下注："袁紹戰敗，幅巾渡河，按此則庶人及軍旅皆服之。用全幅帛而向後襆髮，俗人謂之襆頭。"又作"複巾"，唐劉肅《大唐新語》卷十《厘革》對襆頭的來歷和演變有詳細的記錄："昔袁紹與魏武帝戰於官渡，軍敗，複巾渡河，遞相仿效，因以成俗。初用全幅皂向後襆髮，謂之襆頭。周武帝才爲四腳；武德以來，始加巾子。至貞觀八年，太宗初服翼善冠，賜貴官進德冠，因謂侍臣曰：'襆頭起自周武帝，蓋取便於軍容。今四海無虞，當息武事。'"《唐會要》卷三十一《輿服上》："十九年六月勒：'應諸服袴褶者，五品已上通用紬綾及羅，六品已下小綾，除襆頭外，不得服羅縠及著獨窠繡綾。'"唐時，襆頭的使用還有官職品級的要求。帝服則腳上曲，人臣下垂。五代漸變平直。宋趙彦衛《雲麓漫鈔》卷三曰："襆頭之制，本曰巾，古亦曰折，以三尺皂絹，向後裹髮。晉宋曰幕。後周武帝遂裁出四腳，名曰襆頭，逐日就頭裹之。"到宋代，襆頭成爲男子主要的首服。上自帝王，下至文武百官，除重大典禮及朝會外，均可戴之。在形制上，宋制有直腳、局腳、交腳、朝天、順風等式樣。《東京夢華録》中還記載了不同花樣形制的襆頭，如有"生色銷金花樣襆頭""無腳襆頭""長腳襆頭""向後拳曲花襆頭"。《宋史·輿服志五》、沈括《夢溪筆談》卷一、王得臣《塵史》卷上《禮儀》中都對襆頭作了詳細描述。唐宋時人佩戴襆頭主要是爲了起到裝飾的作用，而非取暖。襆頭本是俗家之物，禪宗便將襆頭喻爲凡俗之念。"襆頭痕子"，比喻留存在心頭的凡情俗想。禪籍中，禪師還常常借襆頭對僧徒設機勘驗。《黃龍慧南禪師語錄》：“僧問：‘提刑朝蓋，遠詣法筵，向上宗乘，乞師一訣。’師云：‘一字襆頭尖簷帽子。’”禪師借身邊的尋常之物暗示僧徒向上宗乘即是質樸無華的生活。

（2）僧問：“師既是鐵腳，爲甚麼卻騎馬？”師曰：“腰帶不因遮腹痛，襆頭豈是禦天寒。”（《五燈會元》卷八《南禪遇緣禪師》P. 485）

腰帶，即衣帶，纏於腰間，用來固定衣褲。《後漢書·耿弇傳》：“秉字伯初，有偉體，腰帶八圍，博通書記，能說《司馬兵法》，尤好將帥之略。”佩戴襆頭主要是爲了起到裝飾的作用，而非取暖。俗語中以腰帶遮腹，以襆頭禦寒，比喻不能正確認識和利用事物，禪師用此語回答學人的問話，意在指出學人沒有認清事物的本質和關鍵。

（3）上堂云：“單絲不成線，獨掌不浪鳴。達磨爲甚只履西歸，直饒你道得出身句。我且問你，古人意作麼生？”良久云：“騎驢戴席帽，渡水不穿靴。”（《法昌倚遇禪師語錄》X73，p0057b08）

席帽，古帽名。以藤席爲骨架，形似氈笠，四邊垂下，可蔽日遮顏，佩戴十分輕便。晉崔豹《古今注·席帽》：“本古之圍帽也，男女通服之。以韋之四周，垂絲網之，施以珠翠。丈夫去飾……丈夫藤席爲之，骨鞔以繒，乃名席帽。”又作“蓆帽”。高承《事物紀原》卷三《蓆帽》：“《實錄》曰：本羌人首服，以羊毛爲之，謂之氈帽，即今氈笠也，秦漢競服之。後故以蓆爲骨而鞔之，謂之蓆帽。女人戴者，四緣垂下網子以自蔽，今世俗或然。吳處厚《青箱雜記》曰：王衍在蜀，好私行，恐人識之，令民戴大帽。則世俗之戴蓆帽，始於王衍也。”因席帽形制較大，除可遮擋日光外，古人還將其作爲遮蔽頭面，避免被人所見的冠飾。《太平廣記》卷一〇五《張嘉猷》：“郭南坐浮圖下，忽見猷乘白馬自南來，見勞下馬，相慰如平生，然不脫席帽，低頭而語。”宋葉夢得《石林燕語》卷三：“今席帽、裁帽分爲兩等。中丞至御史與六曹郎中，則於席帽前加全幅皂紗，僅圍其半，爲裁帽。非臺官及自郎中而上、與員外而下，則無有，爲席帽。”唐宋時，席帽上還可附加皂紗，起到更好的遮蔽作用。同時，席帽還是社會地位的象徵。宋羅大經《鶴林玉露丙編》卷六：“然唐時席帽，乃舉子所戴，故有‘席帽何時得離身’之句。”唐盧仝《走筆追王內丘》：“忽然夫子不語，帶蓆帽，騎驢去，余對醑醨不能斟。”項楚釋作“下第而歸也”。禪籍中多有“蓆帽”的描述，《景德傳燈錄》卷十八《福州長生山皎然禪師》：“問師曰：‘古人道：“誰知蓆帽下，元是昔愁人？”古人意作麼生？’師側戴笠子曰：‘遮個是什麼人語？’”又卷二十《洛京長水靈泉歸仁禪師》：“問：‘如何是和尚家風？’師曰：‘騎牛戴蓆帽，過水著靴衫。’”《天聖廣燈錄》卷十五《汝州風穴山延昭禪師》：“問：‘承聞汝水波瀾急，疾焰過風事若何？’師云：‘獼猻戴蓆帽。’”

(4) 師云：“奇哉！爾看他轉轆轆地不滯在一隅，不負他來問。賴我不聞，我若聞則齊于諸聖。汝即不聞我說法，爾喚作郎當得麼？不是得諸佛諸祖心髓。如何轉得？爾莫喚作無得失，這個是無得失中有得失，有得失中無得失。喚作入泥入水，騎賊馬趕賊隊，<u>借婆帔子拜婆年</u>，難奈何。”（《大慧普覺禪師語錄》卷十五 T47，p0874b06）

帔子，古代婦女披在肩背上的一種長帛巾，又名帔帛。高承《事物紀原·帔》：“《實錄》曰，三代無帔説，秦有披帛，以縑帛爲之，漢即以羅，晉永嘉中製絳暈帔子，開元中，令三妃以下通服之。是披帛始於秦，帔始於晉矣……唐制，士庶女子在室搭披帛，出適披帔子，以別出處之義，今仕族亦有循用者。”外出時女子在衣衫外搭配帔子，可以起到裝飾和保暖的作用。唐張鷟《遊仙窟》：“迎風帔子鬱金香，照日裙裾石榴色。”帔子作爲一種飾品，顏色多艷麗。《霍小玉傳》：“生忽見玉穗帷之中，容貌妍麗，宛若平生。著石榴裙，紫柯襠，紅綠帔子。”《玄怪錄》卷三《李沕言》：“俄使一小童捧箱，內有故青裙、白衫子、綠帔子、緋羅縠綃素，皆非世人之所有。”俗語借用阿婆的披肩作爲禮物給阿婆拜年，比喻行事沒有創新，落入舊有的圈子。禪宗喻指沒有擺脫經教文字的束縛，落入言辭義理之中，沒能真正認清事物的本質。

（二）飲食習俗

(1)《十二時歌》：“<u>苦沙鹽</u>，<u>大麥醋</u>，蜀黍米飯蘆萵苣。”［《古尊宿語錄》卷十四《趙州（從諗）真際禪師語錄之餘》X68，p0090c04］

鹽，是我國先民最早發現的呈味物質。《尚書·周書·洪範》：“五行：一曰水，二曰火，三曰木，四曰金，五曰土。水曰潤下……潤下作鹹。”鹽早在先秦時已有了多種類型。《周禮·天官·鹽人》：“祭祀，共其苦鹽、散鹽；賓客，共其形鹽、散鹽；王之膳羞，共飴鹽。"唐孔穎達疏："苦當爲鹽，鹽謂出於鹽池。今之顆鹽是也。"可見，從井中提取鹽的方法一直從上古沿用到唐宋，鹽呈顆粒狀。北魏賈思勰《齊民要術》卷八《作酢》中詳細記載了製作大麥酢的方法，"酢"即"醋"。醋在宋代已經成爲人們日常生活必不可少的調味品之一，需求量極大。當時民間有"欲得官，殺人放火受招安；欲得富，趕著行在賣酒醋"的諺語。禪籍中用俗語"苦沙鹽，大麥醋"暗示人們日用事物中便蘊含著佛法大意。

（2）畫餅充飢，丹霞燒木佛。餓狗齧骷髏，鏡清不展單。<u>胡餅裏覓汁</u>，從上老漢既把不定，未免隨時逐節，便見陰消陽長。（《虛堂和尚語録》卷一 T47，p0986b19）

胡餅，《釋名·釋飲食》："胡餅，作之大漫沍也。亦言以胡麻著上也。"《事物紀原·胡餅》："《續漢書》曰：靈帝好胡餅，京師皆食胡餅。胡餅之起，疑自此始也。然則餅有胡漢之異矣，胡餅蓋今俗所爲者，是而漢餅疑是今餅也，後趙石勒諱胡，改爲麻餅。"胡餅，漢時已有，并得到了帝王的青睞，其形制較大，故劉熙稱其"大漫沍"，又因在餅上著有胡麻而得名。《齊民要術》中沒有對胡餅的直接記載，但在論及"髓餅法"時提到了"胡餅爐"，《齊民要術》卷九《餅法·髓餅法》："以髓脂、蜜，合和面。厚四五分，广六七寸。便著胡饼炉中，令熟。"可以推知"胡餅爐"應當是用來烤製胡餅的爐具，胡餅當爲烤製的麵食。至唐宋，胡餅已經成爲百姓的日常主食，除烤製外，還有蒸製的胡餅。白居易《寄胡餅與楊萬州》："胡麻餅樣學京都，面脆油香新出爐。寄與飢饞楊大使，嘗看得似輔興無。"皮日休《初夏即事寄魯望》："胡餅蒸甚熟，貂盤舉尤輕。"宋陸游《老學庵筆記》卷一載"集英殿宴金國人使九盞"，其中有"白肉胡餅"，胡餅不但作爲百姓的日用常食，精細加工後更被搬上了帝王貴族的餐桌。宋李昉《太平廣記》卷四百五十二《任氏》云："既行，及里門，門扃未發，門旁有胡人鬻餅之舍，方張燈熾爐。"唐宋時還有專買胡餅的店鋪。宋吳曾《能改齋漫録》卷一五《胡麻餅》："《釋名》曰：'餅，并也，溲麪使合并也。胡餅，言以胡麻著之也。'《晉書》云：'王長文在市中鬻胡餅。'《肅宗實録》云：'楊國忠自入市，衣袖中盛胡餅。'劉禹錫《嘉話》云：'劉晏入朝，見賣蒸餅之處，買啗之。'此胡餅，乃胡麻之餅也。《緗素雜記》謂"'張公所論市井有鬻胡餅者，不曉名之所謂，乃易其名爲爐餅。'論此爲誤。誠然。"佛門僧侶也常將胡餅作爲齋食，《太平廣記》卷三三八（出《廣異記》）："問：'汝和尚好在，將安之。'婢云：'命市胡饼作斋。'"禪師常借"胡餅"勘驗僧徒的根機，禪宗有著名的"雲門胡餅"公案。《雲門錄》卷上："時有僧問：'如何是超佛越祖之談？'師云：'糊餅。'進云：'這個有什麼交涉？'師云：'酌然有什麼交涉？'"《宏智禪師廣錄》卷八《送慧禪人往上江籴麻米》："雲門糊餅趙州茶，裏許明明著得些。公案見成知味底，一千二百衲僧家。"禪師還用"胡餅"構造了活潑靈動的俗語授法傳道，如"胡餅裏覓汁"，俗語字面謂從乾硬的胡餅中尋找水汁，行爲荒唐可笑，禪門比喻想要從經書中找到真如佛法，是一種荒唐而不切實際的修禪行爲。經書之中不過是乾癟無味、毫無價值的文字符號。此語反映了禪宗"不立文字"的語言觀。《石田法熏禪師語錄》卷二："上堂，舉花藥英和尚示眾云：'十七十八，證龜成鱉。十九二十，人信不及。更待枯木生花，胡餅出汁。'""胡餅出汁"爲禪宗創造的奇特語，枯木上開出花朵，乾燥的胡餅中流出汁液。比喻不可能出現。禪師常以此語回絕學人關於佛法的終極之問，暗示僧徒高妙的佛法無法用語言或其他外在形式進行解說，如若要用言語解說就如同胡餅出汁一般無法做到。

（3）問："如何是佛法大意？"師曰："點茶須是百沸湯。"（《五燈會元》卷十二《大寧道寬禪師》P.732）

點茶，是宋代最風行的一種技藝，包括炙茶、碾茶、羅茶、烘盞、候湯、擊拂、烹試等一整套程序。無著道忠《禪林象器箋·飲啖門·點茶》："《文公家禮》云：主婦執茶筅，執事者，執湯瓶，隨之點茶。蓋以神主檀前，先設盞托，至是乃注湯于盞，用茶筅點之耳。古人飲茶用末。所謂點茶者，先置末茶于器中，然後投以滾湯，點以冷水，而用茶筅調之。今人燒湯煎葉茶，而此猶云點茶者，存舊也。"宋蔡襄《茶錄·點茶》中詳細記述了點茶的各個環節，既不可茶多湯少，亦不可茶少湯多，其云："點茶，茶少湯多，則云腳散，湯少茶多，則粥面聚。"宋徽宗作《大觀茶論·點》，曰："點茶不一，而調膏繼刻。"宋米芾《將之苕溪戲作呈諸友》詩："懶傾惠泉酒，點盡壑源茶。"俗語"點茶須是百沸湯"謂沏茶需用沸水。禪師用與問題完全無關的話語回答學人的提問，旨在斬斷學人的思路，將其引入活脫脫的悟性空間。

> （4）僧問："如何是本分事?" 師云："結舌無言。" 乃云："每日
> 起來，拄卻臨濟棒吹雲門曲應趙州拍，擔仰山鍬驅溈山牛耕白雲田。
> 七八年來漸成家活，更告諸公，每人出一隻手共相扶助，唱歸田樂。
> <u>粗羹淡飯</u>且恁麼過，何也? 但願今年蕎麥熟羅目侯羅兒與一文。"
> （《法演禪師語錄》卷中 T47，p0659c25）

成語體現了當時人們崇尚食用簡樸清淡飯食的飲食觀。宋楊萬里《得小兒
壽俊家書》詩："徑須父子早歸田，粗茶淡飯終殘年。"宋虞儔《尊白堂
集》卷四載《偶成二首》詩其二："春菊秋花毋久溷，麤茶淡飯且隨緣。"
又宋陳著《戀繡衾》"壽內子"："最喜得、雙雙健，與粗茶、淡飯結緣。"
明高濂《遵生八牋》卷七："太醫孫景初自號四休居士，山谷問其說，四
休答曰：'麤茶淡飯飽即休，補破遮寒煖即休。'"《全元曲·費唐臣·天淨
沙》："住的是小窗茅屋疏籬，吃的是粗羹淡飯黃齏，穿的是破帽歪靴布
衣，一身襤褸，便休題。"禪師用成語說明"平常心是道"的禪門意旨。

禪籍中這些關於民間飲食習慣的俗語，有的涉及製造食物的材料來
源，如"苦沙鹽，大麥醋"；有的反映外族人民的飲食習俗，如"波斯吃
胡椒"；有的反映了食物特點，如"胡餅裏覓汁""羊羹雖美，眾口難調"；
有的反映當時人們的飲茶風尚和技藝，如"茶中鹽味，色裏膠清""點茶
須是百沸湯"；還有一些反映人們對待飲食消費的態度，如"麤茶澹飯"
"美食不中飽人吃"。

（三）居住習俗

> 問："何是塵中獨露身?" 師云："<u>塞北千人帳，江南萬斛船</u>。"
> [《古尊宿語錄》卷二十三《汝州葉縣廣教（歸）省禪師語錄》X68，
> p0153b20]

風土諺。塞北人住帳，江南人行船。以船爲家一般是漁民或船夫的居住習
俗。北宋蔡襄記錄了福州水上漁民的生活，其云："福唐水居船，舉家棲
於一舟，寒暑食飲疾病婚姻，未始去是，微哉其爲生也。"① 蘇軾《魚蠻

---

① （宋）蔡襄：《端明集》，《景印文淵閣四庫全書》，臺北商務印書館，1986 年，第 1090
冊，第 626 頁。

子》詩也描繪了舟居的情景："江淮水爲田，舟楫爲居室。魚蝦以爲糧，
不耕自有餘。異哉魚蠻子，本非左衽徒。連排入江住，竹瓦三尺廬。"俗
語反映了南北不同的居住環境和自然條件。俗語在禪籍中表示萬物有别，
事物的外在表象由其本性決定。超然于物外的高妙禪法就蘊含在這些日用
生活、平常事中。

（四）行旅習俗

（1）問："教中有言：<u>欲行大道，莫視小徑</u>。未委如何是大道？"
師云："行得摩？"僧云："學人未會，乞師進向。"（《祖堂集》卷十三
《招慶和尚》P.587）

俗語比喻要想取得大的成功，就要把注意力放在大的事情上，不要過多關
注細枝末節。從俗語中可以看出古時道路有不同規模。道，在形制上要寬
於徑。《詩·小雅·大東》："周道如砥，其直如矢。"《詩·豳風·七月》：
"女執懿筐，遵彼微行。"毛傳："微行，墻下徑也。"孔穎達疏："行，訓
爲道也。步道謂之徑，微行爲墻下徑。"《說文·彳部》："徑，步道也。"
段玉裁注："步道謂人及牛馬可步行而不容車也。"

（2）丹霞參師經宿至明，旦煮粥熟，行者只盛一鉢與師，又盛一
碗自喫，殊不顧丹霞。丹霞即自盛粥喫。行者云："<u>五更侵早起，更
有夜行人</u>。"（《景德傳燈錄》卷八《古寺和尚》T51，p0262a07）

侵早，清晨，天剛亮。唐杜甫《贈崔十三評事公》："天子朝侵早，雲台仗
數移。"唐白居易《拜表早出贈皇甫賓客》："一月一回同拜表，莫辭侵早
過中橋。"俗語反映了古人出行尚早的風俗。爲了儘快趕到目的地，出行
者總是爭分奪秒，天剛朦朦亮就動身啓程。對早行之事，唐宋文人多有描
述，如唐郭良《早行》詩："早行星尚在，數里未天明。不辨雲林色，空
聞風水聲。月從山上落，河入斗間橫。漸至重門外，依稀見洛城。"唐杜
甫亦作《早行》詩："歌哭俱在曉，行邁有期程。"唐賈島《早行》詩：
"早起赴前程，鄰雞尚未鳴。主人燈下别，羸馬暗中行。躡石新霜滑，穿
林宿鳥驚。遠山鐘動後，曙色漸分明。"宋莊綽《雞肋編》卷中載："又嘗
自錢塘將還家，泛舟已到桐廬。五鼓欲行，忽有人大呼尋李大府船。"《太
平廣記》卷三一一《進士崔生》載《録異記》中事，云："進士崔生，自
關東赴舉，早行潼關外十餘里。"宋陸游《早發新都驛》詩："喔喔江村

雞，迢迢縣門漏。河漢縱復橫，繁星明如晝。"又《馬上》詩："燈前薄飯
陳鹽虀，帶睡強出行江隄。五更落月移樹影，十月清霜侵馬蹄。荒陂唲唲
已度雁，小市喔喔初鳴雞。可憐萬里覓歸夢，未到故山先自迷。"宋楊萬
里《誠齋集》卷九十八《雜著·題跋·跋蘭亭帖》："予聞'五更侵早起，
更有夜行人'，願持此句子寄聲山谷。"古人尚早出行的原因主要是道路艱
險，交通不便，有些官員出行還有"官程"和"宦程"的旅途時間限制，
所以不得不早起趕路。俗語"五更侵早起，更有夜行人"生動地反映了古
人早行的風俗。俗語意謂不要輕易說比別人起得早，還有更早起的人。比
喻不要驕傲自大，能人之上還有能人。

（3）問："古人對白紙，意旨如何？"師曰："家貧路富。"（《五燈
會元》卷十二《石霜楚圓禪師》P.703）

（4）云："如何是主中賓？"師云："家貧未是貧，路貧愁殺人。"
[《古尊宿語錄》卷十《並州承天（智）嵩禪師語錄》X68，p0062b16]

在家貧苦，但出門要帶足財物。反映了古人的一種出行觀，同時也折射出
古代外出遠行的艱難，不僅需要充足的路費，還要經歷千辛萬苦的跋涉才
能到達目的地。馬洪路在《行路難》一書中認為，古代行路難表現在三個
方面：一是跋山涉水的艱險；二是世態炎涼的妨礙；三是行人自己對隨時
發生的變化缺乏準備，難以應付困難。《西遊記》第七十三回："行者笑
道：'說那里話？古人云：在家貧不是貧，路上貧殺人。你是住家的，何
以言貧！'"

（5）問："師唱誰家曲，宗風嗣阿誰？"師云："有馬騎馬，無馬
步行。"（《楊岐方會禪師語錄》T47，p0640a22）

古代交通不發達，騎馬或步行仍是當時主要的出行方式。俗語比喻有什麼
條件就做什麼事情，根據具體情況行事。體現了禪宗任運而為，隨緣而行
的修行觀。

這些俗語反映了當時人們的出行條件和出行觀念。其中"家貧路富"
的出行觀一直延續到今天。

（五）生產勞動習俗

禪宗隊伍的主要成員是下層勞動者，包括農民、木匠、漁夫、織工
等，當他們參禪悟道或是應機接人時，力圖以一種本土通俗的話語來表

達、揭示深奧的佛法大意。大量運用俗語成爲了這個特定言語社團中一種常見的話語表達方式。許多禪籍俗語關涉農耕勞作、捕魚打獵、治玉紡織等事象。從民俗語言學的角度看，這些俗語爲我們了解唐宋時的勞動習俗和不同職事提供了材料。

（1）僧問："如何是道？"師曰："良田萬頃。"曰："學人不會。"師曰："<u>春不耕，秋無望</u>。"（《五燈會元》卷十七《開先行瑛禪師》P. 1140）

唐宋時農諺。春天不耕種，秋天就没有收成，反映了春耕秋收的農業勞作習俗。又作"春不耕，秋不獲"，《新唐書·吐蕃》："甘、涼距積石道二千里，其廣不數百，狹纔百里。我若出張掖、玉門，使大國春不耕，秋不獲，不五六年，可斷其右。"比喻不付出就不會有收穫。禪師以此告誡學人只有勤奮修行，方能悟得佛法。

（2）問："如何是祖師西來意？"師曰："<u>深耕淺種</u>。"（《五燈會元》卷十二《翠巖可真禪師》P. 729）

農諺。耕地時土地要深挖，可以改善土壤結構；播種時覆土要淺，禾苗才容易發芽出土。這是勞動者在長期的農耕勞作中總結出的耕作經驗。唐柳宗元《龍城録·老叟講明種蓺之言》："余南遷度高鄉，道逢老叟，與年少於路次，講明種蓺。其言深耕概種，時耘時耔，卻牛馬之踐履。"敦煌變文《秋胡變文》："汝不如忍意在家，深耕淺種，廣作鹽功，三餘讀書，豈不得達？"宋朱熹《晦庵集》卷一百《勸農文》："正是耕農時節，不可遲緩，仰諸父老，教訓子弟，遞相勸，率浸種下秧，深耕淺種。"禪師用這條農耕勞作語截斷學人關於祖師西來意的問話，暗示學人平凡普通的農耕勞作中藴含有深刻的佛法禪旨。

禪籍中有大量俗語反映古人勞動習俗，如"大匠無繩墨，良材無曲直""鴛鴦綉出從君看，莫把金針度與人""不琢不成器""從苗辨地""鑿井而飲，耕田而食"等，包括勞動對象、勞動工具、勞動方式。同時，這些俗語通過描述各種勞動反映出多種職事，包括農民、織工、木匠、醫生、軍人、玉石匠、獵戶等。其中又以與農業相關的俗語爲多，一方面反映了在禪宗隊伍中農民是主要的構成者，另一方面反映了當時禪宗力圖以本土色彩濃郁的農禪話語來取代外來印度佛教的宗教精神。

（六）商業習俗

（1）僧問："知師久蘊囊中寶，今日開堂略借看。"師曰："不借。"曰："爲甚麽不借?"師曰："賣金須是買金人。"（《五燈會元》卷十六《崇壽江禪師》P.1085）

宋代出現了專門的金銀鋪，因爲政府禁止庶民使用金器，所以金鋪在各類店鋪中屬於上等，主要爲貴族提供服務。宋吳自牧《夢粱録》卷十三《鋪席》載御街南端"自五間樓北，至官巷南街，兩行多是金銀鹽鈔引交易鋪，前列金銀器皿及現錢，謂之'看垜錢'"。宋孟元老《東京夢華録》卷二《宣德樓前省府宮宇》："南門大街以東，南則唐家金銀鋪、溫州漆器什物、大相國寺，直至十三間樓、舊宋門。"俗語謂珍寶要給識貨人，比喻做事須是內行人，了解內情的人才能將事情做好。禪師常以此語暗示僧徒佛法只傳授給有慧根的弟子。

（2）雲門問長慶："作麽生道免得石鞏唤作半箇聖人?"慶云："若不還價，爭辯真僞?"（《明覺禪師語録》卷二 T47，p0681a15）

（3）僧問："如何是祖師西來意?"師曰："見錢買賣不曾賒。"（《五燈會元》卷十《翠巖嗣元禪師》P.641）

（4）良久云："若無人出頭，買賣不當價，徒勞更商量。珍重!"（《五燈會元》卷十五《廬山護國和尚》P.960）

例（2）、例（3）、例（4）反映了當時人們在交易中討價還價的議價方式。宋徐夢莘《三朝北盟會編》卷二八《靖康中帙三》："譬如有人買絹一疋，索價三貫文，買者酬二貫五六百，又添一二百文，遂成交易，如此謂之買賣。"禪籍中多此類俗語，可見討價還價在當時是一種極爲普遍的商業風俗。俗語"若不還價，爭辯真僞"在禪籍中強調實踐、體驗的重要性，只有親力親爲，才能對事物有更深刻實在的認識。"見錢買賣不曾賒"比喻沒有討論的餘地，禪師以此語拒絕回答學人的提問，乾脆利索地斬斷學人的問話。"買賣不當價，徒勞更商量"價格不當，無法達成交易。禪宗比喻修行方法不當，徒勞施爲，終難有所收穫。

（七）地方物産

（1）有俗官問黄蘗供養主："黄蘗和尚驢馬相似，上座作供養主，作什麽?"僧無對。卻歸，舉似黄蘗。黄蘗云："道薄人微，甚是難消。”有人舉似南泉。南泉云：“<u>池州麻黄</u>，<u>蜀地當歸</u>。”（《祖堂集》卷十一《睡龍和尚》P.533）

風土諺。池州，安徽西南部，出産麻黄。蜀地盛産當歸。明代朱橚著《普濟方》卷二百二十四中記載了《神仙不老丸歌》：“人參牛膝川巴戟，蜀地當歸杜仲俱。”此風土諺在禪籍中指禪思佛理一切現成，都藴含於自然之物中，宇宙萬象都是佛性的現象。

（2）問：“如何是超佛越祖之談？”師云：“<u>蒲州麻黄</u>，<u>益州附子</u>。”
［《古尊宿語録》卷十五《雲門（文偃）匡真禪師廣録上》P.269］

風土諺。麻黄，《神農本草經》卷二：“麻黄，味苦温，主中風傷寒頭痛温瘧，發表出汗，去邪熱氣，止欬逆上，除寒熱，破症堅積聚，一名沙龍。”附子，《後漢書·霍諝傳》：“譬猶療飢於附子，止渴於酖毒，未入腸胃，已絶咽喉，豈可爲哉！”明李時珍《本草綱目·草六·附子》：“其母名曰烏頭。初種爲烏頭，像烏之頭也，附烏頭而生者爲附子，如子附母也。”《浙江通志·物産》：“附子，《赤城志》：‘出仙居黄皮山，比蜀産爲下。’”附子，禪籍中又作“苻子”。《爾雅·釋草》：“苻，鬼目。”郭璞注：“今江東有鬼目草，莖似葛，葉員而毛，子如耳璫也，赤色叢生。”蒲州産麻黄，益州産附子。禪宗喻指至高無上的禪理佛法就在自然萬物之中。要用平常心求自然之道。

同類俗語還有如“<u>益州布，揚州絹</u>”“<u>東海剪刀，西番皮袋</u>”“<u>新羅附子，蜀地當歸</u>”“<u>福州荔枝，泉州刺桐</u>”“<u>鄭州出鴨梨，青州出大棗</u>”等。

二、禪籍俗語展示唐宋時代的社會生活

在特定時代背景下，人們對家族傳承、人際往來等社會行爲有著共同的規約和認識，形成了群體默認的社會文化習俗。除此，歲時年節和民間遊藝在百姓日常生活中也占有重要地位，是民衆社會生活的一部分，具有民俗文化的内涵。禪籍中的許多俗語反映了唐宋時代百姓的社會習俗。涉及唐宋社會生活中的家族習俗、交際習俗、婚嫁習俗、生老病死有關習俗、年節習俗、遊藝習俗六個方面。

（一）家族習俗

（1）師曰：“從西川到這裏，黄三郎如今在西川？在洪州？”云：“<u>家無二主</u>，<u>國無二王</u>。”（《祖堂集》卷十四《江西馬祖》P.614）

語出《孟子·萬章上》："孔子曰:'天無二日,民無二王。'"一家不可容二主,一国不可容二王,反映了古人的家庭觀和政治觀。在家庭中父親具有絕對和最高的權力,如同一國之中的帝王。俗語在禪門中指不可心生分別,區別待物。

> (2) 問:"不歷僧祇獲法身,請師直指。"師曰:"<u>子承父業</u>。"
> (《五燈會元》卷三《利山和尚》P.179)

成語言兒子繼承了父親的事業。宋王稱《東都事略》卷八十《王珪列傳》:"於是宣仁后謂輔臣曰:'皇帝是神宗長子,子承父業,乃分當然。'"清黃宗羲編《明文海》卷一百三十五收錄郝敬《客問》:"子承父業,兄終弟及,天理人情也。"禪宗比喻弟子向師父求佛學法。

> (3) 問:"上行下教,未是作家。背楚投吳,方爲達士。豈不是
> 和尚語?"師曰:"是。"曰:"<u>父財子用</u>也。"(《五燈會元》卷十二
> 《百丈惟政禪師》P.734)

古人重視家族權力、財產的傳承關係,無論是帝王貴族還是平民百姓,父親之財爲子所用。《漢書》中已有子受父財的記錄,《楊敞傳》:"初,惲受父財五百萬及身封侯,皆以分宗族。後母無子,財亦數百萬,死皆予惲,惲盡復分後母昆弟。"宋李昉《太平御覽·人事部·奴婢》:"(《史記》)又曰:'王丹盡得父財,家累千金,奴僮數百。'"俗語在禪籍中比喻僧徒向師父學習禪法,傳承師父的思想德行。

> (4) 上堂云:"五白貓兒爪距獰,養來堂上絕蟲行。分明上樹安
> 身法,<u>切忌遺言許外甥</u>。作麼生是許外甥底句?莫錯舉。"(《古尊宿
> 語錄》卷九《石門山慈照禪師鳳巖集》P.146)

姐姐或妹妹的兒子稱外甥。《爾雅·釋親·母黨》:"男子謂姊妹之子爲出。"清顧炎武《日知錄》卷三十二《出》:"《爾雅》男子謂姊妹之子爲出,《傳》中凡言出者皆是外甥。"外甥與舅不是同姓,因而算不上是自家人,只有在沒有子嗣的時候舅舅才將後事託付於外甥。俗語謂不將遺言告訴外甥,禪師用此語喻指禪理佛法不可言說,不能用言語相傳。

　　這些俗語反映出古時人們的宗族、父系、母系和姻系的親屬關係,以及人們的家族觀念。

（二）交際習俗

（1）上堂眾集定，喝一喝曰："<u>冤有頭</u>，<u>債有主</u>。珍重！"（《五燈
會元》卷十六《雙峰宗達禪師》P.1081）

禪籍慣用語。原本指找準目標對機。引申指事件的產生都有其原因，在處
理問題時找到主要責任者。俗語字面還反映出人們的交際原則，報冤的要
找作惡的，討債的要找欠債的。後世沿用該俗語，謂報仇、討債要找冤
家、債主，不要累及他人。元施惠《幽閨記》第七齣："〔內喊科〕俺和你
魚水無交。冤有頭，債有主。教你一個來時一個死，兩個來時兩個亡。"
《西遊記》第五十六回："你到森羅殿下興詞，倒樹尋根，他姓孫，我姓
陳，各居異姓。冤有頭，債有主，切莫告我取經僧人。"《水滸傳》第二十
六回："（武松）道：'諸位高鄰在此，小人冤各有頭，債各有主，只要眾
位做個證見。"《金瓶梅詞話》第十七回："吳月娘見他每日在房中愁眉不
展，面帶憂容，便說道：'他陳家那邊為事，各人冤有頭，債有主，你平
白焦愁此甚么？'"清范寅《越諺》卷上："冤有家，債有主。"

（2）"如何是人境俱不奪？"師云："<u>久旱逢初雨</u>，<u>他鄉遇舊知</u>。"
（《古尊宿語錄》卷十九《潭州道吾真禪師語要》P.362）

俗語始見於北宋觀文殿大學士汪洙《喜》詩："久旱逢甘雨，他鄉遇故知。
洞房花燭夜，金榜掛名時。"[1] 禪籍中，禪師用此語教導僧徒消除自我與
外物之間的分別，實現人、境互攝，圓融統一，在這種境界中獲得的感受
就好比乾旱逢雨、身居異地偶遇故人一般，掃卻煩惱，欣喜寬慰。

（3）問："不與萬法為侶者是甚麼人？"師曰："<u>遠親不如近鄰</u>。"
曰："待汝一口吸盡西江水，即向汝道，又作麼生？"師曰："<u>近鄰不
如遠親</u>。"（《五燈會元》卷十九《虎丘元淨禪師》P.1295）

宋時諺語。在遇到困難時，遠方的親人比不了身邊的鄰居，體現中國古人
重視鄰里關係的和睦。也作"遠親不似近鄰""遠親戚不如近邊鄰里"。

此外，還有俗語"不解作客，勞煩主人""一客不煩兩主，一鳥不栖
二林"反映了人們的作客觀，"得饒人處且饒人""得人一牛還人一馬"反

---

① 北京大學古文獻研究所編：《全宋詩》，北京大學出版社，1991年，第二十二冊，第14978頁。

映了人們的寬容待人和不貪圖他人便宜、平等待人的交友原則。

（三） 婚嫁習俗

述偈曰："顛倒顛，顛倒顛，<u>新婦騎驢阿家牽</u>。便恁麼，太無端，回頭不覺布衫穿。"（《五燈會元》卷十九《九頂清素禪師》P.1269）

新婦，新娘子、新嫁娘。《戰國策·衛策》："衛人迎新婦，婦問：'驂馬，誰馬也？'"漢焦贛《焦氏易林》卷三《家人》："娶於姜呂，駕迎新婦。"這種稱呼一直延續下來。明胡應麟《少室山房筆叢》卷四十《莊獄委談上》："今俗以新娶男稱新郎，女稱新婦。"阿家，同"阿姑"，指婆母。唐趙璘《因話錄》卷一："郭曖嘗與昇平公主琴瑟不調，曖罵公主：'倚乃父爲天子耶？我父嫌天子不作。'……尚父拘曖，自詣朝堂請罪。上召而慰之曰：'諺云：不癡不聾，不作阿家阿翁。小兒女閨幃之言，大臣安用聽？'"郭子儀之子郭曖與昇平公主結爲夫妻，一日二人爭執。昇平公主將郭曖所說不敬之話稟報代宗皇帝，郭子儀情急之下縛子請罪，代宗用俗諺化解了雙方尷尬。後蜀何光遠《鑑誡錄》卷十《攻雜詠》載陳裕《詠渾家樂》云："阿家解舞《清平樂》，新婦能拋白木毬。"敦煌變文《孝子傳》："新婦聞之方割股，阿家吃了得疾平。"清俞樾《春在堂隨筆》卷九："唐宋婦人，每稱其姑曰阿家，以草大家例之，似阿家亦應讀姑。""新婦"騎在驢上，本應由新郎牽驢，但卻要"阿家"來牽引，這與一般的風俗相違背。而這種世俗觀念恰是禪家修行的滯礙。禪門要求破除分別心，不執著於尊卑、長幼、上下之別。將新婦與阿家等同對待，"新婦騎驢阿家牽"，新婦與婆婆都處於無心狀態，沒有牽與被牽、驢上驢下、尊卑高低的分別觀念，消除了人我的界限，掙脫了理智的羈鎖，落落無礙，不假雕飾。

（四） 生老病死有關習俗

（1）師云："老僧在仰山時，仰山拈經中語問大眾：'刹說、眾生說，三世一切說，爲什摩人說？'無人對。云：'<u>養子代老</u>。'借此問闍梨，闍梨作摩生道？"玄沙遲疑。（《祖堂集》卷七《雪峰和尚》P.355）

宋時諺語。謂生養子孫就是爲了在年老之後子孫可以效力侍奉甚至代爲受過，體現了中國古人的養育觀。宋羅願《羅鄂州小集》卷六《宋詹孝子惠明傳》中記載，時有孝子惠明，其父犯殺人之罪，他便強行代爲受罰，惠

明臨刑之前 "無悔色，呼曰：'養子代老，積粟防飢，代父償死，萬世留名。'"

(2) 上堂曰："<u>龍生龍</u>，<u>鳳生鳳</u>，<u>老鼠養兒沿屋棟</u>。達磨？大師不會禪，歷魏游梁乾坤打鬨。"(《五燈會元》卷十六《光孝深禪師》P.1104)

又作 "龍生龍子，鳳生鳳子""鷹生鷹子，鵰生鵰兒"。比喻有什麽樣的父母就生什麽樣的子女。禪家用以比喻師承關係，有什麽樣的師父就有什麽樣的徒弟。語本漢王充《論衡·講瑞》："鳳凰麒麟生有種類，若龜龍有種類矣。龜故生龜，龍故生龍，形色小大，不異於前者也。"宋代演化爲"龍生龍子，鳳生鳳兒"，後來進一步演化爲"龍生龍，鳳生鳳，老鼠養兒沿屋棟"。宋李新《跨鼇集》卷二十八《祭宋夫人文》："糸仙客以登瀛，繼相如而諭蜀。龍生龍子，鳳生鳳雛。"清范寅《越諺》卷上記載有"龍生龍，鳳生鳳，老鼠生兒蹲屋棟"。

(3) 妙喜送以偈曰："人言棒頭出孝子，我道<u>憐兒不覺醜</u>。"(《南宋元明禪林僧寶傳》卷三《徑山大禪明禪師》X79，p0599a08)

民間諺語。因爲愛惜自家孩子，不覺孩子相貌醜陋。禪宗謂禪師愛護僧徒，對僧徒没有高下、貴賤、伶俐愚鈍之分。

三條諺語反映了古人的生兒養子觀。

(4) 上堂："……千人萬人盡是覓佛漢子，於中覓一箇道人無。若與空王爲弟子，莫教<u>心病最難醫</u>。"(《五燈會元》卷四《趙州從諗禪師》P.201)

心病，思想上的疑慮；頭腦中纏繞的各種煩惱。明湛若水《格物通》卷十九《正心中》："故爾宋儒朱熹曰：'凡人之病皆可治，惟心病則難。幸毋陷於心病，使無下藥之理哉。'"俗語謂思想上的包袱無法用醫藥消除。又作"心病最難療"，明曹學佺《石倉歷代詩選》卷一百十一《宗風·集諗師句》："石幢子被風吹折，丈六金身煩惱招。若與空王爲弟子，莫教心病最難療。"《象山語録》卷四："説晦翁云：莫教心病最難醫。"

(5) 上堂云："即心即佛，黄葉止啼；非心非佛，<u>驗病施方</u>。你道到這裏作麽生？"[《古尊宿語録》卷二十六《舒州法華山（全）舉

和尚語要》X68，p0168c21]

猶“對癥下藥”，根據具體病情開處方。比喻針對不同的問題採取不同的對策。佛教四悉檀之一即是對治悉檀，指佛應眾生心病，而以法藥對治眾生的煩惱惡業，即“驗病施方”“應病用藥”。《大智度論》卷五十六：“菩薩從初發意來，於一切眾生中，常行檀波羅蜜：應病與藥，隨病所須，拯濟孤窮，隨其所乞皆給與之，於一切眾生中，悉皆平等，好心供養。”禪籍中比喻禪師根據僧徒的根機深淺、癥結所在而說法。

(6) 師云：“步平履穩底，峻絕處疑著。行玄體妙底，平地上吃交。魯祖尋常只解把定，及乎此時，卻幹得轉。病深用藥，藥過用醫。”(《宏智禪師廣録》卷一 T48，p0007c03)

字面義指病深用藥治，藥物醫治不了時需求助醫生。禪家指根據學人的根性可以採取不同的接引方法，引導學人擺脫滯礙，明心見性。

(7) 相見錦江頭，相攜上酒樓。會醫還少病，知分不多愁。[《古尊宿語録》卷三十四《舒州龍門（清遠）佛眼和尚語録》X68，p0220c11]

瞭解自身情況，可以自我醫治。在禪籍中俗語指重視自身修爲，自我調節。

(8) 問：“不落是非，請師道。”師云：“貴。”云：“慈悲何在？”師云：“苦口是良藥。”[《古尊宿語録》卷三十八《襄州洞山第二代（守）初禪師語録》X68，p0248b04]

醫治病人的好藥往往味道苦澀難吃，比喻忠言逆耳。先秦民諺。語見《韓非子·外儲説左上》：“夫良藥苦於口，而智者勸而飲之，知其入而已己疾也；忠言拂於耳，而明主聽之，知其可以致功也。”汉劉向《說苑·正諫》：“孔子曰：‘良藥苦於口利於病，忠言逆於耳利於行。’”漢司馬遷《史記·留侯世家》：“今始入秦，即安其樂，此所謂‘助桀爲虐’，且‘忠言逆耳利於行，毒藥苦口利於病’。”

(9) 尊位如何，澄潭影裡探秋波。日面月面，鐵眼銅睛安可辨。君不見，一聲霹靂兮霧罩長空，千眼頓開兮雲收嶽面。還見馬師麼？病在膏肓，切須忌口。(《瞎堂慧遠禪師廣録》卷四 X69，p0588a19)

重病之時要忌口，否則將加重病情。醫籍中對“忌口”多有記載，凡遇腸胃不適、積年毒瘡、邪毒風熱等病多主張忌口，短則一兩日，長則數年甚至終身。所忌食物多爲辛辣刺激、難於消化之物。《說郛》卷七十六《雜纂續·難忍耐》羅列了六條人世最難忍受之苦，其中就有“病起人忌口”一條。俗語在禪籍中比喻要徹底擺脫語言文字對禪法的解讀，依據語言文字解讀禪法，只能陷入更深的迷惘之中。

此外禪籍中關涉醫療民俗的俗語還有“肚無偏癖病，不怕冷油虀”“藥多病甚，網細魚稠”“病多諳藥性，得效敢傳方”“病瘥須除藥”等。

（10）僧問大梅：“如何是西來意？”大梅曰：“西來無意。”師聞乃曰：“<u>一箇棺材</u>，<u>兩箇死漢</u>。”（《五燈會元》卷三《鹽官齊安國師》P.143）

棺材，裝殮屍體的器具。多以木材製成。北魏賈思勰《齊民要術》卷五《種槐柳楸梓梧柞》：“以爲棺材。勝於松柏。”一個棺材本裝一個人，此處禪師諷刺學僧和大梅的回答都落入俗念妄想中，都沒有領悟禪的真意。又作“一箇棺木兩箇死漢”。

（11）師云：“……豈不見永嘉大師見六祖云：‘<u>生死事大</u>，<u>無常迅速</u>。’六祖云：‘何不體取無生了無速乎？’嘉云：‘體即無生，了本無速。’”［《古尊宿語録》卷三十三《舒州龍門（清遠）佛眼和尚普說語録》X68，p02 15c05］

無常，佛教語。謂世間一切事物不能久住，都處於生滅變異之中。漢牟融《理惑論》：“太子曰：‘萬物無常，有存當亡。今欲學道，度脫十方。’”此處指死亡。生死輪回是人生大事，失去生命落入輪回異常迅速，因此要慎重對待生死。俗語反映了當時人們對待死亡的態度。

（五）年節習俗

（1）問：“的的西來意，師當第幾人？”師曰：“<u>年年八月半中秋</u>。”（《五燈會元》卷十《崇壽契稠禪師》P.585）

古代以七、八、九三個月爲秋季，八月十五日正當秋季的中間，故稱中秋。宋孟元老《東京夢華録》卷八《中秋》一段中詳細描述了中秋節前即中秋之夜熱鬧的街市。《敦煌變文集新書》卷二《散勸文》：“中秋八月演朝露，滴滴如珠草上懸。”宋吳自牧《夢粱錄》卷四《八月》：“八月十五日中秋節，此日三秋恰半，故謂之‘中秋’。此夜月色倍明於常時，又謂之‘月夕’。”明史玄《舊京遺事》：“中秋月明之夕，長安街笙曲哀曼，宮城烏雀驚起復棲。”

    （2）問：“如何是學人親切處？”師曰：“五九盡日又逢春。”曰：“畢竟事如何？”師曰：“<u>冬到寒食一百五</u>。”（《五燈會元》卷十一《首山省念禪師》P.680）

年節諺。冬至後一百零五天是寒食節，相傳是爲了紀念在綿山被焚而死的春秋廉士介子推。其實，寒食節禁火的民俗由來已久。《山海經·北山經》云：“其山北人，皆生食不火之物。”這裏的不食加熱之物爲一種祭祀行爲，但也係一種民俗。《周禮·秋官司寇·司烜氏》載司烜氏“仲春以木鐸修火禁於國中”。《後漢書·周舉傳》亦有關於寒食的記載：“太原一郡，舊俗以介子推焚骸，有龍忌之禁。”李善注：“龍，星，木之位也，春見東方。必爲大火，懼火之盛，故爲之禁火。”這應當是爲避免春日山林火災禁火。寒食節的長短不一，長時有一月之久，一般在清明節前兩天，各家都不生火作炊。農曆一年二十四節氣，每兩個節氣之間相隔十五天，“冬至”到“清明”之間的節氣有冬至、小寒、大寒、立春、雨水、驚蟄、春分、清明，一共跨越了七個十五天，而寒食節又與清明節相連，所以有“冬到寒食一百五”的諺語。後來有的地區亦稱清明爲寒食。清富察崇《燕京歲時記·清明》：“清明即寒食，又曰禁煙節。古人最重之，今人不爲節。”唐代出現了寒食節上墳的習俗。白居易《寒食野望吟》詩：“丘墟郭門外，寒食誰家哭。風吹曠野紙錢飛，古墓壘壘春草青。棠梨花映白楊樹，儘是死生別離處。冥寞重泉哭不聞，蕭蕭暮雨人歸去。”將寒食節掃墓，天雨人泣的場面描寫得淋漓盡致。王建有《寒食行》云：“三日無火燒紙錢，紙錢那得到黃昏。”唐代，寒食節掃墓祭奠亡故的親人已成風俗。至宋代仍不改此習俗，莊綽在《雞肋編》卷上中還詳細記述了宋人寒食節上墳的場面：“寒食日上塚亦不設香，紙錢掛於塋樹。其去鄉里者，皆登山望祭，裂冥帛於空中，謂之‘擘錢’。而京師四方因緣拜掃，遂設酒饌，攜家春遊。”諺語“冬至寒食一百五，家家塚上添新土”是對當時民俗的真實寫照。禪門意指未出離生死輪回，還有死生之別。清范寅《越諺》卷中有"冬至百六是清明"。

（3）冬日，上堂云："達磨西來，事久多變。後代兒孫，門風無限。攪擾身心，一團麻線。白雲今日，都通截斷。大眾，<u>一百單五近清明，上元定是正月半</u>。"[《古尊宿語錄》卷二十一《舒州白雲山海會（法）演和尚語錄》X68，p0138b08]

歲時諺。正月初一過後的一百零五天正是清明節。宋吳自牧《夢粱錄》卷二《清明節》："清明交三月，節前兩日謂之寒食。京師人從冬至後數起至一百五日，便是此日。"正月十五是上元節，也叫元宵節。又《夢粱錄》卷一《元宵》："正月十五日元夕節。乃上元天官賜福之辰。"文中詳細描寫了元宵節夜晚街市上熱鬧的場面，不但張燈結綵，"更兼家家燈火，處處管弦"。俗語在禪籍中指依照事物的自然屬性和規律修習佛法，不必刻意追尋。

（六）遊藝習俗

（1）又時見僧云："還知禾山惡發摩？"僧便問："禾山無端惡發作什摩？"師云："<u>嗔拳不打笑面</u>。"（《祖堂集》卷十二《禾山和尚》P.554）

"嗔拳""笑面"源自荊楚舊俗，是歲末行戲中的兩個角色。宋高承《事物紀原》卷九"嗔拳"條："江淮之俗，每作諸戲必先設嗔拳笑面。有諸行戲時，嘗在故膜之末。所作之人又多村夫，初不知其所謂也。按《荊楚歲時記》有諺語云：'臘鼓鳴，春草生，村人並細腰鼓，戴胡公頭及作金剛力士以逐除。'今南方爲此戲者必戴面，如胡人狀，作勇力之勢，謂之嗔拳。則知其爲荊楚故俗舊矣。"宋王洋《東牟集》卷六《遣興》："老如認老應無病，貧要安貧可免憂。貧病欺人須服弱，嗔拳笑面卻應休。"禪籍有俗語"嗔拳不打笑面"謂無論如何憤怒都不打笑臉賠罪之人。此條諺語在後世也有用例，《金瓶梅詞話》第七十二回："這伯爵便向李銘道：'如何？剛才不是我這般說著，他甚是惱你，他有錢的性兒，隨他說幾句罷了，常言'嗔拳不打笑面'。如今時年尚個奉承的，拿著大本錢做買賣，還帶三分和氣。'"

（2）上堂："……八十老人入場屋——不是小兒嬉，不是因循事。一言參差千里萬里，難爲收攝。"（《五燈會元》卷十三《雲居道膺禪

師》P. 797)

歇後語。"場屋"，即戲場。唐元稹《連昌宮詞》："夜半月高絃索鳴，賀老琵琶定場屋。"清顧炎武《日知録·場屋》："場屋者，於廣場之中而爲屋，不必皆開科試士之地也……故戲場亦謂之場屋。"因循，馬虎，大意。唐李商隱《行次西郊作一百韻》："常恐值荒迴，此輩還射人。愧客問本末，願客無因循。"敦煌變文《捉季布傳文》："卿與寡人同記著，抄名録姓莫因循。"八十高齡老人上戲場不是件容易事，喻指參禪修佛需要謹慎小心，用心對待，不可大意馬虎。又作"八十老翁出場屋""百歲老兒作歌舞——豈是小兒戲"。

(3) 鄧隱峰辭師，師曰："甚麼處去?"曰："石頭去。"師曰："石頭路滑。"曰："竿木隨身，逢場作戲。"(《五燈會元》卷三《江西馬祖道一禪師》P. 129)

俗語謂賣藝人到了合適的地方就開始表演，比喻見機行事。"竿木"或"爬杆"是我國古代百戲中非常有名的一種競技遊戲，早在漢時已經出現，唐代尤爲盛行。唐崔令欽《教坊記》："上偏私左廂，故樓下戲，右廂竿木多失落，是其隱語也。"又："筋斗裴承恩妹大娘善歌，兄以配竿木侯氏。"唐鄭處誨《明皇雜録》卷上："時教坊有王大娘者，善戴百尺竿，竿上施木山，狀瀛洲、方丈，令小兒持絳節，出入于其間，歌舞不輟。"宋葉夢得《石林詩話》卷中："焦中書南廳壁間有晏元獻《題詠上竿伎》一詩云：'百尺竿頭褭褭身，足騰跟掛駭旁人。'"俗語字面指賣藝人遇到適合的地方，就開場表演。禪宗比喻隨機應付，又喻指悟道在心，不拘時地。後多指遇到機會偶爾湊趣，或隨俗應酬。

(4) 總饒使得十二時，贏得口邊生白醭，寶林與麼告報。只打淨潔毬子，莫有和泥合水與物俱化底麼?(《虛堂和尚語録》卷二 T47，p0995b14)

毬子，古代遊戲使用的一種球類，二人或多人共同遊戲。宋呂本中《紫微雜說·賭新法》："熙寧神宗與二王禁中打毬子。"宋朱勝非《紺珠集》卷三《毬場草生》："憲宗問趙宗儒曰：'聞卿在荆州毬場草生，何也?'對曰：'雖則草生，不妨毬子往來。'上爲大笑。"清陳元龍《格致鏡原》卷六十《玩戲器物類·毬》："今時小兒以鉛錫爲錢，裝以雞羽，呼爲鞬子。三四成羣走踢，有裹外廉，拖鎗、聳膝、突肚、佛頂珠、剪刀、拐之各色，亦蹴踘之遺事也。"可見，宋代不但盛行踢毽子，而且玩法多樣，技藝高超，有膝踢（"聳踢"）、肚踢（"突肚"）、頭踢（"佛頂珠"）等。宋周密《武林舊事》卷六《小經紀》中録專經營"鞬子"這一類小商品，經營者可以依此謀生，"每一事率數十人，各專藉以爲衣食之地，皆他處之所無也"。打毬本要沾泥，能夠打乾淨毬比喻不受污染，置身事外。禪宗喻指能夠擺脱凡塵俗念，澄明本心，不"和泥合水"，滯礙不前。元雜劇中保留了該俗語。《李逵負荊》第二折〔倘秀才〕："打乾淨毬兒不道的走了你！"

　　（5）師著語云："未問已前錯，如何是第三句？"穴云："但看棚頭弄傀儡，牽抽都在裹頭人。"[《古尊宿語録》卷二十四《潭州神鼎山第一代（洪）諲禪師語録》P.458]

傀儡，用土木製成的偶像。漢代用於喪樂及嘉會，隋唐已用於表演故事，宋代更加盛行。有杖頭傀儡、懸綫傀儡、藥發傀儡、水傀儡、肉傀儡等，能夠表演"敷演姻粉、靈怪、鐵騎、公案"及"史書、歷代君臣將相故事"。宋周密《武林舊事》卷二《舞隊·大小全棚傀儡》中羅列了七十個傀儡節目。明于慎行《穀山筆塵》卷十四："傀儡，杜佑曰：窟儡子，亦曰傀磊子，本喪樂也。漢末始用之於嘉會，北齊高緯尤好之。今俗懸絲而戲，謂之偶人，亦傀儡之屬也。又有以手持其末，出之幃上，則正謂之窟儡子矣。"文人亦將傀儡入詩，抒發被束縛無奈之情。唐李隆基《傀儡吟》："刻木牽絲作老翁，雞皮鶴髮與真同。須臾弄罷寂無事，還似人生一夢中。"唐呂岩《無愁可解》詞："可惜天真逐愛欲，似傀儡被他牽拽。"棚頭，宋時稱呼專事鬥雞、逐兔、賭博等並以此爲業的人。宋范成大《臨洺鎮》詩："北人爭勸臨洺酒，云有棚頭得兔歸。"棚頭人弄傀儡，實則在幕後有牽絲之人。比喻看問題要抓關鍵所在，不爲表面迷惑。又作"看取棚頭弄傀儡，抽牽全藉裹頭人""看取棚頭弄傀儡，抽牽都來裹有人"，看取，唐代口語。《唐五代語言詞典》中解釋爲看，"取"爲助詞。唐李白《少年行三首》其三："看取富貴眼前者，何用悠悠身後名。"唐張說《嶺南送使二首》："一朝成白首，看取報家人。"宋吳曾《能改齋漫録》卷六

《事實·看朱成碧》："'看朱成碧思紛紛，憔悴支離爲憶君。不信比來長下淚，開箱看取石榴裙。'武則天詩也，見郭茂倩《樂府》。"禪宗主張擺脫世俗的束縛，獲得心的自由。而世俗之人只能如同傀儡一般，嬉笑怒罵全都身不由己。

上述例句中的俗語反映了唐宋時的唱戲、遊戲、雜耍等遊藝習俗。

三、禪籍俗語顯現唐宋時代人們的精神信仰

在古代社會演進的過程中，許多超越人類認知能力的事物被披上了神秘的外衣，在民眾集體思想中產生出鬼神魂魄、禍福時運的概念。禪籍中有許多俗語記錄了古代民眾的精神信仰，體現出人們對未知自然的神奇構想，涉及人們對鬼神魂魄的崇敬恐懼、對禍福時運的迷信崇拜，以及宗教信仰、生活理念。俗語折射出人們對自然的崇拜，對神靈的崇拜，以及對時運的認識。

（一）鬼神魂魄

（1）初問青峰："如何是學人自己？"峰曰："丙丁童子來求火。"（《五燈會元》卷十《報恩玄則禪師》P.593）

古代以十干配五行，丙丁屬火，因稱火爲"丙丁"。《呂氏春秋·孟夏》："其日丙丁。"高誘注："丙丁，火日也。""丙丁童子"即指主管火的神童。管火神童向外求火，禪家藉以比喻自身是佛，還向外馳求，人們逐物迷己，忘記了本來佛性。

（2）僧問："修多羅教，如標月指，未審指個甚麼？"師曰："請高著眼。"曰："曙色未分人盡望，及乎天曉也尋常。"師曰："年衰鬼弄人。"（《五燈會元》卷十二《渤潭曉月禪師》P.738）

清王有光《吳下諺聯》卷一有"神衰鬼弄人"一條，謂："神者，人之英華。每於月明之下，露草之間，現出精光，顧影自見，或數尺，或數尺外，閃閃爍爍，鬼魅見之，自然辟易。迨年老或病，氣餒靜枯，其神就衰。鬼即乘衰而至，窺伺之，揶揄之，現奇怪頭臉，恐嚇之。鬼物喜於弄人，向特神旺而不敢近耳。技癢已久，至此百態俱出矣。"年長氣衰，遭鬼恐嚇。比喻身處惡境，會遭遇更多不幸。禪師以此否定學人的答話，意謂不合人意。

（二）宗教信仰

（1）問：“教意請師提綱。”師曰：“但問將來，與你道。”曰：“請和尚道。”師曰：“佛殿裏燒香，三門頭合掌。”（《五燈會元》卷四《睦州陳尊宿》P.233）

三門，寺院大門。《釋氏要覽·住處》：“凡寺院有開三門者，只有一門亦呼三門者何也？《佛地論》云：‘大宮殿，三解脱門爲所入處。大宮殿喻法空涅槃也，三解脱門謂空門、無相門、無作門。’今寺院是持戒修道、求至涅槃人居之，故由三門入也。”合掌，僧徒將兩手合於胸前，亦是對佛的虔誠。唐玄奘譯《大般若波羅蜜多經》卷四百二：“時舍利子。歡喜踊躍即從座起。頂禮雙足偏覆左肩。右膝著地合掌恭敬。”北魏楊衒之《洛陽伽藍記》卷一《城内·永寧寺》：“口唱南無，合掌連日。”唐玄奘《大唐西域記》卷二《三國》：“致敬之式，其儀九等：一發言慰問；二俯首示敬；三舉手高揖；四合掌平拱；五屈膝；六長跪；七手膝踞地；八五輪俱屈；九五體投地。”明吳之鯨《武林梵志》卷十一《古德機緣·七寶寺》：“即集衆念佛，黎明合掌，西向跏趺而化。”俗語謂在佛殿裏燒香，在寺院門前合掌行禮。佛教徒修行有各種規範要求，參禪修習必須嚴格遵循。

（2）上堂云：“淺聞深悟，深聞不悟。爭奈何，爭奈何，獻佛不在香多。”（《古尊宿語録》卷二十《次住太平語録》X68，p0133c02）

諺語。假，借助於。向佛進獻不在於香的多少，只要誠懇。比喻對人尊敬，不在禮物的多少、貴賤，而在於是否誠心誠意。

（3）問：“如何是諸佛出身處？”師云：“佛前裝香，佛後合掌。”（《雲門録》卷上 T47，p0547b18）

燒香是舊時人們禮拜神佛時的一種儀式，將香插在香爐内以示虔誠。唐張鷟《朝野僉載》卷三：“來婆鳴弦柱，燒香，合眼而唱：‘東告東方朔，西告西方朔，南告南方朔，北告北方朔，上告上方朔，下告下方朔。’”《晉書·康獻褚皇后》：“太后方在佛屋燒香，内侍啓云‘外有急奏’，太后乃出。”俗語謂佛無處不在，佛前佛後無時無刻都應用心參悟。

（三）福禍時運

（1）文遠侍者在佛殿禮拜次，師見以拄杖打一下曰：“作甚麽？”

者曰："禮佛。"師曰："用禮作甚麼?"者曰："禮佛也是好事。"師曰："<u>好事不如無</u>。"(《五燈會元》卷四《趙州從諗禪師》P.206)

宋蔡絛《鐵圍山叢談》卷第五："元祐歲壬申,魯公時帥長安,因旱,用故事,上請禱雨於紫閣",有一婦人"因舉手撫土偶人,而謂公曰:'此亦有佛性。'公因嘲云:'此乃泥土瓦礫合成,安得有佛性耶?'則亦嘻笑曰:'不然。一則非一,二則非二,當如是解。'遂起揖引去,公亟展兩手橫障之,曰:'願以仙姑下山,使萬人共瞻仰,豈不美哉!'因顧公曰:'好事不如無。'"禪宗主張修禪悟道要順其自然,與其奔忙求索,不如泰然處之。

(2)壽州紹宗禪師,僧問:"如何是西來意?"師曰:"<u>好事不出門,惡事行千里</u>。"(《五燈會元》卷九《壽州紹宗禪師》P.547)

民間俗諺。形容醜事很容易傳開,但好事卻不爲人所知。源自晉葛洪《抱朴子外篇·疾謬》:"談者含音,無足傳至美。令聞不著,醜聲宣流。"宋孫光憲《北夢瑣言》卷六《以歌詞自娛》:"晉相和凝,少時好爲曲子詞,布於汴洛。洎入相,專托人收拾焚毀不暇。然相國厚重有德,終爲艷詞玷之。契丹入夷門,號爲曲子相公。諺所謂好事不出門,惡事行千里。士君子得不戒之乎?"《西遊記》第七十三回:"行者道:'正是好事不出門,惡事傳千里,象我如今皈正佛門,你就不曉的了!'"禪宗用以表示人們熟知的未必是佛之真理,而佛法真如卻不爲人知。

(3)上堂曰:"古人道,眼色耳聲,萬法成辦。你諸人爲甚麼從朝至暮,諸法不相到?"遂喝一喝,曰:"牽牛入你鼻孔,<u>禍不入慎家之門</u>。"(《五燈會元》卷十八《黃龍觀禪師》P.1218)

謂言語行事謹慎小心,便不會招致過錯或災禍。禪宗比喻自心向佛,澄明本心,便可以不爲俗情妄念所縛。《宋書·竟陵王誕傳》:"大明二年,(竟陵王誕)發民築治廣陵城,誕循行,有人干輿揚聲大罵曰:'大兵尋至。何以苦百姓!'……誕摯之,問其本末,答曰:'大禍將至,何不立六慎門。'誕問:'六慎門云何?'答曰:'古時有言,禍不入六慎門。'"

(4)問:"如何是大自在正眼?"師云:"大洋海內獨橫身。"僧曰:"怎麼則知難而退。"師云:"<u>禍福無門人自召</u>。"(《建中靖國續燈録》卷四《法昭演教禪師》X78,p0663a10)

事情的好壞由人決定，強調人的主觀能動性。語出《左傳·襄公二十三年》：“季氏以公鉏爲馬正，慍而不出。閔子馬見之，曰：‘子無然。禍福無門，唯人所召。”清王有光《吳下諺聯》卷二《棺材頭邊無咒死鬼》：“今世此等事甚多，禍福惟人自召耳。”禪宗喻指本心的迷失全因自己，人們逐物迷己，迷己逐物，最終迷失了佛之本心。

（5）上堂：“……到者里須是有驅耕夫之牛、奪飢人之食底腳手，便與拶一拶，逼一逼，趕教走到總角處，便好向伊道：福不重受，禍不單行。”［《古尊宿語録》卷二十二《黄梅東山（法）演和尚語録》X68，p0144a18］

民間俗語。見漢劉向《說苑·權謀》：“明年大旱、民飢，不以此時恤民之急也，而顧反益奢，此所謂福不重至，禍必重來者也。”幸福的事情不會同時出現，而不幸的事情卻會接二連三地發生，反映了人們對禍福時運的認識。明高明《琵琶記》第二十一齣：“〔末上〕：‘福無雙降猶難信，禍不單行卻是真。’”清西周生《醒世姻緣傳》第四回：“想起公公夢中言語，益發害怕起來。真是‘福無雙至，禍不單行’。”禪籍中又單用“禍不單行”，如《五燈會元》卷十二《文公楊億居士》：“環曰：‘幾年學佛法，俗氣猶未除。’公曰：‘禍不單行。’”

六條俗語反映了人們對待禍福的不同態度。

（四）生活理念

師在僧堂内喫茶，問設茶僧云：“什麽處安排？”僧指板頭云：“在這裏。”師云：“你更設一堂茶始得。”無對。代云：“近日錢難得。”又云：“小財不去，大財不來。”［《古尊宿語録》卷十八《雲門（文偃）匡真禪師廣録下》X68，p0116a04］

不花去小錢就不會賺來大錢。體現了人們的財務觀。

俗語是透視中國古代社會的萬花筒，它蘊含了古人的智慧和情感。平民百姓通過俗語傳遞經驗和信仰，表達思想和感情。中國民俗文化藉助俗語得到了記録和傳播。我們理解俗語的同時也在認識古代社會，包括民眾的日常物質習俗和道德精神觀念。禪宗是佛教中國化的典範，不但在思想上大膽拋棄了印度佛教的遺風，在語言上也進行了積極改造，自覺運用具有中國本土平民色彩的語言。禪籍中出現了大量能夠反映民俗文化的俗語，它們記録了很多唐宋民俗，具有深厚的民俗文化内涵。俗語在禪籍中的大量使用反映了佛教在中國化改造的過程中，完成了與中國世俗文化的接軌，使禪宗爲越來越多的民衆所接受。禪宗成爲印度佛教中國化改造的典範。

第二節　禪籍中民俗類俗語的語義分析

鍾敬文在《民俗學概論》中總結出語言承載民俗的四種方式。一是語言單位概括指稱民俗事象。語言材料作爲民俗事象的名稱，專語專用，語、俗完全相印。二是語言單位具體陳述民俗事象。一個詞、詞組，或一兩句話，直接道出民俗事象的具體内容。三是語言單位旁涉夾帶民俗事象。有些定型的詞組或句子，其中心思想并非交代民俗事象，但中間夾帶表示民俗事象的詞語。四是語言單位折光反射民俗風貌。民間語言雖不直接陳述民俗事象，但其内容與民衆生活緊密相關，反映出民衆的生活狀況與價值觀念，凝聚著民衆的智慧和經驗。①

禪籍中有不少字面包含民俗事象或語義關涉民俗的俗語，我們把這類俗語稱爲民俗類俗語。民俗類俗語的語義具有複雜性，有的俗語字面包含民俗事象但不一定表達民俗語義，有的俗語字面没有民俗事象，但表達的語義關涉民俗。我們將禪籍中的民俗類俗語按照是否體現民俗語義分成兩類討論。

一、禪籍俗語的民俗語義

曲彦斌在《中國民俗語言學》中將俗語的民俗語義定義爲"俗語在實際運用中表現出來的關涉民俗的意義"②，並具體劃分出兩種類型：一是"俗語的字面義關涉民俗，實際意義也關涉民俗，字面意義也就是實際意義"；二是"俗語的字面意義不關涉民俗，而實際意義關涉民俗，字面意義的作用是借以引出實際意義，真正起作用的是引申出來的實際意義"③。禪籍中的民俗類俗語在體現民俗語義時，也可以分爲兩種類型。

---

① 鍾敬文：《民俗學概論》，上海文藝出版社，1998 年，第 305—306 頁。
② 曲彦斌：《中國民俗語言學》，上海文藝出版社，1996 年，第 157 頁。
③ 曲彦斌：《中國民俗語言學》，上海文藝出版社，1996 年，第 158 頁。

（一）俗語中包含民俗事象，表達的實際語義就是民俗義

（1）敢煩大眾燒一炷香，以助山僧報孝。既是山僧之母，爲甚麽卻煩諸人燒香？不見道，東家人死，西家人助哀。以手捶胸曰："蒼天！蒼天！"（《五燈會元》卷十二《興化紹清禪師》P761）

在民間，家中有親人亡故，鄰里要暫停歌舞歡娛，稱爲"助哀"，表示對亡者的哀悼。《禮記·檀弓上》："鄰有喪，舂不相；里有殯，不巷歌。"鄭玄注："皆所以助哀也，相，謂以音聲相勸。"此"相"義指"舂穀時的號子聲"，原文四句又見《曲禮上》，陳澔集說云："五家爲鄰。相者以音聲相勸。相，蓋舂人歌以助舂也。"俗語反映了民間的喪葬習俗。

（2）問："如何是和尚家風？"師曰："不欲說似人。"曰："爲甚麽卻如此？"師曰："家醜不外揚。"（《五燈會元》卷十五《化城鑒禪師》P.960）

家中不光彩的事情不能對外宣揚，比喻個人的隱私不可以向外人言說，俗語反映了古人謙虛或避短的心理。後世沿用該俗語，如元白樸雜劇《牆頭馬上》第二折："〔嬤嬤云〕家醜事不可外揚。兀那漢子，我將你拖到宫中，不道的饒了你哩！"元蕭德祥《小孫屠》第九齣："家醜從來不外揚。"《西遊記》第六十九回："國王道：'古人云，家醜不可外談，奈神僧是朕恩主，惟不笑方可告之。'"此處禪師用俗語"家醜不外揚"謙虛地回答學人關於"家風"的提問，暗示僧徒自己的修行家風不可隨意宣揚。

（3）上堂："臘月扇子功勳絕，浩浩涼風動寥汔。豈止炎蒸六月天，暫時與君解煩熱。"下座。［《古尊宿語錄》卷二十八《舒州龍門（清遠）佛眼和尚語錄》P.526］

"扇子"，夏日用來扇風取涼。唐宋時扇子已經成爲人們熟悉的日用之物，上至帝王，下至百姓，夏日皆要使用。宋陳元靓《歲時廣記》卷二《夏·洒皮扇》："開元遺事，王元寶，都中巨豪也。家有皮扇，製作甚精寶。每暑月宴客，即以此扇置於座前，使新水洗之，則颯然風生。酒筵之間，客有寒色，遂命撤去。明皇亦曾差中使取看，愛而不授，曰：'此龍皮扇子也。'"在民間還出現了專賣或專修扇子的店鋪，如宋孟元老《東京夢華錄》卷三《諸色雜賣》："其供人家打水者，各有地分坊巷，以有使漆、打

釵環、荷大斧斫柴、換扇子柄、供香餅子、炭團，夏月則有洗氊淘井者，舉意皆在目前。"宋吳自牧《夢粱錄》卷十三《鋪席》中提到有"中瓦子前徐茂之家扇子鋪"和"灰橋河下青篦扇子鋪"，同卷《諸色雜貨》中記錄有"早修扇子者"。文人還將扇子作爲饋贈之物，唐齊己《謝人惠扇子及茶》詩："槍旗封屬茗，圓潔製鮫綃。好客分烹煮，青蠅避動搖。陸生誇妙法，班女恨涼飆。多謝崔居士，相思寄寂寥。"臘月，指農历十二月。宋葛勝仲《虞美人》〔自兰陵归，冬夜饮严州酒作〕："严陵滩畔香醪好，遮莫东方晓。春风盎盎入寒肌，人道霜浓腊月，我还疑。"《樂府詩集》卷二十四載江總《梅花落》詩其三："臘月正月早驚春，衆花未發梅花新。"歇後語謂腊月天寒，無人再用扇子取涼。反映了扇子的特殊功用和使用時間。歇後語的表意重心在注解語部分，比喻人或物沒有用武之地。禪籍中又作"腊月扇子——用不著"，如《五燈全書》卷一百七《葉庵果禪師》："師舉扇曰：'拈起也函蓋乾坤，拂拂涼風生大地。放下也縱橫日月，炎炎暑氣逼涼天。忽拈忽放，全體照用。不拈不放，回絕炎涼。人人盡道臘月扇子用不著，山僧則不然。'"

這些俗語在禪籍中運用的都是字面意義，俗語字面直接傳遞民間俗信、生活經驗或事理常識。

（二）俗語中沒有民俗事象，但表達的語義關涉民俗

（1）門人問師："師歸新州，早晚卻迴？"師云："葉落歸根，來時無口。"（《祖堂集》卷二《惠能和尚》P. 130）

語出《壇經·付囑品》："大師，七月八日，忽謂門人曰：'吾欲歸新州，汝等速理舟楫。'大眾哀留甚堅。師曰：'諸佛出現，猶示涅槃。有來必去，理亦常然。吾此形骸，歸必有所。'眾曰：'師從此去，早晚可回？'師曰：'葉落歸根，來時無口。'"俗語字面並不涉及民俗，而是以葉落作比，喻指事物最終要回歸本原。《老子》第十六章："致虛極，守靜篤，萬物並作，吾以觀復。夫物芸芸，各復歸其根。歸根曰靜。"這裏禪宗與老子的"歸根"思想相類，暗含有漢民族依戀故鄉、重土輕遷的民俗心理。後世沿用，《紅樓夢》第一百回："王夫人道：'兩家都是做官的，也是拿不定。或者那邊還調進來；即不然，終有個葉落歸根。'"今人多用來指年老後回歸故土。

（2）師放曠情懷，濤違順境，樂乎雲水，去住逍遙。至洛京，參忠國師。初見侍者，便問："和尚還在也無?"對曰："在。只是不看客。"師曰："大深遠生!"侍者曰："佛眼覷不見。"師曰："<u>龍生龍子，鳳生鳳子</u>。"（《祖堂集》卷四《丹霞和尚》P.211）

俗語源自漢王充《論衡・講瑞》："鳳凰麒麟生有種類，若龜龍有種類矣。龜故生龜，龍故生龍，形色小大，不異於前者也。"宋代演化爲"龍生龍子，鳳生鳳雛"，宋李新《跨鼇集》卷二十八《祭文・祭宋夫人文》："龍生龍子，鳳生鳳雛。"禪籍中又作"龍生龍，鳳生鳳，老鼠養兒沿屋棟"。《五燈會元》卷十六《光孝深禪師》："上堂曰：'龍生龍，鳳生鳳，老鼠養兒沿屋棟。達磨大師不會禪，歷魏游梁，乾坤打閧。'"亦作"鷹生鷹子，鷂生鷂兒"，如《古尊宿語錄》卷十一《（石霜楚圓）慈明禪師語錄》："示眾云：'……所以道，鷹生鷹子，鷂生鷂兒。然雖如此，也是鞏縣茶瓶。'"比喻有什麼樣的父母就生什麼樣的子女。禪家用以比喻師承關係，有什麼樣的師父就有什麼樣的徒弟。俗語在字面上與民俗無關，沒有出現任何民俗事象，但卻體現出有其父必有其子和師徒相承的民間俗信，這與我國古人重視家庭宗族和師徒傳承的民俗心理有關。

這一類俗語字面與民俗無關，但多以動植物爲喻，間接折射出某種民俗心理。

二、禪籍俗語的非民俗語義

非民俗語義指民俗類俗語在使用中不體現民俗義。這一類俗語在形式上都關涉民俗，有的在字面上直接體現具體的民俗事象，有的間接反映某種民間俗信或心理，但俗語的實際意義與民俗無關。受禪宗文化的影響，禪籍中民俗類俗語表達的非民俗語義變得更加複雜，我們將其分爲兩類：一是表達某種社會概括義，一是表達特殊的禪義。

（一）俗語字面關涉民俗，但表達的實際意義是社會概括義

（1）僧問："如何是道?"師曰："良田萬頃。"曰："學人不會。"師曰："<u>春不耕，秋無望</u>。"（《五燈會元》卷十七《開先行瑛禪師》P.1140）

本是唐宋時農諺。指春天不耕種，秋天就沒有收成。又作"春不耕，秋不獲"，《新唐書・吐蕃上》："甘、涼距積石道二千里，其廣不數百，狹纔百

里。我若出張掖、玉門，使大國春不耕，秋不穫，不五六年，可斷其右。"
在禪籍中俗語被用來比喻不付出就不會有收穫。禪師以此告誡學人只有勤奮修行，方能悟得佛法。農諺的字面意義被引申，說明更加概括、抽象的道理。

> （2）鄧隱峰辭師，師曰："甚麽處去?"曰："石頭去。"師曰："石頭路滑。"曰：'竿木隨身，逢場作戲。"（《五燈會元》卷三《江西馬祖道一禪師》P.129)

俗語中的"竿木"或"爬竿"是我國古代百戲中非常有名的一種競技遊戲。字面言賣藝人到了合適的地方就開始表演。但俗語的實際意義比喻抓住機會，見機行事。

> （3）新羅國智異山和尚，一日示眾曰："冬不寒，臘後看。"（《五燈會元》卷十一《智異山和尚》P.659)

氣象諺。俗語字面指冬天寒冷與否，臘月後方能看出。在禪籍中，俗語的意義被引申，指考量僧人修行、學習的境界，必須等到一定階段才能看出。

> （4）居必擇鄰，鑒非止水，明暗相凌，言猶在耳。（《虛堂和尚語錄》卷二 T47，p0993b23)

"居必擇鄰"反映了古人的居住觀，生活安穩必須選擇好的鄰居。俗語引申強調外界條件的重要性。

> （5）問："古人拈起拄杖，意旨如何?"師云："看樓打樓。"［《古尊宿語錄》卷三十九《智門（光）祚禪師語錄》X68，p0254c09]

"樓"即耬，也叫耬犁，是一種用來播種的農具，由人力或畜力牽引，開溝下種，同時完成。《玉篇·耒部》："耬，耬犁也。"漢崔寔《政論》："武帝以趙過爲搜粟都尉，教民耕植。其法三犁共一牛，一人將之，下種挽耬皆取備焉。日種一頃。"《晉書·食貨志》："敦煌俗不作耬犁……隆（皇甫隆）到，乃教作耬犁，又教使灌溉。"俗成語出自農耕勞作，本指根據耬犁開溝的情況來下種，引申指見機行事，隨機應變。

這些俗語在字面上都涉及民俗物象或民俗心理，但實際表達的卻是具有更加普遍性和概括性的意義，揭示社會現象，反映群體心理，總結行事原則，傳授處世經驗。這些俗語具體的字面義被引申爲抽象概括的意義，用來指導某種社會行爲。

（二）俗語字面關涉民俗，但表達的實際意義是特殊的禪義

（1）阿難問師："傳佛金襴外，別傳箇什摩？"師喚："阿難！"阿難應喏。師曰："倒却門前刹竿著！"（《祖堂集》卷一《大迦葉尊者》P. 23）

丁福保《佛學大辭典》釋"刹竿"爲"（物名）長竿之上以金銅造寶珠焰形，以立之於寺前"。宋郭祥正《青山集》卷二十一《開元禪寺》詩："三寺參差見刹竿，開元形勝據龍蟠。"此處"刹竿"指代佛家，祖師傳語"倒卻門前刹竿著"，目的是讓阿難放卻心中對佛祖佛法的崇敬，這些在禪宗看來都是心中的掛礙，應當徹底拋開，任運自然，無拘無束。俗語關涉民俗事象，但意義被禪化。

（2）問："如何是祖師西來意？"師曰："道士擔漏卮。"（《景德傳燈錄》卷第十五《興元府中梁山遵古禪師》T51，p0325a03）

此條爲歇後語，省略解說部分。道士，佛教傳入中國初期，稱出家佛徒爲道士。漏卮，底上有孔的酒器。《淮南子・氾論》："今夫霤水足以溢壺榼，而江河不能實漏卮，故人心猶是也。"《後漢書・王符傳》："夫山林不能給野火，江海不能實漏卮，皆所宜禁也。"歇後語比喻人心難滿，貪得無厭。出家人本應禁酒，擔著酒器自然嚴密不可告人。禪宗用歇後語"道士擔漏卮——說不得"委婉地回答了僧徒關於祖師西來意的提問，謂祖師西來意廣博無際，高妙精深，如佛徒擔酒——說不得，也說不盡。

（3）僧問："十二時中如何用心？"師曰："長連床上吃粥吃飯。"（《五燈會元》卷十五《趙橫山和尚》P. 962）

無著道忠《禪林象器箋・器物門》"長連床"條："《南海寄歸傳》云：西方房迮，居人復多，臥起之後，床皆舉攝，或内置一邊，或移安戶外。床闊二肘，長四肘半，褥席同然。"[1] 釋"椸架"條引《禪門規式》云："僧堂設長連床，施椸架，掛搭道具。"[2] "長連床"即禪林僧堂中所置的大

---

① （日）無著道忠：《禪林象器箋》，全國圖書館文獻縮微複製中心，1996年，第452頁。
② （日）無著道忠：《禪林象器箋》，全國圖書館文獻縮微複製中心，1996年，第448頁。

床，可以多人連坐。以"長連床"爲構語成份創作的俗語還有如"長連床上伸腳睡""長連床上展腳臥""長連床上帶刀眠"等，描繪的都是禪門中的日常生活，但俗語的實際意義指佛法、道法无处不在，僧徒們應當在日常生活中體會。俗語字面涉及佛教日用生活，但意義卻與其中的"長連床""吃粥吃飯"毫無關係，而是轉指參禪悟道的方式。

這兩類俗語的實際意義都不關涉民俗，但都由字面中的民俗事象引申而來。俗語的實際意義由字面具體的物象引申爲抽象概括的意義。俗語本身并不表示民俗語義，其中有些俗語因爲受到禪文化語境的影響，字面的民俗語義被臨時取消，引申出抽象的社會意義或禪義。

這一章我們從民俗文化的角度認識禪籍俗語，發現禪籍俗語並非都是言法說教，許多俗語在字面或深層語義中都透露出唐宋民俗文化。研究禪籍俗語爲我們了解和認識唐宋社會、民間文化提供了寶貴材料。

第六章　禪籍俗語的作用與特點

禪籍中借用和創造了大量俗語，俗語成爲禪宗語言的重要組成部分，形成了獨特的禪宗語言風格。數量龐大、形式豐富的俗語在禪宗文獻中發揮著特殊作用，特別是在禪師接引僧徒時發揮著重要作用，顯現出禪宗語言的智慧。禪籍俗語在形式、語義、修辭等方面還表現出與一般文獻或民間俗語不同的特點，這些特點影響著禪籍俗語的使用。

第一節　禪籍俗語的作用

唐宋禪宗典籍在同時代各類文獻中俗語言色彩最爲濃厚，大量運用口語詞、俗語和白話詩，語言具有通俗化的特點。俗語大多來自民間口頭，鄙俚質樸。俗語通俗化的特點恰好與禪宗語言風格相適應。因此，俗語成爲禪籍語言的主要表達形式之一。許多禪師在上堂說法、應機接人時更是喜用俗語，俗語成爲禪師接引後學的一種方便施設，在接化學人時發揮著特殊作用。

禪師接化僧徒的方式多種多樣，諸如直接講法、棒打喝罵、借助身體語言等。另外，禪師還時常運用流傳於街頭巷尾、鄉村市井中人們耳熟能詳的俗語。通俗淺顯、日常慣用的俗語爲禪僧領悟"銀山鐵壁"般的佛法開一綫道。除此，俗語在禪師接引僧徒時還發揮著其他方面的作用。

一、偷換概念，設機勘驗

禪師在回答學人問話時利用語言的雙關性，有意將俗語的表層字面義和深層實際義進行暗中偷換，以所答非所問，所問非所答的方式將學人引入自己設定的機語埋伏中，從而達到對學人設機勘驗、啓迪開悟的目的。

（1）僧問："如何是道？"師曰："<u>私通車馬</u>。"僧進一步，師曰："<u>官不容針</u>。"（《五燈會元》卷十七《玄沙合文禪師》P.1121）

僧徒所問的"道"是佛道、禪道。但禪師卻故意知而不答，機巧地將僧徒口中"道"的概念偷換爲人、車通行之道，用"官不容針，私通車馬"應答，俗語字面謂"官路封閉嚴守，卻可以私下放行車馬"。禪師表面句句都在言說車馬之道，似乎與佛道、禪道毫無關係，但俗語的内裏卻是句句言佛，字字話禪。俗語字面的車馬之"道"與禪宗的佛法之"道"暗中相合，官道嚴密但尚且可以有所通融，禪師接引學人雖有"不立文字"的制約，但仍可以在不得已而強爲說破的時候，借助語言文字教化學人。

同樣問"如何是道"，禪師們還借俗語做出了其他多種回答：

（2）問："如何是道？"師曰："<u>寬處寬，窄處窄</u>。"（《五燈會元》卷十二《大乘慧果禪師》P.717）

（3）問："如何是道？"師曰："<u>路不拾遺</u>。"（《五燈會元》卷十二《雲峰文悅禪師》P.743）

（4）問："如何是道？"師曰："<u>十里雙牌，五里單堠</u>。"（《五燈會元》卷十七《三祖法宗禪師》P.1124）

僧徒問的都是抽象的佛道之"道"，禪師利用俗語從道的寬窄、行人、建築等不同角度作答，所答之"道"都指具體的道路，表面看似答非所問，離題萬里，但仔細想來，禪師正是利用"道"這一詞的雙關意義暗示出禪宗哲學，即抽象的"道"都蘊含在具體實在的"道"之中。語言的雙關性便於禪師在接引學人時暗設機巧，使僧徒在曲折多義的語言遊戲中領悟佛法。

（5）峰曰："汝名甚麼？"師曰："玄機。"峰曰："日織多少？"師曰："<u>寸絲不掛</u>。"遂禮拜退，才行三五步，峰召曰："袈裟角拖地也。"師回首。峰曰："大好<u>寸絲不掛</u>。"（《五燈會元》卷二溫州淨居尼玄機）P.94）

雪峰因玄機之名而將話題扯到"織機"上去，玄機並未落入圈套，乾脆利索地以"空"回應。雪峰進一步用突然之襲勘驗，玄機最終敗下陣來。先前，玄機想借俗語"寸絲不掛"表達"空"之真理，但玄機的"寸絲不

掛”不是真空，而是強爲之空，是爲應機而巧設之空。雪峰一句“裂裟角
拖地也”，引得玄機回首相看，以爲自己的衣角拖地。這一看，便露出了
馬腳，表明他依舊沒有放下執著，剥落一切情塵欲累，心中仍有掛礙，稍
有疏忽便落入凡俗妄念。在對話中，雪峰兩次偷換概念：先將僧人名字中
的“機”偷換爲織機，又將學人對“空”的解釋故意錯會爲實際的衣著之
空，借助語言的雙關性和俗語的多義性巧設機鋒，勘驗學人。

　　以上兩例的共同點是在師僧問答的機鋒酬酢中，平常日用的俗語被剥
落去原有的意義，重新負載上由某種具體情境激發而生成的契合佛教真理
的禪義。禪師利用暗藏玄機的俗語來破除俗見，打消學人慣常的邏輯思維
方式，將其引向一條重體悟和實證的習禪之路。俗語的運用避免了語言的
直白，使枯燥生硬的說理變得活潑靈動。凝練的俗語，在三言兩語中蘊含
精闢的見解，益人神智。學人由離題的俗語引發了更多的思考，又在俗語
字面之外獲得了更深的禪悟。

二、正問反答，破除執迷

　　禪師在回答僧徒提出的問題時，故意從反面作答，採用與所提問題意
蘊相反的俗語。俗語的意義本身沒有矛盾，而是禪師的答話與弟子的問話
從上下文看形成了對立。禪師就是要用違背邏輯、不合慣常的方式回答僧
徒的問題，以此警醒學人破除執迷，消除對立分別。

　　　（1）問：“如何是清淨法身？”師曰：“<u>屎裏蛆兒</u>，<u>頭出頭沒</u>。”
（《五燈會元》卷六《濠州思明禪師》P.329）

　　　（2）問：“如何是清淨法身？”師曰：“<u>廁坑頭籌子</u>。”（《五燈會
元》卷十一《葉縣歸省禪師》P.688）

　　　（3）問：“如何是清淨法身？”師曰：“<u>灰頭土面</u>。”（《五燈會元》
卷十一《神鼎洪諲禪師》P.691）

　　　（4）問：“如何是佛？”師曰：“<u>自屎不覺臭</u>。”（《五燈會元》卷十
九《保寧仁勇禪師》P.1236）

　　　（5）忽有人問：“如何是超佛越祖之談？”只向伊道：“<u>驢屎似馬
糞</u>。”（《法演禪師語錄》卷中 T47，p0658b18）

學人問佛問祖，欲求清淨法身，禪師卻用污穢的驢屎、馬糞、蛆兒、土面
作答。一淨一穢，問正而答反。爲什麼禪師要將淨潔崇高的佛祖、禪法與

骯髒惡臭的屎糞聯繫起來呢？禪宗爲了打破僧徒心中對佛祖的迷信崇拜，除了用呵佛罵祖的峻烈之機外，還常常將尊貴的佛祖、佛法貶低爲污穢無用之物。通過將乾淨與骯髒、崇高與低賤兩個截然相反的概念並立同現，讓僧徒在語言的對立衝突中轉變思維，瞬間將僧徒心中的執著念一掃而空，收到破除執迷、啓化開悟的效果。禪師正問反答的接引方式正是禪宗"垢淨不二"觀念的體現。"垢淨不二"，包含著禪宗對垢淨意識的斷除，以及對譽、毀、榮、辱、利、衰、美、醜、苦、樂、興、廢等相對意識的斷除。禪宗看來，一切分別念都來自心，如果能去除分別對待之心，則一切對立帶給人們的執迷妄惑也就冰消瓦解。禪師以醜答美，以穢答淨，強烈的矛盾對立徹底斬斷了學人慣常思維的理路，使其無路可尋，必須回到"垢淨不二"、超越對立的禪悟世界。

> （6）僧問："如何是修善行人？"師曰："擔枷帶鎖。"曰："如何是作惡行人？"師曰："修禪入定。"曰："某甲淺機，請師直指。"師曰："汝問我惡，惡不從善；汝問我善，善不從惡。"僧良久。師曰："會麼？"曰："不會。"師曰："惡人無善念，善人無惡心。所以道善惡如浮雲，俱無起滅處。"僧於言下大悟。後破竈墮聞舉，乃曰："此子會盡諸法無生。"（《五燈會元》卷二《嵩山峻極禪師》P.81）

禪師在回答"修善行人"之問時，使用了俗語"擔枷帶鎖"，反話對答，蘊含禪機。修善行之人沒有獲得善報，相反卻要遭受披枷帶索之災，禪師的答語讓僧徒費解。爲了啓發開悟，禪師用"惡人無善念，善人無惡心"將學人的思維引向另一端，一面是修善行而擔枷帶鎖，一面又是善人無有惡心，一個問題禪師給出了截然相反的兩個答案。最終一語"道善惡如浮雲，俱無起滅處"徹底破解了機語中的玄妙，消除了僧徒心頭的疑惑。禪宗不執著于世間萬法的任何一端，以"不二法門"作爲修悟之機，追求超越一切對立分別，明心見性，以平等不二澄明本心，徹見"本來面目"。

以上兩例的共同點是禪師在接引僧徒時，利用語言邏輯的矛盾性從反面作答，有意識地將語言的荒謬性推向了頂點，讓學人在語言的石火電光中破除執迷。

三、答非所問，繞路說禪

禪師在接化僧徒時常常採用不涉言路、隨緣任運的應對方式。禪師完全不顧及僧徒問話的意旨和語義，用與提問毫不相關的俗語作答。提問與回答完全脫節，禪師的答語看似牛頭不對馬嘴，但實際，已將僧徒引入自己設定的禪悟空間。

　　（1）曰：“如何是法？”師曰：“暑往寒來。”（《五燈會元》卷十五《興陽遜禪師》P. 1000）

學人問法，希望從禪師的答語中能透得禪悟之機。面對僧徒的極則之問，禪師巧妙地繞道而行，用與佛法禪旨毫無關係的“暑往寒來”回避了正面作答。看似與問話毫不相干的答語中卻蘊藏禪機。禪師借時間的交替啓發學人，佛法如時間流轉，念念不停留。法即一元，不住兩端，如寒暑往來，不滯任何一方。禪師借僧徒問法之機，截斷他執著於一的凡情俗念，在機語中引導學人融化對立、消解分別、脱落滯礙。

　　（2）初問青峰：“如何是佛？”青峰曰：“丙丁童子來求火。”師得此語藏之於心，及謁淨慧，詰其悟旨，師對曰：“丙丁是火而更求火，亦似玄則將佛問佛。”（《景德傳燈録》卷第二十五《金陵報恩院玄則禪師》T51，p0413b12）

學人問佛，得到的答語卻是“丙丁童子來求火”，顯然回答與問話毫不相干。學人心中愈加疑惑，不知禪師所言何意，轉而求教淨慧禪師，淨慧爲他破解機語。按中國五行觀，古代以十干配五行，丙丁屬火，因稱火爲“丙丁”，“丙丁童子”即是火的代名。禪宗認爲人人自有佛性，無需向外馳求。僧徒自身是佛，還向禪師求佛問法，正是“將佛問佛”，不識自家佛性。僧徒幾經點撥，領悟了俗語字面以外的意義，獲得了突破性的悟性認知。

　　當被問及“如何是本來心”“如何是祖師西來意”“如何是聖諦第一義”之類的問題時，禪師們的回答更是自由自在，隨心所欲：

　　（3）問：“如何是佛法大意？”師曰：“點茶須是百沸湯。”（《五燈會元》卷十二《大寧道寬禪師》P. 732）

　　（4）僧問：“十二時中如何用心？”師曰：“長連床上吃粥吃飯。”（《五燈會元》卷十五《趙橫山和尚》P. 962）

　　（5）問：“如何是本來心？”師曰：“拆東籬，補西壁。”（《五燈會

元》卷十六《棲賢智遷禪師》P. 1042）

（6）僧問："如何是佛?"師曰："<u>近火先焦</u>。"曰："如何是道?"師曰："<u>泥裏有刺</u>。"（《五燈會元》卷十九《保寧仁勇禪師》P. 1236）

（7）問："如何是祖師西來意?"師曰："<u>吃醋知酸，吃鹽知鹹</u>。"（《五燈會元》卷十九《太平慧懃禪師》P. 1258）

（8）問："如何是古佛心?"師云："<u>巢知風，穴知雨</u>。"［《古尊宿語錄》卷三十八《襄州洞山第二代（守）初禪師語錄》X68，p0246b14］

禪宗語言無法用心機意識猜想，若用情識求解，反到離真理愈加遙遠。禪宗俗語耐人尋味，表面是尋常語句，但内裏卻是石火電光，孤峻峭拔。禪師們的這些答話用人們的慣常思維來看，都不通情理，答非所問，甚至是胡言亂語，莫名其妙。如果用日常語言的邏輯規則去"尋言逐句"，追隨語言的邏輯軌跡理解佛性，難免會"死於句下"。其實，禪師們的回答並非信口雌黄，而是在荒唐中蘊藏真諦。禪悟境界屬於感知的，不好說，甚至無法說，需要用心體會。而僧徒們卻恰恰想獲得一個直接的答案，於是禪師故意迴避從正面作答，而用眾人熟知的俗語爲學人參悟佛法開一綫道，讓他們在學佛悟道時，不因語言的障蔽而退卻。禪師將俗語的解釋權轉交給接受者，希望他們在輕鬆熟悉的話語遊戲中，從世俗慣常的邏輯思維裏解脫出來。禪師的這種接引法如"羚羊掛角，無跡可尋"，在不落痕跡處開悟學人。俗語成爲了一種傳心的符號，表面通俗，實則暗含深意。

四、以俗代雅，返照本心

禪師教化的終極目標是引導僧徒徹見心性本源。古奧玄妙的言辭難以讓學人當下頓悟，明心見性，還有可能落入言辭義理的窠臼中。通俗淳樸的俗語則可以以簡馭繁、化難爲易。禪師爲了方便學人，有意使用俗語譬喻禪理，使學人在日用熟習的話語中啓迪心智，反觀本心，以收到更好的教化效果。

（1）源律師問："和尚修道，還用功否?"師曰："用功。"曰："如何用功?"師曰："<u>飢來吃飯，困來即眠</u>。"（《五燈會元》卷三《大珠慧海禪師》P. 157）

禪宗修道無關乎誦佛習教、坐禪念經，而顯現於日用平常事之中，禪宗宗教實踐具有世俗化的特點。禪宗的語言實踐與宗教實踐同步發展，也帶有明顯的口語化、民間化色彩。禪師用"飢來吃飯，困來即眠"的日常俗語回答學人"修道""用功"之問，將修禪習佛的高妙之論歸於平常。以俗代雅，以簡化繁，使高清遠韻的禪悟境界呈現出活潑靈動的日常之機。讓人們在吃飯睡覺、洗缽耕種的平凡生活中反觀本心，平易淳樸的俗語正是禪宗悟道的自然流露。

> （2）僧問："如何是道？"師曰："良田萬頃。"曰："學人不會。"師曰："<u>春不耕，秋無望</u>。"（《五燈會元》卷十七《開先行瑛禪師》P. 1140）

"什麼是道""如何修道"，僧徒的問題幾乎就是半部佛學，絕非三言兩語可以道盡。禪師卻巧妙地以農喻禪，將習佛悟道之事比作農耕勞動。一句農諺揭示了修禪的全部真理，精勤不息才能有所收穫。

> （3）卻問："來時無物去時空，二路俱迷，如何得不迷去？"師曰："<u>秤頭半斤，秤尾八兩</u>。"（《五燈會元》卷十一《谷隱蘊聰禪師》P. 692）

學人請禪師指示不迷之路，師卻用"秤頭半斤，秤尾八兩"回答他，平常日用的秤頭、秤尾與不迷之路有什麼關係？中古時，中國度量衡舊制一斤合十六兩，半斤等於八兩。半斤與八兩輕重相等，彼此沒有差別，不相上下。禪門提倡"是法平等，無有高下"[1]、"至道無難，唯嫌揀擇"[2]，禪師以重量相等的秤頭、秤尾作比，暗示學人迷與不迷本無差別。如果心中沒有取捨憎愛，就會十方通達、八面玲瓏。如若強為揀擇，刻意尋求不迷之路，實際早已步入迷途。放下一切糾葛繁複，讓心中無是非、無取捨、不執著、不造作。禪師以智慧的俗語開啓學人蒙昧的心智，讓他們在玩味語言的同時領悟師之所指，獲得話外之機。

從上面的例子可以看出，弟子問得深，禪師答得淺，弟子問的是宗教問題，禪師答的是世俗生活，用禪宗術語來說，弟子問的是"體"，禪師答的是"用"。禪師在接化學人時，完全拋開了抽象的佛教術語，使用一種更加生動具體、形象活潑的農耕日用語，力求語言"平實安穩"，"更不

---

[1]　（北魏）菩提流支譯：《金剛般若波羅蜜經》，《大正藏》，第 8 冊，第 756 頁。

[2]　（唐）僧璨：《信心銘》，《大正藏》，第 48 冊，第 376 頁。

傷鋒犯手"①。寓禪於日用事之中，讓僧徒在無意間的三言兩語中體悟佛法禪旨。禪師用智慧的俗語重新詮釋了諱莫如深的佛法，讓僧徒們深深體會到日常生活本身就具有終極真理，農耕勞作就是佛性的顯現。

五、意在言外，剿絕情識

禪宗主張"不立文字"的語言觀，禪法機語不可直言道破。俗語多言外有意、意在言外，禪師用俗語接引學人恰好與禪宗的語言觀相契合。有時，禪師爲剿絕僧徒的凡俗別念，需要用峻烈鋒利的機語直接斬斷學人的問話，使學人無他路可尋，必須當下開悟。俗語簡短凝練的形式便於禪師接機化人，在三言兩語中直指人心。

> （1）州問："大死底人，卻活時如何?"師曰："不許夜行，投明須到。"州曰："我早侯白，伊更侯黑。"（《五燈會元》卷五《投子大同禪師》P.297）

趙州問投子如何在大死之後求得大活，投子以"不許夜行，投明須到"作答。俗語字面言夜間不得行走，但天明必須到達目的地。如果按照人們慣常的思維來理解，投子的話完全不合邏輯，沒有理路可尋。顯然，不能從字面理解投子的回答。在禪宗看來，要獲得由迷到覺、由惑到知的思想升華，必須當下頓悟，禪悟容不得絲毫猶豫，稍有擬議便與真理相隔萬里，所以參禪悟道的一切中間過程都必須略去，絕不可拖泥帶水，滯礙不前。俗語的字面意義矛盾荒謬，但在文字之外卻暗藏玄機。理解禪語有時需要跳出字面，領悟言外之意、話外餘音。

> （2）僧問："如何是古佛心?"師曰："東海浮漚。"曰："如何領會?"師曰："秤錘落井。"（《五燈會元》卷九《牛頭山精禪師》P.557）

寒山詩一百三十五首有"秤鎚落東海，到底始知休"之語，項楚解釋爲："比喻至死方才罷休。秤鎚落海，一沉到底，比喻一去不回，從此不見天日，亦作'秤錘落井'。"② 僧徒句句緊逼，希望從禪師處悟得古佛心性，禪師用"東海浮漚"作了回答，婉轉地暗示僧徒方才所提之問已顯示出自己與佛法大意相背離，不但沒有求得佛心，反而愈行愈遠。但學人愚鈍，

---

① （宋）重顯頌古、克勤評唱：《碧巖録》卷六【五二】，《大正藏》第48冊，第187頁。
② 項楚：《寒山詩注》，中華書局，2000年，第347頁。

不解其意，繼續追問，禪師便用歇後語"秤錘落井"徹底截斷學人的話頭。"秤錘落井"表示的意義與寒山詩句"秤鎚落東海，到底始知休"相同，指落入狹隘的思想套路中難以解脫。禪師既含蓄地諷刺了學人反應遲鈍、不明機語，又爲其領悟禪旨留下了思維空間。禪師利用歇後語引語和注解語前後分離的形式，將話題的中心隱藏起來，學人要參悟禪師之語，必須尋找話外餘音。

> （3）問："如何是西來的的意?"師曰："坐久成勞。"（《五燈會元》卷十五《香林澄遠禪師》P. 939）

學人問祖師西來之意，香林禪師隨機以一句"坐久成勞"乾脆利落地斬斷學人的話頭，令其沒有思索的餘地。祖師西來，爲何卻是久坐成勞？香林言外之意要讓學人拋卻一切情塵欲累，讓煩惱、菩提一齊消泯，刻意尋言逐句追問西來之意，如同讓身心不住地奔忙勞碌，難以休歇，最終積勞成疾仍不得真理。俗語"坐久成勞"字面淺顯卻是話外有義，禪師單刀直入剿絕學人情識，讓學人意識到任何執著固守都難以契悟佛法禪理，反而會落入煩惱業障之中。俗語的言外之意是要啓發僧徒將肩頭的所有問題統統放下，超越一切，進入脫落之境。唐時還作"久坐損人"，《捉季布傳文》："謾排酒饌應難喫，久坐時多恐損人。"[1]

以上三例的共同點是"言說有響，句裏藏鋒"，禪師利用俗語的多種表意和暗示功能應對學人的提問，力圖在不落痕跡處斬斷學人的愚情妄見。俗語的字面意義與實際意義往往相隔千里，單看字面有時難會其意。俗語表面描繪日用之事，形象生動、貼近生活，但內裏卻寓意深刻，在禪宗文化背景的影響下更是話外有話，字裏藏鋒。禪師利用俗語的言外之意應機接人，使得整個接引過程更具有遊戲性。同時，學人要領悟禪師之語，則必須透過語言文字表面體會話外之機。

禪師利用俗語接化學人，使得師徒間的對話交鋒充滿機智，淳樸的俗語也因蘊含了深刻玄妙的禪旨佛理而變得犀利、隱晦。禪宗由"不立文字"、棒打喝罵、消極否定語言的接引方式轉變爲積極利用語言。形式上，利用俗語的雙關性、矛盾性、荒誕性、通俗性和多義性，變換不同方式對

---

[1] 項楚：《敦煌變文選注》，巴蜀書社，1990年，第180頁。

學人設機勘驗、接化引導，用殺人之句破除執迷，用活人之語啓發開悟，用格外玄談繞路說禪，用弦外餘音剗絕情識。那些稔熟於心、信手拈來的俗語在禪門師徒的機鋒酬酢中顯現出石火電光，俗語本身的意義被淡化甚至被取消，成爲師僧對話中表達和獲取意識的工具和手段。禪師利用俗語接引學人，目的不在於造成語言的碰撞衝突，而在於借助通俗淳樸的俗語溝通思想、交流感悟。俗語成爲禪師接引後學的一種方便施設。

第二節　禪籍俗語的特點

唐宋禪籍中的俗語一部分借自一般文獻和民間口語，一部分爲禪師隨機自創。無論它們的來源如何，進入禪籍後在內容、結構、語義、修辭等方面都表現出特殊性。本節我們歸納了禪籍俗語的七個特點。

一、農諺數量多

農諺來源於人們的農耕勞作，它總結勞動經驗，反映自然規律，凝結著勞動者的智慧。禪籍中有大量農諺，出現於禪師的上堂說法、師僧的機鋒酬酢、僧侶的吟詩偈頌中。農諺的運用更增強了禪宗語言的通俗化和平民化色彩。

（1）問："如何是祖師西來意？"師曰："深耕淺種。"（《五燈會元》卷十二《翠巖可真禪師》P.729）

耕地時土地要深挖，可以改善土壤結構；播種時覆土要淺，禾苗容易發芽出土。唐柳宗元《龍城録・老叟講明種蓺之言》："余南遷度高鄉，道逢老叟，與年少於路次，講明種蓺。其言深耕概種，時耘時籽，卻牛馬之踐履。"禪師以日用勞作語來截斷學人關於祖師西來意的問話，引導學人在實際的農耕勞作中領悟佛法禪旨。

（2）成曰："汝作麼生會？"師曰："春生夏長，秋收冬藏。"（《五燈會元》卷十四《華藥智朋禪師》P.907）

春天萌生，夏天生長，秋天收穫，冬天貯藏。描寫不同季節人們對農作物的處置安排，反映農業社會作物的生長規律和人們的勞作習慣。禪家用來喻指萬事萬物都有各自的屬性，應當遵循事物的規律。

（3）問："如何是和尚家風?"師云："<u>秋收冬藏</u>。"［《古尊宿語
錄》卷七《汝州南院（慧顒）禪師語要》P. 111］

梁周興嗣《千字文》："寒來暑往，秋收冬藏。閏餘成歲，律呂調陽。"秋
天收穫，冬天貯藏。禪師以此鼓勵學人精勤修行，有勞才能有所穫。

（4）上堂："今朝六月旦，萬物隨時變。<u>地肥茄子多</u>，<u>雨足甜瓜
賤</u>。紅桃大似拳，綠李圓如彈。誰識歸宗大道心，拈來一一人難辨。"
（《古尊宿語錄》卷四十三《住廬山歸宗語錄》P. 825）

"地肥茄子多"指耕種作物要選擇優質肥沃的土壤，只有養分充足才能豐
產豐收。如果土地本身貧瘠，再施肥也是徒勞。"雨足甜瓜賤"則反映了
瓜農最擔憂的事情：雨水過多不但不利於瓜果生長，反而會使瓜果因長期
浸泡在雨水中，導致甜味流失，失去原有的美味。農諺意義引申，喻指事
物之間存在因果聯繫。禪宗藉以比喻修習禪法的根本在於認識事物間的因
果關係，通一物而通百物。禪籍中又作"地肥茄子大""地大茄子嫩"。

這些農諺都出自師徒間的問答對話，雖然都是隨機而發，但又不離其
宗，本是言說勞作之事，卻成為了師徒間觀根對機的話頭。農諺的大量使
用體現出禪宗的修禪習佛由行住坐臥落實到實實在在的勞動生產上，使勞
動也顯現出禪的意蘊。

農諺在禪籍中大量出現，一方面與禪宗隊伍的平民化有關，另一方面
與禪宗提倡的農禪精神有著密切關係。

禪宗特別是南宗禪流布於下層民眾中，其僧團的主要成員都是社會下
層勞動者，包括農民、木匠、漁夫、織工等，當他們參禪悟道或是應機接
人時，力圖以一種本土通俗的話語表達禪悟感受、揭示佛法玄思。於是，
禪僧們或自然或有意地使用積累於日常的農諺。農諺的使用成為了這個特
定言語社團中的一種常見話語表達形式。

農禪發端於通信，開拓於弘忍，直到懷海才將禪行與農耕勞作融合為
一，并在制度上確定下來。懷海出家後師從馬祖道一，在江西弘揚禪宗二
十餘年。他制定了禪寺中的集體勞動制度，稱為"普請"。懷海本人積極
參加農耕勞動，一日弟子藏了他的勞動工具，請他休息。懷海誓言"一日
不作，一日不食"，並告誡學人勞動方可得食。"師凡作務執勞，必先於
眾，主者不忍，密收作具而請息之。師曰：'吾無德，爭合勞於人？'既遍

求作具不獲，而亦忘餐。故有‘一日不作，一日不食’之語流播寰宇矣。”
（《五燈會元》卷三《百丈懷海禪師》）“一日不作，一日不食”成爲禪門乃
至世俗社會中廣爲流傳的俗語。清范寅《越諺》卷中載“做日吃日”①。
懷海真正將禪悟融入農耕勞動，在勞動中體會禪旨佛理。“普請钁地次，
忽有一僧聞鼓鳴，舉起鑱頭，大笑便歸。師曰：‘俊哉！此是觀音入理之
門。’師歸院，乃喚其僧問：‘適來見甚麼道理，便恁麼？’曰：‘適來肚
飢，聞鼓聲，歸吃飯。’師乃笑。”（《五燈會元》卷三《百丈懷海禪師》）
這種钁地勞動，聞鐘吃飯，率性而爲的修佛習禪行爲生動體現了懷海的行
禪本色。禪宗將農耕勞動作爲僧徒們的生活來源，并提倡在勞作中參禪悟
道，這爲農諺的使用創造了客觀條件，使禪師、僧徒們的話語表達自然而
然地棲居於農禪話語系統中，使農諺成爲了他們的常用表達。

二、有豐富的風土諺和氣象諺

禪籍中還有許多俗語關涉風土物產和氣象變化。這些俗語總結自然規
律，描寫地方物產，是人們生產生活經驗的概括總結，禪師利用風土諺和
氣象諺傳遞著對禪的體會和認識。

（1）問：“凝然時如何？”師曰：“時雷應時節，震岳驚蟄戶。”
（《祖堂集》卷九《落浦和尚》P. 412）

氣象諺。雷因春天的到來而轟鳴，震動山嶽，驚醒尚在洞中冬眠的動物。
《文選·左思〈魏都賦〉》：“抑若春霆發響，而驚蟄飛競；潛龍浮景，而幽
泉高鏡。”李善注引《呂氏春秋》：“聞春始雷，則蟄蟲動矣。”宋陸游《市
飲》詩：“春雷驚蟄戶，海日浴鯨波。”此處比喻行爲言語驚人、具有影響
力，給人以震動。

（2）僧問：“密室之言，請師垂示。”師曰：“南方水闊，北地風
多。”（《五燈會元》卷六《耀州密行禪師》P. 348）

風土諺。南方水多，北方風多，俗語反映了中國南北方地理和環境氣候存
在顯著差異。在禪籍中隱喻中國禪宗有南派和北派之分，教義、主張各不
相同。

---

① （清）范寅：《越諺》，侯友蘭點注，人民出版社，2006 年，第 137 頁。

（3）新羅國智異山和尚，一日示眾曰："冬不寒，臘後看。"（《五燈會元》卷十一《智異山和尚》P. 659）

氣象諺。冬天寒冷與否，臘月後方能看出。禪籍中謂考量修行的境界，必須等到一定時候才能看出。

（4）問："和尚能救世間苦，還救得這箇也無？"師云："喚什麼作這箇？"云："與麼則漸漸地凍，冬後數九。"〔《古尊宿語録》卷十《并州承天（智）嵩禪師語録》P. 170〕

氣象諺。宋黃庭堅《贈嗣直弟頌十首》詩其一："却來觀世間，冬後數九九"。冬乃冬至。數九，进入从冬至开始的"九"。冬至後，每九日为一个"九"，至"九九"時約爲春分。宋周密《齊東野語》卷十五《算曆約法》："古有'數九九'之語，蓋自至後起數至九九，則春已分矣。"俗語謂冬至數九到春分，天氣由寒轉暖。此處僧徒用此氣象諺感歎禪師道法高超。

（6）師云："你道雲蓋末後一句作麼道？"進云："七九六十三。"師云："念言語漢。"師乃云："春風如刀，春雨如膏。律令正行，萬物情動。"（《古尊宿語録》卷十九《後住潭州雲蓋山海會寺語録》P. 353）

氣象諺。膏，油脂。俗語形容春風、春雨和暖温潤，可以催生滋養萬物。將春風比作刀的又如唐賀知章《詠柳》："不知細葉誰裁出，二月春風似剪刀。"禪家借俗語說明修習禪門佛法要遵循其中的宗旨律令。

（7）問："學人有一問，未審師還答也無？"師云："南地鷓，北地狐。"進云："意旨如何？"師云："三月裏看。"〔《古尊宿語録》卷三十九《智門（光）祚禪師語録》P. 736〕

風土諺。明李時珍《本草綱目·禽一·鷓》："鷓大於鴈，羽毛白澤，其翔極高而善步，所謂鷓不浴而白，一舉千里，是也。亦有黃鷓丹鷓，湖海江漢之間皆有之。"南方有鷓，北方有狐。禪宗意謂佛性人人自有，但沒有統一的修道參悟方式，只要識得自家珍寶，就能領得徹悟之機。

針對"如何是佛""如何是祖師西來意"一類的問題，禪師多用風土諺或氣象諺作答，通過這種開放式的回答，暗示學人佛法周遍，無所不在。

三、同義俗語數量多

許多俗語原本意義毫不相關，進入禪籍後，受禪宗思想的影響，意義被重新解釋，不同俗語構成了同義關係。

（1）無非大事現前，七縱八橫，更無少剩之法。若轉不得，<u>布袋裏老鴉</u>，雖活如死。（《黃龍慧南禪師語錄》T47，p0631b14）

（2）僧問："碓搗磨磨，不得忘卻，此意如何？"師曰："<u>虎口裏活雀兒</u>。"（《五燈會元》卷六《渮潭山明禪師》P.333）

歇後語"布袋裏老鴉，雖活如死"，《廣韻·麻韻》："鴉，烏別名。鴉，同鴉。"指裝在布袋中的烏鴉，雖活如死。禪宗比喻機鋒相對，看似還有活路，實則早已敗下陣來。禪師用旁敲側擊、引而不發的方法，警示學人尚未開悟。"虎口裏活雀兒"表示相同意義。

（1）問："學人初心請示個入路。"師遂側掌示之曰："還會麼？"僧曰："不會。"師曰："<u>獨掌乎浪鳴</u>。"（《景德傳燈錄》卷二十一《婺州金鱗報恩院寶資曉悟大師》T51，p0375b17）

（2）師到神鼎，鼎問："一朵峰巒上，<u>獨樹不成林</u>。作麼生？"師云："水分紅樹淺，澗遠碧泉深。"〔《古尊宿語錄》卷二十六《舒州法華山（全）舉和尚語要》P.495〕

一隻手不能擊打出響聲，一棵樹不能構成森林，兩條俗語都比喻單個的力量不能成大事。

（1）曰："某甲過在甚麼處？"師曰："<u>枷上更著杻</u>。"（《五燈會元》卷四《黃州齊安禪師》P.230）

（2）時有僧出曰："不敢妄生節目。"師曰："也知闍梨不分外。"曰："低低處平之有餘，高高處觀之不足。"師曰："<u>節目上更生節目</u>。"僧無語。師曰："掩鼻偷香，空招罪犯。"（《五燈會元》卷五《本生禪師》P.284）

（3）後謁夾山，山問："甚處來？"曰："臥龍來。"山曰："來時龍還起也未？"師乃顧視之。山曰："<u>灸瘡瘢上更著艾燋</u>。"（《五燈會元》卷七《瑞巖師彥禪師》P.387）

（4）問："古人道毗盧有師，法身有主，如何是毗盧師、法身

主?"師曰："不可<u>床上安床</u>。"(《五燈會元》卷七《金輪可觀禪師》P.420)

（5）師因事示頌曰："天地之前徑，時人莫彊移。箇中生解會，<u>眉上更安眉</u>。"(《五燈會元》卷十五《滄谿璘禪師》P.953)

（6）良久云："<u>矢上更加尖</u>。"[《古尊宿語錄》卷十一《(石霜楚圓) 慈明禪師語錄》P.178]

（7）拈拄杖卓一下喝一喝云："德山棒臨濟喝，今日爲君重拈掇。天何高，地何闊，休向<u>糞掃堆上更添搕𢶍</u>。換卻骨洗卻腸，徑山退身三步，許爾諸人商量。且作麽生商量?"擲下拄杖喝一喝云："紅粉易成端正女，無錢難作好兒郎。"(《大慧普覺禪師語錄》卷二 T47，p0816b04)

（8）上堂云："<u>擔水河頭賣</u>，<u>諸人盡笑怪</u>。滯貨沒人猜，一似欠他債。昨夜三更半，石人門禮拜。這箇說話，莫道你理會不得，我也理會不得。"[《古尊宿語錄》卷二十二《黃梅東山 (法) 演和尚語錄》P.412]

（9）問："如何是色空?"師云："<u>菹園裏賣葱</u>。"[《古尊宿語錄》卷三十九《智門 (光) 祚禪師語錄》P.725]

（10）後雲門拈云："且道有指示無指示? 若道有指示，向伊道什麽? 若道無指示，其僧因什麽悟去?"師云："雲門不識好惡。恁麽說話，大似<u>爲蛇畫足</u>，<u>與黃門裁須</u>。翠巖則不然，這僧與麽悟去，入地獄如箭射。"[《古尊宿語錄》卷四十一《雲峰 (文) 悅禪師初住翠巖語錄》P.764]

（11）上堂："泡幻同無礙，如何不了悟。眼裏瞳人吹叫子，達法在其中。非今亦非古，六隻骰子滿盆紅。大眾，時人爲什麽坐地看揚州? <u>缽盂著柄新翻樣</u>，<u>牛上騎牛笑殺人</u>。"[《古尊宿語錄》卷二十八《舒州龍門 (清遠) 佛眼和尚語錄》P.527]

這些俗語在禪籍中語義相同，都比喻多餘累贅的行爲。上述俗語不但意義相同，有些在形式上也相類，如"床上安床""眉上更安眉""枷上更著杻""矢上更加尖""節目上更生節目""灸瘡瘢上更著艾燋"等。

（1）問："非言所及，非解所到。什麽人能到?"師云："阿誰教

尔擔枷帶索?" 僧云:"今日得遇明師批判。"(《祖堂集》卷十二《仙宗和尚》P.579)

(2) 僧云:"某甲過在什麼處?" 師云:"擔枷過狀漢。"[《古尊宿語錄》卷六《睦州（道蹤）和尚語錄》P.99]

(3) 問:"一念未生，爲什麼不見自己?" 師云:"劃地成牢。"[《古尊宿語錄》卷三十八《襄州洞山第二代（守）初禪師語錄》P.718]

三條俗語都比喻自我束縛，自毀其身的錯誤修行方式。

(1) 師又曰:"還知道不償不受者摩?" 對曰:"與摩則波不離水，水不離波去也。"(《祖堂集》卷五《道吾和尚》P.266)

(2) 上堂:"……著問和尚：'此間佛法如何?' 住持僧曰：'凡聖同居，龍蛇混雜。'"[《古尊宿語錄》卷二十七《舒州龍門（清遠）佛眼和尚語錄》P.514]

兩條俗語都比喻事物圓融統一，互融互攝，是禪宗認識事物的一種特殊方式。

(1) 鬼使云:"四十年來貪講經論，不得修行，如今更修行作什摩? 臨渴掘井，有什摩交涉?"(《祖堂集》卷十四《江西馬祖》P.611)

(2) 到棲賢，上堂:"承天自開堂後，便安排些葛藤來山南東葛西葛，卻爲在歸宗開先萬杉打疊了也。今日到三峽會裏，大似臨嫁醫瘦，卒著手腳不辦。幸望大衆不怪。伏惟珍重!"(《五燈會元》卷十九《白雲守端禪師》P.1233)

歇後語 "臨渴掘井——爲時已晚" 指直到口渴時方才掘井。語見《晏子春秋·內篇雜上》:"溺而后問墜，迷而后問路，譬之猶臨難而遽鑄兵，噎而遽掘井，雖速亦無及已。" 歇後語 "臨嫁醫瘦——卒著手腳不辦"，瘦，脖子上的肉瘤。《山海經·西山經》:"(天帝之山) 有草焉，其狀如葵，其臭如蘪蕪，名曰杜衡，可以走馬，食之已瘦。" 郝懿行笺疏:"《説文》云：'瘦，頸瘤也。'《淮南·墜形訓》云：'險阻氣多瘦。'" 臨到出嫁時才急急忙忙醫治脖子上的肉瘤，無論怎麼手忙腳亂也辦不到。兩條俗語皆比喻事到臨頭才行動，爲時已晚。

這一類同義俗語取材不同，但在禪宗文化語境下通過引申或比喻表示相同意義。

四、世俗化傾向

禪門創造的俗語進入一般俗語系統，爲普通百姓所用，原有的禪義被取消，俗語的行業性被淡化，產生出世俗化語義。俗語中蘊含的禪思佛理被直白通俗的字面義取代，成爲了人們日常習用的俗語。

（1）地藏云："和尚愚癡，教什摩人打？"遂偈曰：三棒愚癡不思議，浩浩溶溶自打之。行來目前明明道，七顛八倒是汝機。"（《祖堂集》卷十《玄沙和尚》P.457）

成語在禪籍中指打破常態，任運而爲。後來成爲世俗常用成語，形容混亂不堪，顛倒事理，混淆是非。《朱子語類》卷十四《大學·經上》："若不格物、致知，事至物來，七顛八倒。若知止，則有定，能慮，得其所止。"《水滸傳》第二十四回："如今不幸他歿了，已得三年，家裏的事都七顛八倒。"或解釋爲頭暈目眩。明高明《琵琶記》第十八齣："叵耐一個秀才，老婆與他不要，別人見了媒婆，歡歡喜喜，他反和我尋爭尋鬧，老相公又不肯干休，只管在家裏囉唕，把媒婆放在中間，旋得七顛八倒。"

（2）尼曰："龍女八歲，南方無垢世界成等正覺又作麼生？"師曰："龍女有十八變，你試一變看。"（《五燈會元》卷十一《幽州譚空和尚》P.658）

語本《法華經·提婆品》，謂龍女在法華會上現身，大弟子舍利弗見了，稱女身污穢，難以成佛。龍女當即向佛獻寶珠，旋即變爲男身，並現出種種相好，向南方無垢世界成佛。禪家以此典故形容修佛者神通廣大，法力高超。民間借用，改爲俗語"女大十八變"，形容少女在發育期間容顏、性情變化明顯。明洪楩《清平山堂話本》卷四《雨窗集·花燈轎蓮女成佛記》："從來道：'女大十八變。'這女娘子方年一十七歲，大有顏色，張待詔點一鋪茶請街坊喫，與女兒上頭。"《紅樓夢》第七十八回："王夫人笑道：'老太太挑中的人原不錯，只是他命裏沒造化，所以得了這個病。俗語又說，"女大十八變"。況且有本事的人，未免就有些調歪，老太太還有什麼不曾經歷過的？'"

（3）問：“大乘以心能荷萬善時如何？”師云：“<u>上天無路，入地無門</u>。”〔《古尊宿語録》卷二十三《汝州葉縣廣教（歸）省禪師語録》P.440〕

語出宋佛國惟白《建中靖國續燈録》卷二十六《寧化體榮禪師》：“進前，觸途成滯。退後，噎填胸。不進不退，<u>直得上天無路，入地無門</u>。”禪宗指在參禪過程中遇到進退無路、左右爲難的困境。後代沿用此慣用語，形容處境極端困窘，找不到出路。《水滸傳》第三十四回：“秦明見問，怒氣道：‘不知是那個天不蓋，地不載，該剮的賊，裝做我去打了城子，壞了百姓人家房屋，殺害良民，倒結果了我一家老小，閃得我如今上天無路，入地無門！’”《警世通言》第二十二卷：“情知爲丈人所棄。上天無路，入地無門，不覺痛切於心，放聲大哭。哭得氣咽喉乾，悶絕於地，半晌方甦。”

這些俗語或源自佛門故事，或出於禪門修持實踐，或來自禪林慣用表達，當進入世俗語境後，人們根據表達的需要或用字面義取代禪義，或通過比喻、引申的方式創造出新義。俗語原有的禪義被淡化甚至被取消，在人們的口頭或書面流傳中很難再看到禪的影子，俗語世俗化了的語義逐漸演變爲常用意義，最終取代了俗語原有的禪義。

五、一般俗語語義禪化

禪籍除自創俗語外，還大量引用一般文獻或群衆口頭上的俗語。有些俗語進入禪籍後語義發生了變化，帶有了禪的意蘊，我們將其稱爲一般俗語語義的禪化。

（1）師云：“莫從天台採得来不？”對曰：“非五岳之所生。”師曰：“莫從須彌頂上采得来不？”對曰：“月宮不曾逢。”師曰：“與摩則從人得也。”對曰：“自己尚怨家，從人得堪作什摩？”師曰：“<u>冷灰裏豆子爆</u>。”（《祖堂集》卷七《夾山和尚》P.327）

民間俗語，本指時機已過而猛然間說出貌似驚人的話，意義如同“馬後炮”。禪籍借用此俗語意思正好相反，指猛然醒悟後說出驚人之句或做出驚人的舉動，比喻妄念滅盡，頓悟真性。即是禪家常說的大死一番，獲得大活。

（2）遂以手畫一畫曰："諸人隨山僧手看，無量諸佛國土一時現前。各各子細觀瞻，其或涯際未知，不免<u>拖泥帶水</u>。"（《五燈會元》卷十五《雪竇重顯禪師》P. 993）

"拖泥帶水"，本形容在泥濘道路中行走的狀貌。宋楊萬里《竹枝歌》："知儂笠漏芒鞋破，須遣拖泥帶水行。"禪家比喻陷入言辭義理的糾纏中，不能乾脆利落地接引學人參悟佛法。在禪義的基礎上，俗語又被用來比喻辦事不乾脆利索或語言不簡明扼要。宋嚴羽《滄浪詩話·詩法》："意貴透徹，不可隔靴搔癢；語貴脫灑，不可拖泥帶水。"

（3）問："古人拈起拄杖，意旨如何？"師云："<u>看樓打樓</u>。"進云："放下拄杖，意旨如何？"師云："百雜碎。"［《古尊宿語錄》卷三十九《智門（光）祚禪師語錄》P. 732］

"樓"即耬，也叫耬犁，是一種播種用的農具，用人力或畜力牽引，開溝下種，同時完成。這條俗成語出自農耕勞作，本指根據耬犁開溝的情況來下種，引申爲見機行事。禪宗典籍特指傳授禪法時隨機應變，根據學人的具體情況採取不同方式授法。

（4）上堂云："千人排門，不如一人拔關。"僧便問："如何是千人排門？"師云："<u>守株待兔</u>。"［《古尊宿語錄》卷三十九《智門（光）祚禪師語錄》P. 725］

成語出自典故。《韓非子·五蠹》："宋人有耕田者，田中有株，兔走，觸柱折頸而死，因釋其耒而守株，冀復得兔，兔不可復得，而身爲宋國笑。今欲以先王之政，治當世之民，皆守株之類也。"比喻死守狹隘經驗，不知靈活變通。禪宗借用此語譏諷那些執迷不開悟的人。

六、體現語言時代風貌

禪籍俗語在構造時選用了大量唐宋時期的口語詞、方言充當構語材料，體現了語言的時代風貌。

（一）向火

問："如何是平常心？"師云："要眠則眠，要坐則坐。"僧云："學人不會。"師云："熱則取涼，寒則<u>向火</u>。"（《祖堂集》卷十七《岑和尚》P. 769）

向火，烤火。《根本說一切有部毗奈耶》卷二十八："若是時寒，報屠人曰：'賢首，汝可暫入溫少時向火。'若是熱時，報言：'賢首，汝可暫涼室飲清涼水，少時停息。'"唐元稹《擬醉》詩："九月閑宵初向火，一尊清酒始行杯。"唐白居易《酬夢得窮秋夜坐即事見寄》詩："老人秋向火，小女夜縫裳。"唐拾得詩："爐子邊向火，鑊子裏澡浴。"宋無名氏《大宋宣和遺事·利集》："時風寒衣宿竹簞，侍御人取茅及黍穰作焰，與二帝同坐，向火至明。"《朱子語類》卷二十四《論語·爲政篇下·君子不器章》："曰：'可見底是器，不可見底是道。理是道，物是器。'因指面前火爐曰：'此是器，然而可以向火，所以爲人用，便是道。'"俗語指熱了就想辦法涼快，冷了就烤火取暖。比喻按照自然規律辦事，遇到什麼問題就根據情況採取相應的措施。

（二）赤骨身、赤骨力

（1）問："有人問和尚，和尚則隨問答話。惚無人問時和尚如何？"師云："困則睡，健則起。"僧云："教學人向什摩處領會？"師云："夏天赤骨身，冬天須得被。"（《祖堂集》卷十七《岑和尚》P.769）

（2）問："有人問和尚，即隨因緣答，無人問和尚時如何？"師曰："困則睡，健則起。"曰："教學人作麼生會？"師曰："夏天赤骨力，冬寒須得被。"（《五燈會元》卷四《長沙景岑禪師》P.212）

赤骨力、赤骨身，即指赤裸，打赤膊。禪籍中另作"赤骨歷"，如《圓悟佛果禪師語錄》卷十三："如鵓鳩兒初生下來，赤骨歷地養來餧去。日久時深羽毛既就，便解高飛遠舉。""赤骨力"是唐宋時的口語詞，又作"赤骨立"，《朱子語類》卷二十九《論語·公冶長下·顏淵季路侍章》："聖人則和那裏面貼肉底汗衫都脫得赤骨立了。"還省作"赤立"，唐韓愈《鄆州溪堂詩》："而公承死亡之後，掇拾之餘，剝膚椎髓，公私埽地赤立，新舊不相保持，萬目睽睽。公于此時，能安以治之，其功爲大。"宋鄭獬《郧溪集》卷二十三《感秋六首》其四："崢嶸萬木赤立死，百蟲相弔鳴菲菲。"俗語謂夏天赤身睡覺，冬天則要蓋著棉被睡覺。比喻做事情要根據環境和條件的變化調整方法。

（三）抽身

> 問："十度發言九度休時如何？"師曰："口邊生荊棘。"曰："如
> 何免得此過？"師曰："半路好抽身。"（《五燈會元》卷十五《南天王
> 海禪師》P.963）

抽身，唐宋時口語詞，指脫身，隱退。《根本說一切有部毗奈耶》卷四十
七："時商主師子胤作如是念，何意諸女於城南路不許入行，我宜候妻中
宵睡熟，抽身徐起，拔劍南行，觀其所以。"《祖堂集》卷四《藥山和尚》：
"師夜不點火，僧立次，師乃曰：'我有一句子，待特牛生兒，即爲汝說。'
僧曰：'特牛生兒了也，只是和尚不說。'師便索火。火來，僧便抽身入
衆。"唐白居易《和微之春日投簡陽明洞天》："白首青山約，抽身去得
無。"宋辛棄疾《最高樓》〔吾擬乞歸，犬子以田產未置止我，賦此罵之〕
詞："吾衰矣，須富貴何時？富貴是危機。暫忘設醴抽身去，未曾得米棄
官歸。"宋羅大經《鶴林玉露·丙編》卷四《張子房》："康節本是要出來
有爲之人，又不肯深犯手做。凡事直待可做處，方試爲之，纔覺難便抽身
退。"俗語指行路或做事至中間放棄不繼續，即中途而退。又有成語"半
路抽身"。《碧巖錄》卷七【六九】："半路抽身是好人。好一場曲調，作
家！作家！"禪家多用此語來表示弟子參禪習佛發現方法不對或所訪禪師
不契，急忙另尋他路或另訪他人。

（四）打睡

> 上堂："見聞覺知無障礙，聲香味觸覺常三昧。衲僧道，會也，
> 山是山，水是水，飢來吃飯，困來打睡。"（《五燈會元》卷十二《雲
> 峰文悅禪師》P.745）

打睡，唐宋時口語詞，即睡。"打"爲動詞前綴，用在表示人的動作行爲
之前。宋王楙《野客叢書》卷十四《杜荀鶴羅隱詩》："唐人詩句中用俗語
者惟杜荀鶴、羅隱爲多。杜荀鶴詩如曰：'秖恐爲僧僧不了，爲僧得了盡
輸僧。'曰：'乍可百年無稱意，難敎一日不吟詩。'曰：'啼得血流無用
處，不如緘口過殘春。'曰：'舉世盡從愁裏老，誰人肯向死前閒。'曰：
'世間多少能言客，誰是無愁打睡人。'"宋周紫芝《太倉稊米集》卷三十
三《送守寧道住顯忠菴》："今日道人無舊夢，閉門打睡不開堂。"俗語
"飢來吃飯，困來打睡"，禪門意謂平常心是道，在日用生活中體會真如佛

法。無需做作多事，修行苦練。既是禪宗特有的一種修行方式，也是禪宗參禪悟道的基本態度，對萬事萬物都順其自然，無所用心。俗語體現了禪宗隨遇而安、順應自然和恬淡安逸的生活情趣。禪的真諦就在這平淡如水的日常生活裏、就在不假修行的平常心中。宋李綱《梁谿集》卷十《偶作》："困來打睡飢來飯，遊戲神通誰得知。"

（五）開眼

（1）師上堂云："臨濟入門便喝，是甚盂鳴聲。德山入門便棒，拗曲作直。雲門三句，曹洞五位，大開眼了作夢，何故如此？國清才子貴，家富小兒嬌。"（《法演禪師語錄》卷上 T47，p0651b18）

（2）病起上堂：一葉飄空萬木秋，翻思光境急川流。若人識得其中意，坐斷千差向上頭。山僧數日來似病不病，似安不安，似死不死。方丈裏撒屎撒尿，大開眼狂言寐語。直是東西不辨，南北不分。求生不得，求死不得。（《密庵禪師語錄》卷一 T47，p0960b04）

（3）乃云："眨上眉毛蹉過，大似開眼尿床。見成公案放行，正是點兒落節。"（《圓悟佛果禪師語錄》卷一 T47，p0716b03）

開眼，睜眼。唐杜甫《湖城東遇孟雲卿……因爲醉歌》詩："湖城城南一開眼，駐馬偶識雲卿面。"唐貫休《送僧歸日本》："焚香祝海靈，開眼夢中行。"唐陳寡言《山居》："醉臥茅堂不閉關，覺來開眼見青山。"《朱子語類》卷六《性理·仁義禮智等名義》："開眼看物，著耳聽聲，便是用，江西人説箇虛空底體，涉事物便喚做用。"《太平御覽·人事部·產》："《列仙傳》曰：'木羽，鉅鹿南祁鄉人，貧。母王助產，嘗探兒，兒生，開眼視母大笑，母乃驚怖。"《太平廣記》卷三七八《李主簿妻》："乃以朱筆畫一道符，喷水叱之，声如霹雳。须臾，口鼻有气，渐开眼能言。"俗語"大開眼了作夢"，睜開眼睛做夢，即白日做夢，比喻想法不切实际。

（六）好手

（1）穴云："今日又被你收下一員草賊。"師云："好手不張名。"〔《古尊宿語錄》卷八《汝州首山（省）念和尚語錄》P. 135〕

俗語指本領真正高超的人不誇揚自己，形容爲人處世謙虛謹慎。

（2）萬用自然，不勞心力。到這裏喚作順水放船，且道逆風舉棹，誰是好手。（《五燈會元》卷十二《大寧道寬禪師》P. 732）

棹，船槳。逆風行船，比喻在惡劣的條件下才能看出誰的能力更強。

（3）僧云："望見室林雙楊塔尖便悟去。"師云："沙裏淘金。"僧云："和尚也是年老心孤。"師云："宣人之過，未爲好手。"（《虛堂和尚語録》卷二 T47，p1002c29）

俗語謂宣揚別人的過錯，未必說明自己是能人。

（4）上堂云："布袋裏盛錐子，不出頭是好手。"復云："大眾，雪竇錐頭出也，莫有傍不肯底禪客出來。"良久云："諸人既乃縮頭，且聽諸方檢責。"（《明覺禪師語録》卷一 T47，p0676b17）

此條爲語義雙關的歇後語。出頭本指錐子扎破布袋，露出頭來，引申指露出破綻。能在布袋中裝錐子，而布袋不破才是技藝高超之人。禪家比喻教化學人時能用言語道斷佛法禪理，但又不落言詮，義理不爲言辭所害。

好手，唐宋時口語詞，指精於某種技藝的人。唐杜甫《奉先劉少府新畫山水障歌》："畫師亦無數，好手不可遇。"唐寒山詩："一例書巖石，自誇云好手。"宋王溥《唐會要》卷三十四《雜録》："乾封元年五月勅：音聲人及樂户祖母老病應侍者，取家内中男及丁壯好手者充。"

還有大量禪籍俗語或直接來源於民間，或在禪籍中長期使用，逐漸滲透到民間語言中，并在同時代其他文獻中使用，反映了當時的語言風貌。

（1）問："大眾雲集請師說法。"師曰："赤腳人趁兔，著鞾人喫肉。"（《景德傳燈録》卷十三《汝州風穴延沼禪師》T51，p0303b04）

此系唐宋時民間諺語。唐鄭棨《開天傳信記》："寬子諝復爲河南尹，索好談諧，多異筆。嘗有投牒，誤書紙背，諝判云：者畔似那畔，那畔似者畔，我不可辭與你判，笑殺門前著靴漢。"敦煌變文《鷰子賦（甲）》："婦兒男女，共爲歡樂，自誇樓玀：得伊造作，'耕田人打兔，蹅履人喫臛'，古語分明，果然不錯。"[1] 宋黃震《黃氏日鈔》卷八十《到任榜》："世俗所謂赤腳人打麂，著靴人喫肉。未足喻其不平也。農夫深耕淺種，尚有天災，上户何忍，乃於同場鄰里血肉身上白奪衣食？"宋惠洪《石門文字禪》卷十七《送親上人乞食三首》其一："赤腳人趁兔鹿，著靴人飽食肉。"

---

① 項楚：《敦煌變文選注》，巴蜀書社，1990年，第374頁。

"赤腳人"指窮人;"著靴人"指有錢人。原義爲勞動者辛勤勞作但不能獲
得利益,而不勞者卻坐享其成,深刻地反映了當時極不平等的社會現實。
俗語引申指不勞而獲。禪宗用以比喻刻意追求則難以領悟佛理,任運無
爲、平常虛靜則能契會禪法。

(2) 遂收足喝一喝曰:"兵隨印轉,將逐符行。佛手驢腳生緣老,
好痛與三十棒,而今會中莫有不甘者麼?若有,不妨奇特。若無,新
長老謾你諸人去也。"(《五燈會元》卷十七《寶峰克文禪師》P.1113)

宋時諺語。兵,軍隊;印,印綬;符,兵符。士兵依印綬而調轉,將領依
兵符而發號命令,比喻依法行事。《朱子語類》卷九十三《孔孟周程張
子》:"或:'問孔子當衰周時,可以有爲否?曰:'聖人無有不可爲之事,
只恐權柄不入手。若得權柄在手,則兵隨印轉,將逐符行。'"又卷一百四
《朱子一·自論爲學工夫》:"先生多有不可爲之歎。漢卿曰:'前年侍坐,
聞先生云:天下無不可爲之事,兵隨將轉,將逐符行。'今乃謂不可爲。"
宋李明復《春秋集義》卷五十《哀公》:"若得權柄在手,則兵隨印轉,將
逐符行。"禪籍中比喻參禪修道離不開佛法。要依據佛法進行修習。

(3) 示眾:"上至諸佛,下及眾生,性命總在山僧手裏。檢點將
來,有沒量罪過。還有檢點得出者麼?"卓拄杖一下曰:"冤有頭,債
有主。"遂左右顧視曰:"自出洞來無敵手,得饒人處且饒人。"(《五
燈會元》卷二十《劍門安分庵主》P.1391)

宋時諺語謂待人應當寬容,不應該將事情做絕。宋陸游《老學庵筆記》卷
一:"又有監司發薦京官狀,以關節欲與饒州人。或規其當先孤寒,監司
者憤然曰:'得饒人處且饒人。'時傳以爲笑。"宋姚寬《西溪叢語》卷上:
"蔡州褒信縣有棋師閔秀才説,嘗有道人善棋,凡對局,率饒人一先。後
死于褒信,託後事于一村叟。數年後,叟爲改葬,但空棺衣衾而已。道人
有詩云:'爛柯真訣妙通神,一局曾經幾度春。自出洞來無敵手,得饒人
處且饒人。'"宋曹冠《木蘭花慢》〔和舊詞韻〕:"榮枯置之度外,得饒人
處,謾也饒人。"這一條諺語從宋代一直沿用至今,形式和意義都沒有發
生變化。

(4) 師云:"向道是老僧,又惡發作什麼?"僧又喝。師云:"恰

遇棒不在。"僧云："草賊大敗。"師云："<u>得便宜是落便宜</u>。"(《古尊宿語録》卷八《次住寶應語録》P. 136)

俗語謂水準相當，難分勝負。唐寒山詩二七五首有詩句："雖然不應對，卻是得便宜。"項楚將"得便宜"解釋爲"占便宜"。釋義中沒能將"便宜"的意思落實。《唐五代語言詞典》將寒山詩中的"便宜"解釋爲"好處，利益"。此處的"便宜"與禪宗語録俗語中的"便宜"意義相同，應當理解爲上風，優勢。得便宜，即指占上風，得勝。寒山詩意爲：衆人不理解我的行爲，甚至有人開口責罵，我以沉默的方式應對罵聲，雖是無言但在義理上卻佔據上風。《大慧普覺禪師語録》卷二十七《答張丞相》："一句來一句去，謂之厮禪。末後我多一句，爾無語時，便是我得便宜了也。"唐李德裕《論鎮州奏事官高迪陳意見二事狀》："每度出軍排陣，官軍便逼逐與鬥，皆是落賊奸計。一度小得便宜，後知官軍三個月瘡痍未復，即撤兵又向別處。"禪宗語録中多次用到俗語"得便宜是落便宜"，"落便宜"的意義與"得便宜"相反，謂處於劣勢或敗下陣來。在禪籍中又作"輸便宜"。《祖堂集》卷十四《石鞏和尚》："三平和尚參師。師架起弓箭，叫云：'看箭！'三平擗開胷受。師便抛下弓箭，云：'三十年在者裏，今日射得半個聖人。'三平住持後云：'登時將謂得便宜，如今看卻輸便宜。'"三平和尚與石鞏鬥機鋒，石鞏射箭，三平便袒胸相對。表面看似三平占了上風，但他以實對虛，犯了禪家忌諱，在對峙中敗下陣來。斷除一切對立分別是禪宗的認識論之一，勝與負的對立在禪宗看來也必須被取消。俗語"得便宜是落便宜"恰是禪宗這一思想的體現。師徒或僧侶間對機較量，難分高下時，便用這一禪林習語化解雙方的對峙。《拈八方珠玉集》卷中："佛鑒拈云：'投子半斤，這僧八兩，定盤星上爭些子。雖然如是，得便宜是落便宜。'"該俗語在唐宋世俗文獻中也屢有用例，形式和意義都發生了改變，作"得便宜，落便宜"，如唐呂岩《江神子》詞："暫時花酒氣財迷，得便宜，落便宜。暗裏朱顏，漸改氣神虧。"謂看似得到，實則虧損。又作"得便宜處失便宜"，宋陳耆卿《赤城志》卷三十七《風土門二·熊守克勸農十首》其十："唆伊爭訟真伊賊，勸你休和是你師。縱使勝來耕已廢，得便宜處失便宜。"謂表面取勝，實則敗落。

(5) 問："古人拈起拄杖，意旨如何？"師云："看樓打樓。"進

云：“放下拄杖，意旨如何？”師云：“白雜碎。”進云：“國師辜負侍

者，意旨如何？”師云：“美食不中飽人喰。”進云：“侍者辜負國師，

意旨如何？”師云：“粉骨碎身未足酬。”［《古尊宿語録》卷三十九

《智門（光）祚禪師語録》P.732］

　　成語指身體粉碎，犧牲性命。唐蔣防《霍小玉傳》：“平生志願，今日獲

從，粉骨碎身，誓不相捨。”唐顏真卿《同州刺史謝上表》：“誓當粉骨碎

身，少酬萬一。而力微任重，福過災生，涓塵莫效，咎愆仍積。”宋徐夢

莘《三朝北盟会編》卷十九：“福庇黔黎，萬萬幸甚。臣蒙國厚恩，雖粉

骨碎身未足報。”又作“粉身碎骨”，宋蘇軾《叶嘉傳》：“臣山藪猥士，幸

惟陛下採擇至此。可以利生，雖粉身碎骨，臣不辭也。”亦作“碎身粉

骨”，《妙法蓮華經講經文》：“誓願不爲（遠）於説者，碎身粉骨効驅奔。”

唐牛僧孺《玄怪録》卷四《王煌》：“碎身粉骨，無謝裴恩。”

　　這些俗語不但在禪籍中使用，還見於同時代其他非禪籍文獻，包括小

説話本、文人筆記、詩賦詞曲、理學家語録等。這些俗語的使用在當時具

有普遍性，反映了唐宋時代真實的語言風貌。

七、以動植物爲物象構造俗語

　　禪籍中有大量俗語以動植物爲物象，通過描寫它們的生長規律、形貌

狀態、性質特點等總結規律，概括抽象出禪義。

　　　　（1）問：“和尚院内人何太少，定水院人何太多？”師曰：“草深

　　　　多野鹿，巖高獬豸稀。”（《五燈會元》卷六《太原海湖禪師》P.325）

　　獬豸，傳説中的異獸。一角，能辨曲直，見人相鬥，則以角觸邪惡無理

者。古人視爲祥物。漢楊孚《異物志》：“東北荒中有獸，名獬豸，一角，

性忠，見人鬥則觸不直者，聞人論則咋不正者。”《文選·司馬相如〈上林

賦〉》：“椎蜚廉，弄獬豸。”李善注引張揖曰：“獬豸，似鹿而一角。人君

刑罰得中，則生於朝廷，主觸不直者。”《太平御覽·獸部·獬豸》引《神

異經》曰：“東北荒中有獸，如牛，一角，毛青，四足似熊，見人鬥則觸

不直，聞人論則咋不正。名曰獬豸，一名任法獸。”草深處野鹿多，巖高

處異獸少。禪宗用草與巖，野鹿與獬豸的比較説明道法有高低之别，修行

有優劣之分。

（2）問：“未剖以前，請師斷。”師曰：“落在甚麼處？”曰：“失口即不可。”師曰：“也是寒山送拾得。”僧禮拜，師曰：“住！注！闍梨失口，山僧失口。”曰：“<u>惡虎不食子</u>。”師曰：“驢頭出，馬頭回。”（《五燈會元》卷七《龍華靈照禪師》P. 412）

再兇殘的老虎也不會吃自己的孩子，比喻再惡毒的人也不會傷害自己的親人。唐孟郊《吊比干墓》詩：“餓虎不食子，人無骨肉恩。”宋王安石《聖俞爲狄梁公孫作詩要予同作》詩：“虎豹不食子，鴟梟不乘雄。人惡甚鳥獸，吾能與成功。”佛家比喻人人都有善心，再凶惡的人也會存有善心。

（3）僧問：“一等明機雙扣，爲甚麼卻遭違貶？”師曰：“<u>打水魚頭痛，驚林鳥散忙</u>。”（《五燈會元》卷七《鏡清道怤禪師》P. 416）

擊水而魚頭疼，驚林而鳥受驚，比喻事物間存在關聯性。清王有光《吳下諺聯》卷四有“打水魚頭痛”條，云：“若必膚受而始覺，定非有靈之物也。莊子曰：‘人相忘於道，魚相忘於水。’水者，魚之道也。傷吾道即傷吾心，頭焉得不痛。昔者鄂侯醢而文王歎，顏淵死而夫子悲，銅山西崩，洛鐘東應，呼吸相通之至也。彼趙帝強秦，於仲連何異，乃欲蹈東海而死哉！素史氏曰：於水知其所痛。可以人而不如魚乎！”

（4）問：“既是一真法界，爲甚麼卻有千差萬別？”師曰：“<u>根深葉茂</u>。”僧打圓相曰：“還出得這箇也無？”師曰：“弄巧成拙。”（《五燈會元》卷十二《大寧道寬禪師》P. 732）

樹根扎得深，葉子就長得茂盛。比喻事物根基扎實雄厚，就可以興旺發達。漢徐幹《中論》卷上《貴驗》：“故根深而枝葉茂，行久而名譽遠。”宋歐陽修《會聖宮頌》：“故其兢兢勤勤，不忘前人，是以根深而葉茂。”

（5）問：“如何是禪？”師曰：“<u>鸞鳳入雞籠</u>。”（《五燈會元》卷十三《鹿門處真禪師》P. 818）

鸞鳳，鸞鳥與鳳凰，皆爲神鳥。《楚辭·九歎·怨思》：“駕鸞鳳以上遊兮，從玄鶴與鷦明。”漢劉歆《西京雜記》卷一：“武帝匣上皆鏤爲蛟龍、鸞鳳、龜麟之象，世謂爲蛟龍玉匣。”神鳥入雞籠，是禪宗構造的離奇景象，有意違反邏輯和慣常思維，引導僧徒打破知見。

（6）僧問：“祖意教意，是同是別？”師曰：“<u>雞寒上樹，鴨寒下</u>

水。"(《五燈會元》卷十五《巴陵顥鑒禪師》P. 937)

宋陸游《老學庵筆記》卷二:"淮南諺曰:'雞寒上樹,鴨寒下水。'驗之皆不然。有一嫗曰:'雞寒上距,鴨寒下嘴耳。'上距謂縮一足,下嘴謂藏其喙於翼間。"諺語指寒冷的時候,雞就會把一隻腳縮到羽毛下,鴨就會把嘴藏到翅膀下麵。俗語在禪籍中表達"平常心是道"的禪旨,即禪的道法存在於日常生活中。

(7)僧問:"如何是祖師西來意?"師曰:"入市烏龜。"曰:"意旨如何?"師曰:"得縮頭時且縮頭。"(《五燈會元》卷十六《大同旺禪師》P. 1047)

歇後語"入市烏龜——得縮頭時且縮頭"。烏龜在受到其他動物侵擾或被人捉拿時,都將頭縮入龜殼中。集市上人多擾攘,烏龜為了自我保護,將龜頭縮入甲殼中。比喻在眾人面前行事,能不出頭露面就不出頭露面。禪師以此語截斷學人的話頭,暗示學人自己不願言說,拒絕作答。

(8)問:"如何是衲僧本分事?"師云:"駱駝渡漢江。"[《古尊宿語錄》卷三十八《襄州洞山第二代(守)初禪師語錄》P. 712]

駱駝本為旱地動物,卻要渡越漢江,此為禪宗設想的離奇之景,有意違反常規邏輯,超越慣常思維。用峻烈陡峭,不可思議的方式回答僧徒關於"衲僧本分事"的提問,衲僧本分事就是超越本我。

(9)問:"孤峰頂上玩月輪時如何?"師云:"何不了卻孤峰事,玩他月輪作什麼?"進云:"豈無內外明徹事耶?"師云:"內外明徹事作麼生?"進云:"無有不照。"師呵曰:"這鈍驢也擬學馬走。"僧無語。[《古尊宿語錄》卷三十五《大隨開山(法真)神照禪師語錄》P. 659]

笨驢也想學馬跑,禪宗用以諷刺學人愚鈍無知。

(10)問:"涅槃無異路,方便有多門。作麼生時無異路底句?"師云:"鐘鼓分明在,日月不曾昏。""怎麼則狗子吠人聲。"師云:"不咬破衣人。"(《汾陽無德禪師語錄》卷上 T47,p0604b27)

諺語"狗子吠人聲,不咬破衣人"謂狗聞人聲而吠,但不咬貧窮之人。比喻事無絕對，在特殊條件下會有轉機。禪宗以此鼓勵僧徒不論根基深淺，皆可學佛問道。禪師都會應機接人，開悟教導。

> （11）僧云："馬大師玩月次，一人道正好供養，一人道正好修行。一人驟步便行，此意如何？"師云："一畝之地，三蛇九鼠。"僧云："馬大師道：'經入藏禪歸海，唯有普願獨超物外。'"師云："<u>打驢聽馬知</u>。"（《虛堂和尚語錄》卷二 T47，p1002c20）

慣用語。"聽"在六朝時有使、讓義。《三國志·魏書·倉慈傳》："自太祖迄於咸熙，魏郡台數陳國吳瓘、清河太守樂安任燠、京兆太守濟北顏斐、弘農太守太原令狐邵、濟南相魯國孔乂，或哀矜折獄，或推誠惠愛，或治身青白，或擿奸發伏，咸爲良二千石。"裴松之注："斐又課民以閑月取車材，使轉相教匠作車。又課民無牛者，令畜豬狗，賣以買牛。始者民以爲煩，一二年間，家家有丁車、大牛。又起文學，聽吏民欲讀書者，復其小徭。"《世説新語·任誕》："王子猷出都，尚在渚下。舊聞桓子野善吹笛。"梁劉孝標注："《續晉陽秋》曰：'左將軍桓伊善音樂，孝武飲燕，謝安侍坐，帝命伊吹笛。伊神色無忤，既吹一弄，乃放笛云："臣於箏乃不如笛，然自足以韻合歌管。臣有一奴，善吹笛，且相便串，請進之。"帝賞其放率，聽召奴。奴既至，吹笛，伊撫箏而歌怨詩，因以爲諫也。'"《太平廣記》卷二百七十六《馮孝將》："廣平太守馮孝將，男馬子。夢一女人，年十八九歲，言：'我乃前太守徐玄方之女，不幸早亡，亡來四年，爲鬼所枉殺。按生籙乃壽至八十餘，今聽我更生，還爲君妻，能見聘否？'馬子掘開棺視之，其女已活，遂爲夫婦。""打驢"意義難以理解。佛經中有"打驢鳴鼓"之説，是斬殺囚犯前進行的一種儀式，既用來召集眾人圍觀，又有警示他人之用。南朝宋佛陀什、竺道生等譯《五分律》卷九："爾時有一外道，囊盛五百金錢，到水邊飲忘不持去。有一比丘從後來見，作是念：此是唯物。即四顧望，見前一人。便作是念：必是彼許當持還之。即取持去。彼人未遠還憶金囊，即便馳還。比丘問：'汝何故還？'彼人便嗔言：'不吉利物何以問我？'比丘言：'縱使我不吉利，汝應語我還意。'彼言：'我忘一囊在水邊，故還覓耳。'比丘即出示之，'此是汝囊非？'彼人既見囊已，復更嗔言：'不吉利物何以捉我囊？汝小住待，我數囊中物。'比丘答言：'我竟不解此囊亦不看之，若欲取者豈當示汝？恐汝失之，故持相還耳。'彼人復言：'我囊中有千金錢，今少五百，可以還我。'比丘答之如初，彼人便強牽比丘到斷事人所。時斷事人不信樂佛法，便非理斷。即取反縛，打櫨鳴鼓，於四衢道頭欲殺之。"又卷二十四："時長壽王赤身將婦作婆羅門，向波羅奈國住陶師家。婦忽作是念，願得日初出時四衢道中四種兵戰磨刀汁飲，念已白王：'若此願不遂於此便死。'王言：'此不可果。汝今此病必死無疑。'復語婦言：'若梵達聞此知我所在，必反縛我，打櫨鳴鼓，分裂我身作五分矣。汝可小待，吾當密就先臣問此意故，語已便往具以問之。'"中土文獻有"鳴鼓會眾"，《太平御覽‧居處部‧逆旅》載《漢武帝故事》曰："嫗歸，謂其翁曰：'吾觀此丈夫，乃非常人也；且亦有備，不可圖也。不如因禮之。'其夫曰：'此易與耳！鳴鼓會眾，討此群盜，何憂不克。'""打櫨鳴鼓"的儀式唯見於佛經律部，應該是異域外族的一種會眾方式。"打櫨"和"鳴鼓"一樣，具有集眾、警示的作用。俗語"打櫨聽馬知"，打櫨之意不在櫨，爲的是警戒馬，此語猶今言"殺雞駭猴"或"殺雞給猴子看"。

（12）及問他所習之藝，便如水裏火發。若如是體究安得不妙。有般漢便道，虛堂年老心孤。殊不知狗不擇家貧。（《虛堂和尚語録》卷四《示無隱侍者》T47，p1012a20）

狗不選擇出生人家的貧富。禪宗比喻不厭棄自己的本源。

（13）廓侍者問德山："從上諸聖向甚處去？"山云："作麼作麼？"廓云："官家敕點飛龍馬，跛鱉出頭來作麼？"山休去。明日浴，次山將木杓打廓一下云："昨日公案作麼生？"廓云："這老漢今日方始瞥地。"（《汾陽無德禪師語録》卷中 T47，p0611c15）

俗語源自唐白居易《爲段相謝借飛龍馬狀》："伏以出從内廄，行及中塗，假飛龍之駿駒代跛鱉之蹇步。執鞭拜命，借馬喻身，取其戀主之心，以表爲臣之節，恩深易感，情懇難陳。""飛龍馬"指千里之駒。唐李白《玉壺吟》詩："朝天數換飛龍馬，敕賜珊瑚白玉鞭。""跛鱉"指殘足烏龜。《荀子‧修身》："故跬步而不休，跛鱉千里。"《楚辭‧嚴忌〈哀時命〉》："駟跛鱉而上山兮，吾固知其不能陞。"王逸注："言己念君信用衆愚，欲以致治，猶若駕跛鱉而欲上山，我固知其不能登也。"飛龍馬與跛鱉相比，一快一慢形成鮮明對照。至宋代禪宗語録將白氏之語演化爲俗語"敕點飛龍馬，跛鱉出頭來"。意謂取消分別心，將千里之駒與殘足烏龜等同看待。

禪宗追求平常的宗教精神爲禪籍大量使用動植物名詞創製俗語提供了思想的基石。同時，淳樸平易的俗語又爲禪宗"平常心是道"的闡發提供了便利。禪籍俗語中多出現動植物名詞，使禪宗語言更顯質樸，說理更加生動。

禪籍俗語無論是借自民間口語、世俗經典還是禪師臨機創造，隨口發揮，它們都反映了一個時代的語言風貌，許多俗語一直流傳至今，成爲通行於平民大眾口頭的活語言。禪籍俗語不但具有一般俗語的特點，還表現出獨特性。

除上面我們所舉特點外，禪籍俗語還有其他特點，如語義具有多解性和開放性，同一則俗語在不同語境下可以表示不同意義。如第三章中我們所分析的"三年逢一閏"，《五燈會元》卷十六《蔣山法泉禪師》："問：'二祖立雪齊腰，意旨如何？'師曰：'三年逢一閏。'"《楊岐方會和尚語錄》："歲旦上堂。僧問：'舊歲已隨殘臘去，今日新春事若何？'師云：'鉢盂裏滿盛。'進云：'與麼則三年逢一閏，九月是重陽。'師云：'野火燒不盡，春風吹又生。'"前一例中"三年逢一閏"作爲答語，與前面的問話毫不相干，俗語的理性意義不起作用，它只作爲禪師截斷學人話頭的工具，引導學人跨越世俗庸常的思維藩籬，領悟佛法禪旨的不可言傳性。後一例中的"三年逢一閏"作爲歲時諺，禪師用字面意義回答了僧人"新春事若何"的問題。

俗語在禪籍不同語境下表示不同語義，原因有四。其一，禪悟具有刹那性，強調瞬間體驗，容不得對語言有理性的思考琢磨，僧徒完全依靠直覺感受語言的内涵。瞬間頓悟，必然產生對同一俗語的多種理解。其二，禪悟具有體驗性。禪並非通過分析或比較的方法來獲取某種知識，禪是一種真實的、個人的體驗，具有強烈的主觀性。俗語作爲引導禪悟體驗的媒介，意義因主體感受認知的不同而產生多解性。其三，禪悟體現任意性。禪宗提出禪悟的過程不要拘泥於語言文字，融攝空有，一切可以方便開悟的都爲其所用。僧徒可以根據個人根基悟性的不同，從任意角度理解禪語。禪籍俗語的解讀完全被個人化。禪師根據語境的需要重新解釋俗語，俗語在不同語境中根據需要表意。其四，從俗語本身來看，其結構凝練，句式上常用緊縮形式，分句間的關聯成分被省略，使得俗語可以有兩種或多種解釋的可能。同時俗語語義具有多重性的特點，有時字面意義發揮表意功能，字面的意義就是俗語的意義；有時俗語字面以外的深層暗含義發揮作用，俗語的字面義不發揮表意功能。禪籍中俗語字面義、禪義和語用義在不同語境下交互使用，使其具有了多解性。

語言是思想的載體，是傳播文化的媒介，禪籍俗語的獨特性與禪宗文化密切相關。首先，禪宗超越邏輯羈絆、直面當下直覺的認知方式，爲禪籍俗語超越慣常、構造離奇語言提供了認識基礎。其次，禪宗堅守"平常心是道"的宗教精神，爲禪籍俗語的大量使用和創製提供了思想基石。最後，禪宗質樸無華、農耕勞作的農禪實踐，爲民風十足、通俗淳樸的禪籍俗語的生成和運用提供了客觀條件。正是禪宗特殊的認知方式、生活之道和生存途徑爲獨具特色的禪籍俗語的生成提供了肥沃土壤。同時，數量龐大的禪籍俗語又爲後人提供了研究唐宋語言的寶貴材料。禪籍俗語顯現出很高的研究價值。

結　語

　　我們匯集、整理了《祖堂集》《景德傳燈録》《五燈會元》《古尊宿語録》以及《大正藏》《卍續藏經》中 119 部 878 卷唐宋禪宗文獻中的俗語。從禪宗文獻入手，結合禪宗思想和語境對搜集到的禪籍俗語進行語義、來源演變、修辭、民俗文化等方面的考察分析，總結俗語在禪籍中的作用和特色。

　　本書的創新點：

　　第一，擴大了研究對象的範圍，除諺語外，還將禪籍中的慣用語、歇後語和俗成語納入研究範圍，討論對象涉及禪籍中的所有俗語類型。禪籍俗語在形式上常常活用，一條俗語可以由一種語類變換爲其他俗語類型，綜合考察，便於對禪籍俗語的形式及其活用情況有更加全面的認識。

　　第二，整理歸納禪籍中意義相同、相反的俗語。禪宗在表達“不可說”的本心時，採用的不是理性、邏輯的定式語言，而是借助語言中的暗示象徵。瑞士語言學家索緒爾在《普通語言學教程》中把語言符號看作一個概念和一個有聲意象的統一體，有聲意象又稱能指（signifiant），概念又稱所指（signifie）。在同一個符號系統中，能指與所指之間的組合關係是固定的。而在禪宗看來，任何經書或語言文字表達的意義都是第二性的，並非真正的實在。所以語言能指與所指的對應關係在禪籍中被重新整合，約定俗成的意義被特殊的禪義替代。俗語語義間的關係被打破，許多俗語原本來源不同、形式不同，意義也各不相同，但在禪宗語境下變成了同義關係。

　　第三，禪籍俗語運用了多種修辭方式，本書對禪籍俗語的非理修辭進行了著重分析。俗語多是經驗、認識的總結，具有經驗性和知識性的特點。但在禪籍中，禪師有意將俗語進行改裝或重新組合，利用非理修辭故意打破俗語的經驗性認識，使俗語變得不合常理，不符合人們的經驗常識。這也正是禪師改造俗語所追求的效果，即引導僧徒打破傳統、固有的思維限制，排除語言符號的邏輯制約，剿絕凡俗的分別對立，進入活潑自在、圓融不二的禪悟空間。本書從現象入手，探討了非理修辭對禪籍俗語的作用方式及生成原因。

第四，從 119 部唐宋禪宗文獻中共搜集到 2435 條禪籍俗語，其中諺語 643 條，慣用語 453 條，歇後語 187 條，俗成語 1152 條。我們對這些俗語進行了逐一考釋，在釋義的同時考察其來源演變。禪籍俗語的語義層次複雜，它與一般俗語相同，除了有字面義外，還有深層語義；此外，禪籍俗語還受禪門文化的影響，許多俗語被賦予了宗門義；同一條俗語在不同的語境下又可以表示不同語義，俗語的語義還受語境的影響。所以禪籍俗語常常有字面義、深層語義、禪義和語境義。研究中，我們對俗語的不同語義進行了考釋，建立了禪籍俗語語料庫，可以爲禪宗語言詞典的編纂提供參考。

參考文獻

著作類

曹聰孫《中國俗語選釋》，成都：四川教育出版社，1985 年。

常錫楨《北京土話》，北京：文津出版社，1992 年。

〔日〕長澤規矩也《明清俗語辭書集成》，上海：上海古籍出版社，1989 年。

〔日〕禪學大詞典編纂所《禪學大辭典》，東京：大修館書店，1977 年。

陳建生《認知詞彙學概論》，上海：復旦大學出版社，2008 年。

陳慶延等輯《古今俗語集成》，太原：山西人民出版社，1989 年。

陳望道《修辭學發凡》，上海：上海教育出版社，1997 年。

翟建波《中國古代小說·俗語大詞典》，上海：漢語大詞典出版社，2002 年。

崔希亮《漢語熟語與中國人文世界》，北京：北京語言文化大學，1997 年。

鄧文寬《敦煌〈壇經〉讀本》，瀋陽：遼寧教育出版社，2005 年。

方一新、王雲路《中古漢語詞語例釋》，長春：吉林教育出版社，1992 年。

〔日〕古賀英彥《禪語詞典》，日本：思文閣，1991 年。

郝長留《常用俗語詞典》，北京：北京出版社，1992 年。

〔美〕洪長泰《到民間去——1918—1937 年的中國知識分子與民間文學運動》，董曉萍譯，上海：上海文藝出版社，1993 年。

侯精一《平遙方言民俗語彙》，北京：語文出版社，1995 年。

胡樸安《俗語典》，鄭州：中州古籍出版社，1991 年。

胡雪岡《張協狀元校注》，上海：上海社會科學院出版社，2006 年。

胡裕樹《現代漢語》（修訂本），上海：上海教育出版社，1979 年。

華學誠《揚雄方言校釋彙證》，北京：中華書局，2006 年。

黄羽《中華俗語典》，臺北：新風文化事業出版社，1982 年。

黄正建《走進日常——唐代社會生活考論》，上海：中西書局，2016 年。

季羨林等《大唐西域記校注》，北京：中華書局，1985 年。

江藍生《魏晉南北朝小說詞語例釋》，北京：語文出版社，1988 年。

江藍生、曹廣順《唐五代語言詞典》，上海：上海教育出版社，1997 年。

江藍生、劉堅《宋語言詞典》，上海：上海教育出版社，1997 年。

［英］傑佛瑞·N. 利奇《語義學》，李瑞華等譯，上海：上海外語教育出版社，1987 年。

老舍《四世同堂》，舒濟編《老舍小說全集》，武漢：長江文藝出版社，2004 年。

雷漢卿《近代方俗詞叢考》，成都：巴蜀書社，2006 年。

雷漢卿《禪籍方俗詞研究》，成都：巴蜀書社，2009 年。

禮山、江峰《禪宗燈錄譯解》，濟南：山東人民出版社，1994 年。

李布青《金瓶梅俚語俗諺》，北京：寶文堂書店，1988 年。

李申《金瓶梅方言俗語匯釋》，北京：北京師範學院出版社，1990年。

李艷琴、郭淑偉、嚴紅彥《〈祖堂集〉〈五燈會元〉校讀》，成都：巴蜀書社，2011 年。

［日］鈴木大拙《禪者的思索》，未也譯，北京：中國青年出版社，1989 年。

［日］鈴木大拙《禪風禪骨》，耿仁秋譯，北京：中國青年出版社，1989 年。

劉葉秋《成語熟語詞典》，北京：商務印書館，1992 年。

劉叔新《漢語描寫詞彙學》，北京：商務印書館，2005 年。

劉益國《元典熟語辭典》，成都：四川大學出版社，1998 年。

劉玉凱、喬雲霞《中國俗成語》，上海：上海文藝出版社，1991 年。

龍潛庵《宋元語言詞典》，上海：上海辭書出版社，1985 年。

馬國凡《諺語·歇後語·慣用語》，瀋陽：遼寧人民出版社，

1961 年。

馬國凡、高歌東《慣用語》，呼和浩特：內蒙古人民出版社，1982 年。

甯榘《諺語、格言、歇後語》，石家莊：河北教育出版社，1980 年。

甯榘《古今歇後語選釋》，武漢：湖北教育出版社，1985 年。

錢鍾書《圍城》，北京：生活·讀書·新知三聯書店，2002 年。

邱崇丙《俗語五千條》，西安：陝西人民出版社，1983 年。

〔日〕秋月龍瑉《禪海珍言》，汪正求譯，桂林：灕江出版社，1997 年。

曲彥斌主編《中國民俗語言學》，上海：上海文藝出版社，1996 年。

任半塘、王昆吾《隋唐五代燕樂雜言歌辭集》，成都：巴蜀書社，1990 年。

尚志英《尋找家園——多維視野中的維特根斯坦語言哲學》，北京：人民出版社，1992 年。

宋洪飛《俗語諺語歇後語選釋》，北京：同心出版社，1997 年。

孫維張《漢語熟語學》，長春：吉林教育出版社，1989 年。

孫維張《佛源語詞詞典》，北京：語文出版社，2007 年。

孫治平、王仿《俗語兩千條》，上海：上海文藝出版社，1985 年。

譚偉《〈祖堂集〉文獻語言研究》，成都：巴蜀書社，2005 年。

唐圭璋《全宋詞》，北京：中華書局，1965 年。

唐樞《中華成語熟語辭海》，北京：學苑出版社，1995 年。

王季思編《全元戲曲》，北京：人民文學出版社，1990 年。

王捷、徐建華、刁玉明《中國俗語》，上海：上海文藝出版社，1992 年。

王鍈《唐宋筆記語辭匯釋》（修訂本），北京：中華書局，2001 年。

王重民等編《敦煌變文集》，北京：人民文學出版社，1957 年。

王德春《詞彙學研究》，濟南：山東教育出版社，1983 年。

〔英〕魏根深《中國歷史研究手冊》，北京：北京大學出版社，2016 年。

武占坤、馬國凡《諺語》，呼和浩特：內蒙古人民出版社，1980 年。

武占坤《中華諺謠研究》，保定：河北大學出版社，2000 年。

溫端政《諺語》，北京：商務印書館，1985 年。

溫端政《歇後語》，北京：商務印書館，1985 年。

溫端政、張書祥《忻州俗語志》，北京：語文出版社，1986 年。

温端政《古今俗語集成》，太原：山西人民出版社，1989 年。

温端政《漢語俗語大辭典》，上海：上海辭書出版社，1989 年。

温端政、周薦《二十世紀的漢語俗語研究》，太原：書海出版社，2000 年。

温端政《語海》，上海：上海文藝出版社，2000 年。

温端政《方言與俗語研究》，上海：上海辭書出版社，2003 年。

温端政《中國諺語大全》，上海：上海辭書出版社，2004 年。

温端政《分類歇後語詞典》，上海：上海辭書出版社，2005 年。

温端政《俗語探索與研究》，上海：上海辭書出版社，2005 年。

温端政《漢語語彙學》，北京：商務印書館，2005 年。

［日］無著道忠《禪林象器箋》，北京：全國圖書館文獻縮微複製中心，1996 年。

邢東風《禪悟之道——南宗禪學研究》，北京：中國人民大學出版社，1992 年。

徐吉軍等《中國風俗通史（宋代卷）》，上海：上海文藝出版社，2001 年。

徐世榮《北京土語詞典》，北京：北京出版社，1990 年。

徐宗才《俗語》，北京：商務印書館，1999 年。

徐宗才、應俊玲《俗語詞典》（修訂本），北京：商務印書館，2004 年。

項楚《敦煌變文選注》，成都：巴蜀書社，1990 年。

許少峰《簡明漢語俗語詞典》（修訂本），北京：中華書局，2007 年。

許少峰《近代漢語大詞典》，北京：中華書局，2008 年。

許威漢《二十世紀的漢語詞彙學》，太原：書海出版社，2000 年。

向熹《簡明漢語史》，北京：高等教育出版社，1993 年。

楊明照《抱朴子外篇校箋》，北京：中華書局，1991 年。

楊同軍《語言接觸和文化互動：漢譯佛經詞彙的生成與演變研究——以支謙譯經複音詞爲中心》，北京：中華書局，2011 年。

于谷《禪宗語言和文獻》，南昌：江西人民出版社，1995 年。

袁賓《中國禪宗語錄大觀》，南昌：百花洲文藝出版社，1991 年。

袁賓《禪宗著作詞語匯釋》，南京：江蘇古籍出版社，1990 年。

袁賓《禪宗詞典》，武漢：湖北人民出版社，1994 年。

袁賓《禪宗語錄輯要》，上海：上海古籍出版社，1995 年。

袁賓《宋語言詞典》，上海：上海教育出版社，1997 年。

袁賓《禪語釋注》，北京：語文出版社，1999 年。

張惠英《金瓶梅俚俗難詞解》，北京：社會科學文獻出版社，1992 年。

張友鶴選注《唐宋傳奇選》，北京：人民文學出版社，1964 年。

鍾學梓《禪語三百則》，南昌：江西人民出版社，1995 年。

張美蘭《禪宗語言概論》，臺北：臺灣五南圖書出版公司，1998 年。

張錫厚録校《敦煌賦彙》，南京：江蘇古籍出版社，1996 年。

張璋、黃畬《全唐五代詞》，上海：上海古籍出版社，1986 年。

中國佛教文化研究所編《俗語佛源》，天津：天津人民出版社，2008 年。

鍾敬文《民俗學概論》，上海：上海文藝出版社，1998 年。

周裕鍇《禪宗語言》，杭州：浙江人民出版社，1999 年。

周志鋒《明清小說俗字俗語研究》，北京：中國社會科學出版社，2006 年。

朱瑞枚《成語與佛教》，北京：北京經濟學院出版社，1989 年。

朱謙之《老子校釋》，上海：龍門聯合書局，1958 年。

祖騄《禪林金句》，成都：巴蜀書社，1995 年。

論文類

鮑瑩《禪語劄記一則》，《漢語史研究集刊》第八輯，成都：巴蜀書社，2005 年。

曹聰孫《現代漢語俗語釋例》，《天津師院學報》1980 年第 5、第 6 期。

曹瑞芳《〈醒世姻緣傳〉中俗語運用的修辭手法和作用》，《語言學研究》2007 年第 4 期。

陳平《諺語的定義及其基本特徵》，《韓山師範學院學報》1997 年第 1 期。

鄧海榮《禪宗語錄詞語劄記二則》，《西南民族大學學報（人文社科版）》2004 年第 3 期。

鄧紅華《郴州俗語的文化特徵》，《舟山學刊》2007 年第 3 期。

鄧紅華《永興方言俗語與地域文化》，《湖南科技學院學報》2014 年第 1 期。

董志翹《俗語佛源（二則）》，《語文建設》2001 年第 12 期。

段觀宋《禪宗語錄疑難詞語考釋》，《東莞理工學院學報》2001 年第 1 期。

范春媛《智慧禪語——禪宗典籍諺語語義探析》，《佛教文化》2006 年第 6 期。

范春媛《禪籍俗語語義研究》，《蘭州學刊》2007 年第 2 期。

范春媛《禪籍諺語之妙用》，《江西社會科學》2009 年第 4 期。

范春媛《語言的空間性表達——淺談禪籍諺語的使用修辭》，《作家雜志》2010 年第 12 期。

范春媛《禪宗人稱稱謂“××漢”考查》，《寧夏大學學報（人文社會科學版）》2011 年第 1 期。

方立天《禪宗的“不立文字”語言觀》，《中國人民大學學報》2002 年第 1 期。

高列過《“韓盧逐塊”辨正》，《宗教學研究》2006 年第 3 期。

高列過《“截斷眾流”辨正》，《浙江學刊》2013 年第 1 期。

高艷華《禪宗機緣問答中間接否定的語用學研究》，《浙江外國語學院學報》2015 年第 1 期。

顧軍《“如麻似粟”補釋》，《廣西民族師範學院學報》2012 年第 5 期。

顧軍《釋“徛死”》，《合肥師範學院學報》2012 年第 5 期。

郭紹虞《諺語的研究》，《小说月报》1921 年第 2 卷第 2 期。

韓爽《俗語界說——兼論俗語與相近範疇的關係》，《求索》2012 年第 2 期。

胡驕鍵《不立文字，不離文字——淺論禪宗的語言觀》，《金陵科技學院學報（社會科學版）》2009 年第 2 期。

懷一《成語、諺語、格言、俗語、俚語的區別》，《語文研究》1958 年第 1 期。

黃靈庚《〈五燈會元〉詞語剳記》，《浙江師大學報（社會科學版）》1999 年第 3 期。

焦毓梅、于鵬《禪宗公案話語的修辭分析》，《求索》2006 年第 12 期。

金軍鑫《禪宗語言的幾個特點》,《修辭學習》2004 年第 4 期。

鞠彩萍《〈祖堂集〉詞語訓釋》,《常州工程學院學報（社科版）》2007年第 1 期。

鞠彩萍《試述禪宗史書〈祖堂集〉複音詞對大型語文辭書的補充》,《法音》2012 年第 3 期。

鞠彩萍《唐宋禪籍詈稱的深層文化折射研究》,《河南社會科學》2014年第 5 期。

康健《〈祖堂集〉"索"義集釋》,《安康學院學報》2010 年第 6 期。

孔慶友《禪宗語言的語義三角理論闡釋》,《現代語文》2009 年第12 期。

蘭金梅《河套方言俗語的民俗文化探析》,《新餘學院學報》2015 年第 3 期。

雷漢卿《禪籍俗語詞劄記》,《江西社會科學》2004 年第 2 期。

雷漢卿《禪籍詞語選釋》,《漢語史研究集刊》第八輯,成都：巴蜀書社,2005 年。

雷漢卿、馬建東《禪籍詞語選釋》,《天水師範學院學報》2005 年第6 期。

雷漢卿《禪籍詞語選釋》,《語言科學》2006 年第 4 期。

雷漢卿、孫豔《禪籍詞語考釋》,《宗教學研究》2006 年第 1 期。

雷漢卿《語文辭書收詞釋義漏略禪籍新義例釋》,《合肥師範學院學報》2009 年第 2 期。

李淑珍《〈兒女英雄傳〉中俗語的運用》,《現代語文》2009 年第 5 期。

李艷琴《禪籍戰事格鬥俗語分類及其宗門含義》,《宜春學院學報》2012 年第 9 期。

李艷琴《禪宗衙門俗語宗門義管窺》,《宜春學院學報》2013 年第8 期。

李艷琴《禪籍賭博貨貿俗語宗門義舉隅》,《宜春學院學報》2014 年第 7 期。

梁瑞清《語言的指引性淺談——以早期 Wittgenstein 和禪宗爲例》,《外語學刊》2013 年第 3 期。

梁曉虹《談談源於佛教的成語幾種構成形式——讀禪宗傳燈錄札記》,

《九江師專學報》1987 年第 1 期。

梁曉虹《佛教俗語與民間俗語》,《古漢語研究》1991 年第 4 期。

梁曉虹《漢語成語與佛教文化》,《語言文字應用》1993 年第 1 期。

梁曉虹《禪宗典籍中"子"的用法》,《古漢語研究》1998 年第 2 期。

劉愛玲《禪籍諺語活用現象探析》,《佳木斯大學社會科學學報》2005 年第 5 期。

劉愛玲《禪籍諺語的活用》,《湖北三峽職業技術學院學報》2006 年第 1 期。

劉愛玲《淺談諺語在禪籍中的作用》,《中國科教創新導刊》2008 年第 28 期。

盧烈紅《禪宗語錄詞義劄記》,《中國典籍與文化》2005 年第 1 期。

陸永峰《禪宗語言觀及其實踐》,《揚州大學學報(人文社會科學版)》2001 年第 6 期。

羅聖豪《論漢語諺語》,《四川大學學報(哲學社會科學版)》2003 年第 1 期。

呂幼夫《〈祖堂集〉詞語選釋》,《遼寧大學學報(哲學社會科學版)》1992 年第 2 期。

莫娟《〈何典〉的方言俗語研究》,《東南大學學報(哲學社會科學版)》2013 年第 4 期。

彭勝華《諺語和佛教》,《遼寧師專學報(社會科學版)》1999 年第 4 期。

秦越《禪宗語言"雙重意義"修辭分析》,《唐山學院學報》2015 年第 2 期。

邱震強《〈五燈會元〉釋詞二則》,《中國語文》2007 年第 1 期。

曲彥斌《關於禪籍俗語言的民俗語源問題》,《俗語言研究》1993 年創刊號。

任連明《〈金瓶梅〉中的俗語研究》,《廣州廣播電視大學學報》2008 年第 4 期。

任珊《禪宗語言中的會話修辭》,《淮陰師範學院學報(哲學社會科學版)》2005 年第 3 期。

疏志強《試論禪宗修辭的非邏輯性》,《浙江師範大學學報(社會科學版)》2004 年第 1 期。

疏志强《淺析禪宗語言的“言有所爲”現象》,《修辭學習》2004 年第 4 期。

疏志强《禪宗修辭中的特殊問答方式》,《修辭學習》2004 年第 3 期。

疏志强《試論禪宗修辭的機趣性原則》,《語文研究》2005 年第 4 期。

譚偉《從用典看禪宗語言的複雜性》,《漢語史研究集刊》第九輯,成都:巴蜀書社,2006 年。

滕志賢《〈五燈會元〉詞語考釋》,《古漢語漢語》1995 年第 4 期。

王海靜《俗語語料庫與語典編纂相關問題的思考》,《辭書研究》2011 年第 4 期。

王麗霞《狹義俗語應是漢語熟語的獨立類型》,《河北大學學報》(哲學社會科學版) 2015 年第 2 期。

王勤《俗語的性質和範圍——俗語論之一》,《湘潭大學學報 (社會科學版)》1990 年第 4 期。

王勤《俗語的構成和意義——俗語論之二》,《湘潭大學學報 (哲學社會科學版)》1998 年第 1 期。

王閏吉《〈禪録詞語釋義商補〉商補》,《中國語文》2011 年第 5 期。

王閏吉《“獦獠”的詞義及其宗教學意義》,《漢語史學報》第十三輯,上海:上海教育出版社,2013 年。

王文波《〈俗語佛源〉補遺》,《佛教文化》1997 年第 3 期。

魏耕原《寒山詩俗語難詞疑議》,《語言研究》2006 年第 2 期。

溫端政《中國俗語大詞典·前言》,《語文研究》1989 年第 1 期。

溫端政《〈中國俗語大全〉前言》,《語文研究》2004 年第 2 期。

武占坤、高兵《試論諺語、俗語之分》,《漢字文化》2005 年第 3 期。

伍宗文《略論先秦漢語的 AABB 式》,《漢語史研究集刊》第四輯,成都:巴蜀書社,2001 年。

邢東風《禪宗語言研究管窺》,《世界宗教文化》2001 年第 1 期。

徐波《舟山方言俗成語修辭考察》,《浙江海洋學院學報 (人文科學版)》2002 年第 4 期。

徐琳《禪籍俗語語義探析》,《晉陽學刊》2011 年第 2 期。

徐琳《點石成金:禪宗語言的風格與智慧》,《中國宗教》2011 年第

5 期。

　　徐琳《唐宋禪籍俗語中的民俗文化蘊含》,《文化學刊》2011 年第 6 期。

　　徐時儀《不離文字與不立文字——談言和意》,《上海師範大學學報》1997 年第 4 期。

　　尤俊成《與佛教有關的貶義俗語的文化審視》,《語文學刊》1991 年第 1 期。

　　袁賓《〈五燈會元〉詞語續釋》,《語言研究》1987 年第 2 期。

　　袁賓《〈五燈會元〉口語詞探義》,《天津師大學報》1987 年第 5 期。

　　袁津琥《〈祖堂集〉中的俗語源 (續)》,《綿陽師範高等專科學校學報》1999 第 6 期。

　　袁津琥《〈祖堂集〉中的俗語源》,《綿陽師範高等專科學校學報》1999 年第 1 期。

　　袁津琥《釋“毛骨悚然”“雪上加霜”——讀《漢語大詞典》劄記之一》,《漢語史研究集刊》第六輯,成都:巴蜀書社,2003 年。

　　雲生《關於“熟語”》,《中國語文》1959 年第 7 期。

　　詹緒左《〈祖堂集〉詞語劄記》,《安徽師範大學學報 (人文社會科學版)》2008 年第 1 期。

　　張愛卿、秦建文《〈西遊記〉中的俗語研究》,《曲靖師範學院學報》2006 年第 5 期。

　　張昌紅《禪宗公案、頌古隱喻系統初探》,《宗教學研究》2014 年第 2 期。

　　張美蘭《〈五燈會元〉詞語二則》,《古漢語漢語》1997 年第 4 期。

　　張鵬麗《禪宗語錄語言研究述略》,《南京理工大學學報 (社會科學版)》2009 第 4 期。

　　張勝珍《禪宗的譬喻》,《五臺山研究》2004 年第 4 期。

　　張錫德《〈五燈會元〉詞語拾零》,《溫州師院學報 (社會科學版)》1987 年第 4 期。

　　張宜民《禪宗語錄的獨特言說方式》,《現代語文》2008 年第 12 期。

　　張育英《談禪宗語言的模糊性》,《蘇州大學學報 (哲學社會科學版)》1995 年第 3 期。

　　張子開、張琦《禪宗語言的種類》,《宗教學研究》2008 年第 4 期。

周劍《俗語與佛教語彙》,《閱讀與寫作》1998 年第 5 期。

周啓符《〈五燈會元〉中的諺語》,《讀書》1988 年第 3 期。

周裕鍇《禪籍俗諺管窺》,《江西社會科學》2004 年第 2 期。

學位論文

范春媛《禪籍諺語研究》,南京師範大學博士學位論文,2007 年。

李濤賢《禪宗俗諺初探》,四川大學碩士學位論文,2003 年。

李豔《明清山東方言俗語研究》,山東大學碩士學位論文,2007 年。

李艷琴《禪宗語言專題研究》,四川大學博士學位論文,2012 年。

劉愛玲《禪籍諺語研究》,南京師範大學碩士學位論文,2006 年。

引用材料

阿英編《晚清文學叢鈔》,北京:中華書局,1961 年。

［唐］白居易《白氏長慶集》,《四部叢刊初編》,上海:商務印書館,1919 年。

［漢］班固《漢書》,北京:中華書局,1962 年。

北京大學古文獻研究所編《全宋詩》,北京:北京大學出版社,1991 年。

［唐］般若譯《大乘本生心地觀經》,《大正藏》第 3 冊。

［清］曹雪芹、高鶚《紅樓夢》,北京:人民文學出版社,1974 年。

［清］超永《五燈全書》,藍吉富主編《禪宗全書》,臺北:文殊出版社,1988 年。

［宋］陳淳《北溪字義》,北京:中華書局,1983 年。

陳建功、趙大年《皇城根》,北京:作家出版社,1992 年。

［晉］陳壽《三國志》,陳乃乾校點,北京:中華書局,1990 年。

［宋］陳元靚《事林廣記》,北京:中華書局,1999 年。

［宋］陳著《本堂集》,《景印文淵閣四庫全書》,臺北:商務印書館,1986 年。

《辭海》,上海:上海辭書出版社,1979 年。

［唐］崔令欽撰,任半塘箋訂《教坊記箋訂》,北京:中華書局,1962 年。

［宋］道原《景德傳燈錄》,《大正藏》第 51 冊。

丁福保《佛學大辭典》，北京：文物出版社，1984 年。

［清］董誥《全唐文》，北京：中華書局，1983 年。

［漢］董仲舒《春秋繁露》，北京：中華書局，1975 年。

［清］獨逸窩退士《笑笑録》，臺北：新文豐出版公司，1979 年。

［清］杜文瀾輯録《古謠諺》，周紹良校點，北京：中華書局，1958 年。

［唐］杜佑《通典》，北京：中華書局，1984 年。

［唐］段成式《酉陽雜俎》，北京：中華書局，1981 年。

［清］段玉裁《說文解字注》，杭州：浙江古籍出版社，1998 年。

《〈邇言〉等五種》，北京：商務印書館，1959 年。

［唐］范攄《云溪友議》，《景印文淵閣四庫全書》，臺北：商務印書館，1986 年。

［南朝宋］范曄《後漢書》，北京：中華書局，1965 年。

［清］范寅《越諺》，侯友蘭點注，北京：人民出版社，2006 年。

［唐］房玄齡《晉書》，北京：中華書局，1974 年。

［明］馮夢龍《東周列國志》，北京：人民文學出版社，1955 年。

［明］馮夢龍《警世通言》，北京：人民文學出版社，1956 年。

［清］富察崇《燕京歲時記》，北京：北京古籍出版社，1981 年。

《國語》，上海：上海古籍出版社，1978 年。

［清］顧炎武著，黃汝成集釋《日知録集釋》，上海：上海古籍出版社，1985 年。

［梁］顧野王《玉篇》，北京：中華書局，1987 年。

［宋］郭茂倩《樂府詩集》，北京：中華書局，1979 年。

［清］郭慶藩《莊子集釋》，王孝魚整理，北京：中華書局，1961 年。

［明］洪楩《清平山堂話本》，石昌渝校點，南京：江蘇古籍出版社，1990 年。

［宋］洪邁《容齋隨筆》，上海：上海古籍出版社，1978 年。

［宋］洪邁《夷堅志》，北京：中華書局，1981 年。

［宋］洪适《隸釋》，《景印文淵閣四庫全書》，臺北：商務印書館，1986 年。

［清］洪興祖《楚辭補注》，北京：中華書局，1957 年。

［明］胡應麟《少室山房筆叢》，北京：中華書局，1958 年。

〔漢〕桓寬《鹽鐵論》，《四部叢刊初編》，上海：商務印書館，1919 年。

〔晉〕皇甫謐《高士傳》，《景印文淵閣四庫全書》，臺北：商務印書館，1986 年。

〔清〕黃宗羲《明文海》，北京：中華書局，1987 年。

〔北魏〕吉迦夜共曇曜譯《雜寶藏經》，《大正藏》第 4 冊。

〔隋〕吉藏撰《法華義疏》，《大正藏》第 34 冊。

〔宋〕姜夔《白石道人詩集》，《四部叢刊初編》，上海：商務印書館，1919 年。

《京本通俗小說》，上海：古典文學出版社，1954 年。

〔南唐〕靜、筠禪師《祖堂集》，孫昌武、〔日〕衣川賢次、〔日〕西口芳男點校，北京：中華書局，2007 年。

〔後秦〕鳩摩羅什譯《大智度論》，《大正藏》第 25 冊。

〔後秦〕鳩摩羅什譯《維摩詰經》，《大正藏》第 14 冊。

〔明〕蘭陵笑笑生《金瓶梅詞話》，北京：人民文學出版社，1985 年。

〔宋〕黎靖德編《朱子語類》，王星賢點校，北京：中華書局，1986 年。

〔宋〕李昉《太平御覽》，北京：中華書局，1960 年。

〔宋〕李昉《太平廣記》，北京：中華書局，1981 年。

〔清〕李寶嘉《官場現形記》，北京：人民文學出版社，1957 年。

〔清〕李光庭《鄉言解頤》，北京：中華書局，1982 年。

〔清〕李綠園《歧路燈》，欒星校注，鄭州：中州書畫社，1980 年。

〔清〕李汝珍《鏡花緣》，北京：人民文學出版社，1955 年。

〔明〕李時珍《本草綱目》，北京：人民衛生出版社，1982 年。

〔唐〕李延壽《南史》，北京：中華書局，1975 年

〔唐〕李延壽《北史》，北京：中華書局，1974 年。

〔明〕李漁《閒情偶寄》，臺北：廣文書局，1977 年。

〔北魏〕酈道元《水經注》，陳橋驛點校，上海：上海古籍出版社，1990 年。

〔明〕凌濛初《初刻拍案驚奇》，西寧：青海人民出版社，1981 年。

〔明〕凌濛初《二刻拍案驚奇》，西寧：青海人民出版社，1981 年。

〔元〕劉祁《歸潛志》，《景印文淵閣四庫全書》，臺北：商務印書館，1986 年。

〔漢〕劉向《說苑》，《四部叢刊初編》，上海：商務印書館，1919 年。

〔漢〕劉向集錄《戰國策》，上海：上海古籍出版社，1978 年。

〔南朝〕劉義慶《世說新語》，上海：上海古籍出版社，1982 年。

吳樹平《東觀漢記校注》，北京：中華書局，2008 年。

〔漢〕劉歆《西京雜記》，《四部叢刊初編》，上海：商務印書館，1919 年。

〔後晉〕劉昫等《舊唐書》，北京：中華書局，1975 年。

〔唐〕柳宗元《柳河東集》，上海：上海人民出版社，1974 年。

〔明〕陸人龍《型世言》，覃君點校，北京：中華書局，1993 年。

〔宋〕陸游《老學庵筆記》，北京：中華書局，1979 年。

〔宋〕陸游撰，錢仲聯校注《劍南詩稿校注》，上海：上海古籍出版社，1985 年。

〔宋〕羅大經《鶴林玉露》，北京：中華書局，1983 年。

〔明〕羅懋登《三寶太監西洋記通俗演義》，陸樹倫、竺少華校點，上海：上海古籍出版社，1985 年。

《呂氏春秋》，《四部叢刊初編》，上海：商務印書館，1919 年。

〔元〕馬端臨《文獻通考》，北京：中華書局，1986 年。

〔明〕毛晉《六十種曲》，北京：中華書局，1958 年。

〔宋〕孟元老《東京夢華錄》，上海：古典文學出版社，1956 年。

《孟子注疏》，《景印文淵閣四庫全書》，臺北：商務印書館，1986 年。

《墨子》，《四部叢刊初編》，上海：商務印書館，1919 年。

〔唐〕牛僧孺《玄怪錄》，北京：中華書局，1982 年。

〔宋〕歐陽修、宋祁《新唐書》，北京：中華書局，1975 年。

〔清〕彭定裘《全唐詩》（增訂本），北京：中華書局，1999 年。

〔清〕平步青《霞外攟屑》，上海：上海古籍出版社，1982 年。

〔北魏〕菩提流支譯《金剛般若波羅蜜經》，《大正藏》第 8 冊。

〔宋〕普濟《五燈會元》，蘇淵雷點校，北京：中華書局，1984 年。

〔清〕錢大昕《恒言錄》，北京：商務印書館，1958 年。

錢南揚《永樂大典戲文三種校注》，北京：中華書局，2009 年。

〔清〕錢繹《方言箋疏》，上海：上海古籍出版社，1984 年。

〔隋〕僧燦《信心銘》，《大正藏》第 48 冊。

〔清〕沈復《浮生六記》，上海：新文化書社。

［南朝梁］沈約《宋書》，北京：中華書局，1974 年。

［明］于慎行《穀山筆麈》，北京：中華書局，1984 年。

［明］施耐庵、羅貫中《水滸傳》，北京：人民文學出版社，1975 年。

［清］石玉昆述，俞樾重編《七俠五義》，北京：寶文堂書店，1980 年。

［明］史玄《舊京遺事》，北京：北京古籍出版社，1986 年。

［宋］司馬光《資治通鑒》，北京：中華書局，1956 年。

［漢］司馬遷《史記》，北京：中華書局，1959 年。

［宋］宋敏求《春明退朝錄》，北京：中華書局，1980 年。

［宋］蘇軾《東坡志林》，《景印文淵閣四庫全書》，臺北：商務印書館，1986 年。

［宋］蘇轍《欒城後集》，《景印文淵閣四庫全書》，臺北：商務印書館，1986 年。

隋樹森編《元曲選外編》，北京：中華書局，1959 年。

［清］孫詒讓《墨子閒詁》，孫以楷點校，北京：中華書局，1989 年。

［瑞士］索緒爾《普通語言學教程》，高明凱譯，北京：商務印書館，1999 年。

［北涼］曇無讖譯《大般涅槃經》，《大正藏》第 12 冊。

［宋］唐慎微《證類本草》，《景印文淵閣四庫全書》，臺北：商務印書館，1986 年。

［晉］陶潛《陶淵明集》，逯欽立校注，北京：中華書局，1979 年。

［元］陶宗儀《說郛三種》，上海：上海古籍出版社，1988 年。

［宋］王安石《臨川文集》，《四部叢刊初編》，上海：商務印書館，1919 年。

［宋］王安石《臨川文集》，《景印文淵閣四庫全書》，臺北：商務印書館，1986 年。

［漢］王充《論衡》，上海：上海人民出版社，1974 年。

王利器《文子疏義》，北京：中華書局，2000 年。

［宋］王溥《唐會要》，上海：上海古籍出版社，1991 年。

［漢］王逸《楚辭章句》，《景印文淵閣四庫全書》，臺北：商務印書館，1986 年。

［清］王有光《吳下諺聯》，石繼昌點校，北京：中華書局，1982 年。

［北齊］魏收《魏書》，北京：中華書局，1974 年。

［宋］魏泰《東軒筆錄》，北京：中華書局，1983 年。

［唐］魏徵《隋書》，北京：中華書局，1996 年。

［清］文康《兒女英雄傳》，上海：上海古籍出版社，2001 年。

［明］吳承恩《西遊記》，北京：人民文學出版社，1980 年。

［清］吳敬梓《儒林外史》，北京：人民文學出版社，1977 年。

［唐］吳兢《貞觀政要》，上海：上海古籍出版社，2008 年。

［宋］吳曾《能改齋漫錄》，上海：上海古籍出版社，1979 年。

［宋］吳自牧《夢粱錄》，杭州：浙江人民出版社，1980 年。

［宋］無名氏《大宋宣和遺事》，上海：古典文學出版社，1954 年。

［清］無名氏《比目魚》，北京：華夏出版社，1995 年。

［清］西周生《醒世姻緣傳》，濟南：齊魯書社，1980 年。

［南朝梁］蕭統編，［唐］李善注《文選》，北京：中華書局，1977 年。

［漢］徐幹《中論》，龔祖培校點，瀋陽：遼寧教育出版社，2001 年。

［宋］徐夢莘《三朝北盟會編》，上海：上海古籍出版社，1987 年。

［宋］嚴羽著，郭紹虞校釋《滄浪詩話校釋》，北京：人民文學出版社，1983 年。

［北齊］顏之推《顏氏家訓》，王利器集解，上海：上海古籍出版社，1980 年。

［北魏］楊衒之撰，范祥雍校注《洛陽伽藍記校注》，上海：上海古籍出版社，1958 年。

［唐］姚思廉《梁書》，北京：中華書局，1973 年。

［唐］義淨譯《根本說一切有部毗奈耶》，《大正藏》第 23 冊。

［清］慵訥《咫聞錄》，《筆記小說大觀》，揚州：江蘇廣陵古籍刻印社，1984 年。

［清］永瑢《四庫全書總目》，北京：中華書局，1965 年。

［清］俞樾《春在堂隨筆》，徐明、文青校點，瀋陽：遼寧教育出版社，2001 年。

袁靜等《新兒女英雄傳》，北京：人民文學出版社，1956 年。

［明］臧晉叔編《元曲選》，北京：中華書局，1958 年。

［元］趙孟頫《松雪齋集》，《四部叢刊初編》，上海：商務印書館，

1919 年。

　　［宋］賾藏主《古尊宿語録》，北京：中華書局，1994 年。

　　［清］翟灝《通俗編》，北京：商務印書館，1958 年。

　　［宋］曾慥《類說》，《北京圖書館古籍珍本叢刊》，北京：書目文獻出版社。

　　張愛玲《金鎖記》，香港：女神出版社，1983 年。

　　［宋］張載《張載集》，北京：中華書局，1978 年。

　　［宋］趙彥衛《雲麓漫鈔》，傅根清點校，北京：中華書局，1996 年。

　　［唐］鄭處誨《明皇雜録》，田廷柱點校，北京：中華書局，1994 年。

　　中國民間文學集成全國編輯委員會《中國諺語集成》，北京：中國ISBN 中心，2000 年。

　　［宋］周密《武林舊事》，北京：中國商業出版社，1982 年。

　　［明］朱橚《普濟方》，北京：人民衛生出版社，1959 年。

　　［唐］宗密述《大方廣園修多羅經略疏註》，《大正藏》第 39 冊。

電子文獻

　　《文淵閣四庫全書》（電子版），上海人民出版社、迪志文化出版有限公司，1999 年。

　　朱冠明《朱氏語料庫》。